Reino von Neumann-Cosel, Rudi Rupp
Handbuch für den Wirtschaftsausschuß

Handbücher für den Betriebsrat
Band 1

Reino von Neumann-Cosel
Rudi Rupp

Handbuch für den Wirtschaftsausschuß

Unter Mitarbeit von Jürgen Krack, Joachim Stöber
und Gerlinde Strauss-Wieczorek

Dritte, vollständig überarbeitete und erweiterte Auflage

Bund-Verlag

Die Deutsche Bibliothek - CIP-Einheitsaufnahme

Neumann-Cosel, Reino von:
Handbuch für den Wirtschaftsausschuß / Reino von Neumann-Cosel ; Rudi Rupp. Unter Mitarb. von Jürgen Krack ... - 3., vollst. überarb. und erw. Aufl. - Köln : Bund-Verl., 1996
(Handbücher für den Betriebsrat ; Bd. 1)
ISBN 3-7663-2641-4
NE: Rupp, Rudi:; GT

3., vollständig überarbeitete und erweiterte Auflage 1996

Herstellung: Susanne Köhler
Umschlag: Roberto Patelli, Köln
Druckvorstufe: Satzbetrieb Schäper GmbH, Bonn
Druck: Clausen & Bosse, Leck
Printed in Germany 1996
ISBN 3-7663-2641-4

Inhalt

Anhang

Abkürzungsverzeichnis

Abs.	Absatz
Abschn.	Abschnitt
Abt.	Abteilung
abzügl.	abzüglich
AG	Aktiengesellschaft
AiB	Arbeitsrecht im Betrieb
AktG	Aktiengesetz
ArbGG	Arbeitsgerichtsgesetz
AuR	Arbeit und Recht
BAG	Bundesarbeitsgericht
BB	Betriebs-Berater
betriebl.	betriebliche
BetrVG	Betriebsverfassungsgesetz
BR	Betriebsrat
BWL	Betriebswirtschaftslehre
DB	Der Betrieb
d.h.	das heißt
durchschnittl.	durchschnittlich
evtl.	eventuell
GBR	Gesamtbetriebsrat
ggf.	gegebenenfalls
GmbH	Gesellschaft mit beschränkter Haftung
HGB	Handelsgesetzbuch
i.d.R.	in der Regel
i.V.m.	in Verbindung mit
KBR	Konzernbetriebsrat
KG	Kommanditgesellschaft
KGa.A.	Kommanditgesellschaft auf Aktien
KWA	Konzernwirtschaftsausschuß

kons.	konsolidiert
langfr.	langfristig
MB	Die Mitbestimmung
Mon.	Monat
o.	oder
OHG	Offene Handelsgesellschaft
PublG	Publizitätsgesetz
S.	Seite
s.	siehe
sogen.	sogenannter
u.	und
u.a.	unter anderem
u.ä.	und ähnliches
unkons.	unkonsolidiert
usw.	und so weiter
u.U.	unter Umständen
v.a.	vor allem
vgl.	vergleiche
WA	Wirtschaftsausschuß
Ziff.	Ziffer
z.T.	zum Teil

Vorwort zur 1. Auflage

Als Reino von Neumann-Cosel und Rudi Rupp im Jahre 1983 an die Hans-Böckler-Stiftung mit dem Vorschlag herantraten, die Arbeit der Wirtschaftsausschüsse empirisch zu untersuchen, war das Betriebsverfassungsgesetz immerhin 11 Jahre alt. Auch bei den Gewerkschaften gingen deshalb viele davon aus, daß die Nutzung der durch dieses Gesetz erweiterten Informationsrechte eigentlich kein großes Problem mehr sein dürfte. Die am Beispiel der Berliner Metallindustrie 1984/85 durchgeführte Untersuchung »Der Wirtschaftsausschuß in der Mitbestimmungspraxis«* zeigte jedoch in aller Deutlichkeit, wie schwierig die Ausschöpfung der rechtlichen Möglichkeiten in der betrieblichen Praxis ist. Dabei liegen die Hindernisse keineswegs allein im Verhalten der Arbeitgeberseite – jedenfalls nicht in solchen Verhaltensweisen, die als eindeutige Verletzung der Verpflichtungen nach dem BetrVG mit rechtlichen Mitteln zu ändern wären. Der praktische Nutzen der Arbeit im Wirtschaftsausschuß kann unter einem Übermaß zu vieler Informationen ebenso leiden wie unter der Weigerung des Arbeitgebers, Informationen preiszugeben.

Die betriebliche Interessenvertretung braucht eine eigene Informations*strategie,* die mit der des Arbeitgebers konkurrieren kann. Mindestens so wichtig wie die Menge an Informationen ist das klare Bewußtsein, was man mit welcher Information für die Vertretung der Belegschaftsinteressen anfangen kann oder könnte, wenn man diese Information hätte.

Die beiden Bearbeiter des von der Hans-Böckler-Stiftung geförderten Forschungsprojekts haben mit den Wirtschaftsausschüssen in vier Unternehmen kontinuierlich zusammengearbeitet, um die Entwicklung solcher Informationsstrategien der Arbeitnehmerseite gemeinsam zu erproben. Die hierbei gemachten Erfahrungen sind in das vorliegende Handbuch eingegangen. Es soll als Anregung und Handlungsanleitung dienen, eine gezielte, auf Interessenvertretung ausgerichtete Informationspolitik im Unternehmen

* Veröffentlicht als fhw-Forschung 12/13, Berlin 1986

zu entwickeln. Weiterhin haben daran Bildungs- und Betreuungssekretäre der IG Metall und des DGB intensiv mitgearbeitet, die ihre Erfahrungen mit der Schulung und Beratung von Wirtschaftsausschußmitgliedern eingebracht haben. Das Handbuch erschöpft sich daher nicht in einer Aufzählung dessen, was man alles tun sollte und müßte – es geht auch auf die typischen Schwierigkeiten ein, die in der Praxis vorkommen. Es ist also nicht am »grünen Tisch« entstanden, sondern aus der Praxis für die Praxis.

Die Hans-Böckler-Stiftung, die sowohl das zugrundeliegende Forschungsprojekt als auch die Erarbeitung des vorliegenden Handbuchs finanziert hat, dankt nicht nur den fünf Autoren, sondern auch den Mitgliedern des Projektbeirats, die die Forschungsarbeit kritisch und konstruktiv begleitet haben sowie allen Kolleginnen und Kollegen in Berliner Metallbetrieben, die den Projektbearbeitern einen offenen und ehrlichen Einblick in ihre Praxis einschließlich aller Schwierigkeiten gegeben haben.

Düsseldorf, im Juni 1986

Matthias Knuth
Abteilung Forschungsförderung
der Hans-Böckler-Stiftung

Vorwort zur 3. Auflage

Mit der vorliegenden 3. völlig überarbeiteten Auflage tragen die Verfasser den veränderten Anforderungen an die Wirtschaftsausschußarbeit Rechnung. So haben die Themen strategische Planung und Controlling längst Eingang auch in mittelständische Unternehmen gefunden. Viele Wirtschaftsausschüsse sehen sich im Rahmen der Erläuterung der Jahresabschlüsse auch mit Konzernbilanzen konfrontiert. Hinzu kommt, daß sich Interessenvertretungen z.B. im Zusammenhang mit Betriebsänderungen (Interessenausgleich/Sozialplan) zunehmend zu fundierten Begründungen bezüglich der wirtschaftlichen Vertretbarkeit ihrer Forderungen gezwungen sehen (z.B. im Rahmen eines Einigungsstellenverfahrens). Die Reduzierung der wirtschaftlichen Argumentation auf die strukturell-wichtigen (strategischen) Ausgaben reicht nicht aus. Eine inhaltliche Auseinandersetzung mit den in der Praxis im Rahmen der Bilanzanalyse gewonnenen Kennzahlensystemen läßt sich häufig nicht vermeiden.

Dennoch stehen nach unserem Verständnis von Wirtschaftsausschuß- bzw. Interessenvertretungsarbeit die Arbeitnehmerinteressen im Mittelpunkt aller Bemühungen. Der von uns nach wie vor beibehaltene Kennzifferansatz ist dabei eine Möglichkeit der Umsetzung dieser interessenbezogenen Herangehensweise von Betriebsrat und Wirtschaftsausschuß an die Lösung betrieblicher Probleme

Die Berücksichtigung dieser Themen hat zu einem völlig veränderten Aufbau des Handbuchs geführt. Wir hoffen, daß das vorliegende Handbuch unserem Anspruch *aus der Praxis für die Praxis* auch unter den gestiegenen Anforderungen an die Arbeit von Wirtschaftsausschüssen gerecht wird. Für Kritik und Anregungen sind wir dankbar.

Berlin, im Dezember 1995

Reino von Neumann-Cosel
Rudi Rupp

1. Einleitung

1.1 Praxisbeispiele

1.1.1 »Was willst Du da machen? Die Maßnahmen sind doch betriebswirtschaftlich geboten!«

In einem Familienunternehmen in der Rechtsform einer *GmbH & Co KG* werden elektrische Haushaltsgeräte hergestellt. Das Unternehmen besteht aus drei räumlich weit voneinander entfernten Betrieben: dem Hauptwerk mit 1 100 Beschäftigten, dem Zweigwerk A mit 700 und dem Zweigwerk B mit 200 Beschäftigten. Im Hauptwerk werden Küchengeräte und in den Zweigwerken elektrische Geräte für den Sanitärbereich hergestellt.

Die Entwicklung des Unternehmens verlief bis Anfang der 80er Jahre recht positiv. In dieser Zeit gab es kaum Konflikte zwischen Geschäftsleitung und Arbeitnehmervertretung. Da die meisten Probleme zwischen Arbeitgeber- und Arbeitnehmerseite in den drei Betrieben ohne größere Schwierigkeiten gelöst werden konnten, spielte der Gesamtbetriebsrat (GBR) in dieser Zeit nur eine untergeordnete Rolle für die Interessenvertretungsarbeit. Auch der Wirtschaftsausschuß (WA) führte nur ein Schattendasein: Er trat ein- bis zweimal im Jahr zusammen, wobei vom Unternehmer lediglich ein mündlicher Bericht über die vergangene Umsatz- und Personalentwicklung und die vorgesehenen Investitionen gegeben wurde. Die im WA erhaltenen Informationen wurden von den WA-Mitgliedern deshalb auch als wenig nützlich angesehen, ohne daß dieser Zustand als besonders problematisch empfunden wurde.

Ende 1984 kam es im Unternehmen aufgrund der wirtschaftlichen Situation in der Branche zu Umsatzrückgängen, die zu einer Unterauslastung der Produktionskapazitäten und Verlusten führten. Nachdem Versuche, diese Entwicklung durch die beschleunigte Einführung neuer Produkte und die Senkung von Materialkosten zu stoppen, keinen Erfolg hatten, begann die Geschäftsleitung mit der Planung einer grundsätzlichen Umstrukturierung der drei Betriebe. In dieser Planung wurde zum einen untersucht, ob sich die Kosten durch Zentralisierung bestimmter Produktionsverfahren (z.B. Lackierung, Galvanisation) in einem der drei Betriebe senken ließen. Zum anderen wurde die bisherige Aufteilung der Produkte auf die drei Betriebe überprüft.

Ende 1986 erfuhr der GBR-Vorsitzende bei einem Vieraugengespräch mit einem Mitglied der Geschäftsleitung erstmals von den Umstrukturierungsplänen. Das Geschäftsleitungsmitglied erklärte in diesem Gespräch, daß im Februar 1987 eine Entscheidung über die Schließung eines der drei Betriebe getroffen werden solle, wobei zur Zeit noch nicht feststehe, welcher Betrieb betroffen sein wird. Der GBR-Vorsitzende hält sich an den Wunsch des Geschäftsführungsmitglieds, dieses Gespräch vertraulich zu behandeln, und gibt die Information erst auf der nächsten routinemäßigen GBR-Sitzung im Januar 1987 an die restlichen Interessenvertreter weiter.

Der GBR nimmt die Ankündigung lediglich zur Kenntnis, ohne daß konkrete Beschlüsse über ein gemeinsames Vorgehen der Arbeitnehmerseite gefaßt werden. Forderungen einzelner GBR-Mitglieder, sofort die Belegschaft zu informieren und die Gewerkschaft einzuschalten, werden von der GBR-Mehrheit mit der Begründung abgelehnt, der Unternehmer würde nicht mehr mit dem GBR verhandeln, wenn die Pläne in der Öffentlichkeit bekannt würden.

Noch bevor die Geschäftsleitung eine endgültige Entscheidung über die Umstrukturierung getroffen hat, erfährt der GBR-Vorsitzende über seine vertraulichen Kanäle, daß vermutlich das Zweigwerk B geschlossen werden soll. Er informiert daraufhin sofort den betroffenen BR, der seinerseits den Wirtschaftsminister seines Landes über die drohende Betriebsschließung in Kenntnis setzt.

Da die Landesregierung erhebliche Subventionen für den Fall in Ausicht stellt, daß das Zweigwerk B an seinem bisherigen Standort erhalten bleibt, beschließt die Geschäftsleitung im Februar 1987, doch alle Standorte zu erhalten, allerdings unter Personalabbau in allen drei Betrieben. Erst im März 1987 wird die Belegschaft der drei Betriebe von den jeweiligen Betriebsräten auf Betriebsversammlungen über die Entwicklung informiert.

Nachdem die Entscheidung für den Erhalt aller drei Betriebe und Grundsatzentscheidungen über die Umstrukturierung auf der Ebene der Geschäftsleitung feststeht, wird jedoch eine Unternehmensberatungsgesellschaft beauftragt, die Umstrukturierung in ihren Einzelheiten auszuarbeiten. Dazu wird in jedem Betrieb ein Projektteam gebildet, in dem auch jeweils ein BR-Mitglied vertreten ist. Die Interessenvertretung ist daher auf der Basis von schriftlichen Unterlagen recht gut über den jeweiligen Planungsstand informiert. Die Ergebnisse der drei Projektteams werden außerdem im WA besprochen, ohne daß dazu Unterlagen vorliegen.

Der WA diskutiert jedoch nur die *betriebswirtschaftliche Seite* der Umstrukturierung (Fixkosten, Deckungsbeiträge, Durchlaufzeiten, Lieferfristen etc.), wie es die Aussage eines Teilnehmers belegt: ». . . erst einmal ist dieser ganze Ablauf betriebswirtschaftlich zu sehen, das war für mich ja etwas ganz Neues. Man hat zwar ein bißchen Einblick gekriegt, wie sie sich das denken, – aber Einflußnahme – nee!« (WA-Mitglied)

Die voraussichtlichen Auswirkungen der vorgesehenen Maßnahmen auf die Beschäftigten (Arbeitsplatzabbau, Intensivierung, Qualifikationsverlust etc.) werden dagegen nicht zum Thema gemacht. So ist es nicht verwunderlich, daß auch keine Forderungen oder gar eigene Vorschläge zur Minderung der zu erwartenden negativen Konsequenzen entwickelt werden. Neben der Akzeptanz angeblicher Sachzwänge ist für diese mangelnde Nutzung des WA auch die Tatsache verantwortlich, daß dem Unternehmer im WA zu sehr das Gesetz des Handelns überlassen wird, wie ein Beteiligter rückblickend eingesteht: »Also die Wirtschaftsausschußsitzungen, da läuft es ja immer mehr oder weniger nach den Willensentscheidungen des Arbeitgebers. Der letzte Geschäftsführer, der war ein blendender Redner, der hat tolle Reden gehalten, bloß hatten sie keinen Inhalt. . . . Und die waren sehr großzügig, mit Zahlen schnell rumzuwerfen. Nach dem Motto: Damit könnt Ihr sowieso nichts anfangen. Und das ist eigentlich auch ein Fehler des Wirtschaftsausschusses, daß sich da oft keine Leute finden, um mitzumachen. Nie einer . . ., der sagt: Die Zahlen kann ich auch umsetzen.«

Nachdem die detaillierten Umstrukturierungspläne im Sommer 1987 von der Geschäftsleitung beschlossen sind, schließt sich eine halbjährige Umsetzungsphase an, in deren Verlauf die Belegschaft unternehmensweit durch Kündigungen und Ausnutzung der Fluktuation von 2000 auf 1650 Beschäftigte abgebaut werden soll, ohne daß der BR hier noch wirksame Eingriffsmöglichkeiten sieht.

1.1.2 »Wir sind Betriebsräte und keine Geheimräte!«

Ein anderer Fall: Eine *AG* ist ein Betrieb mit 600 Beschäftigten, in dem elektronische Bauelemente hergestellt werden. Auf der WA-Sitzung im November 1986 legte die Geschäftsleitung dem WA eine Aufstellung über die für 1987 geplanten Investitionen vor. Diese Aufstellung enthält unter anderem einen relativ hohen Geldbetrag für Softwareentwicklung. Auf Nachfrage wird dem WA mitgeteilt, daß es sich um die Ausgaben für den Kauf und die Anpassung eines Produktions-, Planungs- und Steuerungssystems (PPS) handelt, mit dem über eine schnelle Rückmeldung der Produktionsfortschritte eine bessere Kapazitätsauslastung und eine realistische Zeitplanung erreicht werden soll. Da die Interessenvertretung mit dem EDV-Einsatz, speziell mit Personalinformationssystemen, schon Erfahrungen sammeln konnte, wird im WA sofort weiter nachgefragt, welche Personaleinsparungseffekte der Unternehmer vom Einsatz des PPS-Systems erwartet und welche Auswirkungen auf die Qualifikationsanforderungen der betroffenen Beschäftigten sich ergeben bzw. ob vorgesehen ist, personenbezogene Daten zu erfassen, die zu Kontroll- und Überwachungszwekken verwendet werden können.

Die Geschäftsleitung reagiert ausweichend: Über Rationalisierungseffekte und veränderte Qualifikationsanforderungen könne man noch nichts aussagen, da das zu kaufende PPS-System erst an die betrieblichen Bedingungen anzupassen sei. Es sei auch nicht beabsichtigt, Leistungs- und Verhaltensdaten zu erfassen. Statt dessen wird der WA aufgefordert, über die Planungen Stillschweigen gegenüber BR und Belegschaft zu bewahren, um die Vorteile, die man sich gegenüber der Konkurrenz erhofft, nicht zu gefährden.

Der WA zeigt sich mit dieser Antwort ganz und gar nicht zufrieden, sondern fordert die Geschäftsleitung auf, umgehend Unterlagen über das System vorzulegen. Auf einer Nachbereitungssitzung wird zudem vereinbart, dem BR die Einbeziehung einer gewerkschaftlichen *Technologieberatungsstelle* zu empfehlen, um sich über mögliche Auswirkungen des Einsatzes von PPS-Systemen auf die Beschäftigten zu informieren. Als der BR daraufhin von der eingeschalteten Technologieberatungsstelle erfährt, daß beim Einsatz von PPS-Systemen

- zwar nicht kurzfristig, wohl aber auf lange Sicht mit Personaleinsparungen zu rechnen ist,
- die Entwicklung der Qualifikationsanforderungen bei den meisten Systemen eher negativ einzuschätzen sei,
- und durch die Zusammenfassung von vielen, bisher in getrennten Dateien gesammelten Daten in einer gemeinsamen Datenbank sich der Unternehmer einerseits ein weiteres Rationalisierungspotential verschaffen und andererseits umfassende Leistungs- und Verhaltenskontrollen erheblich erleichtern kann,

wird beschlossen, mit der Geschäftsleitung umgehend in Verhandlungen über eine *Betriebsvereinbarung* zum Einsatz des PPS-Systems einzutreten.

Wie nach dem Verlauf der WA-Sitzung schon zu erwarten, lehnt die Geschäftsleitung solche Verhandlungen ab, da Mitbestimmungsrechte ihrer

Meinung nach zumindest zur Zeit nicht gegeben seien. Man werde aber – falls erforderlich – zu gegebener Zeit auf den BR zukommen. Die vom WA geforderten Unterlagen könnten auch nicht vorgelegt werden, da eine Entscheidung für einen bestimmten Softwarehersteller noch nicht gefallen sei. Da der BR jedoch von Beschäftigten aus der EDV-Abteilung weiß, daß die Entscheidung für einen Hersteller praktisch schon getroffen ist, wird das Verhalten der Geschäftsleitung sehr schnell als Verzögerungs- und Verharmlosungstaktik erkannt. Der BR macht deshalb bei der nächsten Zusammenkunft mit der Geschäftsleitung deutlich, daß er notfalls versuchen werde, den Einsatz des Systems mit einer einstweiligen Verfügung zu verhindern, solange zu diesem Komplex keine Betriebsvereinbarung abgeschlossen ist. Außerdem wird nun auch entgegen dem Wunsch der Geschäftsleitung die Belegschaft in dem regelmäßig erscheinenden Infoblatt des Betriebsrats über den vorgesehenen Einsatz des PPS-Systems unterrichtet. Er stellt darin die vermuteten negativen Auswirkungen auf die Beschäftigten dar sowie die Weigerung der Geschäftsführung, mit dem BR Verhandlungen aufzunehmen.

Um die entstandene Unruhe im Betrieb zu dämpfen, sieht die Geschäftsführung keinen anderen Ausweg, als die Belegschaft über den inzwischen erfolgten Kauf des PPS-Systems zu informieren. Der WA erhält gleichzeitig die Systembeschreibung des Softwareherstellers. Außerdem erklärt sich der Arbeitgeber nun zu Verhandlungen mit dem BR bereit.

Da sich der WA nicht in der Lage sieht, die zur Verfügung gestellten umfangreichen Unterlagen daraufhin durchzuarbeiten, welche Auswirkungen der Einsatz des PPS-Systems für die Belegschaft haben werde, beschließen BR und WA, einen *Sachverständigen* entsprechend § 80 Abs. 3 BetrVG hinzuzuziehen. Die Ergebnisse der Beratung durch den Sachverständigen bilden die Grundlage der weiteren Verhandlungen zwischen BR und Geschäftsleitung.

Die Geschäftsleitung versucht zwar, die Hinzuziehung des Sachverständigen durch das Angebot der Nutzung interner Experten zu verhindern. Da erwartungsgemäß diese Experten jedoch die möglichen oder tatsächlichen Auswirkungen des Systems auf die Belegschaft nicht darstellen können oder wollen und auch in den parallel aufgenommenen Verhandlungen zwischen BR und Geschäftsleitung keine Einigung über das Bestehen eines Mitbestimmungsrechts nach § 87 Abs. 1 Ziff. 6 BetrVG erzielt werden kann, die Anpassungsarbeiten des PPS-Systems an die betrieblichen Bedingungen durch eine eingerichtete Projektgruppe aber schon in vollem Gange sind, beschließt der BR im Juni 1987, die Verhandlungen für gescheitert zu erklären und die *Einigungsstelle* anzurufen. Auch diese Schritte werden der

Belegschaft auf einer Betriebsversammlung und über das BR-Info im einzelnen dargestellt und begründet.

Die Einigungsstelle wird zu einem vollen Erfolg für die Interessenvertretung. Zunächst gelingt es, den Einigungsstellenvorsitzenden schon auf der ersten Sitzung zu überzeugen, daß aufgrund der im PPS-System zu erfassenden personenbezogenen Daten Leistungs- und Verhaltenskontrollen möglich sind und somit ein erzwingbares Mitbestimmungsrecht nach § 87 Abs. 1 Ziff. 6 BetrVG gegeben ist. Außerdem befürwortet der Einigungsstellenvorsitzende wegen der Komplexität der Materie die Hinzuziehung eines Sachverständigen durch den BR. Der Durchbruch ist geschafft: Die Geschäftsleitung akzeptiert den geforderten Sachverständigen. Auf weiteren Sitzungen der Einigungsstelle können schließlich die vom BR zusammen mit dem Sachverständigen erarbeiteten Forderungen für eine Betriebsvereinbarung weitgehend durchgesetzt werden: So wird u.a. vereinbart, daß

- aufgrund der Einführung und des Einsatzes des PPS-Systems *keine Entlassungen, Versetzungen* oder *Abgruppierungen* vorgenommen werden dürfen,
- ein spezielles langfristiges *Qualifizierungsprogramm* für die betroffenen Beschäftigten unter Mitwirkung des Betriebsrats entwickelt werden soll und
- bestimmte *sensible Daten* nur für entsprechend große Gruppen von Arbeitnehmern und auch nur in jeweils solchen Zeiträumen erfaßt werden dürfen, die individuelle Leistungs- und Verhaltenskontrollen weitgehend ausschließen.
- Eine *Einigungsstelle* soll im Konfliktfall eingeschaltet werden.

1.2 Märchenstunde oder Informationsinstrument? – Anmerkungen zur Praxis der Wirtschaftsausschußarbeit

Die beiden – übrigens in keiner Weise erfundenen – Fallbeispiele verdeutlichen, wie unterschiedlich der WA von der betrieblichen Interessenvertretung genutzt werden kann. Während im ersten Fall fast alles falsch gemacht wurde, so daß es für das Unternehmen ein leichtes war, seine Planungen ohne Widerstand der Betroffenen durchzusetzen, zeigt der zweite Fall, daß durch eine konsequente Ausnutzung der Mitbestimmungsrechte Regelungen zum Schutz der Beschäftigten getroffen werden können.

So wurden im Fall der *GmbH & Co KG* selbst die drohenden Vorzeichen (Umsatzrückgang, Verluste) im WA nicht zum Anlaß genommen, wenigstens die Planungen des Unternehmers zu erkunden. Dagegen führten im

WA der *AG* schon kleine Hinweise auf geplante Ausgaben zu einer intensiven Nachfrage nach den Auswirkungen unternehmerischer Planungen auf die Beschäftigten. Auch in der Folge ließ sich der WA der *AG* bei seinen Informationsforderungen und Beratungen nicht auf rein betriebswirtschaftliche Sachverhalte beschränken, während der WA der *GmbH* – soweit er überhaupt eingeschaltet wurde – die angeblichen betriebswirtschaftlichen Sachzwänge ohne Widerspruch akzeptierte.

Deutliche Unterschiede zeigten sich auch im Umgang mit den erhaltenen Informationen. Die Interessenvertretung in der *GmbH* bzw. einzelne Mitglieder, ließen sich von der Geheimhaltungsaufforderung des Unternehmers beeindrucken und versäumten es damit, durch rechtzeitige Information der Belegschaft einen entsprechenden Verhandlungsdruck zu erzeugen. In der *AG* wurden dagegen die Verhandlungen zwischen BR und Geschäftsleitung durch Einschalten der Gewerkschaft und Information der Belegschaft zum Abschluß einer Betriebsvereinbarung eindrucksvoll unterstützt.

Schließlich ist im ersten Beispiel zu bemängeln, daß der GBR erst gar nicht versucht hat, Verhandlungen mit dem Arbeitgeber – z.B. über einen Interessenausgleich nach § 112 BetrVG – aufzunehmen. Der zweite Fall zeigt dagegen, wie es durch weitgehende Ausschöpfung der Mitbestimmungsrechte (Hinzuziehung eines Sachverständigen, Anrufung der Einigungsstelle) gelingen kann, auf die Planungen des Unternehmers Einfluß zu nehmen.

Natürlich wird sich die Arbeit vieler WAs zwischen diesen beiden Extremen bewegen. Allerdings zeigt eine Untersuchung der Autoren über die WA-Praxis in 87 Berliner Metall-Unternehmen sehr deutlich, daß nur in den seltensten Fällen die Möglichkeit der Wirtschaftsausschüsse so genutzt werden, wie dies möglich und auch notwendig wäre. So ist in einem Großteil von ihnen der Informationsstand äußerst unbefriedigend. Insbesondere erhalten die WAs nur in sehr beschränktem Maße auf die Zukunft bezogene Plandaten (vgl. Übersichten 1 und 2).

Ein Vergleich der beiden Übersichten läßt erkennen, daß der Informationsstand bezüglich arbeitnehmerbezogener Daten – also solcher Daten, die die Situation der Belegschaft direkt beschreiben – schlechter ist als der bezüglich ökonomischer Daten. Von den meisten WA-Mitgliedern wird somit der Schwerpunkt der WA-Arbeit noch sehr viel stärker im Bereich der rein betriebswirtschaftlichen Fragestellungen und weniger im Bereich der Auswirkungen unternehmerischer Maßnahmen auf die Beschäftigten gesehen.

Dieser negative Zustand ist zumindest zum Teil von den Gremienmitgliedern selbst zu vertreten, da durch Mängel in der eigenen Arbeit den Unternehmern eine ungenügende Unterrichtung und Beratung erleichtert wird. So ergab die Untersuchung in der Berliner Metallindustrie unter anderem:

Übersicht 1

Vorlage von ökonomischen Daten durch den Arbeitgeber im WA
(in % der befragten WA)

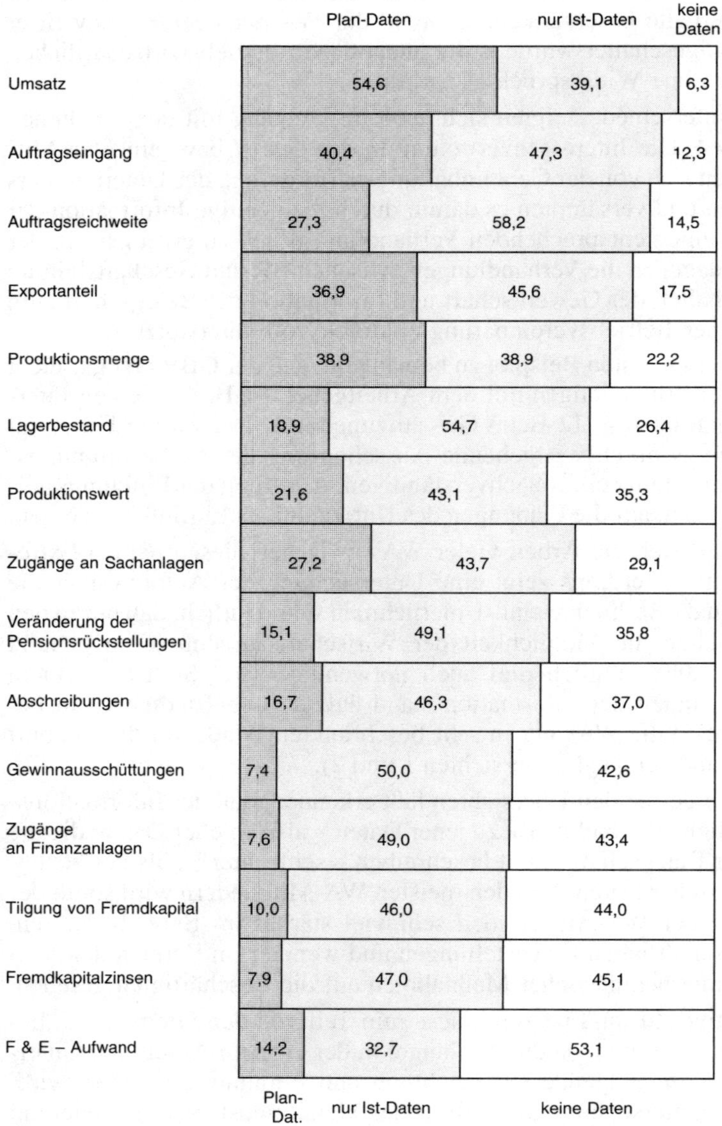

Übersicht 2

Vorlage von arbeitnehmerbezogenen Daten im WA durch den Arbeitgeber
(in % der befragten WA)

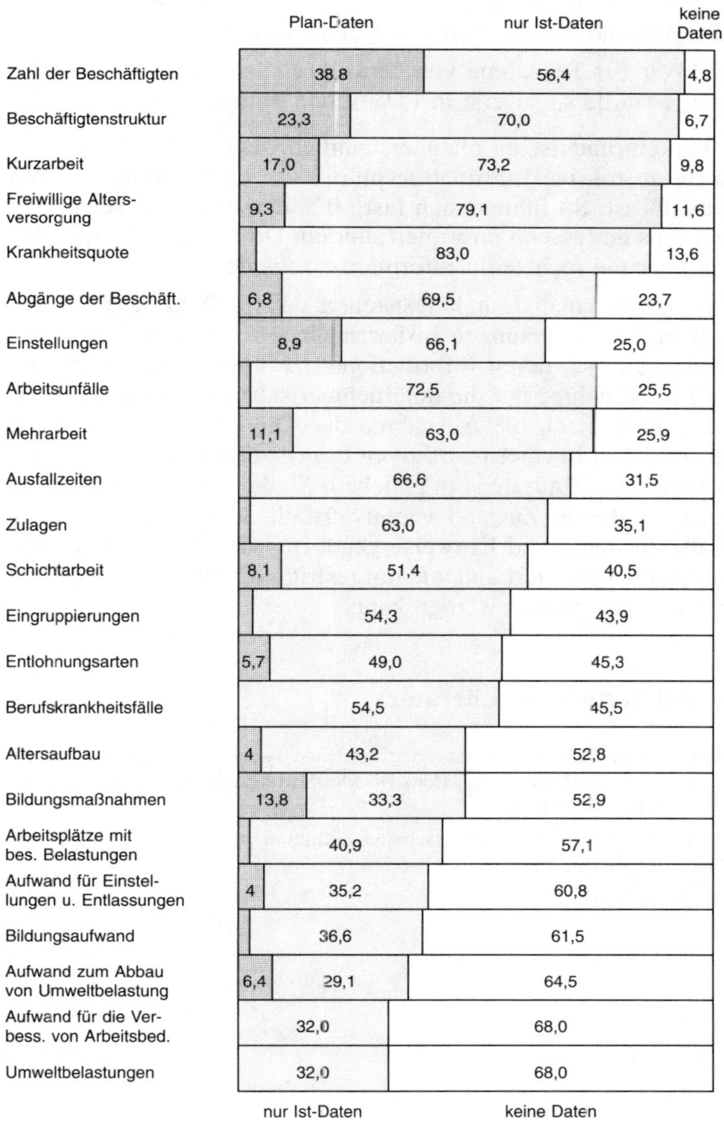

- Knapp drei Viertel der Wirtschaftsausschüsse tagen lediglich viermal oder seltener pro Jahr.
- Nur gut die Hälfte bereitet die WA-Sitzungen regelmäßig vor.
- Lediglich in 20 % werden standardisierte Formulare verwendet, die ein Wiederauffinden und Vergleichen von Daten erleichtern.
- Die Möglichkeit zur Teilnahme von Gewerkschaftsbeauftragten an den WA-Sitzungen wurde sogar erst in 15 % schon einmal genutzt.

Vor diesem Hintergrund ist es nicht erstaunlich, daß vielen Interessenvertretungen die restriktive Informationspolitik der Unternehmer im WA nicht recht bewußt ist. So fühlten sich fast 50 % der WA-Sprecher immer oder doch meistens umfassend informiert; nur ein Drittel der WA-Sprecher gab an, selten oder nie rechtzeitig informiert zu werden.

Zusammenfassend muß man deshalb feststellen, daß die WAs für die Arbeit der meisten Interessenvertretungen bisher noch von geringer Bedeutung sind. Aktive Ausschüsse, deren Informationen zu einer frühzeitigen und erfolgreichen Einflußnahme auf die unternehmerischen Planungen genutzt werden, stellen leider noch die Ausnahme dar. Die Ursachen dafür sind allerdings nur zum Teil in einer restriktiven Informationspolitik der Unternehmerseite zu sehen. Mindestens in gleichem Maße sind auch Mängel in der WA-Arbeit für diesen Zustand verantwortlich. In diesem Handbuch werden deshalb Beispiele und Hinweise gegeben, wie die Arbeit im WA besser gestaltet und organisiert und wie mit restriktiver Informationspolitik der Unternehmer umgegangen werden kann.

Ergänzende und vertiefende Literatur:

Böhle, F., Strategien betrieblicher Informationspolitik. Eine systematische Darstellung für Betriebsräte und Vertrauensleute, Hrsg.: Hans-Böckler-Stiftung. Wissenschaft im Arbeitnehmerinteresse, Bd. 5, Köln 1986.

von Neumann-Cosel, R. v./Rupp, R., Der Wirtschaftsausschuß in der Mitbestimmungspraxis, fhw-forschung 12/13, Berlin, Februar 1986.

Die Mitbestimmung, Heft 9/1985.

2. Informationen sind nicht alles, aber ohne Informationen ist alles nichts – Die Informationspolitik der Interessenvertretung

2.1 Die Informationsarbeit der Interessenvertretung

Die beiden Beispiele der Einleitung haben gezeigt, wie wichtig es für den Schutz und die Gestaltung von Arbeitnehmerinteressen ist, daß die Interessenvertretung

- frühzeitig Kenntnis über die voraussichtliche zukünftige Entwicklung des Unternehmens und damit über die mögliche Gefährdung von Arbeitnehmerinteressen hat,
- eigene Ziele und Forderungen bezüglich der Arbeitnehmerinteressen entwickelt,
- die Belegschaft und notfalls die Öffentlichkeit in die Auseinandersetzung einbezieht,
- im Zuge der Verhandlungen mit der Arbeitgeberseite notfalls auch vom Einsatz aller rechtlichen Möglichkeiten bis hin zur Einigungsstelle und zum Arbeitsgericht nicht zurückschreckt.

Eine wesentliche Voraussetzung für erfolgreiche Interessenvertretungspolitik ist damit die *Informationsarbeit* der Interessenvertretung. Dabei sollen die Mitglieder der Interessenvertretung stets daran denken, daß es in der Regel nicht in erster Linie darum geht, den Arbeitgeber mit besseren betriebswirtschaftlichen Argumenten zu überzeugen. Die Informationsarbeit – unterteilt in Informationsbeschaffung, -verarbeitung und -weitergabe – sollte statt dessen dazu dienen,

- Gefährdungen der Arbeitnehmerinteressen zu erkennen,
- Forderungen entwickeln zu können und
- die potentiellen Mitstreiter zu überzeugen.

Dabei kommt der Überzeugung der potentiellen Mitstreiter bzw. externer Entscheidungsinstanzen eine besondere Bedeutung zu, da das Betriebsverfassungsgesetz dem Betriebsrat in wirtschaftlichen Fragen kein echtes Mitbestimmungsrecht zubilligt. Es ist deshalb nötig, daß die Interessenvertretung alle anderen Möglichkeiten der faktischen Gegenmachtentfaltung (Ausschöpfung der Mitbestimmungsrechte bis zum Einigungsstellenverfahren, Hinzuziehung von Gewerkschaftsbeauftragten und Sachverständigen, Einleitung von Beschlußverfahren, Mobilisierung von Belegschaft und Öffentlichkeit) optimal einsetzen kann. Diese betriebspolitischen Vorgehensweisen sind um so eher möglich, je genauer potentielle Mitstreiter (Betriebsratskollegen, Vertrauensleute, Belegschaft, Gewerkschaftssekretäre, Einigungstellenvorsitzende, Arbeitsrichter, Journalisten, Bürger) über die unternehmenspolitischen Vorhaben, deren Folgen für die Beschäftigten und das weitere Umfeld sowie über die Gegenvorstellungen (Forderungen) des Betriebsrates informiert sind.

Schon die Informationsbeschaffung, insbesondere aber die Informationsweitergabe, muß deshalb so angelegt sein, daß den potentiellen Mitstreitern die Problemsichten des Betriebsrates einleuchten, die Forderungen für die Arbeitnehmer notwendig und machbar und die Kritik an der Unternehmenspolitik plausibel erscheinen. Den Unternehmer schützt vor allzuviel Einsicht in Arbeitnehmerargumente und Betriebsrats-Informationen die Erwartung von Gewinneinbußen gerade durch Zugeständnisse an die Beschäftigten. Deshalb versucht er umgekehrt das Feld (und die gleichen Zielgruppen) mit seiner Informationspolitik besser zu bearbeiten als der Betriebsrat. Übersicht 3 illustriert diesen wichtigen informationspolitischen Zusammenhang.

Der »Kampf um die Köpfe« setzt Maßstäbe für die Qualität der Informationsarbeit des Betriebsrates. Es kommt darauf an, eigenständige Aktivitäten der Informationsbeschaffung, -verarbeitung und -weitergabe zu entwikkeln. Die Politik des Betriebsrates wird von der Belegschaft erst dann aufgegriffen, wenn sie deren Nutzen und Wert für ihre Belange erkennen kann.

Der Betriebsrat muß eine offensive Informationspolitik betreiben. Er braucht dazu Informationen, die

- präzise über die jetzige und zukünftige Interessenlage der Beschäftigten aufklären,
- sofort verständlich sind,
- sich von der Form her zur reibungslosen Weitergabe eignen.

Auch ein anderer Aspekt spricht für eine solche offensive Informationspolitik der Interessenvertretung: Wie aus vielen Betrieben zu hören ist, erwarten die Beschäftigten von dem von ihnen gewählten Betriebsrat mehr

Übersicht 3

Zielgruppen der Informationspolitik von Betriebsrat und Unternehmer

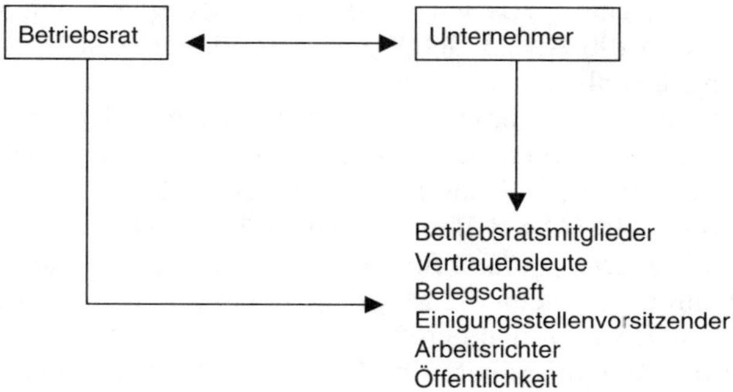

Der Austausch von Argumenten und Informationen zwischen Betriebsrat und Unternehmer ist meist nur ein Schaukampf. Entscheidend ist: Wie wirkt das Argument, die Information auf die politisch einschaltbaren Kräfte? Hat der Betriebsrat dieses Feld gut bestellt, nimmt allerdings seine »Überzeugungskraft« auch auf den Unternehmer zu.

Transparenz seiner Arbeit, mehr Diskussionen, letztlich auch mehr Einflußmöglichkeiten. Kritisiert werden meist nicht so sehr die Entscheidungen und Regelungen selbst als ihr Zustandekommen. Gelingt es in der Interessenvertretung, Unternehmenspolitik *und* Betriebsratsarbeit durchschaubar darzustellen, wächst die Bereitschaft der Kollegen, »sich in ihre Angelegenheiten einzumischen«.

Interessenvertretung wird erfolgreicher, wenn sie sich auf eine mobilisierte und aktionsbereite Belegschaft stützen kann. Informationsarbeit ist dazu lediglich eine Voraussetzung, aber eine unerläßliche. So gesehen sind Informationen nicht alles, aber ohne Informationen ist alles nichts! Das gilt besonders angesichts der Betriebsverfassung, die ja bestenfalls eine mittelbare Einflußnahme auf die wirtschaftlichen Entscheidungen zuläßt. Mitbestimmungsmöglichkeiten sind nur dann wahrzunehmen, wenn hierüber wenigstens rechtzeitig umfassende Informationen vorliegen und der Betriebsrat qualifiziert genug ist, diese interessengerechten Informationen auch zu verarbeiten und weiterzugeben.

2.2 Der Wirtschaftsausschuß als zentrale Informationsschaltstelle

Der WA kann in der oben skizzierten Informationsarbeit der Interessenvertretung eine wichtige Rolle spielen, da er – selbst im Vergleich mit dem

Aufsichtsrat[1] – mit weitgehenden Informations- und Beratungsrechten ausgestattet ist: Nach § 106 Abs.s 1 BetrVG hat der WA die Aufgabe, wirtschaftliche Angelegenheiten mit dem Unternehmer zu beraten und den Betriebsrat zu unterrichten. Als wirtschaftliche Angelegenheiten werden dabei entsprechend § 106 Abs. 3 BetrVG insbesondere die in Übersicht 4 aufgelisteten Angelegenheiten angesehen, wobei hervorzuheben ist, daß diese Aufzählung nicht erschöpfend ist, sondern auch andere nicht ausdrücklich genannten Angelegenheiten zu den Informations- und Beratungsgegenständen zählen können. Besonders wichtig ist in diesem Zusammenhang Ziffer 10 von § 106 Abs. 3 BetrVG, weil sie dem Unternehmer eine *Informations- und Beratungspflicht* für alle Vorgänge und geplanten Vorhaben schon dann auferlegt, wenn die Möglichkeit besteht, daß sie die Interessen der Belegschaft wesentlich berühren können. Der Unternehmer muß also auch dann den WA informieren und sich mit ihm beraten, wenn die Auswirkungen seiner geplanten Maßnahmen auf die Beschäftigten tatsächlich oder angeblich noch nicht feststehen. Ob die denkbaren Auswirkungen auf die Interessen der Belegschaft dabei positiv oder negativ sind, ist für die Informations- und Beratungspflicht unerheblich.

Nach § 106 Abs. 2 BetrVG hat der Unternehmer in diesem Zusammenhang die Pflicht, den WA rechtzeitig und umfassend zu informieren, soweit dadurch Geschäftsheimnisse nicht gefährdet werden. Kommt der Unternehmer seiner Pflicht nach rechtzeitiger und umfassender Information nicht oder nur unvollständig nach, so kann der BR nach § 109 BetrVG die Einigungsstelle einschalten.

Die Unterrichtung und Beratung ist nach der Rechtsprechung und der allgemeinen Meinung in der Literatur dann *rechtzeitig,* wenn sie nicht erst nach dem Entschluß des Unternehmers, eine Maßnahme durchzuführen, sondern schon so frühzeitig im Planungsstadium erfolgt, daß der BR noch in betriebswirtschaftlich sinnvoller Weise auf die Planung des Unternehmers einwirken kann.

Umfassende Information bedeutet einerseits, daß der Unternehmer unter Vorlage aller Unterlagen informiert, die er selbst zur Grundlage seiner Planung macht. Sie ist andererseits nur gewährleistet, wenn dem WA die in Aussicht genommenen Alternativen und die möglichen Auswirkungen auf die Beschäftigten dargestellt werden.

Die Unterrichtung im WA hat nach § 106 Abs. 2 BetrVG unter Vorlage der erforderlichen Unterlagen zu erfolgen. Dabei haben nach § 108 Abs. 3

1 Siehe: *Bamberg, U. u.a.,* Aber ob die Karten voll ausgereizt sind . . ., 10 Jahre Mitbestimmungsgesetz 1976 in der Bilanz, Köln 1987.

Übersicht 4

Wirtschaftliche Angelegenheiten gemäß § 106 Abs. 3 BetrVG

- wirtschaftliche und finanzielle Lage des Unternehmens
- Produktions- und Absatzlage
- Produktions- und Investitionsprogramm
- Rationalisierungsvorhaben
- Fabrikations- und Arbeitsmethoden, insbesondere die Einführung neuer Arbeitsmethoden
- Einschränkung oder Stillegung von Betrieben oder von Betriebsteilen
- Verlegung von Betrieben oder Betriebsteilen
- Zusammenschluß oder die Spaltung von Unternehmen oder Betrieben
- Änderung der Betriebsorganisation oder des Betriebszwecks
- sonstige Vorgänge und Vorhaben, welche die Interessen der Arbeitnehmer des Unternehmens wesentlich berühren können.

BetrVG die WA-Mitglieder das Recht, in die vorzulegenden Unterlagen Einsicht zu nehmen und sich Notizen zu machen. Insbesondere umfangreiche Unterlagen sind den WA-Mitgliedern für eine gründliche Vorbereitung auch schon vor der WA-Sitzung zumindest zeitweise zu überlassen, damit der WA seine Beratungsaufgaben sinnvoll wahrnehmen kann.

Schon aus dieser knappen Darstellung wird deutlich, daß die Interessenvertretung den WA im Rahmen ihrer Gesamtstrategie als zentrales Gremium ihrer Informationsarbeit nutzen kann. Der WA sollte dabei die folgenden Funktionen wahrnehmen:

- Da der WA nach herrschender Auffassung jeweils als erstes Interessenvertretungsgremium über anstehende Maßnahmen und Planungen zu informieren ist, kann er am besten als *Frühwarninstrument* der Interessenvertretung eingesetzt werden.
- Da der WA unabhängig von konkreten Mitbestimmungstatbeständen über die wirtschaftlichen Angelegenheiten des Unternehmens zu informieren ist, eignet er sich besonders als *Informationsbeschaffungsinstrument.* Gegenstand der dabei zu beschaffenden Informationen sollte neben dem Frühwarncharakter die spätere Verwendung der Informationen zur Überzeugung der potentiellen Mitstreiter sein.
- Da der Unternehmer gemäß § 106 Abs. 2 BetrVG im WA die Auswirkungen der wirtschaftlichen Angelegenheiten auf die Personalplanung darzulegen hat, eignet sich der WA als *Beratungsinstrument,* um auf die

Unternehmenspolitik und -planung im Hinblick auf die Arbeitnehmerinteressen Einfluß auszuüben.

– Da der WA gegenüber dem BR eine Unterrichtungspflicht hat, kann der WA auch als *zentrale Informationsschaltstelle* der Interessenvertretung eingesetzt werden.

Der WA sollte deshalb zum verlängerten Arm des BR bzw. des GBR gemacht werden, indem insbesondere die Auswirkungen zukünftiger Maßnahmen des Unternehmers auf die Beschäftigten abgefragt und mit dem Unternehmer beraten werden. Gelingt es der Interessenvertretung, über einen in dieser Weise als »Frühwarninstrument« eingesetzten WA frühzeitig Einblick in die Planungen des Unternehmers zu gewinnen, so wachsen in der Regel die Möglichkeiten, negative Entwicklungen für die Arbeitnehmer zu verhindern oder zumindest abzumildern und möglicherweise auch Verbesserungen für die Beschäftigten durchzusetzen.

Dazu ist es notwendig, daß die Beratungsmöglichkeiten im WA genutzt werden. Zwar können die Vorstellungen der Interessenvertretung über die zukünftige Entwicklung des Unternehmens und damit auch der Arbeitnehmerinteressen im WA rechtlich gesehen nicht durchgesetzt werden, da in wirtschaftlichen Angelegenheiten eben keine erzwingbaren Mitbestimmungsrechte bestehen. Bei der Beratung zukünftiger Maßnahmen sollte aber schon im WA deutlich gemacht werden, daß die Interessenvertretung bestimmte, erkennbar negative Auswirkungen nicht ohne weiteres hinnehmen, sondern von ihren erst bei der Umsetzung der geplanten Maßnahmen greifenden Mitbestimmungsrechten in personellen und sozialen Angelegenheiten Gebrauch machen wird.

Plant der Unternehmer beispielsweise den Einsatz neuer Maschinen, die mit höheren Qualifikationsanforderungen verbunden sind, so kann der WA schon bei den Beratungen deutlich machen, daß der BR sicherlich Neueinstellungen nicht zustimmen wird, wenn gleichzeitig Beschäftigte entlassen werden sollen, weil sie den neuen Qualifikationsanforderungen nicht mehr genügen. Der Unternehmer kann auf diese Weise frühzeitig dazu gebracht werden, die Investitionsmaßnahme mit einem entsprechenden Qualifizierungsprogramm zu verbinden.

Voraussetzung für eine solche Politik der Interessenvertretung ist natürlich eine personelle Verzahnung zwischen BR/GBR und WA sowie eine gute Abstimmung zwischen beiden Gremien, damit die Ankündigung der Ausschöpfung von erzwingbaren Mitbestimmungsrechten, die erst in Zukunft greifen, dem Unternehmer auch glaubhaft gemacht werden kann.

Neben der Frühwarnfunktion kann dem WA vom BR auch die Aufgabe gestellt werden, wirtschaftliche Informationen vom Unternehmer abzufragen, mit denen die Machbarkeit bestimmter Forderungen der Arbeitnehmervertretung nachgewiesen werden kann. So scheitern beispielsweise die Forderungen nach einer Verbesserung der Arbeitsbedingungen (z.B. der Einbau von Schallschutzvorrichtungen) häufig an der Behauptung des Arbeitgebers, dafür sei kein Geld vorhanden. Hier ist es Aufgabe des WA, durch die Beschaffung geeigneter ökonomischer Informationen (vgl. dazu im einzelnen: Kap. 4–6) die Behauptung des Unternehmers zu überprüfen und möglicherweise die Finanzierbarkeit der Forderungen zu belegen. In einem anderen Fall lehnt der Arbeitgeber beispielsweise die Forderung des BR nach Abbau von Überstunden bei gleichzeitig vorzunehmenden Neueinstellungen mit der Begründung ab, die Überstunden seien unvorhersehbar und fielen zu unregelmäßig an. In diesem Fall können möglicherweise detaillierte Unterlagen aus dem WA über geplante Umsätze, Auftragslage, Fehlzeiten und Überstunden das Gegenteil beweisen.

2.3 Welche Informationen braucht die Interessenvertretung?

Soll der WA in dem oben beschriebenen Sinn zur zentralen Informationsschaltstelle der Interessenvertretung werden, so muß festgelegt werden, welche Daten und Unterlagen beschafft, verarbeitet und weitergegeben werden sollen. Dies wird sich zwar jeweils nur in Abhängigkeit vom jeweiligen Unternehmen bzw. Betrieb festlegen lassen, allerdings lassen sich einige allgemeine Überlegungen zu dieser Frage anstellen.

Würde der WA tatsächlich alle Daten und Unterlagen anfordern, über die der Unternehmer verfügt, so würde er mit Sicherheit in einer Datenflut ertrinken, ohne das Wichtige vom Unwichtigen trennen zu können. Daten und Unterlagen des Unternehmers werden also nur dann zu Informationen für die Interessenvertretung, wenn sie auf den Zweck der Interessenvertretungsarbeit bezogen sind.

Fragt man Betriebsräte nach dem Zweck ihrer Arbeit, bekommt man schnell die Anwort: »Die Interessen der Kollegen vertreten.« Fragt man weiter, was das genauer heißt, ist übereinstimmend zu erfahren:

Sie wollen

- Arbeitsplätze erhalten, neue einrichten;
- Einkommen sichern und möglichst erhöhen, für eine »gerechte« Einkommensfindung und -verteilung sorgen;
- Belastungen, Unfälle, Krankheiten am Arbeitsplatz verhindern, die Arbeit menschengerecht gestalten;

- Arbeitszeit verkürzen und den Arbeitseinsatz bedürfnisgerecht regulieren;
- die Ausbildungssituation und die Weiterbildungsmöglichkeiten verbessern;
- Sozialeinrichtungen einführen, verbessern bzw. ihren Bestand schützen;
- schädliche Auswirkungen der Produktion auf die Umwelt vermeiden.

Häufig folgt noch der Hinweis auf die schwierigen Rahmenbedingungen, unter denen Interessenvertretungsarbeit stattfindet: »Um dies alles zu erreichen, muß die Unternehmenspolitik beeinflußt werden. Aber wir haben zu wenig Mitbestimmungsrechte und kriegen kaum brauchbare Informationen!«

Die zu beschaffenden Daten und Unterlagen müssen deshalb

1. direkte Aussagen über die gegenwärtigen und zukünftigen Interessenlagen der Beschäftigten enthalten oder aber im Hinblick darauf auswertbar sein und
2. gegenüber der Belegschaft und den potentiellen Mitstreitern nach Möglichkeit als Beleg dafür geeignet sein, daß die Forderungen der Interessenvertretung wirtschaftlich vertretbar – insbesondere finanzierbar sind.

3. Der Wirtschaftsausschuß wird gebildet – worauf ist zu achten?

3.1 Der Wirtschaftsausschuß: Nur etwas für große Unternehmen?

3.1.1 Voraussetzungen zur Errichtung eines Wirtschaftsausschusses

Nach § 106 Abs. 1 BetrVG ist ein WA in Unternehmen mit in der Regel mehr als 100 ständig Beschäftigten zu bilden. Der WA wird somit nicht auf der Betriebs-, sondern auf der Unternehmensebene eingerichtet. Zum besseren Verständnis der weiteren Darstellungen muß deshalb zunächst das Verhältnis von Betrieb und Unternehmen bestimmt werden.

Unter einem Betrieb wird die arbeitstechnische Einheit zur Erstellung von Gütern und Dienstleistungen verstanden. Ein Unternehmen stellt dagegen eine wirtschaftliche Einheit dar. Es bildet den rechtlichen Mantel für einen oder mehrere Betriebe. Im Rechtsverkehr nach außen, also z.B. mit Kunden, Lieferanten oder Geldgebern, tritt das Unternehmen und nicht der Betrieb auf. Nach innen werden auf Unternehmensebene die wesentlichen unternehmerischen Entscheidungen getroffen, bei denen die Interessenvertretung lediglich Informations- und Beratungsrechte, aber keine tatsächlichen Mitbestimmungsrechte besitzt. Die Umsetzung der unternehmerischen Entscheidungen erfolgt auf Betriebsebene und führt dort zu (häufig negativen) Auswirkungen bei den Beschäftigten. Erst auf dieser betrieblichen Ebene greifen dann die zum Teil über die Einigungstelle durchsetzbaren Mitbestimmungsrechte des Betriebsrats in sozialen und personellen Fragen sowie bei der Gestaltung der Arbeit.

Besteht das Unternehmen – wie in Übersicht 5 – nur aus einem Betrieb (Einbetriebsunternehmen), so wird der Unterschied zwischen der Unternehmens- und Betriebsebene in der praktischen Arbeit von BR und WA kaum erkennbar, da Betriebsleitung und Unternehmer meist personell identisch sind, so daß BR und WA mit denselben Personen verhandeln.

Setzt sich das Unternehmen dagegen – wie in Übersicht 6 – aus mehreren Betrieben zusammen (Mehrbetriebsunternehmen), wird die Trennung zwi-

Übersicht 5

Einbetriebsunternehmen

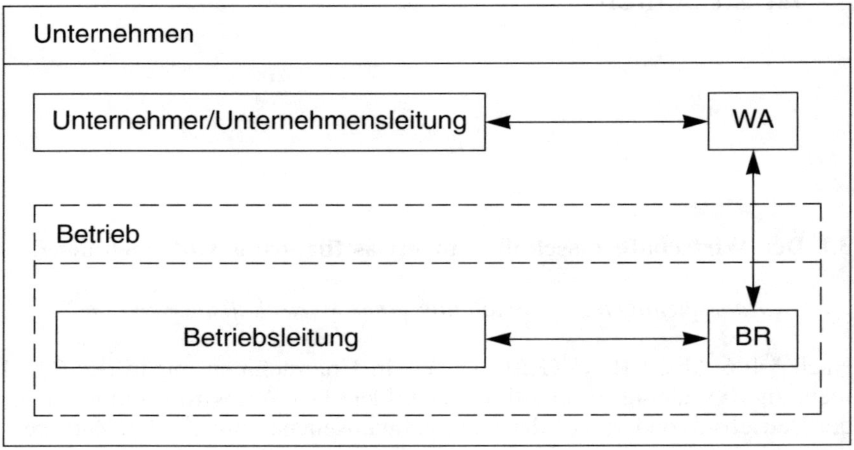

Übersicht 6

Mehrbetriebsunternehmen

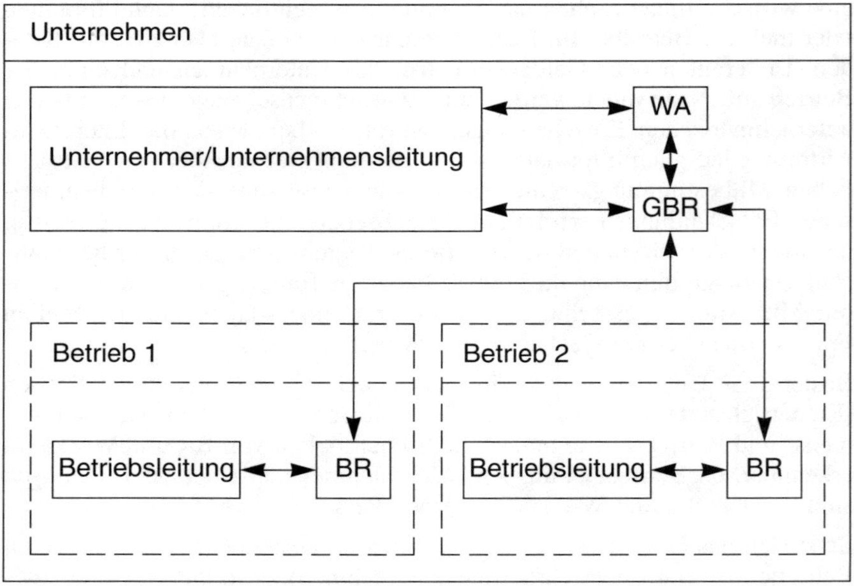

schen Unternehmens- und Betriebsebene auch nach außen deutlich. Ansprechpartner für die BR sind die örtlichen Betriebsleitungen, während der WA mit der übergeordneten Unternehmensleitung verhandelt.

Besteht das Unternehmen nur aus einem Betrieb, setzt der BR den WA ein. Besteht das Unternehmen aus mehreren Betrieben, wird der WA vom GBR eingerichtet (§ 107 Abs. 2 BetrVG). (Ausnahme: Existiert in einem Mehrbetriebsunternehmen kein GBR, weil nur in *einem* Betrieb ein BR gebildet wurde, so kann dieser BR für das gesamte Unternehmen einen WA einrichten.) besteht in keinem der Betriebe des Unternehmens ein BR, so kann auch kein WA gebildet werden.

Voraussetzung für die Bildung eines WA ist, daß in allen Betrieben des Unternehmens in der Regel mindestens 101 Arbeitnehmer ständig beschäftigt werden. In Unternehmen, deren Beschäftigtenzahl in der Nähe dieser Grenze liegt, kann es Zweifel geben, ob die Errichtung eines WA zulässig ist. Grundsätzlich gelten folgende Bedingungen:

- Zu berücksichtigen sind die Arbeitnehmer (einschließlich der Auszubildenden) aller Betriebe gemäß § 5 Abs. 1 BetrVG, unabhängig davon, ob in dem jeweiligen Betrieb ein BR errichtet ist und ob die Arbeitnehmer wahlberechtigt sind. Nicht zu berücksichtigen sind die Arbeitnehmer aus Tochter- oder Mutterunternehmen. Umstritten ist, ob auch Arbeitnehmer ausländischer Betriebe eines inländischen Unternehmens mitzuzählen sind.

- Als ständig Beschäftigte gelten in jedem Fall alle Arbeitnehmer mit unbefristeten Verträgen, unabhängig davon, ob es sich um Vollzeit- oder Teilzeitbeschäftigte handelt. Allerdings sind auch Beschäftigte mit befristeten Verträgen zu berücksichtigen, wenn die von ihnen erledigten Arbeiten Dauerarbeiten darstellen.

- Vorübergehende Erhöhungen oder Verminderungen der Beschäftigtenzahl sollen unberücksichtigt bleiben. Dazu bedarf es eines Rückblicks und einer Prognose der zukünftigen Entwicklung, wobei die Prognose nicht lediglich auf Befürchtungen oder Hoffnungen, sondern nur auf Entscheidungen des Arbeitgebers gegründet werden sollte. Werden in einem solchen Rückblick bzw. in einer entsprechenden Prognose in mindestens sechs Monaten eines Jahres mehr als 100 Arbeitnehmer beschäftigt, so kann ein WA errichtet werden, auch wenn der rechnerische Durchschnitt unter 101 liegt.

Im Zweifelsfall sollte der (G)BR deshalb eine Übersicht über alle Beschäftigungsverhältnisse aufstellen, aus der die monatliche Zahl der Beschäftigten mindestens für das letzte Jahr ersichtlich ist. Bestreitet der Arbeitgeber die Zulässigkeit der Bildung eines WA, so sollte sich der (G)BR mit der zuständigen Gewerkschaft oder einem Rechtsanwalt in Verbindung setzen. Gemeinsam kann dann entschieden werden, ob die Anrufung des Arbeitsgerichts zur Klärung der Streitfrage erfolgen soll.

Wenn die Zahl der Beschäftigten zwar eindeutig unter 101 liegt oder wenn diese Grenze durch Personalabbau erstmalig unterschritten wird, sollte der BR versuchen, mit dem Arbeitgeber eine freiwillige Betriebsvereinbarung über die Bildung eines WA abzuschließen, in der die Regelungen der §§ 106–110 BetrVG nach Möglichkeit vollständig übernommen werden. Gelingt der Abschluß einer solchen Vereinbarung nicht, so kann der BR auf der Basis von § 80 Abs. 2 BetrVG entsprechende Informationen wie der WA anfordern. Allerdings muß der BR in diesem Fall sein Informationsbegehren mit konkreten, von ihm wahrzunehmenden Aufgaben begründen. In jedem Fall aber sollte der BR das Recht zur Abstimmung des vom Arbeitgeber der Belegschaft vorzulegenden Vierteljahresberichts gemäß § 110 Abs. 2 BetrVG nutzen, um möglichst viele Informationen zu erhalten.

Sonderfälle

a. Sind mehrere Unternehmen zu einem *Konzern* verbunden, so ist in jedem Unternehmen, in dem die obengenannten Voraussetzungen erfüllt sind, ein WA zu bilden. Da wesentliche wirtschaftliche Entscheidungen jedoch häufig nicht in den einzelnen Unternehmen, sondern in der Konzernspitze getroffen werden, sollte der KBR versuchen, einen Konzern-WA zu errichten. Zwar hat das BAG dem KBR den Rechtsanspruch auf die Bildung eines KWA abgesprochen (vgl. den heftig umstrittenen BAG-Beschluß vom 23. 8. 1989), allerdings ist die Errichtung eines KWA auf der Basis einer freiwilligen Betriebsvereinbarung zwischen KBR und Konzernleitung möglich.

b. In *Tendenzunternehmen* gemäß § 118 BetrVG kann die Errichtung eines WA vom (G)BR ebenfalls nicht erzwungen werden. Allerdings sollte auch in diesem Falle versucht werden, mit der Unternehmensleitung eine freiwillige Betriebsvereinbarung über die Errichtung eines WA zu beschließen.

c. Handelt es sich um ein *ausländisches Unternehmen,* so ist zumindest für alle inländischen Betriebe ein WA zu errichten, wenn wenigstens in einem der inländischen Betriebe ein BR existiert und in der Regel mehr als 100 Arbeitnehmer ständig beschäftigt werden (vgl. BAG-Beschluß vom 1. 10. 1974 und 31. 10. 1975).

d. Bilden mehrere Unternehmen einen *Gemeinschaftsbetrieb,* so kann für diesen Gemeinschaftsbetrieb ein WA errichtet werden (vgl. BAG-Beschluß vom 1.8.1990), wenn im Gemeinschaftsbetrieb mehr als 100 Arbeitnehmer beschäftigt werden, selbst wenn bei keinem der den Gemeinschaftsbetrieb führenden Unternehmen die Beschäftigtenzahl von 100 überschritten wird.

e. In Unternehmen der *Seeschiffahrt* erfolgt die Errichtung eines WA durch den See-BR oder – falls auch ein Land-BR existiert – durch den GBR.

f. In Unternehmen der *Luftfahrt* wird der WA vom BR des Bodenbetriebes bzw. dem GBR der Bodenbetriebe errichtet. Strittig ist, ob die Arbeitnehmer des Luftbetriebes bei der Ermittlung der ständig beschäftigten Arbeitnehmer mitzuzählen sind.

3.1.2 Errichtungspflicht

Die Errichtung eines WA ist übrigens eine *Pflicht* des BR bzw. des GBR. Um so erstaunlicher ist die Tatsache, daß es immer noch eine beträchtliche Zahl von WA-fähigen Unternehmen (in unserer Untersuchung etwa 25 %) gibt, in denen ein WA bisher nicht gebildet wurde. Es sind überwiegend die Betriebsräte von kleineren Unternehmen (ohne freigestelltes BR-Mitglied), die auf die Einrichtung eines WA verzichten. Als Begründung für diesen Verzicht wird oft angegeben

- die angeblich geringe Bedeutung der im WA beschafften Informationen für die Betriebsratstätigkeit
- die zu große zeitliche Belastung durch einen weiteren Ausschuß,
- das Fehlen geeigneter Personen, die in den WA entsandt werden könnten.

Alle drei Argumente können nicht überzeugen: Gerade die über den WA beschafften Informationen sind für eine langfristig orientierte BR-Arbeit unverzichtbar. Sollte der Unternehmer die Bildung eines WA zu verhindern suchen, so sollte der BR ihn darauf hinweisen, daß er damit gegen seine Verpflichtung aus dem BetrVG in grober Weise verstößt.

Wichtiger dürfte es in diesem Zusammenhang sein, die Belegschaft von der Notwendigkeit und Nützlichkeit eines WA zu überzeugen.

Häufig wird auch argumentiert, in einem kleinen Unternehmen brauche man keinen WA, da der BR bei seinen Verhandlungen ohnehin dem Unternehmer in seiner Arbeitgeberfunktion gegenübersitze und so schon alle wichtigen Informationen für seine Arbeit erhalte. Dies ist allerdings nur bedingt richtig: Zwar hat auch der BR das Recht, vom Arbeitgeber wirtschaftliche Informationen abzufordern, allerdings muß er jeweils deutlich machen, daß die Information zur Wahrnehmung eines bestimmten Mitbestimmungsrechts benötigt wird. Den WA dagegen muß der Unternehmer auch schon ohne Vorliegen konkreter Mitbestimmungstatbestände von sich aus informieren, wenn die Interessen der Belegschaft berührt sein könnten. Tatsächlich ist deshalb der wirtschaftliche Informationsstand der Interessenvertreter in Unternehmen ohne WA erfahrungsgemäß schlechter als in vergleichbaren Unternehmen mit WA. Die BR von kleineren Unternehmen sollten deshalb nicht auf die Einrichtung eines WA verzichten.

3.2 Der Wirtschaftsausschuß: Tummelplatz nur für Wirtschaftsexperten?

Hat der (G)BR die Einrichtung eines WA beschlossen, so sind im nächsten Schritt die Mitglieder des WA zu benennen. Damit wird zugleich die Größe und Zusammensetzung des WA festgelegt.

3.2.1 Zusammensetzung des Wirtschaftsausschusses

Nach § 107 Abs. 1 BetrVG müssen die WA-Mitglieder dem Unternehmen angehören. Außerdem muß mindestens ein BR-Mitglied im WA vertreten sein. Es ist jedoch zu empfehlen, in den WA vorrangig BR-Mitglieder zu entsenden, damit der WA seine Aufgabe als verlängerter Arm des BR erfüllen kann. Dafür sprechen mehrere Gründe:

- Die inhaltliche Verknüpfung von WA- und BR/GBR-Arbeit wird verbessert.
- Die Informationsverluste zwischen WA und BR/GBR können vermindert werden.
- Die Konfliktfähigkeit des WA steigt, da WA-Mitglieder, die nicht zugleich BR-Mitglieder sind, zwar auch unter das Benachteiligungsverbot nach § 78 BetrVG fallen, jedoch nicht den besonderen Kündigungsschutz nach § 15 KSchG genießen.

In besonderen Fällen kann es jedoch sinnvoll sein, auch mehrere Nicht-BR-Mitglieder in den WA zu entsenden. Dadurch kann z.B. in Kleinunternehmen, in denen der BR nur aus 5 oder 7 Mitgliedern besteht, die Interessenvertretungsmannschaft vergrößert werden. Voraussetzung ist, daß genügend interessierte Kolleginnen und Kollegen, die den im folgenden beschriebenen Anforderungen genügen, zur Verfügung stehen. Diese können dann mit einer konkreten Aufgabe dauerhaft in die Interessenvertretungsarbeit eingebunden werden, so daß sich die Arbeit des BR auf mehr Schultern verteilen läßt.

Während bei Einbetriebsunternehmen darauf geachtet werden sollte, daß die wichtigsten Abteilungen im WA vertreten sind, ist es bei Mehrbetriebsunternehmen von besonderer Bedeutung, möglichst aus jedem größeren Betrieb ein Mitglied in den WA zu entsenden. Dadurch können schon auf den WA-Sitzungen die Auswirkungen wirtschaftlicher Entscheidungen auf die betroffenen Abteilungen und Betriebe besser erfragt und beraten werden. Außerdem erleichtert eine solche WA-Zusammensetzung in Mehrbetriebsunternehmen die Zusammenarbeit zwischen WA und den einzelnen Betriebsräten.

Auch in größeren Mehrbetriebsunternehmen kann deshalb die Entsendung von Nicht-BR-Mitgliedern in den WA sinnvoll sein, wenn dadurch auch Betriebe, die an der Errichtung des WA nicht beteiligt waren, im WA vertreten sind. Zu denken ist z.B. an Betriebe, in denen kein BR existiert, an ausländische Betriebe eines inländischen Unternehmens oder an den Luftbetrieb eines Luftfahrtunternehmens. Voraussetzung für die Entsendbarkeit solcher Personen ist jedoch, daß sie Arbeitnehmer des Unternehmens sind, für das der WA errichtet werden soll. Arbeitnehmer aus anderen Konzernunternehmen können deshalb nicht in den WA entsandt werden.

3.2.2 Qualifikationsanforderungen an Wirtschaftsausschuß-Mitglieder

Neben den Überlegungen zur Zusammensetzung des WA spielen auch die erforderlichen Qualifikationen der zu bestellenden WA-Mitglieder eine wichtige Rolle bei der Errichtung des WA. In kleinen Unternehmen führt zudem der angebliche Mangel an qualifizierten Kandidaten häufig zu einem nur aus wenigen Mitgliedern bestehenden WA oder sogar zum gänzlichen Verzicht auf seine Bildung. Gerade deshalb empfehlen wir, bei der Auswahl der WA-Mitglieder nicht zu hohe fachliche Anforderungen zu stellen; schließlich kann jedes neue WA-Mitglied durch die Arbeit im WA und besonders durch den Besuch entsprechender Schulungen dazulernen. Der (G)BR sollte deshalb bei der Bestellung der WA-Mitglieder von folgenden Grundsätzen ausgehen:

- Als erster Grundsatsz sollte gelten, nur *gewerkschaftlich organisierte* Kollegen/innen in den WA zu entsenden, da nur so eine Einordnung des WA in die gewerkschaftliche Betriebspolitik gelingen kann.
- WA-Mitglieder sollten über *genügend Betriebserfahrung* verfügen, um die Zusammenhänge zwischen den wirtschaftlichen Entscheidungen und ihren Auswirkungen auf die Belegschaft erkennen zu können.
- WA-Mitglieder sollten über *Erfahrungen in der Interessenvertretungsar-*

beit verfügen, um die Bedeutung der vom WA an den (G)BR weiterzugebenden Informationen für die Betriebsratsarbeit erkennen und die Beratungen mit dem Unternehmer im Sinne des (G)BR führen zu können.

- Die zu benennenden WA-Mitglieder sollten Interesse für die Materie sowie ihre *Bereitschaft zur Weiterqualifikation* erkennen lassen, um sich möglicherweise noch fehlendes Wissen anzueignen und vorhandene Kenntnisse aufzufrischen.
- Die WA-Mitglieder sollten über die notwendige *Konfliktfähigkeit und -bereitschaft* verfügen, da die Durchsetzung der Informations- und Beratungsrechte im WA erfahrungsgemäß große Hartnäckigkeit erfordert.

Gefragt sind also WA-Mitglieder, die fest in die Arbeit der Interessenvertretung eingebunden werden können. Geht der BR/GBR bei der Auswahl nach diesen Grundsätzen vor, so wird in aller Regel die nach § 107 Abs. 1 BetrVG geforderte fachliche und persönliche Eignung vorliegen.

Häufig wird auch die Forderung erhoben, vor allem kaufmännisch vorgebildete Angestellte in den WA zu entsenden. Diese Ansicht wird mit einer Entscheidung des BAG begründet, nach der WA-Mitglieder in der Regel fähig sein sollten, den Jahresabschluß anhand der gegebenen Erläuterungen zu verstehen und gezielte Fragen stellen zu können (BAG vom 18. 7. 1978). Wir raten aus folgenden Gründen von einer solchen einseitig auf die kaufmännische Qualifikation ausgerichteten Auswahlentscheidung ab:

a. Die Entgegennahme des zu erläuternden Jahresabschlusses stellt nur eine von vielen Aufgaben des WA dar. Wollte man auch bezüglich der im WA zu beratenden wirtschaftlichen Angelegenheiten nach § 106 Abs. 3 BetrVG entsprechende Fachkenntnisse bei den WA-Mitgliedern voraussetzen, so würden nur noch umfassend betriebswirtschaftlich vorgebildete Kandidaten in Frage kommen.

b. Schließlich wird verkannt, daß wirtschaftliche Kenntnisse, wie sie im Rahmen einer kaufmännischen Berufs- oder Hochschulausbildung vermittelt werden, für eine an den Interessen der Beschäftigten orientierte WA-Arbeit in der Regel nicht ausreichen. Sie mögen bestenfalls dazu dienen, mit dem Unternehmer über den richtigen Bilanzansatz zu diskutieren oder sich in einer quasi »kampffreien Zone« die (angeblichen) Sachzwänge wirtschaftlicher Entscheidungen erläutern zu lassen.

Diese Überlegungen dürfen allerdings nicht so interpretiert werden, kaufmännisch vorgebildete Kollegen/innen möglichst aus dem WA fernzuhalten. Im Gegenteil können WA-Mitglieder, die nicht nur die obigen Anforderungen erfüllen, sondern zusätzlich auch über betriebswirtschaftliche Kenntnisse verfügen, für die Ausschußarbeit sehr hilfreich sein. Denn sie werden sich vom Unternehmer nicht durch dessen »BWL-Chinesisch« verwirren und durch mögliche betriebswirtschaftlich garnierte Scheinargumente hinters Licht führen lassen. Kaufmännische Vorkenntnisse können deshalb als zusätzliches Auswahlkriterium herangezogen werden, wenn es genügend Kandidaten für den WA gibt, die den obigen Anforderungen genügen.

Leider kommt es gelegentlich vor, daß Unternehmer auf die Zusammensetzung des WA Einfluß zu nehmen versuchen, indem unter Hinweis auf das genannte BAG-Urteil die fachliche Eignung einzelner WA-Mitglieder bezweifelt wird. Der BR sollte in einer solchen Situation gegenüber dem Unternehmer (und natürlich auch gegenüber der Belegschaft) klarstellen, daß die Entscheidung über die Benennung von WA-Mitgliedern und damit auch über das Vorliegen der erforderlichen Eignung ausschließlich bei der Arbeitnehmervertretung liegt. Zugleich kann der Spieß auch umgedreht werden, indem die vom Unternehmer beanstandeten WA-Mitglieder zu einer entsprechenden Schulung angemeldet werden. Zumindest den WA-Mitgliedern, die zugleich BR-Mitglieder sind, kann eine solche Schulung nach § 37 Abs. 6 BetrVG nicht verwehrt werden (vgl. dazu auch Abschn. 3.5). Verschärft der Unternehmer eine solche Situation zusätzlich durch die Weigerung, seinen Informations- und Beratungsrechten nachzukommen – solange seinen Bedenken bezüglich der WA-Zusammensetzung nicht entsprochen wurde –, so sollte der (G)BR die in Kapitel 9 dargestellten Maßnahmen ergreifen.

3.2.3 Zahl der Wirtschaftsausschuß-Mitglieder

Nach § 107 Abs. 1 BetrVG besteht der WA aus drei bis sieben Mitgliedern. Obwohl somit die Mitgliederzahl nicht an die Größe des Unternehmens gebunden ist, hat sich gerade in kleineren Unternehmen die Praxis ergeben, die Maximalzahl von sieben Mitgliedern nicht auszuschöpfen. (Dies wird entweder mit bisherigem Brauch oder mit fehlenden qualifizierten Kandidaten begründet.) Wie schon dargestellt, liegen dem sehr oft falsche Vorstellungen über die fachlichen Anforderungen an WA-Mitglieder zugrunde. Außerdem wird durch eine geringe Mitgliederzahl die Gefahr erhöht, daß der WA zu einem exklusiven Zirkel wird, der sich von der BR-Arbeit abkoppelt.

Damit eine Arbeitsteilung im WA möglich wird und sich die WA-Mitglieder bei Auseinandersetzungen mit dem Unternehmer besser unterstützen können, sollte die Mitgliederzahl nicht an der gesetzlichen Untergrenze liegen. Zudem wird es damit oft auch erst möglich, den WA so zusammenzusetzen, daß Beschäftigte aus den verschiedenen Betrieben und/oder Abteilungen im WA vertreten sind. Wir empfehlen deshalb den WA auch in kleineren Unternehmen mit weniger als 300 Beschäftigten mit mindestens fünf Mitgliedern zu besetzen.

In Unternehmen, die sich aus vielen Betrieben zusammensetzen, kann es sinnvoll sein, die Zahl der der WA-Mitglieder auf mehr als sieben zu erhöhen, damit aus jedem Betrieb ein Mitglied im WA vertreten ist. Ist der Arbeitgeber nicht bereit, eine entsprechende freiwillige Vereinbarung zu treffen, so kann der (G)BR die Vorschrift des § 107 Abs. 3 BetrVG nutzen. Danach kann der (G)BR beschließen, die Aufgaben des WA einem Ausschuß des (G)BR zu übertragen. Die Höchstzahl der Mitglieder dieses (G)BR-Ausschusses darf die Mitgliederzahl des (Gesamt-)Betriebsausschusses zwar nicht übersteigen, jedoch können vom (G)BR in diesen Ausschuß weitere, nicht stimmberechtigte Arbeitnehmer entsandt werden. Die Zahl der nicht stimmberechtigten Ausschußmitglieder darf dabei nicht größer sein als die Zahl der stimmberechtigten Mitglieder. Damit ist es möglich, auch ohne Zustimmung des Unternehmers die Arbeit des WA von einem Ausschuß durchführen zu lassen, dessen Größe je nach Zahl der (G)BR-Mitglieder aus bis zu 22 Personen bestehen kann.

Sinnvoll kann es auch sein, Ersatzmitglieder zu benennen, um bei der Terminplanung einen größeren Spielraum zu erhalten und potentielle Nachfolger für spätere Amtsperioden an den WA heranzuführen. Je nach Bedarf können dabei entweder Ersatzmitglieder für jedes einzelne WA-Mitglied oder für das Gremium als gesamtes benannt werden. Der erste Weg bietet den Vorteil, daß die Vertretung von Betrieben und Abteilungen im WA auch bei Ausfall einzelner Mitglieder gesichert ist, während der zweite Weg demgegenüber zu einer geringeren Veränderung in der personellen Zusammensetzung des WA führt.

3.2.4 Amtszeit der Wirtschaftsausschuß-Mitglieder

Grundsätzlich werden die WA-Mitglieder für die Dauer der Amtszeit des WA bestellt. Wurde der WA vom BR errichtet, so ist die Amtszeit des WA an die Amtszeit des BR gekoppelt. Endet die Amtszeit des BR, so endet automatisch auch die Amtszeit des von ihm errichteten WA, ohne daß es eines entsprechenden Beschlusses bedarf. Der neugewählte BR sollte deshalb auf seiner konstituierenden Sitzung auch die neuen WA-Mitglieder benennen, um die Kontinuität der WA-Arbeit zu sichern.

Wurde der WA vom GBR errichtet, so endet seine Amtszeit gemäß § 107 Abs. 2 BetrVG zu dem Zeitpunkt, zu dem die Amtszeit der Mehrheit der

GBR-Mitglieder, die an der Errichtung des WA mitzuwirken berechtigt waren, abläuft. Der GBR sollte deshalb möglichst auf der diesem Termin folgenden GBR-Sitzung die neuen WA-Mitglieder bestimmen.

Allerdings kann der (G)BR gemäß § 107 Abs. 2 BetrVG auch zwischenzeitlich die WA-Mitglieder abberufen und durch neue ersetzen. Außerdem kann die Amtszeit einzelner WA-Mitglieder durch Rücktritt oder Beendigung des Arbeitsverhältnisses mit dem Unternehmen vorzeitig beendet werden. Scheidet dagegen ein BR-Mitglied aus dem (G)BR aus, so endet damit nicht automatisch seine Mitgliedschaft im WA.

3.3 Der Ansprechpartner des Wirtschaftsausschusses

Gesprächspartner des WA ist gemäß §§ 106 Abs. 2 und 108 Abs. 2 BetrVG der Unternehmer. Da ansonsten im BetrVG immer der Begriff des Arbeitgebers verwendet wird, soll hiermit deutlich gemacht werden, daß als Ansprechpartner des WA der Unternehmer nicht in seiner Funktion als Arbeitgeber, sondern in seiner Funktion als oberste wirtschaftliche Entscheidungsinstanz gemeint ist, in der alle Informationen zusammenlaufen und von der aus das Unternehmen gelenkt wird.

Mit dem Unternehmer hat der WA somit einen Ansprechpartner, der zwar insbesondere in Großunternehmen nicht über alle Details aus den einzelnen Betrieben und Abteilungen Bescheid weiß, der aber die für die zukünftige Entwicklung des Unternehmens – und damit auch für die Entwicklung der Belegschaft – maßgeblichen Entscheidungen trifft.

Bei Terminschwierigkeiten oder in Abhängigkeit vom Beratungsgegenstand kann der Unternehmer gemäß § 108 Abs. 2 zwar auch einen Stellvertreter zu den WA-Sitzungen entsenden, allerdings muß dieser Stellvertreter aufgrund seiner Stellung in der Unternehmenshierarchie bzw. durch erteilte Generalvollmacht oder Prokura über die entsprechenden Informationen und Vertretungskompetenzen verfügen.

3.4 Ordnung ist das halbe Leben: Vorschläge zur Organisation der Wirtschaftsausschußarbeit

Der WA kann die ihm zugedachte wichtige Rolle im Rahmen einer aktiven Informationspolitik der Interessenvertretung nur dann erfolgreich wahrnehmen, wenn es ihm gelingt, seine Arbeit möglichst effektiv zu organisieren.

Nach allen bisher vorliegenden Untersuchungen und Erfahrungen sind es insbesondere gravierende Mängel in der Organisation der WA-Arbeit, die dem Unternehmer einen erheblichen Einfluß auf den WA ermöglichen. Hierzu trägt sicher auch bei, daß rund 86 % der WA keine Geschäftsordnung haben. Aber auch dort, wo eine Geschäftsordnung existiert, ist sie nach unseren Erfahrungen den einzelnen Mitgliedern inhaltlich meist nicht bekannt, und es darf vermutet werden, daß die Bestimmungen der Geschäftsordnung vielfach auch nicht praktiziert werden.

Im folgenden werden wir eine Reihe praktischer Vorschläge für eine effiziente Organisation der WA-Arbeit vorstellen, wobei wir uns auf die nach unserer Erfahrung am häufigsten vorkommenden organisatorischen Mängel der WA-Arbeit konzentrieren. Die Ergebnisse dieses Abschnittes haben wir in einer Muster-Geschäftsordnung zusammengefaßt (vgl. Anhang 2, S. 288 ff.). Allerdings nutzt die beste Geschäftsordnung nichts, wenn die Bereitschaft fehlt, auch konsequent danach zu verfahren.

3.4.1 Wirtschaftsausschußsprecher: Organisator der Arbeit des Wirtschaftsausschusses und Ansprechpartner für den Unternehmer

Jeder WA benötigt, unabhängig von der Zahl seiner Mitglieder, einen Sprecher und einen Stellvertreter. Der WA-Sprecher oder – im Fall seiner Verhinderung – sein Stellvertreter haben folgende Aufgaben wahrzunehmen:

- *Festlegung der Termine der WA-Sitzungen*

  Die Terminplanung sollte in Absprache mit dem Unternehmer und dem Gewerkschaftsbeauftragten – falls dieser regelmäßig teilnehmen soll – erfolgen. Neben den Sitzungsterminen mit dem Unternehmer sind auch die entsprechenden Termine für Vor- und Nachbereitungssitzungen festzulegen (vgl. Abschn. 3.4.2).

- *Erstellung einer Tagesordnung*

  Unter Berücksichtigung der Anregungen des (G)BR sollte die Tagesordnung gemeinsam mit den WA-Mitgliedern im Rahmen der Vorbereitungssitzung festgelegt werden (vgl. Abschn. 3.4.4).

- *Einladung zu den WA-Sitzungen*

  Die Einladung zu den WA-Sitzungen mit dem Unternehmer sowie zu den Vor- und Nachbereitungssitzungen sollte rechtzeitig, d.h. etwa 14 Tage vor dem Sitzungstermin, in schriftlicher Form unter Beifügung der Tagesordnung erfolgen.

- *Eröffnung, Leitung und Schließung der WA-Sitzungen*

  WA-Sitzungen sind Veranstaltungen des WA und nicht des Unternehmers. Deshalb ist es wichtig, daß der WA-Sprecher die Sitzungsleitung nicht aus der Hand gibt (vgl. Abschn. 3.4.4).

- *Vertretung des WA im Rahmen der gefaßten Beschlüsse*

  Beschlüsse des WA sind u.a. in folgenden Fällen notwendig:

  - Weigerung des Unternehmers trotz eindeutiger (schriftlicher) Aufforderung des WA, bestimmte Informationen zu geben. Hier bedarf es eines formellen Beschlusses des WA, den (G)BR aufzufordern, Verhandlungen mit dem Unternehmer zur Beilegung der Meinungsverschiedenheiten aufzunehmen (§ 109 BetrVG).

  - Antrag auf Hinzuziehung eines externen Sachverständigen.

- *Entgegennahme von Anträgen und Erklärungen für den WA*

  Der WA-Sprecher bzw. sein Stellvertreter sind die offiziellen Ansprechpartner für (G)BR und Unternehmer. Anträge und Erklärungen gegenüber dem WA-Sprecher bzw. seinem Stellvertreter gelten als dem WA zugegangen.

Nach unseren Untersuchungen existiert bei rund 80 % der WA ein Sprecher, während auf einen Stellvertreter weitgehend verzichtet wird. Dies führt in der Regel dazu, daß im Fall der Verhinderung des WA-Sprechers (z.B. wegen Urlaub, Schulung, Krankheit) die WA-Arbeit größtenteils brachliegt. Der Unternehmer informiert in dieser Zeit nicht, weil ihm angeblich oder tatsächlich der Ansprechpartner fehlt und niemand eine WA-Sitzung anberaumt.

In den Fällen, in denen die WA sowohl auf einen Sprecher als auch auf dessen Stellvertreter verzichten, erhöht sich wesentlich die Gefahr, daß der Unternehmer die Initiative ergreift und versucht, die WA-Sitzungen in seinem Interesse umzufunktionieren. Er tritt dann an die Stelle des WA-Sprechers, legt Sitzungstermine fest, lädt zu den Sitzungen ein, erstellt die Tagesordnung und leitet die Sitzung. Dies alles kommt natürlich auch bei WA vor, die einen Sprecher haben, wenn auch viel seltener. Vor allem: Als WA-Sprecher kann man dies – sofern man dies als Fehler erkannt hat – wieder abstellen und selbst die Initiative ergreifen. Ohne WA-Sprecher ist es sehr viel schwieriger, dem Unternehmer die Initiative bei der WA-Arbeit zu entziehen.

3.4.2 Termin- und Arbeitsplanung des Wirtschaftsausschusses

Bei der Termin- und Arbeitsplanung, die zu den Aufgaben des WA-Sprechers gehört, sind folgende Überlegungen zu berücksichtigen:

- *Die WA-Sitzungen sollten regelmäßig durchgeführt werden*

  Unsere Untersuchung hat ergeben, daß WA, die regelmäßig tagen, in der Regel über die Unternehmensentwicklung und beabsichtigte Maßnahmen des Unternehmers früher und besser informiert sind als solche, die nur unregelmäßig tagen. Regelmäßigere WA-Sitzungen haben sich inzwischen weitgehend durchgesetzt. So tagen knapp drei Viertel der von uns untersuchten WA regelmäßig.

- *Die Sitzungstermine sollten für das ganze Geschäftsjahr festgelegt werden*

  Eine langfristige Terminplanung hat den Vorteil, daß sich alle Beteiligten auf diese Termine einstellen können. Auch und gerade vom Unternehmer kann man dann erwarten, daß er diese mit ihm abgesprochenen Termine bei seiner eigenen Terminplanung berücksichtigt. Monatelanges Verzögern eines Sitzungstermins unter Hinweis auf den randvollen Terminkalender durch den Unternehmer wird durch eine langfristig abgestimmte Terminplanung zumindest wesentlich erschwert. Empfehlenswert ist eine langfristige Vorplanung, z.B. eine Terminfestlegung für mindestens 12 Monate im voraus.

- *Die WA-Sitzungen sollten im Monatsrhythmus durchgeführt werden*

  Nach § 108 Abs. 1 BetrVG sollen WA-Sitzungen mit dem Unternehmer einmal im Monat stattfinden. Diese Regelung ist nicht zwingend. WA-Sitzungen können auch in kürzeren oder längeren Zeitabständen durchgeführt werden. Für regelmäßige WA-Sitzungen mit dem Unternehmer bietet sich der Monatsrhythmus aus zwei Gründen an. Erstens wird die kurzfristige (taktische) Planung eines Geschäftsjahres meist als Monatsplanung durchgeführt. In den ersten Werktagen des Folgemonats werden die Ist-Zahlen mit den Planzahlen des abgelaufenen Monats verglichen, Abweichungen analysiert und eventuell notwendige Anpassungs- und Korrekturmaßnahmen (inklusive Plankorrekturen) beschlossen und eingeleitet, die in aller Regel auch (negative) Auswirkungen auf die Beschäftigten haben können. Zweitens würden regelmäßige WA-Sitzungen in kürzeren Zeitabständen unter Berücksichtigung von Vor- und Nachbereitungssitzungen sehr schnell zu einer arbeitsmäßigen Überlastung des Gremiums führen. Bei WA-Sitzungen in längeren Zeitabständen würde der WA dagegen ohne Not auf aktuelle Informationen verzichten.

Es ist deshalb nur schwer verständlich, daß lediglich 10 % der von uns befragten WA einen monatlichen Sitzungsrhythmus praktizieren. Über die Hälfte (55 %) bevorzugen einen vierteljährlichen Sitzungsrhythmus. Ohne den monatlichen Tagungsrhythmus zwingend vorschreiben zu wollen, sollte der WA nicht ohne Grund auf das ihm zustehende Recht der monatlichen Information und Beratung verzichten.

- *Die monatlichen Sitzungstermine sollten so festgelegt werden, daß die Ist-Zahlen des Vormonats für den WA verfügbar sind.*

Da zu den wesentlichen Aufgaben des WA die Information über die monatliche Planerfüllung und die Beratung möglicher Korrektur- und Anpassungsmaßnahmen gehören, ist eine WA-Sitzung mit dem Unternehmer natürlich erst dann sinnvoll, wenn die Ist-Zahlen des Vormonats vorliegen. Außerdem sollte zwischen der Zurverfügungstellung der Ist-Zahlen und der WA-Sitzung mit dem Unternehmer noch ausreichend Zeit für eine gründliche Auswertung der Daten im Rahmen einer Vorbereitungssitzung sowie zur Rückkoppelung mit dem (G)BR verbleiben.

- *Die einzelnen Sitzungstermine sollten für ein Jahr im voraus auch unter inhaltlichen Gesichtspunkten geplant werden.*

Bestimmte inhaltliche Fragestellungen sind regelmäßig einmal oder mehrmals im Jahr Gegenstand von WA-Sitzungen. So ist z.B. der Quartalsbericht nach § 110 BetrVG (vgl. Abschnitt 8.2.3) einmal im Vierteljahr (z.B. im Januar, April, Juli und Oktober) mit dem Unternehmer abzustimmen. Einmal im Jahr erfolgt die Erläuterung des Jahresabschlusses (vgl. Kapitel 4). Welche WA-Sitzung hierfür in Frage kommt, hängt vom Zeitpunkt der Fertigstellung des Jahresabschlusses ab. Bei größeren Kapitalgesellschaften wird dies regelmäßig im April/Mai der Fall sein. Bei anderen Unternehmen sind auch spätere Termine denkbar. Je nach der konkret betriebenen Unternehmensplanung (vgl. Kapitel 5) sind ein bis drei Sitzungstermine für die Information und Beratung über die Unternehmensplanung notwendig. Das Beispiel auf S.50 zeigt eine mögliche Zuordnung von Themen zu den monatlichen WA-Sitzungen.

3.4.3 Sitzungsprotokoll: Zu wichtig, um die Erstellung dem Unternehmer zu überlassen

Über jede WA-Sitzung sollte vom Schriftführer des WA ein Ergebnisprotokoll angefertigt werden, das die Aufgabe hat, zu jedem Tagesordnungs-

Beispiel für eine Jahresplanung der WA-Sitzungen

Tagesordnungspunkte / Termine	Jan.	Feb.	März	April	Mai	Juni	Juli	Aug.	Sept.	Okt.	Nov.	Dez.
1. Aktuelle wirtschaftliche und finanzielle Situation des Unternehmens (Soll-Ist-Vergleich)	X	X	X	X	X	X	X	X	X	X	X	X
2. Vierteljahresbericht gemäß § 110 BetrVG	X			X			X			X		
3. Jahresabschluß gemäß § 108 Abs. 5 BetrVG				X								
4. Unternehmensplanung für das nächste Geschäftsjahr										X	X	X
5. Stand der Investitionsvorhaben (Soll-Ist-Vergleich)	X	X	X	X	X	X	X	X	X	X	X	X
6. Personalstand (Soll-Ist-Vergleich)	X	X	X	X	X	X	X	X	X	X	X	X
7. Sonstige geplante wirtschaftliche Maßnahmen	X	X	X	X	X	X	X	X	X	X	X	X

punkt die wesentlichen Informationen des Unternehmers und die Ergebnisse der Beratung festzuhalten. Nach unserer Untersuchung werden in der Praxis sehr unterschiedliche Regelungen der Protokollführung praktiziert (vgl. Übersicht 7).

Zu kritisieren ist vor allem, daß in fast einem Fünftel der Fälle kein Protokoll geführt wird, so daß letztlich alle Informationen, die nicht in schriftlicher Form gegeben werden und zum Verbleib bei den Mitgliedern bestimmt sind – und das ist leider oft die überwiegende Mehrzahl der vom Unternehmer gegebenen Informationen – verlorengehen. Dies erklärt zum Teil auch den schlechten Informationsstand vieler WA.

Bei der Erstellung des Protokolls sollten folgende Aspekte beachtet werden:

Übersicht 7

Regelung der Protokollführung

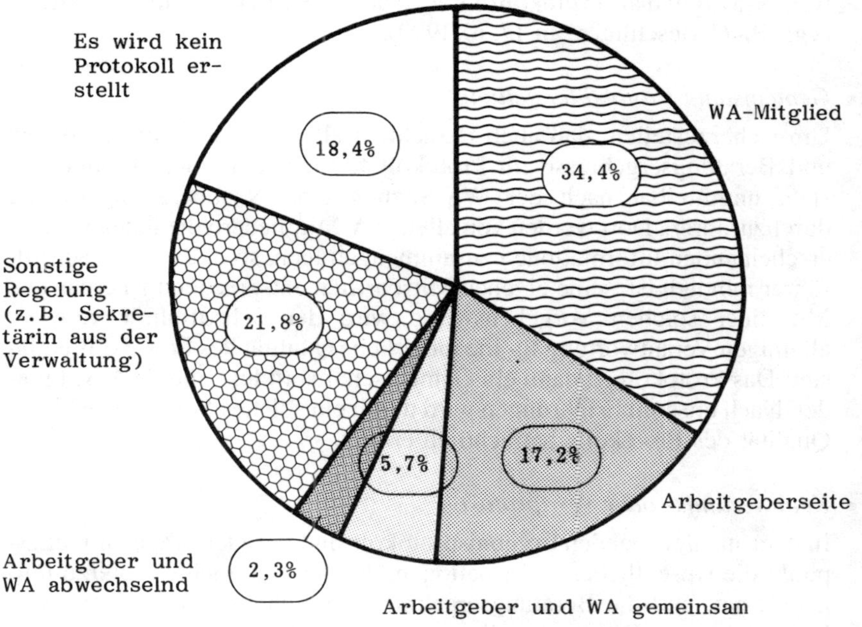

Quelle: *Neumann-Cosel, R. v./Rupp, R.,* Der Wirtschaftsausschuß in der Mitbestimmungspraxis, a. a. O., S. 92.

- *Bestimmung eines Schriftführers*

  Es ist empfehlenswert, ein WA-Mitglied als Schriftführer für einen längeren Zeitraum im voraus zu bestimmen. Einerseits wird hierdurch die Sitzungszeit nicht durch das Problem der Protokollführung belastet, andererseits erhöht sich bei einem ständigen Schriftführer durch die sich ergebende Routine in der Protokollführung auch die Qualität der Protokolle. An der Praxis der Protokollführung ist ferner zu kritisieren, daß in knapp einem Viertel der Fälle dem Arbeitgeber mehr oder weniger starker Einfluß auf die Protokolle zugestanden wird. Sowohl in den Fällen, in denen kein Protokoll erstellt wird, als auch in den Fällen, in denen die Protokollerstellung weitgehend oder vollständig dem Arbeitgeber überlassen wird, wird dies häufig damit begründet, daß in den eigenen Reihen kein geeigneter Protokollant gefunden werden konnte. Sollte sich kein WA-Mitglied zur Protokollführung bereit erklären, so kann auch gemäß § 40 Abs. 2 BetrVG eine Bürokraft (z.B. die Sekretärin des (G)BR) zur Protokollführung herangezogen werden. Als unzulässig hat das BAG dagegen verworfen, gegen den Willen des Arbeitgebers ein zusätzliches (G)BR-Mitglied als Protokollführer zu den WA-Sitzungen hinzuzuziehen (vgl. BAG-Beschluß vom 17.10.1990).

- *Gemeinsame Protokollerstellung*

  Um sicherzustellen, daß auch tatsächlich alle wichtigen Informationen und Beratungsergebnisse im Protokoll festgehalten sind, empfiehlt es sich, unmittelbar nach der WA-Sitzung eine Nachbereitungssitzung durchzuführen. Dort werden von allen WA-Mitgliedern die ihnen wichtig erscheinenden Informationen zusammengetragen, so daß es dem Schriftführer möglich ist, seine eigenen Mitschriften entsprechend zu ergänzen. Mit einer solchen Vorgehensweise wird der Schriftführer von der alleinigen Verantwortung für die inhaltliche Qualität des Protokolls entlastet: Das Protokoll ist dann ein Gemeinschaftsprodukt aller WA-Mitglieder. Nach unseren Erfahrungen wird durch ein solches Vorgehen auch die Qualität des Protokolls beträchtlich erhöht.

- *Kein Verlaufs- oder Wortprotokoll*

  In dem anzufertigenden Ergebnisprotokoll sind zu jedem Tagesordnungspunkt die wesentlichen Informationen, die der Unternehmer hierzu mitgeteilt hat, und die Beratungsergebnisse festzuhalten. Von einem Verlaufs- oder gar Wortprotokoll ist abzuraten. Dieses wäre – sofern es überhaupt gelänge – viel zu umfangreich und unübersichtlich. Der Zweck eines Protokolls, auch noch zu einem späteren Zeitpunkt in kürzester Zeit die wichtigsten Informationen wiederzufinden, wäre damit nicht zu erreichen.

- *Überlassene Unterlagen und ausgefüllte Kennziffernbögen sind Bestandteile des Protokolls*

  Die ausgefüllten Kennziffernbögen sowie sämtliche vom Unternehmer auf der WA-Sitzung vorgelegten schriftlichen Unterlagen sollten als Anlage beigefügt werden, soweit sie dem WA zum Verbleib überlassen wurden.

- *Aufbewahrung des Protokolls*

  Das vom WA-Sprecher und dem Schriftführer unterzeichnete Protokoll sollte in den Räumen des BR (bei Mehrbetriebsunternehmen in sämtlichen BR) aufbewahrt und für alle BR-Mitglieder jederzeit zugänglich sein. Außerdem sollten alle WA-Mitglieder eine Kopie des Protokolls erhalten.

- *Keine Abstimmung des Protokolls mit der Arbeitgeberseite*

  In etwa der Hälfte (50,7 %) der Fälle wird das Protokoll mit dem Arbeitgeber abgestimmt, und in drei Viertel (76,5 %) der Fälle erhält der Arbeitgeber auch eine Kopie des Protokolls. Im Grunde spricht nach unserer Erfahrung nichts dagegen, dem Arbeitgeber eine Kopie des WA-Protokolls zu überlassen. Eine regelrechte Abstimmung mit dem Arbeitgeber und eine eventuelle Korrektur des eigenen WA-Protokolls im Sinne des Arbeitgebers sollte es jedoch – abgesehen von ganz offensichtlichen Fehlern – nicht geben. Im Gegenteil: Immer dann, wenn der Arbeitgeber im nachhinein bestimmte Aussagen, die im Protokoll festgehalten waren, nicht oder zumindest nicht in der protokollierten Form getroffen haben wollte, sollte dies von der Interessenvertretung zum Anlaß genommen werden, intensiv nachzuforschen. Nicht selten wird sich dann zeigen, daß die versehentlich gemachten Aussagen zutreffend waren.

3.4.4 Vor- und Nachbereitung: Kein Luxus, sondern Voraussetzung effektiver Wirtschaftsausschußarbeit

Jede WA-Sitzung mit dem Unternehmer muß gründlich vor- und nachbereitet werden. Nach der Rechtsprechung sind solche Vor- und Nachbereitungssitzungen, an denen der Unternehmer nicht teilnimmt, möglich und zulässig (BAG vom 16. 3. 1982).

1. Vorbereitungssitzungen

Vorbereitungssitzungen haben vor allem folgende Funktionen:

- *Auswertung der schriftlichen Vorabinformationen des Unternehmers*

  Grundlage der Vorbereitungssitzung sind die schriftlichen Informationen, die der WA vom Unternehmer angefordert hat. Es wird sich dabei im wesentlichen um die monatlichen Kennzahlen handeln und um solche Informationen, die der WA aufgrund der Nachbereitung der letzten WA-Sitzung für notwendig erachtet hat.

  Ohne solche schriftliche Vorabinformationen des Unternehmers ist keine sinnvolle Vorbereitung und erst recht keine sinnvolle WA-Sitzung mit dem Unternehmer denkbar. Insbesondere kann der WA ohne Vorabinformationen sein Beratungsrecht nicht vernünftig wahrnehmen. Die Mitglieder des WA müßten sonst in der Lage sein, in kürzester Zeit eine Vielzahl von Informationen über die beabsichtigten Maßnahmen des Unternehmers und über deren Auswirkungen auf die Beschäftigten, auf die Unternehmensentwicklung usw. aufzunehmen und auf ihren Qualitätsgehalt hin zu überprüfen. Sie müßten darüber hinaus in der Lage sein, spontan eventuell notwendige Alternativen zu den geplanten Maßnahmen der Unternehmerseite zu entwickeln und hierüber unmittelbar mit dem Unternehmer zu verhandeln. Damit wäre jeder überfordert! Übrigens: Auch der Unternehmer würde sich weigern, wichtige Planungssitzungen ohne schriftliche Vorabinformationen durchzuführen.

- Diskussion der Auswertungsergebnisse mit BR/GBR

  Der WA verfügt über keine Mitbestimmungsrechte. Deshalb kann er sein Beratungsrecht gegenüber dem Unternehmer sinnvoll nur in enger Abstimmung mit der Betriebsratsebene ausüben. Diese Abstimmung und Rückkoppelung könnte auf der Vor- oder Nachbereitungssitzung stattfinden, an der auch die (G)BR-Mitglieder, die nicht WA-Mitglieder sind, teilnehmen.

- *Erstellung einer detaillierten Tagesordnung*

  Auf der Grundlage der Diskussion mit dem (G)BR erstellt der WA die Tagesordnung, mit der die inhaltliche Struktur der Sitzung mit dem Unternehmer festgelegt wird. Dabei empfiehlt es sich, die Tagesordnung so detailliert wie möglich zu erstellen, damit der Unternehmer genau Bescheid weiß, worüber in der WA-Sitzung konkret gesprochen und beraten werden soll. Damit kann man auch verhindern, daß das Unternehmens-Management versucht, sich der Diskussion mit dem Hinweis zu entziehen, er sei auf diese Frage oder diesen Komplex nicht vorbereitet.

Nach unseren Erfahrungen ist es nicht empfehlenswert, den Katalog des § 106 Abs. 3 BetrVG einfach abzuschreiben. Dieser ist – bezogen auf ein bestimmtes Unternehmen in einer bestimmten Situation – viel zu allgemein und eröffnet dem Unternehmer nur die Chance, ebenso allgemein zu antworten. Welches WA-Mitglied kennt nicht die Situation, in der sich der Unternehmer über die weltwirtschaftlichen Probleme im allgemeinen und die volkswirtschaftlichen Probleme in der Bundesrepublik im besonderen verbreitet und dann zu den eigentlichen, den WA interessierenden betrieblichen Problemen aus Zeitgründen »leider« nicht mehr kommt!

- *»Rollenverteilung« unter den WA-Mitgliedern für die WA-Sitzung mit dem Unternehmer*

  Für eine wirkungsvolle WA-Arbeit ist es erforderlich und nützlich, jedem einzelnen WA-Mitglied jeweils ganz bestimmte Aufgaben (Rollen) für die WA-Sitzung mit dem Unternehmer zuzuweisen. Dabei ist zu unterscheiden zwischen Rollen, die sich aus bestimmten Funktionen (WA-Sprecher, Schriftführer) ergeben und deshalb in allen Sitzungen von denselben Personen wahrgenommen und solchen Rollen, die von Sitzung zu Sitzung von anderen WA-Mitgliedern ausgeübt werden sollten.

  Der WA-Sprecher übt die Rolle des Sitzungsleiters aus, der die einzelnen Tagesordnungspunkte aufruft, das Wort erteilt und notfalls auch entzieht. Insbesondere muß er versuchen, abschweifende oder nebensächliche Ausführungen des Unternehmers zu unterbinden, was zugegebenermaßen nicht ganz einfach ist und meist auch erst nach mehreren Versuchen gelingt. Diese Aufgabe ist schwierig genug: Deshalb sollte sich der WA-Sprecher darauf konzentrieren und nicht auch noch – was in der Praxis allerdings der Regelfall ist – Hauptfragesteller, -diskutant und -gesprächspartner des Unternehmers in der WA-Sitzung sein.

  Die Rolle des Schriftführers ist die des Protokollanten, der die wesentlichen Aussagen, Informationen und Beratungsergebnisse mitschreibt und hieraus das Sitzungsprotokoll anfertigt.

  Eine sehr wichtige Rolle ist die des »Aufpassers«, dessen Aufgabe einzig und allein darin besteht, darauf zu achten, ob der Unternehmer die gestellten Fragen auch konkret beantwortet. Immer dann, wenn dies nicht der Fall ist, muß er darauf hinweisen, daß die Frage noch nicht zufriedenstellend beantwortet ist, und auf eine konkrete Antwort drängen. Dabei darf er sich nicht beirren lassen. So wichtig diese Rolle ist, so unangenehm ist sie für dasjenige WA-Mitglied, das diese Rolle übernimmt. Denn der Unternehmer wird sich gegen die für ihn unangenehme Strategie zur Wehr setzen, indem er den »Aufpasser« als »Querulant«, »Störenfried« oder »unwissende Person, die nicht versteht, worum es geht«

diffamiert, in der Hoffnung, daß sich dieser einschüchtern läßt. Deshalb ist es wichtig, daß zum einen der WA-Sprecher als Sitzungsleiter dieses WA-Mitglied vor solchen Angriffen des Unternehmers schützt und daß zum anderen in jeder WA-Sitzung ein anderes WA-Mitglied diese Rolle übernimmt, damit nicht eine bestimmte Person mit einem Negativ-Image versehen werden kann.

Die übrigen WA-Mitglieder müssen im Rahmen dieser Rollenverteilung die inhaltliche Arbeit übernehmen, indem sie sich jeweils auf bestimmte Tagesordnungspunkte gezielt vorbereiten, die entsprechenden Fragen stellen und die Hauptlast der Diskussion zu diesen Punkten tragen. Die gezielte Vorbereitung einzelner WA-Mitglieder zu bestimmten Punkten der Tagesordnung bedeutet, daß diese für diese Themen eine »Expertenrolle« übernehmen. Die Verteilung von Expertenrollen führt zu einer inhaltlichen Aufgabenverteilung, deren Ziel es ist, daß einzelne Mitglieder zu bestimmten Themen oder Diskussionspunkten besonders gut Bescheid wissen. Natürlich werden die inhaltlichen Positionen gemeinsam auf der Vorbereitungssitzung erarbeitet und festgelegt. Durch diese Art der Aufgabenverteilung werden bestimmte Zuständigkeiten geschaffen, die die Wirksamkeit der Beratung mit dem Unternehmer erhöhen. Für die gemeinsame Protokollerstellung ist es ratsam, daß sich die »Experten« jeweils zu ihrem Tagesordnungspunkt kurze, stichwortartige Notizen über Inhalt und Verlauf der Diskussion, insbesondere über die Antworten des Unternehmers, anfertigen.

- Festlegung taktischer Verhaltensweisen für die WA-Sitzung mit dem Unternehmer

  Hierbei geht es darum, im voraus zu überlegen, wie sich vermutlich der Unternehmer bei bestimmten Fragen, Anforderungen usw. verhalten wird und wie hierauf der WA als Gremium angemessen reagieren kann. Sollte der Unternehmer auf einer WA-Sitzung nicht bereit oder in der Lage sein, bestimmte Fragen zufriedenstellend zu beantworten, so sind verschiedene Reaktionen des WA denkbar:
  - Vertagung dieser Fragen auf die nächste WA-Sitzung
  - Sitzungsunterbrechung, um das weitere Vorgehen ohne den Unternehmer zu besprechen
  - Sitzungsunterbrechung, bis der Unternehmer bereit ist, die strittigen Fragen zu beantworten
  - Abbruch der Sitzung
  - Ankündigung, in Zukunft einen Sachverständigen hinzuziehen (z.B. bei absichtlich unverständlichen Ausführungen des Unternehmers)

- Ankündigung einer außerordentlichen (G)BR-Sitzung
- Betriebsversammlung zum Herstellen der Betriebsöffentlichkeit
- Ankündigung von Einigungsstellen- oder Beschlußverfahren

Es wird vom jeweiligen Sachverhalt und der betrieblichen Situation abhängen, welche Taktik am zweckmäßigsten ist.
Weigert sich der Unternehmer z.B., dem WA die erforderlichen wirtschaftlichen und arbeitnehmerbezogenen Daten zu einem bestimmten Problem (z.B. Vorstellung der Personalentwicklung und des Personaleinsatzes bei bestimmten wirtschaftlichen Maßnahmen) zu geben, so können diese

- zur nächsten Sitzung erneut angefordert werden – der Tagesordnungspunkt wird vertagt;
- sofort angefordert werden – die Sitzung wird bis zur Vorlage der erforderlichen Daten unterbrochen.

Weigert sich der Unternehmer wiederholt, seiner Informationspflicht nachzukommen, so sind als Reaktionen des WA weiterhin möglich:

- Abbruch der Sitzung aus »Protest«
- Herstellung der Betriebsöffentlichkeit
- Ankündigung eines Einigungsstellenverfahrens.

2. Nachbereitungssitzungen

Die Nachbereitung sollte möglichst unmittelbar nach der WA-Sitzung stattfinden und vor allem folgende Funktionen erfüllen:

- *Erstellung eines gemeinsamen Protokolls über die WA-Sitzung*

  Der Schriftführer trägt zu den einzelnen Tagesordnungspunkten die seiner Meinung nach wesentlichen Informationen und Ergebnisse vor, die gegebenenfalls von den übrigen WA-Mitgliedern ergänzt oder korrigiert werden. Damit übernimmt der gesamte WA die Verantwortung für den Inhalt des Protokolls. (Eine solche Vorgehensweise fördert auch die Bereitschaft, das Amt des Protokollanten auszuüben.)

- *Auswertung der erhaltenen Informationen und der Beratungsergebnisse*

  Die Auswertung muß zielbezogen im Hinblick auf die Schutz- und Gestaltungsfunktion der Interessenvertretung erfolgen. Demzufolge stehen die Auswirkungen geplanter wirtschaftlicher Maßnahmen des Unternehmens auf die Beschäftigten und ein sich ergebender Handlungsbedarf des (G)BR im Mittelpunkt. Außerdem ist es erforderlich, festzuhalten, welche Informationen vom Unternehmer nicht oder nicht umfassend genug gegeben wurden und zu welchen Problemen noch ein weitergehender Informationsbedarf besteht.

- *Erstellung eines schriftlichen Fragenkatalogs an den Unternehmer*

  Dieser Fragenkatalog dient dem Einholen der schriftlichen Vorabinformationen durch den Unternehmer, die im Rahmen der Vorbereitungssitzung zur nächsten WA-Sitzung ausgewertet werden sollen. Zu diesem Zweck erhält der Fragenkatalog zum einen die monatlichen Kennzahlen; zum anderen alle diejenigen Fragen, die sich bei der Auswertung der WA-Sitzung mit dem Unternehmer als offen oder nicht umfassend genug beantwortet herausgestellt haben. Der Fragenkatalog wird vom WA-Sprecher an den Unternehmer mit der Aufforderung gesandt, diesen bis spätestens einen Tag vor der nächsten Vorbereitungssitzung schriftlich zu beantworten.

- *Vorbereitung des Berichts an den BR oder GBR*

  Der WA ist verpflichtet, den (G)BR unverzüglich über die Ergebnisse der WA-Sitzung mit dem Unternehmer zu informieren. Dieser Bericht, den der WA-Sprecher als schriftlichen Überblick geben sollte, ist ebenfalls im Rahmen der Nachbereitungssitzung gemeinsam von allen WA-Mitgliedern vorzubereiten. In diesem Bericht sollten diejenigen Informationen, die auf eine Gefährdung von Arbeitnehmerinteressen hindeuten, besonders hervorgehoben werden. Gegebenenfalls sollte er auch Empfehlungen zur Beschlußfassung oder zum notwendigen Vorgehen des (G)BR enthalten (z.B. Herstellen betrieblicher Öffentlichkeit, Einigungsstellen- oder Beschlußverfahren, Verhandlungen über Interessenausgleich usw.).

- *»Manöverkritik« über Vorbereitung und Ablauf der WA-Sitzung mit dem Unternehmer*

  Dieser Aspekt der Nachbereitungssitzung ist von besonderer Bedeutung. Man kann nicht davon ausgehen, daß die WA-Sitzungen stets so verlaufen, wie man sie vorbereitet und geplant hat. Insbesondere ist nicht damit zu rechnen, daß der Unternehmer sich ohne weiteres die Leitung aus der Hand nehmen lassen wird. Im Rahmen der »Manöverkritik« soll festgestellt werden, was in der WA-Sitzung mit dem Unternehmer gut und was schlecht gelaufen ist. Insbesondere sind die Ursachen ausfindig zu machen, weshalb eine WA-Sitzung nicht in der geplanten Weise durchgeführt werden konnte. Kurz: Es geht darum, positive Ansätze zu verstärken und aus Fehlern für die nächste WA-Sitzung zu lernen. Damit eine solche »Manöverkritik« nicht zu Konflikten zwischen den WA-Mitgliedern führt, sind von den WA-Mitgliedern unbedingt die *Regeln solidarischer Kritik* zu beachten:

– Immer zuerst positiv und dann negativ kritisieren
– Konkrete Kritik üben, nicht pauschale Kritik
– Keine persönliche Kritik, sondern sachliche Kritik zum Ausdruck bringen
– Konkrete Verbesserungsvorschläge einbringen.

Damit können unproduktive Spannungen zwischen den WA-Mitgliedern vermieden und die ganze Kraft in die Auseinandersetzung mit dem Unternehmer gelegt werden. Sie wird gebraucht werden!

Die zentrale Bedeutung gründlicher Vor- und Nachbereitungssitzungen für die Qualität der WA-Arbeit wird auch durch unsere Untersuchung bestätigt. So sind WA, die regelmäßige Vor- und Nachbereitungssitzungen durchführen, deutlich besser informiert als jene, die nur bei Bedarf oder überhaupt keine Vor- und Nachbereitungssitzungen durchführen. Allerdings zeigen unsere Erfahrungen auch, daß regelmäßige Vor- und Nachbereitungssitzungen durchaus noch nicht zur Normalität des WA-Alltags gehören:

Übersicht 8

Durchführung von Vor- und Nachbereitungssitzungen

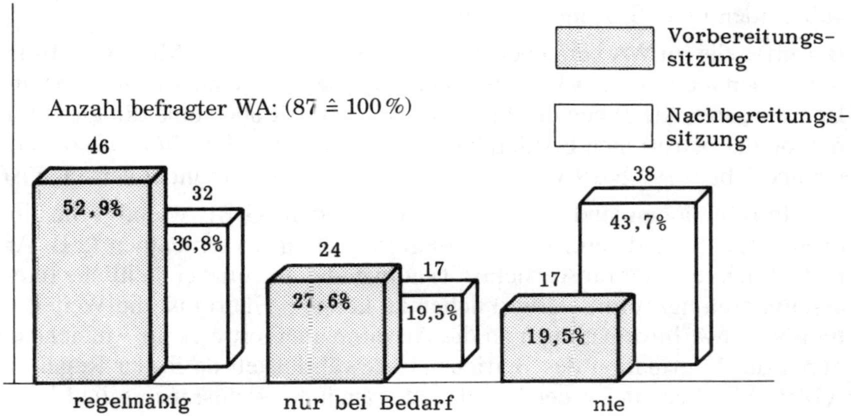

Quelle: *Neumann-Cosel, R. v./Rupp, R.,* a. a. O., S. 95.

Vorbereitungssitzungen werden offensichtlich wichtiger genommen als Nachbereitungssitzungen. Das zeigt sich auch bei der Sitzungsdauer, die mit durchschnittlich 2,2 Stunden für die Vorbereitungssitzung fast doppelt so lang ist wie die Nachbereitungssitzung, die nur durchschnittlich 1,3

Stunden dauert. Meistens dauern die Vor- und Nachbereitungssitzungen jedoch nur eine Stunde. Diese Praxis ist noch unbefriedigend und verbesserungsbedürftig.

3.4.5 Weitergabe von Wirtschaftsausschuß-Informationen: Wer wird wie von wem informiert?

Der WA ist gemäß § 106 Abs. 2 und § 108 Abs. 4 BetrVG verpflichtet, den BR/GBR über die WA-Sitzung mit dem Unternehmer unverzüglich und vollständig zu informieren. Eine Verschwiegenheitspflicht zwischen WA-Mitgliedern und (G)BR-Mitgliedern gibt es nicht. Alles, was der WA weiß, darf und muß auch der BR wissen (vgl. Kapitel 9.2.4), allerdings muß der (G)BR auf vom Unternehmer geforderte Geheimhaltungsbedürfnisse hingewiesen werden.

Die Information des BR/GBR erfolgt durch den WA-Sprecher möglichst anhand eines schriftlichen Berichts (vgl. Kapitel 3.4.4) auf der nächsten ordentlichen (G)BR-Sitzung. Ist der zeitliche Abstand zwischen den Sitzungen zu groß (z.B. bei vierteljährlichen Sitzungen) oder liegen besonders dringende Angelegenheiten vor, sollte zur Information des (G)BR eine außerordentliche Sitzung einberufen werden.

Betreffen die im WA beratenen Angelegenheiten in einem Mehrbetriebsunternehmen nicht nur das Unternehmen als gesamtes, sondern auch einzelne Betriebe, so sollte neben der Information des GBR auch eine direkte Information der betroffenen BR durch den WA erfolgen. Dies gilt insbesondere, wenn der betroffene BR wegen der Größe des GBR dort nicht vertreten ist.

WA-Informationen sind jedoch nicht nur für den (G)BR wichtig. Sie sind ebenso für die anderen Mitbestimmungsträger im Unternehmen (z.B. Arbeitnehmervertreter im Aufsichtsrat) notwendig, um eine einheitliche Interessenvertretungspolitik verwirklichen zu können. Häufig ist die Weiterleitung von WA-Informationen an die Arbeitnehmervertreter im Aufsichtsrat durch die Information des Betriebsrats gewährleistet, da in der Regel ein (G)BR-Mitglied (meist der Vorsitzende) auch Aufsichtsratsmitglied ist.

Da Interessenvertretungspolitik häufig nur dann erfolgreich ist, wenn sie *mit* und nicht nur *für* die Beschäftigten erfolgt, ist auch eine umfassende Information des Vertrauenskörpers (VK) und der Belegschaft notwendig. Diese muß von den örtlichen Betriebsräten geleistet werden. Hierzu bieten sich Betriebsversammlungen (auf denen z.B. auch der WA-Sprecher einen Bericht geben kann), Sitzungen des VK, Informationsblätter/Betriebszeitungen und das »Schwarze Brett« an. Über Inhalt und Form der Informationen entscheidet allein der (G)BR. Der Unternehmer hat kein Recht zur Zensur. Er hat auch kein Recht, Vorschriften bezüglich der Informationswege zu machen.

Um die Auswirkungen der Unternehmenspolitik auf die einzelnen Regionen oder Branchen besser und auch frühzeitiger abschätzen zu können, benötigen auch die Gewerkschaften entsprechende Informationen aus den Unternehmen. Auch dies gehört u.E. zu den Aufgaben des (G)BR-Vorsitzenden.

Während nach unseren Untersuchungsergebnissen die Informationsweitergabe des WA an den (G)BR durchweg die Regel ist und auch die Informationsweitergabe an die Arbeitnehmervertreter im Aufsichtsrat – nicht zuletzt wegen der personellen Überschneidungen mit dem (G)BR – recht gut klappt, erscheint die Information der VK, der Belegschaft und der Gewerkschaft dringend verbesserungsbedürftig.

3.4.6 Unterstützung durch Gewerkschaftsbeauftragte und Sachverständige

Unabhängig davon, wie günstig der WA hinsichtlich der Qualifikation seiner Mitglieder zusammengesetzt ist, wird es immer Fälle und Probleme geben, in denen die Fachkompetenz der WA-Mitglieder zur Erfüllung ihrer Aufgaben nicht ausreicht. Zu denken ist etwa an

- die Einführung oder Erweiterung des EDV-Einsatzes,
- die Durchführung von Kostensenkungsprogrammen,
- den Einsatz neuer Technologien und Verfahren,
- grundlegende Änderungen im Produktions- und Absatzprogramm,
- grundlegende Änderungen im organisatorischen Aufbau des Unternehmens.

In solchen oder ähnlichen Fällen sollte der WA auf jeden Fall von seinem Recht Gebrauch machen, zu den Sitzungen mit dem Unternehmer sowie zu den Vor- und Nachbereitungssitzungen Gewerkschaftsbeauftragte und/oder externe Sachverständige, die das Vertrauen der Interessenvertretung besitzen, hinzuzuziehen.

Gemäß § 108 Abs. 2 BetrVG kann der WA nach näherer Vereinbarung mit dem Unternehmer einen Sachverständigen (§ 80 Abs. 3 BetrVG) zu seiner Unterstützung hinzuziehen. Über die Erforderlichkeit eines Sachverständigen und den Inhalt seiner Tätigkeit entscheidet allein der WA. Kommt es mit dem Unternehmer zu keiner Einigung, etwa weil der Unternehmer die

Erforderlichkeit eines Sachverständigen bestreitet oder ihm das Sachverständigenhonorar, das er zu tragen hat, zu hoch erscheint, so entscheidet das Arbeitsgericht im Beschlußverfahren auf Antrag des (G)BR.

Bezüglich der Erfolgsaussichten im Beschlußverfahren sind zwei Fälle zu unterscheiden: Einmal der Fall, daß ein WA nach § 107 Abs. 1 BetrVG gebildet wurde; zum anderen der Fall, daß der (G)BR die Aufgaben des WA einem Ausschuß des (G)BR übertragen hat oder diese Aufgaben selbst wahrnimmt (§ 107 Abs. 3 BetrVG).

Im ersten Fall ist nach herrschender Rechtsprechung ein Sachverständiger nur dann notwendig, wenn der WA einzelne seiner gesetzlichen Aufgaben ohne sachverständige Beratung nicht ordnungsgemäß erfüllen kann. Hierbei ist jedoch davon auszugehen, daß die WA-Mitglieder bereits über diejenigen Kenntnisse verfügen, die im Regelfall zur ordnungsgemäßen Wahrnehmung ihrer Aufgaben erforderlich sind (BAG-Beschluß vom 18. 7. 1978 – 1 ABR 34/75). Das heißt, zur Unterstützung der laufenden WA-Arbeit (z.B. Erläuterung des Jahresabschlusses, Abstimmung des Quartalsberichts, Erläuterung der Personalplanung) wird man einen Sachverständigen im Regelfall nicht gerichtlich durchsetzen können, es sei denn, der WA weist im einzelnen nach, daß Besonderheiten auftreten (z.B. Auflösung offener Rücklagen und Ausschüttung an die Gesellschafter, Umstellung der Personalplanung auf ein EDV-gestütztes System usw.), für deren Beurteilung die Kompetenz der WA-Mitglieder nicht ausreicht.

Im zweiten Fall (WA als Ausschuß des BR) ist die Rechtslage anders: Hier kann diese geforderte besondere Sachkunde nicht erwartet werden, so daß es wesentlich einfacher ist, einen Sachverständigen gerichtlich durchzusetzen.

Statt eines Sachverständigen kann natürlich auch ein Gewerkschaftsbeauftragter hinzugezogen werden. Die inzwischen auch vom Bundesarbeitsgericht akzeptierte Hinzuziehung von Gewerkschaftsbeauftragten zu WA-Sitzungen (BAG-Beschluß vom 18. 11. 1980 – 1 ABR 31/78) hat gegenüber der Hinzuziehung von Sachverständigen den Vorteil, daß sie keiner Vereinbarung mit dem Unternehmer bedarf.

Die Hinzuziehung von Gewerkschaftsbeauftragten kann zum einen dem Ziel dienen, entsprechenden Branchen-Sachverstand in die WA-Beratungen einzubringen. Zum anderen kann mit der Teilnahme eines Gewerkschaftsbeauftragten auch versucht werden, die Informationsbereitschaft des Unternehmers durch Hinweis auf die in anderen Unternehmen übliche Informationspolitik zu erhöhen.

Da es im Zusammenhang mit der Hinzuziehung von Gewerkschaftsbeauftragten zu WA-Sitzungen eine Reihe von ungeklärten Rechtsfragen gibt, sollte – insbesondere wenn mit dem Widerstand des Unternehmers gegen die Teilnahme eines Gewerkschaftsbeauftragten zu rechnen ist – folgende Vorgehensweise gewählt werden, um der Arbeitgeberseite keinen formalen Vorwand gegen dessen Teilnahme zu liefern:

- Der (G)BR sollte einen Beschluß fassen, mit dem er den WA grundsätzlich ermächtigt, über die Hinzuziehung eines Gewerkschaftsbeauftragten selbst zu entscheiden, da durch das BAG bisher nur geklärt ist, daß der WA im Falle einer solchen Ermächtigung durch den (G)BR zur Hinzuziehung eines Gewerkschaftsbeauftragten berechtigt ist (vgl. BAG vom 18.11.1980).
- Der WA sollte vor der jeweiligen WA-Sitzung (z.B. auf der Vorbereitungssitzung) die Hinzuziehung des Gewerkschaftsbeauftragten für die entsprechende WA-Sitzung unter Angabe von Gründen beschließen, da das BAG in seiner kritisierten Entscheidung vom 25.6.1987 die Zulässigkeit einer generellen Einladung abgelehnt und die Hinzuziehung nur bei fehlender fachlicher Eignung der WA-Mitglieder akzeptiert hat (vgl. BAG vom 25.6.1987).

Nach unseren Untersuchungsergebnissen wird die Möglichkeit, externe Sachverständige zur Unterstützung heranzuziehen, bisher kaum genutzt. Auch die Teilnahme von Gewerkschaftsbeauftragten ist eher die Ausnahme als die Regel.

3.5 Qualifikation tut not – Zur Fort- und Weiterbildung der Wirtschaftsausschuß-Mitglieder

3.5.1 Neue Anforderungen an den Wirtschaftsausschuß

Wie die Überlegungen zur Auswahl der WA-Mitglieder (Kapitel 3.2) gezeigt haben, wird es nur in Ausnahmefällen möglich sein, für alle im WA anzusprechenden Themenbereiche fachlich qualifizierte Kandidaten zu finden. Da zudem Wissen in immer kürzeren Zeitabständen veraltet, ist eine ständige Fort- und Weiterbildung der WA-Mitglieder dringend erforderlich. Deshalb sollte auch der Bereitschaft zur Weiterqualifikation bei der Auswahl der WA-Mitglieder ein besonders hoher Stellenwert eingeräumt werden.

Mag die Qualifikation der WA-Mitglieder in den sogenannten Schönwetterperioden der bundesdeutschen Wirtschaftsentwicklung für eine erfolgreiche Interessenvertretung noch von untergeordneter Bedeutung gewesen sein, so sind die Anforderungen an BR- und WA-Mitglieder spätestens seit Auftreten der ökonomischen Krisentendenzen seit 1974/75 bzw. 1980/82 mit ihren unmittelbar negativen Folgen der Massenarbeitslosigkeit und des Sozialabbaus wesentlich größer geworden. In den Unternehmen haben außerdem in den vergangenen Jahren folgende in diesem Zusammenhang wichtige Entwicklungen stattgefunden:

- Ausbau von Unternehmensplanung und Unternehmensorganisation (zunehmend auch durch externe Beratung)
- Internationalisierung der Unternehmensverflechtungen
- Entwicklung eines an Kapitalinteressen orientierten Informationsmanagements
- zunehmende Durchdringung aller Unternehmensbereiche mit EDV.

Diese Entwicklungen waren häufig verbunden mit einem Strategiewechsel des Unternehmers gegenüber (G)BR und WA. So sehen sich die Interessenvertreter zunehmend mit folgenden Strategien konfrontiert:

- *Sachzwangargumentation* mit Hilfe unternehmerischer Kennzahlen
- *Integrationsstrategien* mit Ausbau von Teamkonzepten, Qualitätszirkeln etc.

BR und WA sehen sich immer stärker gezwungen, sich über zuvor unbekannte Bereiche und Einzelfragen Wissen anzueignen und sich um mögliche Antworten und Alternativen zu kümmern. Wollen sie sich tatsächlich zu Instrumenten der Kontrolle unternehmerischer Entscheidungen entwickeln und gegen die ständigen Versuche der Unternehmer wehren, den Arbeitnehmervertretern die »einzelwirtschaftliche Rentabilitätsbrille« aufzusetzen, sie einzuweben in ein Netz von Sachnotwendigkeiten und statt dessen mit Hilfe der Kennziffern Alternativen im Beschäftigteninteresse entwickeln, ist heute und zukünftig Fort- und Weiterbildung von immer größerer Bedeutung.

3.5.2 Eigenständiger Schulungsanspruch?

Trotz dieser eindeutigen Notwendigkeit zur Weiterbildung von WA-Mitgliedern hat das BAG in Urteilen vom 6.11.1973 und 28.4.1988 entschieden, daß WA-Mitgliedern, die nicht zugleich BR-Mitglieder sind, kein eigenständiger Rechtsanspruch auf bezahlte Freistellung zur Teilnahme an Schulungs- und Weiterbildungsveranstaltungen zusteht. Nach der letzten Entscheidung des BAG wird auch die Teilnahme von Ersatzmitgliedern des BR nur in gutbegründeten Ausnahmefällen möglich sein. Begründet wurde das mit § 107 Abs. 1 BetrVG, nach dem die Mitglieder des WA über die für ihre Tätigkeit notwendige fachliche Eignung – zumindest über ein Grundlagenwissen – verfügen sollen.

Diese Rechtsauffassung des BAG, die in den Kommentaren zum BetrVG überwiegend abgelehnt wird, ist recht weltfremd und wenig verständlich, da vor dem Hintergrund der immer schneller verlaufenden Wissensentwicklung Weiterbildung gerade auch für WA-Mitglieder unerläßlich ist. Die Unternehmer haben dagegen die Notwendigkeit ständiger Fort- und Weiterbildungsmaßnahmen für das Management längst erkannt und wenden inzwischen erhebliche Mittel für dessen laufende Qualifizierung auf.

Der (G)BR hat deshalb gute Argumente, auch Nicht-BR-Mitglieder aus dem WA für Schulungsveranstaltungen vorzuschlagen. Allerdings sollte die Notwendigkeit der Schulungsteilnahme wegen der unbefriedigenden Rechtsprechung besonders gut begründet werden. Erfolgsaussichten bestehen insbesondere dann, wenn es sich um Schulungsveranstaltungen zu Spezialthemen (z.B. Unternehmensaufspaltungen, Fusionen, strategische Unternehmensplanung) handelt und diese Themen für die WA-Arbeit von Bedeutung sind oder in absehbarer Zeit sein können. Bei konstanter Weigerung des Unternehmers sollte deshalb auch ein mögliches Arbeitsgerichtsverfahren nur nach Rücksprache mit der zuständigen Gewerkschaft angestrengt werden.

Für WA-Mitglieder, die zugleich Betriebsräte sind, hat das BAG dagegen die bezahlte Freistellung zur Teilnahme an Schulungs- und Bildungsveranstaltungen gemäß § 37 Abs. 6 und 7 in ihrer Eigenschaft als BR-Mitglieder ausdrücklich bejaht (BAG vom 6. 11. 1973). Hat der BR einen Beschluß zur Teilnahme von BR-Mitgliedern an einer Schulungs- und Bildungsveranstaltung gem. § 37 Abs. 6 BetrVG gefaßt und verweigert der Arbeitgeber die Freistellung dieser Mitglieder von der Arbeit bei Fortzahlung des Entgelts und die Übernahme der Seminarkosten, dann kann in dringlichen Fällen der BR im Wege der einstweiligen Verfügung beantragen, daß dem Arbeitgeber aufgegeben wird, die zur Schulung vorgesehenen Mitglieder von der Arbeit freizustellen (ArbG Berlin, Beschluß vom 5. 9. 1988 – 27 BVGA 3/88).

Vor diesem Hintergrund ist es erstaunlich, daß nach unserer Untersuchung in Berliner Metallunternehmen nur rund 50 % der WA-Mitglieder an Schulungsmaßnahmen teilgenommen haben, die auf die WA-Arbeit bezogen sind, obwohl gut 90 % der WA-Mitglieder zugleich auch BR-Mitglieder sind. Die WA sollten sich deshalb die Weiterbildung ihrer Mitglieder zur ständigen Aufgabe machen.

3.5.3 Auch Weiterbildung will geplant sein

Wegen der Bedeutung der Qualifizierung für eine erfolgreiche WA-Arbeit sollte man die Teilnahme an Schulungs- und Weiterbildungsveranstaltungen nicht dem Zufall oder allein der Lust und Laune der einzelnen WA-Mitglieder überlassen. Statt dessen sollte auch für den WA eine Weiterbildungsplanung vorgenommen werden. In Einbetriebsunternehmen wird man dies sinnvollerweise mit der Weiterbildungsplanung des BR verbinden. In Mehrbetriebsunternehmen dagegen sollte der WA eine eigene Planung betreiben, wobei die Beschlüsse zur Teilnahme an Schulungsveranstaltungen von den jeweiligen BR zu treffen sind. Die Weiterbildungsplanung sollte dabei in folgenden Schritten ablaufen:

1. Erstellung einer Übersicht über die bisherige Schulungsteilnahme der einzelnen WA-Mitglieder.
2. Ermittlung des Weiterbildungsbedarfs anhand der Übersicht aus Schritt 1. Dabei sollte berücksichtigt werden, daß auch eine Auffrischung von Kenntnissen in bestimmten Zeitabständen sinnvoll ist.
3. Ermittlung des aktuellen, auf die WA-Arbeit bezogenen Schulungsangebots. Dazu muß auf die jährlich erscheinenden Schulungsübersichten des DGB und der zuständigen Einzelgewerkschaften zurückgegriffen werden. Außerdem gibt es in einigen Städten Kooperationsvereinbarungern zwischen DGB und Hochschulen, in deren Rahmen ebenfalls Weiterbildungsmaßnahmen angeboten werden.
4. Entscheidung über die Teilnahme einzelner WA-Mitglieder an den verschiedenen angebotenen Seminaren und Weiterleitung an die BR zur Beschlußfassung.

Nach den bisherigen Erfahrungen mit überregionalen Seminaren ist es für die Teilnehmer oft schwer, den vermittelten Stoff auf die eigenen konkreten Problemstellungen anzuwenden. Insbesondere hat der Aufbau eines unternehmensbezogenen Informationssystems des WA zu Schwierigkeiten geführt. Die Ursachen dafür sind zum einen im Widerstand des Unternehmers, zum anderen aber auch in internen Widerständen innerhalb der Interessenvertretung zu suchen. Zur Überwindung dieser Widerstände haben wir gute Erfahrungen mit zusätzlichen örtlichen Arbeitskreisen auf DGB- oder Einzelgewerkschaftsebene und mit unternehmens- bzw. konzernbezogenen Schulungen gemacht. Im Rahmen der Weiterbildungsplanung kann es deshalb sinnvoll sein, folgende weitere Schritte durchzuführen:

5. Entscheidung über die regelmäßige Teilnahme einzelner WA-Mitglieder an örtlichen Arbeitskreisen zur Förderung des überbetrieblichen Er-

fahrungsaustauschs. Falls solche Arbeitskreise nicht existieren, kann auch ihre Anregung bei einer Gewerkschaft oder beim DGB überlegt werden.

6. Entscheidung über die Durchführung unternehmensbezogener Seminare, an denen alle WA-Mitglieder (u.U. auch GBR-Mitglieder) teilnehmen können, zur Behandlung konkreter, auf das Unternehmen und dessen aktuelle Situation bezogener Fragen und zur (Weiter-)Entwicklung des unternehmensbezogenen Informationssystems des WA. Die Durchführung solcher Seminare sollte mit der zuständigen Einzelgewerkschaft abgesprochen werden, die dazu auch geeignete Referenten stellen oder vermitteln kann.

Ergänzende und vertiefende Literatur:

Bösche, B., Die Informationsrechte der Wirtschaftsausschuß-Mitglieder. Ein Beitrag aus rechtlicher Sicht, in: Brehm, H./Pohl, G. (Hg.): Interessenvertretung durch Information. Handbuch für Arbeitnehmervertreter, Köln 1978, S. 154–181.

Fricke, W./Grimberg, H./Wolter, W., Der Wirtschaftsausschuß – sinnvoll genutzt! Die kleine Betriebsrats-Bibliothek, Bd. 5, Köln 1985.

Kraft, F. W., Der Wirtschaftsausschuß. Errichtung – Rechte – Zuständigkeit – Durchsetzung von Rechten, 5. Aufl., Arbeitsheft 1980 der IG Metall, Frankfurt 1982.

Weiss, M., Rationelle Betriebsratsarbeit. Organisationsformen, Geschäftsführung, Interessenvertretung, 2. Aufl., Neuwied und Darmstadt 1981.

Pflüger, N., Die Hinzuziehung eines Sachverständigen gem. § 80 III BetrVG, in: NZA Heft 2/1988, S. 45 ff.

Wagner, J., Hinzuziehung eines Sachverständigen durch den Betriebsrat, in: AiB 6/92, S. 316 ff.

4. »Wir schreiben schon wieder rote Zahlen« – Der Jahresabschluß in Einzelunternehmen und Konzernen

4.1 Warum muß sich der Wirtschaftsausschuß mit dem Jahresabschluß befassen?

Der Jahresabschluß ist einer der Problembereiche, der erfahrungsgemäß den WA- und (G)BR-Mitgliedern, insbesondere wenn sie über keine kaufmännische Vorbildung verfügen, große Verständnisschwierigkeiten bereitet. Etwas kundigere Kolleginnen und Kollegen wissen zudem, daß der Jahresabschluß alles andere als die tatsächliche wirtschaftliche und finanzielle Lage eines Unternehmens offenlegt. Nicht zu Unrecht wird deshalb auch vom Jahresabschluß als »Zahlenmärchen« gesprochen, das mehr verschleiert als offenlegt.

Dem Jahresabschluß haften insbesondere folgende Mängel an:

- Der handelsrechtliche Jahresabschluß dient den Informations- und Ausschüttungsinteressen der Gesellschafter, der Gläubiger und des Staates (Fiskus). Es wird überhaupt *kein Bezug zu den Beschäftigten* hergestellt.
- Die im handelsrechtlichen Jahresabschluß enthaltenen Informationen sind aufgrund der bilanzpolitischen Spielräume und der Stichtagsbezogenheit *weder klar noch zuverlässig.*
- Der handelsrechtliche Jahresabschluß ist *vergangenheitsorientiert.* Frühestens im April/Mai des Folgejahres wird über das abgelaufene Geschäftsjahr informiert. In der Zwischenzeit kann sich die wirtschaftliche und finanzielle Lage des Unternehmens schon wesentlich verändert haben. Es gibt eine Reihe spektakulärer Firmenzusammenbrüche, da war die Tinte des Wirtschaftsprüfers unter den Bestätigungsvermerk noch nicht trocken, als der Unternehmer Konkurs anmelden mußte.
- Der handelsrechtliche Jahresabschluß ist auf das Unternehmen und den Konzern bezogen. Diese Informationen sind für die Interessenvertretung *zu pauschal.* Insbesondere können negative Entwicklungen in einzelnen Betrieben oder Bereichen des Unternehmens durch positive Entwicklungen in anderen Betrieben oder Bereichen ausgeglichen oder überkom-

pensiert werden, so daß sich aus negativen Entwicklungen ergebende Gefährdungen der Arbeitnehmerinteressen für die Interessenvertretung gar nicht erkennbar sind.

Wenn das so ist, weshalb beschäftigen wir uns dennoch damit? Eine Befassung mit dem Jahresabschluß ist aus folgenden Gründen geboten:

- Der Unternehmer hat dem WA unter Beteiligung der (G)BR den Jahresabschluß zu erläutern (§ 108 Abs. 5 BetrVG). Es ist für ein WA- bzw. (G)BR-Mitglied absolut unbefriedigend und frustrierend, an einer Sitzung teilzunehmen, bei der man von vornherein weiß, daß man nichts von dem, was da erklärt und besprochen wird, versteht – zumal man in einer solchen Situation auch nicht einschätzen kann, ob das Gesagte richtig ist oder nicht.
- Der Unternehmer argumentiert in der Auseinandersetzung mit der betrieblichen Interessenvertretung häufig mit Bilanzzahlen. Hinweise auf »rote Zahlen«, ungenügende Gewinne oder geringe Eigenkapitalausstattung werden vom Unternehmer genutzt, um Forderungen der Interessenvertretung, die den Unternehmer etwas kosten würden, von vornherein abzublocken oder soziale Errungenschaften, z.B. Betriebsrenten, wieder abzubauen. Deshalb ist es für die Interessenvertretung wichtig zu wissen, was an solchen »Argumenten« dran ist.
- In vielen kleineren und mittleren Unternehmen ist der Jahresabschluß häufig für die Interessenvertretung die wichtigste, weil einzige Informationsquelle über die wirtschaftliche und finanzielle Lage des Unternehmens. Dieser Zustand ist zwar äußerst unbefriedigend und bedarf dringend einer Änderung (z.B. durch die Einführung eines Kennziffernsystems durch WA und BR), solange diese Änderung aber nicht bewerkstelligt ist, muß zumindest diese Informationsquelle genutzt werden.
- Viele Unternehmen sind heute eingebunden in Konzernstrukturen, sei es als Konzernobergesellschaft (Mutter) oder als abhängiges Konzernunternehmen (Tochter). Für den WA der Mutter ist der Jahresabschluß des Konzerns (Konzernabschluß) bedeutsamer und aussagefähiger als der Einzelabschluß. Für den WA einer Tochter sind insbesondere die vielfältigen Beziehungen zu anderen Konzernunternehmen von Interesse.

Es geht uns nicht darum, WA- oder BR-Mitglieder zu Bilanzexperten auszubilden. Abgesehen davon, daß dies in dem hier zur Verfügung stehenden Raum gar nicht zu leisten wäre, ist es gewerkschaftspolitisch auch gar nicht sinnvoll und zweckmäßig, da dies zu einer völlig falschen Schwerpunktsetzung der betrieblichen Interessenvertretungsarbeit führen würde (vgl. auch Kapitel 3.2).

Unser Anliegen ist es vielmehr, den WA- und BR-Mitgliedern zu vermitteln, wie der Jahresabschluß im Einzelunternehmen und Konzern einzuschätzen ist, welche Bedeutung ihm zukommt, welche Aussagekraft er besitzt und was davon für die Interessenvertretung von Nutzen ist – nicht mehr, aber auch nicht weniger!

4.2 Der Einzelabschluß

4.2.1 Bestandteile des Jahresabschlusses

Der Jahresabschluß setzt sich – in Abhängigkeit von der Rechtsform – aus mehreren Bestandteilen zusammen.

Bei *Personengesellschaften* (Einzelunternehmen, OHG, KG) besteht der Jahresabschluß aus der Jahresbilanz und der Gewinn- und Verlustrechnung.

Bei *Kapitalgesellschaften* (AG, KGaA, GmbH) setzt sich der Jahresabschluß aus der Jahresbilanz, der Gewinn- und Verlustrechnung sowie dem Anhang zusammen. Zusätzlich müssen Kapitalgesellschaften auch noch einen Lagebericht und eine Gewinnverwendungsrechnung erstellen und – mit Ausnahme der kleinen Kapitalgesellschaft – auch veröffentlichen (vgl. Übersicht 18).

Sofern ein Unternehmen verpflichtet ist, seinen Jahresabschluß prüfen zu lassen (vgl. Übersicht 18), gibt es auch einen Prüfungsbericht des Wirtschaftsprüfers oder vereidigten Buchprüfers. Während diese Prüfungsberichte dem Aufsichtsrat eines Unternehmens vorgelegt werden müssen, ist dies für WA und BR/GBR umstritten. Lehnt der Unternehmer die Vorlage des Prüfungsberichtes ab, dann sollte der WA bzw. (G)BR sich nicht scheuen, deswegen die Einigungsstelle gemäß § 109 BetrVG anzurufen (vgl. Abschn. 9.2.3), die für die Klärung dieser Frage zuständig ist (vgl. BAG, 8. 8. 1989 – 1 ABR 61/88). Nach unseren eigenen Erfahrungen sind die Chancen, daß die Einigungsstelle den Prüfungsbericht (oder zumindest wesentliche Teile davon) zu den vorzulegenden Unterlagen im Rahmen der Erläuterung des Jahresabschlusses gemäß § 108 Abs. 5 BetrVG rechnet, außerordentlich hoch.

Zunächst wollen wir kurz erläutern, welche Informationen Jahresbilanz, Gewinn- und Verlustrechnung sowie Anhang und Prüfungsbericht enthalten.

4.2.1.1 Die Jahresbilanz

Ganz allgemein ist die Jahresbilanz eine Gegenüberstellung von Vermögen (Aktiv-Seite) und Kapital (Passiv-Seite) zu einem Stichtag, dem letzten Tag des Geschäftsjahres. Anders ausgedrückt zeigt die Passiv-Seite die Mittelherkunft (von wem stammt das Geld?) und die Aktiv-Seite die Mittelverwendung (was wurde mit dem Geld gemacht?). Dementsprechend ist die Bilanz in Kontoform nach dem in *Übersicht 9* ersichtlichen Gliederungsschema aufgebaut.

Dieses Gliederungsschema ist nur für große und mittlere Kapitalgesellschaften und sehr große Personengesellschaften verbindlich. Kleine Kapitalgesellschaften brauchen nur eine verkürzte Bilanz aufzustellen, in die nur die mit Buchstaben und römischen Ziffern bezeichneten Bilanzposten gesondert und in der vorgeschriebenen Reihenfolge aufgenommen werden.

Für Personengesellschaften, die nicht unter das Publizitätsgesetz fallen, ist kein Gliederungsschema festgeschrieben. Allerdings orientieren sich die meisten Personengesellschaften je nach Unternehmensgröße an einer der beiden Schemata für Kapitalgesellschaften.

Die Vermögensgegenstände auf der Aktivseite der Bilanz sind im wesentlichen nach der Fristigkeit der Kapitalbindung im Unternehmen gegliedert. Dementsprechend unterscheidet man das längerfristig im Unternehmen gebundene Anlagevermögen und das kurzfristig gebundene Umlaufvermögen.

Zum Anlagevermögen zählen die entgeltlich erworbenen, immateriellen (nicht gegenständlichen) Vermögenswerte, wie Konzessionen, gewerbliche Schutzrechte u.ä. (z.B. Software, Patente, Lizenzen) und der sogenannte Geschäfts- oder Firmenwert (Differenz zwischen Kaufpreis und Reinvermögen zum Zeitpunkt des Kaufs des Unternehmens). Außerdem gehören zum Anlagevermögen die Sachanlagen, das sind diejenigen Vermögensgegenstände, die die Grundlage für die Produktionsbereitschaft bzw. Leistungserstellung darstellen (z.B. Grundstücke, Gebäude, Maschinen, Fuhrpark, Betriebs- und Geschäftsausstattung). Schließlich rechnen zum Anlagevermögen noch die Finanzanlagen (z.B. längerfristige bzw. auf Dauer angelegte Geldanlagen, wie Kapitalbeteiligungen an anderen Unternehmen, Wertpapiere usw.).

Die wichtigsten Positionen des Umlaufvermögens sind die Vorräte (z.B. Roh-, Hilfs- und Betriebsstoffe, Halbfertig- und Fertigfabrikate, bezogene Waren und geleistete Anzahlungen auf diese Positionen), Forderungen (aus noch nicht bezahlten Rechnungen) gegenüber Kunden, verbundenen Unternehmen und Unternehmensbeteiligungen, Wertpapiere (als verzinslich ge-

Übersicht 9

Grundschema der Bilanzgliederung für große und mittlere Kapitalgesellschaften (§ 266 Abs. 2 und 3 HGB)

Aktivseite

A. Ausstehende Einlagen
– davon eingefordert:

B. Aufwendungen für die Ingangsetzung und Erweiterung des Geschäftsbetriebs

C. Anlagevermögen

I. Immaterielle Vermögensgegenstände
  1. Konzessionen, gewerbliche Schutzrechte und ähnliche Rechte und Werte sowie Lizenzen an solchen Rechten und Werten
  2. Geschäfts- und Firmenwert
  3. geleistete Anzahlungen

II. Sachanlagen
  1. Grundstücke, grundstücksgleiche Rechte und Bauten auf fremden Grundstücken
  2. technische Anlagen und Maschinen
  3. andere Anlagen, Betriebs- und Geschäftsausstattung
  4. geleistete Anzahlungen und Anlagen im Bau

III. Finanzanlagen
  1. Anteile an verbundenen Unternehmen
  2. Ausleihungen an verbundene Unternehmen
  3. Beteiligungen
  4. Ausleihungen an Unternehmen, mit denen ein Beteiligungsverhältnis besteht
  5. Wertpapiere des Anlagevermögens
  6. sonstige Ausleihungen

D. Umlaufvermögen

I. Vorräte
  1. Roh-, Hilfs- und Betriebsstoffe
  2. unfertige Erzeugnisse, unfertige Leistungen
  3. fertige Erzeugnisse und Waren
  4. geleistete Anzahlungen

II. Forderungen und sonstige Vermögensgegenstände
  1. Forderungen aus Lieferungen und Leistungen
     – davon Restlaufzeit mehr als 1 Jahr:
  2. Forderungen gegen verbundene Unternehmen
     – davon Restlaufzeit mehr als 1 Jahr:
  3. Forderungen gegen Unternehmen, mit denen ein Beteiligungsverhältnis besteht
     – davon Restlaufzeit mehr als 1 Jahr:
  4. sonstige Vermögensgegenstände
     – davon Restlaufzeit mehr als 1 Jahr:

III. Wertpapiere
  1. Anteile an verbundenen Unternehmen
  2. eigene Anteile
  3. sonstige Wertpapiere

IV. Schecks, Kassenbestand, Bundesbank- und Postgiroguthaben, Guthaben bei Kreditinstituten

E. Rechnungsabgrenzungsposten

I. Abgrenzungsposten für latente Steuern

II. Sonstige Rechnungsabgrenzungsposten

Passivseite

A. Eigenkapital

I. Gezeichnetes Kapital

II. Kapitalrücklage

III. Gewinnrücklagen
  1. gesetzliche Rücklage
  2. Rücklage für eigene Anteile
  3. satzungsmäßige Rücklagen
  4. andere Gewinnrücklagen

IV. Gewinnvortrag/Verlustvortrag

V. Jahresüberschuß/Jahresfehlbetrag

B. Sonderposten mit Rücklageanteil

C. Rückstellungen

1. Rückstellungen für Pensionen und ähnliche Verpflichtungen
2. Steuerrückstellungen
3. sonstige Rückstellungen

D. Verbindlichkeiten

1. Anleihen
   – davon konvertibel:
   – davon Restlaufzeit bis zu 1 Jahr:
2. Verbindlichkeiten gegenüber Kreditinstituten
   – davon Restlaufzeit bis zu 1 Jahr:
3. erhaltene Anzahlungen auf Bestellungen
   – davon Restlaufzeit bis zu 1 Jahr:
4. Verbindlichkeiten aus Lieferungen und Leistungen
   – davon Restlaufzeit bis zu 1 Jahr:
5. Verbindlichkeiten aus der Annahme gezogener Wechsel und der Ausstellung eigener Wechsel
   – davon Restlaufzeit bis zu 1 Jahr:
6. Verbindlichkeiten gegenüber verbundenen Unternehmen
   – davon Restlaufzeit bis zu 1 Jahr:
7. Verbindlichkeiten gegenüber Unternehmen, mit denen ein Beteiligungsverhältnis besteht
   – davon Restlaufzeit bis zu 1 Jahr:
8. sonstige Verbindlichkeiten
   – davon aus Steuern:
   – davon im Rahmen der sozialen Sicherheit:
   – davon Restlaufzeit bis zu 1 Jahr:

E. Rechnungsabgrenzungsposten

haltene Liquiditätsreserve) und flüssige Mittel (Bestand an Bargeld, Schecks und Bankguthaben).

Auf der Passivseite unterscheidet man nach der Rechtsstellung der Geldgeber zwischen Eigen- und Fremdkapital. Das Eigenkapital stammt von den wirtschaftlichen Eigentümern. Es bildet das Haftungskapital und verbrieft dafür Eigentumsrechte (Stimmrecht, Recht auf Anteil am Gewinn, Recht auf Anteil am Liquidationserlös) am Unternehmen. Das Fremdkapital stammt von Gläubigern (v.a. Banken, Lieferanten) und verbrieft das Recht auf termingerechte Rückzahlung des meist befristet zur Verfügung gestellten Kapitals und eine eventuell vereinbarte Verzinsung.

Die Gliederung des Eigenkapitals gibt Aufschluß über die Form der Bildung des Eigenkapitals: Das gezeichnete Kapital ist der Nennbetrag der ausgegebenen Gesellschaftsanteile (Aktien, GmbH-Anteile) und bildet zusammen mit der Kapitalrücklage (Differenz zwischen Ausgabepreis und Nennwert der Gesellschaftsanteile) denjenigen Betrag, den die Gesellschafter (Eigentümer) aus eigenen Mitteln dem Unternehmen von außen zugeführt haben. Demgegenüber wird die Gewinnrücklage aus dem Unternehmen selbst aus einbehaltenen, versteuerten Gewinnen gebildet, indem die Gesellschafter auf eine entsprechende Ausschüttung verzichtet haben bzw. vom Gesetzgeber dazu verpflichtet wurden (Ausschüttungssperre). Ebenfalls aus dem Unternehmen selbst stammen der kumulierte Gewinn- bzw. Verlustvortrag der vorangegangenen Geschäftsjahre und der Jahresüberschuß bzw. -fehlbetrag aus dem laufenden Geschäftsjahr.

Die Sonderposten mit Rücklageanteil werden vorübergehend zum Zwecke der Steuerersparnis (genauer: der Steuerstundung) gebildet. Dies kann auf zwei Arten geschehen: Zum einen durch die Bildung sog. steuerfreier Rücklagen (vgl. Übersicht 10). Zum anderen besteht die Wahlmöglichkeit, ausschließlich steuerlich zulässige Sonderabschreibungen nicht direkt bei den entsprechenden Vermögensgegenständen auf der Aktivseite zu kürzen, sondern den Differenzbetrag zwischen der Normal- und der Sonderabschreibung als Korrekturposten auf der Passivseite unter den Sonderposten mit Rücklageanteil auszuweisen. Sonderposten mit Rücklageanteil werden aus dem unversteuerten Gewinn gebildet und werden aufgrund steuerlicher Vorschriften erst bei ihrer schrittweisen Auflösung versteuert. In Höhe der gestundeten Steuern sind die Sonderposten mit Rücklageanteil Fremdkapital; der darüber hinausgehende Teil ist Eigenkapital. Im Rahmen der Bilanzanalyse rechnet man deshalb pauschal 50 % dem Eigen- und 50 % dem Fremdkapital zu.

Rückstellungen und Verbindlichkeiten gehören juristisch zum Fremdkapital. Rückstellungen sind ungewisse Verbindlichkeiten, deren Höhe und/

Übersicht 10

Steuerfreie Rücklagen als Sonderposten mit Rücklageanteil

	Rechtsgrundlage:	**Betrifft:**
1.	§ 6b EStG	Gewinne aus der Veräußerung bestimmter Anlagegüter
2.	§ 6d EStG	Erwerb von Betrieben, deren Fortbestand gefährdet ist (Sanierungsrücklage)
3.	§ 7d EStG	Umweltschutzinvestition
4.	§ 7g EStG	Ansparrücklage für Klein- und Mittelbetriebe
5.	§ 52 Abs. 5 EStG	Differenzbetrag aus der Erhöhung des Rechnungszinsfußes bei den Pensionsrückstellungen
6.	Abschn. 35 EStR	Rücklage für Ersatzbeschaffung
7.	Abschn. 34 Abs. 3 EStR	Anschaffung oder Herstellung von Anlagen mit Zuschüssen aus öffentlichen oder privaten Mitteln
8.	§ 74 EStDV	Preissteigerungsrücklage
9.	§ 80 EStDV	Importwarenrücklage
10.	§ 82a EStDV	Rücklage für Erhaltungsaufwand
11.	§ 82d EStDV	Sonderabschreibungen auf Wirtschaftsgüter, die der Forschung und Entwicklung dienen
12.	§ 1 Auslandsinvestitionsgesetz	Gewinne bei der Überführung bestimmter Wirtschaftsgüter ins Ausland
13.	§ 3 Auslandsinvestitionsgesetz	Verluste ausländischer Tochtergesellschaften in der Rechtsform der Kapitalgesellschaft
14.	§ 4 Auslandsinvestitionsgesetz	Gewinne aus der Veräußerung von Anteilen an Kapitalgesellschaften
15.	§ 1 Entwicklungsländer-Steuergesetz	Kapitalanlagen in Entwicklungsländern
16.	§ 2 Entwicklungsländer-Steuergesetz	Beteiligung an Kapitalgesellschaften in Entwicklungsländern, die von der Entwicklungsgesellschaft erworben werden
17.	§ 4 Entwicklungsländer-Steuergesetz	Gewinne aus Umwandlungen und Veräußerungen in Entwicklungsländern
18.	§ 4 FördergebietsG	Sonderabschreibung
19.	§ 3 Zonenrandförderungsgesetz	Investitionen im Zonenrandgebiet
20.	§ 82 Städtebauförderungsgesetz	Veräußerungsgewinne bei Sanierungs- und Entwicklungsmaßnahmen
21.	§ 8 UmwStG	Bestimmte Gewinne bei Umwandlungsvorgängen
22.	Diverse	Förderung bestimmter Wirtschaftszweige (Steinkohlenbergbau und Kernreaktorversicherungen)

Quelle: Nach *Pfleger, G.*, Die neue Praxis der Bilanzpolitik. Gestaltungsmöglichkeiten in der Handels- und Steuerbilanz nach der Bilanzreform, Freiburg 1986, S. 380.

oder Fälligkeitszeitpunkt noch nicht genau feststeht (z.B. Prozeßkosten, Garantieleistungen, Pensionszahlungen, Sozialplanabfindungen, rückständiger Urlaub).

Sind Höhe und Fälligkeitszeitpunkt genau bestimmt, dann spricht man von Verbindlichkeiten. Sie werden untergliedert nach der Art ihrer Entstehung (z.B. Anleihen, Bankkredite, Verbindlichkeiten gegenüber verbundenen Unternehmen) und der Fristigkeit (kurzfristig: Restlaufzeit bis zu einem Jahr; mittelfristig: ein bis fünf Jahre; langfristig: über fünf Jahre). Angaben zur Fristigkeit finden sich im allgemeinen im Anhang.

Alle Kapitalgesellschaften müssen in der *Bilanz oder im Anhang* darstellen, wie sich die einzelnen Posten des Anlagevermögens entwickelt haben. Dabei sind, ausgehend von den gesamten Anschaffungs- und Herstellungskosten, die Zugänge, Abgänge, Umbuchungen und Zuschreibungen des Geschäftsjahres sowie die Abschreibungen in ihrer gesamten Höhe gesondert aufzuführen. Zusätzlich sind die Abschreibungen des Geschäftsjahres anzugeben (§ 268 Abs. 2 HGB). Eine solche Aufstellung bezeichnet man als *Anlagespiegel* oder *Anlagegitter.* Sie muß folgende Mindestangaben enthalten:

Übersicht 11

Mindestangaben im Anlagespiegel (Anlagegitter) in der Bilanz oder im Anhang

	Anschaffungs- oder Herstellungskosten	Zugänge (+)	Abgänge (./.)	Umbuchungen (+./.)	Zuschreibungen des Geschäftsjahres (+)	Kumulierte Abschreibungen (./.)	Abschreibungen des Geschäftsjahres	Schlußbestand (Buchwert)
Posten des Anlagevermögens								

Beim Anlagespiegel (Anlagegitter) muß von den *historischen Anschaffungs- und Herstellungskosten* ausgegangen werden. In der Darstellung erscheinen somit die Bruttobeträge nicht nur der Anschaffungs- und Herstellungskosten, sondern auch die Gesamtsumme der bisher vorgenommenen Abschreibungen. Diese Darstellungspflicht gilt für jeden einzelnen Posten des Anlagevermögens und für den Posten »Aufwendungen für die Ingangsetzung und Erweiterung des Geschäftsbetriebs«.

Die Anlagespiegel (Anlagegitter) können von den Unternehmen in unterschiedlicher Form erstellt werden, eine besondere Formvorschrift existiert

Übersicht 12

Beispiel für eine gebräuchliche Darstellungsform des Anlagespiegels (Anlagegitters)

	Anschaffungs- oder Herstellungskosten (Bruttowerte)				Abschreibungen oder Wertberichtigungen				Bilanzwerte (Nettowerte)	
	1. 1. 86	Zugänge[1]	Abgänge[2]	31. 12. 86	1. 1. 86	Zugänge[3]	Abgänge[4]	31. 12. 86	31. 12. 85	31. 12. 86
Immaterielle Vermögensgegenstände										
Gewerbliche Schutzrechte		250		250		50		50		200
Sachanlagen										
Grundstücke und Bauten	10 000	5 000		15 000	2 000	500		2 500	8 000	12 500
Technische Anlagen und Maschinen	30 000	10 000	5 000	35 000	15 000	3 000	4 000	14 000	15 000	21 000
Summe Sachanlagen	40 000	15 000	5 000	50 000	17 000	3 500	4 000	16 500	23 000	33 500
Finanzanlagen										
Anteile an verbundenen Unternehmen	20 000	8 000	4 000	24 000	5 000	1 000	2 000	4 000	15 000	20 000
Summe Anlagevermögen	60 000	23 250	9 000	74 250	22 000	4 550	6 000	20 550	38 000	53 700

1 Investitionen
2 Desinvestitionen
3 Abschreibungen des Geschäftsjahres
4 historische Abschreibungen der im Geschäftsjahr abgegangenen Anlagegüter

Übersicht 13

Darstellung der verschiedenen Abschreibungsverfahren an einem Beispiel

Maschine XY: Anschaffungskosten 10 000 DM
Steuerlich anerkannte Nutzungsdauer 10 Jahre
Abschreibungssatz 25 %

Ende des . . . ten Jahres	Linear			Degressiv			Übergang von der degressiven zur linearen Abschreibung		
	Abschreibungen			Abschreibungen			Abschreibungen		
	Jahres-Betrag	Summe	Rest-buchwert	Jahres-Betrag	Summe	Rest-buchwert	Jahres-betrag	Summe	Rest-buchwert
1.	1 000	1 000	9 000	2 500	2 500	7 500	–	–	–
2.	1 000	2 000	8 000	1 875	4 375	5 625	–	–	–
3.	1 000	3 000	7 000	1 406	5 781	4 219	–	–	–
4.	1 000	4 000	6 000	1 055	6 836	3 164	–	–	–
5.	1 000	5 000	5 000	791	7 627	2 373	–	–	–
6.	1 000	6 000	4 000	593	8 220	1 780	–	–	–
7.	1 000	7 000	3 000	445	8 665	1 335	445	8 665	1 335
8.	1 000	8 000	2 000	334	8 999	1 001	445	9 110	890
9.	1 000	9 000	1 000	250	9 249	751	445	9 555	445
10.	1 000	10 000	0	188	9 437	563	445	10 000	0

Einmal kann im Verlauf der Abschreibungsperiode vom degressiven auf das lineare Verfahren gewechselt werden. Im 8. Jahr erfolgt der Übergang von der degressiven zur linearen Abschreibung, weil ab diesem Zeitpunkt eine gleichmäßige Verteilung des Restbuchwerts auf die Restnutzungsdauer zu höheren Abschreibungen als der Verbleib bei der degressiven Methode führt.

Berechnungsbeispiele:

Lineare Abschreibung $= \frac{\text{Anschaffungskosten}}{\text{Nutzungsdauer}} = \frac{10\,000\text{ DM}}{10\text{ Jahre}} = 1\,000\text{ DM pro Jahr}$

Degressive Abschreibung = 25 % vom jeweiligen Restbuchwert (Anschaffungskosten – Abschreibungen)
1. Jahr = 25 % von 10 000 = 2 500 DM
2. Jahr = 25 % von 7 500 = 1 875 DM usw.

Übergang von der degressiven zur linearen Abschreibung $= \frac{\text{Restbuchwert}}{\text{Restnutzungsdauer}} = \text{z. B. im 8. Jahr} = \frac{1\,335\text{ DM}}{3\text{ Jahre}} = 445$

nicht. Eine gebräuchliche Darstellungsform ist in Übersicht 12 wiedergegeben.

Abschreibungen stellen die Wertminderung des Anlagegutes dar. Sie werden durch eine Verteilung der Anschaffungs- oder Herstellungskosten auf die Jahre der Nutzungsdauer des Anlagegutes gebildet. Überhöhte Abschreibungen (z.B. aufgrund der Annahme einer kürzeren Nutzungsdauer oder durch steuerliche Sonderabschreibungen) führen zu einer Unterbewertung des Anlagevermögens (man spricht in diesem Zusammenhang auch von sog. »stillen« Reserven).

Die gebräuchlichsten Abschreibungsverfahren sind die lineare und die degressive Abschreibung. Häufig wird auch eine Kombination beider Verfahren angewandt, wobei von der degressiven auf die lineare Abschreibung übergegangen wird, sobald der degressive Abschreibungsbetrag kleiner ist als der lineare Abschreibungsbetrag, der sich aus einer gleichmäßigen Verteilung des Restbuchwerts auf die Restnutzungsdauer ergibt. Im Beispiel in Übersicht 13 ist dies im 8. Jahr der Fall.

Zwar können bei allen Abschreibungsverfahren über die Nutzungsdauer nur maximal die Anschaffungs- oder Herstellungskosten abgeschrieben werden; allerdings fällt die Verteilung der Abschreibungsbeträge über die Nutzungsdauer sehr unterschiedlich aus. Die Kombination degressive/lineare Abschreibung sichert die höchsten Abschreibungsbeträge zum frühesten Zeitpunkt, so daß bei Wahl dieser Kombination in den ersten Jahren der Nutzung die so abgeschriebenen Anlagegegenstände unterbewertet sind, d.h. stille Reserven beinhalten. Stellt ein WA fest, daß im Unternehmen nur linear abgeschrieben wird, so sollte er nach der Begründung fragen. Häufig liegt die Begründung darin, daß es dem Unternehmen wirtschaftlich nicht besonders gut geht und man keinen (zufriedenstellenden) Gewinn erzielt hat, den man über erhöhte Abschreibungsbeträge nicht noch weiter verringern will.

4.2.1.2 Die Gewinn- und Verlustrechnung

Ziel der Gewinn- und Verlustrechnung ist die Darstellung des Unternehmenserfolgs durch Gegenüberstellung der Aufwendungen und Erträge eines Geschäftsjahres. Während die Gewinn- und Verlustrechnung bisher nur nach dem sogenannten Gesamtkostenverfahren erstellt werden durfte, ist nach neuem Recht nun auch das sogenannte Umsatzkostenverfahren nach § 275 HGB erlaubt (vgl. Übersicht 14).

Die Zulassung des Umsatzkostenverfahrens ist eine wesentliche Ver-

Übersicht 14

Gliederungsschema der G+V-Rechnung nach dem Gesamtkosten- und dem Umsatzkostenverfahren für große Kapitalgesellschaften (§ 275 Abs. 2 und 3 HGB)

Gesamtkostenverfahren	Umsatzkostenverfahren
1. Umsatzerlöse	1. Umsatzerlöse
2. Erhöhung oder Verminderung des Bestands an fertigen und unfertigen Erzeugnissen	2. Herstellungskosten der zur Erzielung der Umsatzerlöse erbrachten Leistungen
3. andere aktivierte Eigenleistungen	3. Bruttoergebnis vom Umsatz
4. sonstige betriebliche Erträge	4. Vertriebskosten
5. Materialaufwand: a) Aufwendungen für Roh-, Hilfs- und Betriebsstoffe und für bezogene Waren b) Aufwendungen für bezogene Leistungen	5. allgemeine Verwaltungskosten
6. Personalaufwand: a) Löhne und Gehälter b) soziale Abgaben und Aufwendungen für Altersversorgung und für Unterstützung – davon für Altersversorgung	6. sonstige betriebliche Erträge
7. Abschreibungen: a) auf immaterielle Vermögensgegenstände des Anlagevermögens und Sachanlagen sowie auf aktivierte Aufwendungen für die Ingangsetzung und Erweiterung des Geschäftsbetriebs b) auf Vermögensgegenstände des Umlaufvermögens, soweit diese die in der Kapitalgesellschaft üblichen Abschreibungen überschreiten	7. sonstige betriebliche Aufwendungen
8. sonstige betriebliche Aufwendungen	8. Erträge aus Beteiligungen – davon aus verbundenen Unternehmen
9. Erträge aus Beteiligungen – davon aus verbundenen Unternehmen	9. Erträge aus anderen Wertpapieren und Ausleihungen des Finanzanlagevermögens – davon aus verbundenen Unternehmen
10. Erträge aus anderen Wertpapieren und Ausleihungen des Finanzanlagevermögens – davon aus verbundenen Unternehmen	10. sonstige Zinsen und ähnliche Erträge – davon aus verbundenen Unternehmen
11. sonstige Zinsen und ähnliche Erträge – davon aus verbundenen Unternehmen	11. Abschreibungen auf Finanzanlagen und auf Wertpapiere des Umlaufvermögens
12. Abschreibungen auf Finanzanlagen und auf Wertpapiere des Umlaufvermögens	12. Zinsen und ähnliche Aufwendungen – davon an verbundene Unternehmen
13. Zinsen und ähnliche Aufwendungen – davon an verbundene Unternehmen	13. Ergebnis der gewöhnlichen Geschäftstätigkeit
14. Ergebnis der gewöhnlichen Geschäftstätigkeit	14. außerordentliche Erträge
15. außerordentliche Erträge	15. außerordentliche Aufwendungen
16. außerordentliche Aufwendungen	16. außerordentliches Ergebnis
17. außerordentliches Ergebnis	17. Steuern vom Einkommen und vom Ertrag
18. Steuern vom Einkommen und vom Ertrag	18. sonstige Steuern
19. sonstige Steuern	19. Jahresüberschuß/Jahresfehlbetrag
20. Jahresüberschuß/Jahresfehlbetrag	

schlechterung im Vergleich zum bisherigen Recht. Zum einen sind Unternehmen, die verschiedene Verfahren der G+V-Rechnung anwenden, nicht mehr vergleichbar. Zum anderen ist das Umsatzkostenverfahren auch im Vergleich zum Gesamtkostenverfahren weniger aussagefähig: Die Gesamtleistung ist nicht erkennbar, Bestandsveränderungen, Material-, Personal-, Abschreibungs- und andere Aufwendungen und Erträge werden nicht gesondert ausgewiesen.

Bei kleinen und mittelgroßen Kapitalgesellschaften (vgl. Übersicht 18) wird die Aussagefähigkeit der G+V-Rechnung noch dadurch beeinträchtigt, daß bestimmte Positionen des G+V-Gliederungsschemas der großen Kapitalgesellschaft zu einer einzigen Position, dem sog. *Rohergebnis,* zusammengefaßt werden darf. Je nachdem, ob das Gesamtkosten- oder das Umsatzkostenverfahren angewendet wird, können die in Übersicht 15 gezeigten Positionen zum Rohergebnis zusammengefaßt werden. Dementsprechend sieht bei kleinen und mittelgroßen Kapitalgesellschaften die Gliederung der G+V-Rechnung wie in Übersicht 16 dargestellt aus.

Bei der Erläuterung der G+V-Rechnung durch den Unternehmer sollte man sich eine Aufgliederung des Rohergebnisses entsprechend den Positionen in Übersicht 15 geben lassen!

Übersicht 15

Zusammenfassung von G+V-Positionen zum Rohergebnis (§ 276 HGB)

Gesamtkostenverfahren	**Umsatzkostenverfahren**
Umsatzerlöse	Umsatzerlöse
+/– Erhöhung oder Verminderung des Bestandes an fertigen und unfertigen Erzeugnissen	– Herstellungskosten der zur Erzielung der Umsatzerlöse erbrachten Leistungen
+ andere aktivierte Eigenleistungen	= Bruttoergebnis vom Umsatz
+ sonstige betriebliche Erträge	+ sonstige betriebliche Erträge
– Materialaufwand	= Rohergebnis
= Rohergebnis	

Ausgangspunkt beim Gesamtkostenverfahren ist die Gesamtleistung, die sich aus den Umsatzerlösen (Position 1), den Lagerbestandsveränderungen (Position 2) und den anderen aktivierten Eigenleistungen (Position 3) zusammensetzt. Allerdings wird die Gesamtleistung nicht als Zwischensumme im Gliederungsschema der G+V-Rechnung ausgewiesen.

Bei den Umsatzerlösen handelt es sich um die Nettoerlöse (d.h. abzüglich Umsatzsteuer und Erlösschmälerungen) aus dem Verkauf der Produkte, Waren, Dienstleistungen usw., die den Unternehmenszweck ausmachen.

Übersicht 16

Verkürztes Gliederungsschema der G+V-Rechnung bei kleinen und mittelgroßen Kapitalgesellschaften nach dem Gesamtkosten- und dem Umsatzkostenverfahren (§ 276 HGB)

Gesamtkostenverfahren	Umsatzkostenverfahren
1. Rohergebnis 2. Personalaufwand: a) Löhne und Gehälter b) soziale Abgaben und Aufwendungen für Altersversorgung und für Unterstützung – davon für Altersversorgung 3. Abschreibungen: a) auf immaterielle Vermögensgegenstände des Anlagevermögens und Sachanlagen sowie auf aktivierte Aufwendungen für die Ingangsetzung und Erweiterung des Geschäftsbetriebs b) auf Vermögensgegenstände des Umlaufvermögens, soweit diese die in dem Unternehmen üblichen Abschreibungen überschreiten 4. sonstige betriebliche Aufwendungen 5. Erträge aus Beteiligungen – davon aus verbundenen Unternehmen 6. Erträge aus anderen Wertpapieren und Ausleihungen des Finanzanlagevermögens – davon aus verbundenen Unternehmen 7. sonstige Zinsen und ähnliche Erträge – davon aus verbundenen Unternehmen 8. Abschreibungen auf Finanzanlagen und auf Wertpapiere des Umlaufvermögens 9. Zinsen und ähnliche Aufwendungen – davon an verbundene Unternehmen 10. Ergebnis der gewöhnlichen Geschäftstätigkeit 11. außerordentliche Erträge 12. außerordentliche Aufwendungen 13. außerordentliches Ergebnis 14. Steuern vom Einkommen und vom Ertrag 15. sonstige Steuern 16. Jahresüberschuß/Jahresfehlbetrag	1. Rohergebnis 2. Vertriebskosten 3. allgemeine Verwaltungskosten 4. sonstige betriebliche Aufwendungen 5. Erträge aus Beteiligungen – davon aus verbundenen Unternehmen 6. Erträge aus anderen Wertpapieren und Ausleihungen des Finanzanlagevermögens – davon aus verbundenen Unternehmen 7. Sonstige Zinsen und ähnliche Erträge – davon aus verbundenen Unternehmen 8. Abschreibungen auf Finanzanlagen und auf Wertpapiere des Umlaufvermögens 9. Zinsen und ähnliche Aufwendungen – davon an verbundene Unternehmen 10. Ergebnis der gewöhnlichen Geschäftstätigkeit 11. außerordentliche Erträge 12. außerordentliche Aufwendungen 13. außerordentliches Ergebnis 14. Steuern von Einkommen und vom Ertrag 15. sonstige Steuern 16. Jahresüberschuß/Jahresfehlbetrag

Bei den Lagerbestandsveränderungen geht es um die Erhöhung (wird zum Umsatz hinzugerechnet) oder Verminderung (wird vom Umsatz abgezogen) des Bestandes an fertigen und unfertigen Erzeugnissen (Produkte;

erbrachte, aber noch nicht abgerechnete [Dienst-]Leistungen). Die Höhe der Bestandsveränderungen ergibt sich aus der Differenz der Wertansätze in der Bilanz zu Beginn und am Ende des Geschäftsjahres. Bei den anderen aktivierten Eigenleistungen handelt es sich im wesentlichen um selbsterstellte Anlagen, mit eigenen Arbeitskräften durchgeführte Großreparaturen sowie aktivierte Aufwendungen für die Ingangsetzung und Erweiterung des Geschäftsbetriebs.

Die Position 4 (»sonstige betriebliche Erträge«) ist ein Sammelposten für alle nicht unter andere Ertragsposten fallende Erträge aus der gewöhnlichen Geschäftstätigkeit. In ihr sind im wesentlichen folgende Erträge zusammengefaßt:

- Erlöse aus betriebsleistungsfremden Umsätzen
- Zahlungseingänge auf als uneinbringlich ausgebuchten Forderungen
- Buchgewinne aus dem Verkauf von Wertpapieren des Umlaufvermögens
- Währungsgewinne
- Schuldnachlässe
- Kostenerstattungen, Rückvergütungen, periodenfremde Gutschriften
- Schadensersatzleistungen
- Patent- und Lizenzgebühren
- Steuererstattungen für Körperschaftssteuer
- Erträge aus dem Abgang von Gegenständen des Anlagevermögens und Zuschreibungen auf Gegenstände des Anlagevermögens
- Erträge aus der Auflösung von Rückstellungen und Sonderposten mit Rücklageanteil

Der Materialaufwand (Position 5) umfaßt die Aufwendungen für Roh-, Hilfs- und Betriebsstoffe, für bezogene Waren und bezogene (Fremd-) Leistungen.

Der Personalaufwand (Position 6) umfaßt die Bruttobezüge aller Löhne und Gehälter einschließlich der Arbeitgeberbeiträge zur Sozialversicherung, die laufenden Renten- und Unterstützungszahlungen (abzüglich der Auflösung diesbezüglicher Rückstellungen) sowie die jährlichen zusätzlichen Einstellungen in die Pensionsrückstellungen sowie Zuführungen an Unterstützungskassen. Im Personalaufwand sind auch die Bezüge der Geschäftsführung einschließlich der laufenden Pensionszahlungen an ehemalige Geschäftsführer oder deren Angehörige sowie die Bildung von Pensionsrückstellungen für die derzeitige Geschäftsführung enthalten.

Die Abschreibungen (Position 7) dienen der Verteilung der Anschaffungs-

oder Herstellungskosten auf die Jahre der Nutzungsdauer des Anlagegutes (Maschine, Betriebs- und Geschäftsausstattung, Gebäude). Überhöhte Abschreibungen (z.B. aufgrund der Annahme einer kürzeren Nutzungsdauer oder durch steuerliche Sonderabschreibungen) führen zu einer Unterbewertung des Anlage- und ggf. des Umlaufvermögens (man spricht in diesem Zusammenhang auch von sog. »stillen«, d.h. nicht sichtbaren Reserven) und damit zu einer Verringerung des Jahresüberschusses (oder zu einer Erhöhung des Jahresfehlbetrages).

Die Position 8 (»sonstige betriebliche Aufwendungen«) ist eine Sammelposition, der betriebliche Aufwendungen im Rahmen der gewöhnlichen Geschäftstätigkeit zuzuordnen sind, die nicht bereits unter den anderen Aufwandspositionen ausgewiesen sind, wie z.B.

- Werbeaufwendungen,
- Büromaterial,
- Frachtkosten,
- Reisespesen,
- Lizenzgebühren,
- Telefon- und Portokosten,
- Versicherungsprämien,
- Kosten für Unternehmensberater,
- Mieten und Pachten,
- Bewirtungs- und Betreuungskosten,
- Spenden,
- Schmiergelder,
- Aufwendungen für Aufsichtsrat und Hauptversammlung,
- Schadensersatzleistungen,
- Abschreibungen auf Forderungen,
- Verluste aus Wertminderungen oder Abgängen von Gegenständen des Anlage- und Umlaufvermögens (außer Vorräten),
- Einstellung in die Sonderposten mit Rücklageanteil.

Die Positionen 1–8 kann man zum sog. Betriebsergebnis zusammenfassen. Davon zu unterscheiden ist das sog. Finanzergebnis (Positionen 9–13). Das Betriebs- und Finanzergebnis ist nicht als Zwischensumme im Gliederungsschema ausgewiesen. Im Finanzergebnis werden den Finanzerträgen (Erträge aus Beteiligungen, Zinserträge aus Finanzanlagen und Wertpapieren des Umlaufvermögens) die Finanzaufwendungen (Abschreibungen auf Finanzanlagen und Wertpapiere des Umlaufvermögens, Fremdkapitalzinsen) gegenübergestellt.

Betriebs- und Finanzergebnis ergeben zusammen das »Ergebnis der gewöhnlichen Geschäftstätigkeit« (Position 14). Diese Zwischensumme zeigt den sog. Bruttoerfolg des Unternehmens im Rahmen seiner gewöhnlichen Geschäftstätigkeit vor Abzug von Steuern.

Unter der Position 15 (»außerordentliche Erträge«) und Position 16 (»außerordentliche Aufwendungen«) werden alle Erfolgs- und Mißerfolgskomponenten zusammengefaßt, die außerhalb der gewöhnlichen Geschäftstätigkeit angefallen sind. Sie werden unter der Position 17 (»außerordentliches Ergebnis«) als Zwischensumme festgehalten.

Das »Ergebnis aus gewöhnlicher Geschäftstätigkeit«, korrigiert um das »außerordentliche Ergebnis« und die Ertragssteuern (Position 18) und Vermögenssteuern und sonstige Steuern (Position 19) ergeben den Jahresüberschuß bzw. -fehlbetrag (Position 20). Aufgrund unterschiedlicher Bilanzierung in der Handels- und Steuerbilanz korrespondiert der in der handelsrechtlichen Gewinn- und Verlustrechnung ausgewiesene Ertragssteueraufwand (Körperschafts- und Gewerbeertragssteuer), der ja auf der Grundlage der Steuerbilanz ermittelt wurde, nicht notwendigerweise mit dem im handelsrechtlichen Abschluß ausgewiesenen Ergebnis (Jahresüberschuß bzw. -fehlbetrag). Die Differenz zwischen der tatsächlichen Steuerschuld (aufgrund der Steuerbilanz) und der fiktiven Steuerschuld, die sich ergäbe, wenn man das Ergebnis der Handelsbilanz zur Bemessungsgrundlage nehmen würde, nennt man **latente Steuer.** Ist die Differenz positiv (Handelsbilanzergebnis ist besser als Steuerbilanzergebnis), dann ist auf der Passivseite der Bilanz eine entsprechende Rückstellung für latente Steuern zu bilden. Ist die Differenz negativ (Handelsbilanzergebnis ist schlechter als Steuerbilanzergebnis), dann ist ein entsprechender Ausgleichsposten für latente Steuern auf der Aktivseite der Bilanz zu bilden.

Bei Aktiengesellschaften ist das Gliederungsschema der GuV-Rechnung gemäß § 275 HGB (vgl. Übersicht 29) nach dem Posten »Jahresüberschuß/Jahresfehlbetrag« in Fortführung der jeweiligen Numerierung nach dem Umsatz- bzw. Gesamtkostenverfahren um die folgenden **Pflichtangaben** zu ergänzen (vgl. § 158 Abs. 1 AktG) bzw. sind **entsprechende Angaben im Anhang** zu machen (vgl. § 158 Abs. 2 AktG):

1. Gewinnvortrag (+)/Verlustvortrag (–) aus dem Vorjahr
2. Entnahmen (+) aus der Kapitalrücklage
3. Entnahmen (+) aus Gewinnrücklagen

a. aus der gesetzlichen Rücklage
b. aus der Rücklage für eigene Aktien
c. aus satzungsmäßigen Rücklagen
d. aus anderen Gewinnrücklagen

4. Einstellung (–) in Gewinnrücklagen
   a. aus der gesetzlichen Rücklage
   b. aus der Rücklage für eigene Aktien
   c. aus satzungsmäßigen Rücklagen
   d. aus anderen Gewinnrücklagen
5. Bilanzgewinn/Bilanzverlust des Geschäftsjahres

Der **Gewinn- oder Verlustvortrag** aus dem Vorjahr beeinflußt den Bilanzgewinn folgendermaßen:

Wurde ein Teil des Bilanzgewinns des Vorjahres nicht ausgeschüttet (§ 174 AktG), so entsteht ein Gewinnvortrag, der sich auf den Bilanzgewinn des Geschäftsjahres gewinnerhöhend auswirkt. Schloß das Vorjahr dagegen mit einem Bilanzverlust ab, so entsteht ein Verlustvortrag, der sich bilanzgewinnmindernd auswirkt.

Entnahmen aus der **Kapital- und Gewinnrücklage** dürfen im wesentlichen nur zum **Ausgleich eines Jahresfehlbetrages bzw. eines Verlustvortrages** aus dem Vorjahr verwendet werden, wobei die in § 150 Abs. 3 und Abs. 4 AktG genannten Bedingungen zu beachten sind.

Bei den **Einstellungen** aus dem Jahresüberschuß in die **Gewinnrücklagen** ist zwischen der gesetzlichen Rücklage (**Pflichtzuführung** gemäß § 150 Abs. 2 AktG) und den übrigen Zuführungsgründen zu unterscheiden.

Zur Ausschüttung an die Aktionäre in Form einer Dividende darf nur der **Bilanzgewinn** verwendet werden; ein **Bilanzverlust** ist auf neue Rechnung vorzutragen.

4.2.1.3 Der Anhang

Alle Kapitalgesellschaften und Genossenschaften haben unabhängig von der Unternehmensgröße zusätzlich zur Bilanz und Gewinn- und Verlustrechnung einen *Anhang* zu erstellen, der je nach Rechtsform zwischen 50 und 70 verschiedene Informationssachverhalte mit z.T. weitreichenden Einzelangaben enthält, die über Bilanz und G+V-Rechnung deutlich hinausgehen. Der Anhang enthält vor allem Informationen über:

- *Angaben zur Gliederung der Bilanz und G+V*

  Dazu zählen unter anderem:

  – Erläuterungen zu nicht mit dem Vorjahr vergleichbaren Beträgen von Jahresabschlußpositionen in Bilanz und G+V;

  – der gesonderte Ausweis (Aufgliederung) von zusammengefaßten Jahresabschlußpositionen;

  – Angabe und Begründung, wenn wegen mehrerer Geschäftszweige verschiedene Gliederungsvorschriften zu beachten waren.

- *Ansatz- und Bewertungsvorschriften*

  Dazu zählen unter anderem:

  – Angabe und Begründung der im Geschäftsjahr nach steuerlichen Vorschriften vorgenommenen Abschreibungen im Anlage- und Umlaufvermögen, soweit sich diese Beiträge nicht aus der Bilanz und der G+V ergeben;

  – Angabe der auf die Posten der Bilanz und der G+V angewandten Bilanzierungs- und Bewertungsmethoden;

  – Angabe und Begründung von Änderungen der Bilanzierungs- und Bewertungsmethoden sowie eine gesonderte Darstellung über deren Einfluß auf die Vermögens-, Finanz- und Ertragslage;

  – Angaben über die Einbeziehung von Fremdkapitalzinsen in die Herstellungskosten.

- *Erläuterungen zu einzelnen Positionen der Bilanz und G+V*

  Dazu zählen unter anderem:

  – Der Anlagespiegel, also die Darstellung der Entwicklung der einzelnen Posten des Anlagevermögens und der Aufwendungen für die Ingangsetzung und Erweiterung des Geschäftsbetriebes;

  – Angabe der Abschreibungen des Geschäftsjahres für alle Einzelpositionen des Anlagevermögens;

  – eine Beteiligungsliste;

  – Vorschriften, nach denen Sonderposten mit Rücklageanteil gebildet werden;

  – eine Erläuterung der sonstigen Rückstellungen;

  – Angabe des Gesamtbetrages der Verbindlichkeiten mit einer Restlaufzeit von mehr als fünf Jahren;

  – Erläuterung der a.o. Erträge und a.o. Aufwendungen;

- Aufgliederung der Umsatzerlöse nach Tätigkeitsbereichen sowie nach geographisch bestimmten Märkten;
- Angabe des Materialaufwandes und des Personalaufwandes des Geschäftsjahres, wenn für die G+V das Umsatzkostenverfahren angewendet wird.

- *Sonstige Angaben wie z.B.:*
  - Aufgliederung der durchschnittlich während des Geschäftsjahres beschäftigten Arbeitnehmer nach Gruppen;
  - Bezüge tätiger Organmitglieder (Vorstand, Geschäftsführung, Aufsichtsrat);
  - Angaben zum Mutterunternehmen;
  - wechselseitige Beteiligungen.

4.2.2 Der Lagebericht

Der Lagebericht hat die Aufgabe, den Jahresabschluß durch zusätzliche Informationen allgemeiner Art zu ergänzen. Im Lagebericht *müssen* der Geschäftsverlauf und die Entwicklungsperspektiven der Gesellschaft aufgezeigt werden. Es *soll* berichtet werden über besondere Vorgänge nach dem Stichtag sowie über die Bereiche Forschung und Entwicklung.

Bei großen Kapitalgesellschaften muß der Lagebericht im Bundesanzeiger veröffentlicht werden, während mittelgroße Kapitalgesellschaften ihn lediglich zum Handelsregister des Sitzes der Kapitalgesellschaft einreichen müssen. Kleine Kapitalgesellschaften brauchen den Lagebericht überhaupt nicht offenlegen.

Da der Lagebericht Bestandteil des Jahresabschlusses ist, erstreckt sich die Erläuterungspflicht des Unternehmens gegenüber dem Wirtschaftsausschuß unter Beteiligung des Betriebsrates (Gesamtbetriebsrates) auch hierauf.

Da das Gesetz offenläßt, was im einzelnen unter Geschäftsverlauf und Lage der Gesellschaft zu verstehen ist, ist zu befürchten, daß die Lageberichte bei einer Reihe von Unternehmen auch in Zukunft nur geringe Aussagekraft besitzen werden.

4.2.3 Der Prüfungsbericht

Die Prüfungspflicht des Jahresabschlusses durch einen Wirtschaftsprüfer erstreckt sich auf mittlere und große Kapitalgesellschaften sowie alle sehr großen unter das Publizitätsgesetz fallenden Unternehmen (vgl. Übersicht 18).

Der Prüfungsbericht ist allerdings nicht Bestandteil des Jahresabschlusses.

Der Prüfungsbericht zur Jahresabschlußprüfung enthält in aller Regel folgende Angaben:

1. Prüfungsauftrag und Durchführung der Prüfung
2. Rechtliche und wirtschaftliche Grundlagen des Unternehmens
3. Wesentliche Aussagen zum Jahresabschluß
3.1 Grundsätze der Bilanzierung, Bewertung und Gliederung
3.2 Ertragslage
3.3 Vermögenslage
3.4 Finanzlage
4. Prüfungsergebnis
4.1 Buchführung
4.2 Jahresabschluß
4.3 Lagebericht
4.4 Bestätigungsvermerk
5. Erläuterungen zum Jahresabschluß
5.1 Bilanz
5.2 G+V-Rechnung
5.3 Anhang

Für die Interessenvertretung sind vor allem folgende Bereiche von Bedeutung:

– **Die rechtlichen und wirtschaftlichen Grundlagen des Unternehmens**

Hier sind sämtliche, für das Unternehmen wesentliche Verträge (z.B. Mietvertrag, Leasingvertrag, Kooperationsvertrag, Kaufvertrag, Darlehensvertrag) aufgeführt, der Vertragsgegenstand ist erläutert und die wirtschaftlichen Auswirkungen der einzelnen Verträge sind dargelegt.

– **Wesentliche Aussagen zum Jahresabschluß**

Hier interessieren vor allem die Veränderungen zum Vorjahr und die jeweils angegebenen Begründungen. Der Wirtschaftsprüfer ist gemäß § 321 HGB verpflichtet, über nachteilige Veränderungen der Vermögens-, Finanz- und Ertragslage sowie über Verluste, die das Jahresergebnis nicht unwesentlich berühren, zu berichten.

Dies gilt auch bezüglich Tatsachen, die den Bestand des Unternehmens gefährden oder seine Entwicklung wesentlich beeinträchtigen oder schwerwiegende Verstöße der Unternehmensorgane gegen Gesetz, Gesellschaftsvertrag oder Satzung erkennen lassen.

– **Erläuterungen zum Jahresabschluß**

Hier findet sich eine detaillierte Aufschlüsselung und ausreichende Erläuterung der einzelnen Posten der Bilanz und der G+V-Rechnung.

Gibt es im Rahmen der Prüfung keinen Grund für Beanstandungen, erhält der Jahresabschluß einen »uneingeschränkten Bestätigungsvermerk«. Soweit Einwendungen zu erheben sind, weil gegen rechtliche Bestimmungen verstoßen wurde, ist nur ein eingeschränkter oder in schwerwiegenden Fällen auch kein Bestätigungsvermerk zu erteilen; dies ist dann jeweils zu begründen (vgl. Übersicht 17).

Die Bedeutung eines uneingeschränkten Bestätigungsvermerkes sollte weder über- noch unterschätzt werden. Er bietet eine gewisse Gewähr dafür, daß der Jahresabschluß den gesetzlichen Bestimmungen entsprechend erstellt wurde. Er gibt jedoch keine Garantie für den Bestand des Unternehmens. Dies wird deutlich, wenn es im Wirtschaftsprüferhandbuch 1992, Band I, Düsseldorf, S. 970 heißt:

»Eine Vorstellung, daß ein vom Abschlußprüfer uneingeschränkt bestätigter Jahresabschluß Gewähr für die Gesundheit des Unternehmens biete, kann der Bestätigungsvermerk nicht erfüllen, da der Abschlußprüfer nicht bestätigt, daß die wirtschaftlichen Verhältnisse in Ordnung sind, sondern allein feststellt, daß die Rechnungslegung der gesetzlichen Vertreter normengerecht ist. So ist der Abschlußprüfer verpflichtet, den Bestätigungsvermerk grundsätzlich auch dann uneingeschränkt zu erteilen, wenn die Lage der Gesellschaft zu ernsten Besorgnissen Anlaß gibt oder wenn der Zusammenbruch des Unternehmens droht, sofern . . . der Jahresabschluß ordnungsgemäß erstellt und im Lagebericht in dem gesetzlich gebotenen Umfang auf die Lage der Gesellschaft eingegangen ist.«

Verweigert der Unternehmer die Aushändigung oder Einsichtnahme in den Wirtschaftsprüferbericht zur Vorbereitung der Wirtschaftsausschuß-Sitzung, auf der der Jahresabschluß erläutert werden soll, ist zur Klärung dieser Frage die Einigungsstelle nach § 109 BetrVG zuständig (vgl. Anhang IV. 5. c). Nach einem Beschluß des BAG vom 8. 8. 1989 – 1 ABR 61/88 – kann der Arbeitgeber verpflichtet sein, dem Wirtschaftsausschuß den Wirtschaftsprüferbericht vorzulegen (vgl. auch Die Quelle 10/89, S. 547 f.). In zwei uns bekannten Einigungsstellenverfahren wurde der Wirtschaftsprüfungsbericht jeweils als erforderliche Unterlage im Sinne des § 106 Abs. 2 S. 1 BetrVG angesehen und durch Spruch entschieden, daß

Übersicht 17

Prüfung des Jahresabschlusses von Kapitalgesellschaften

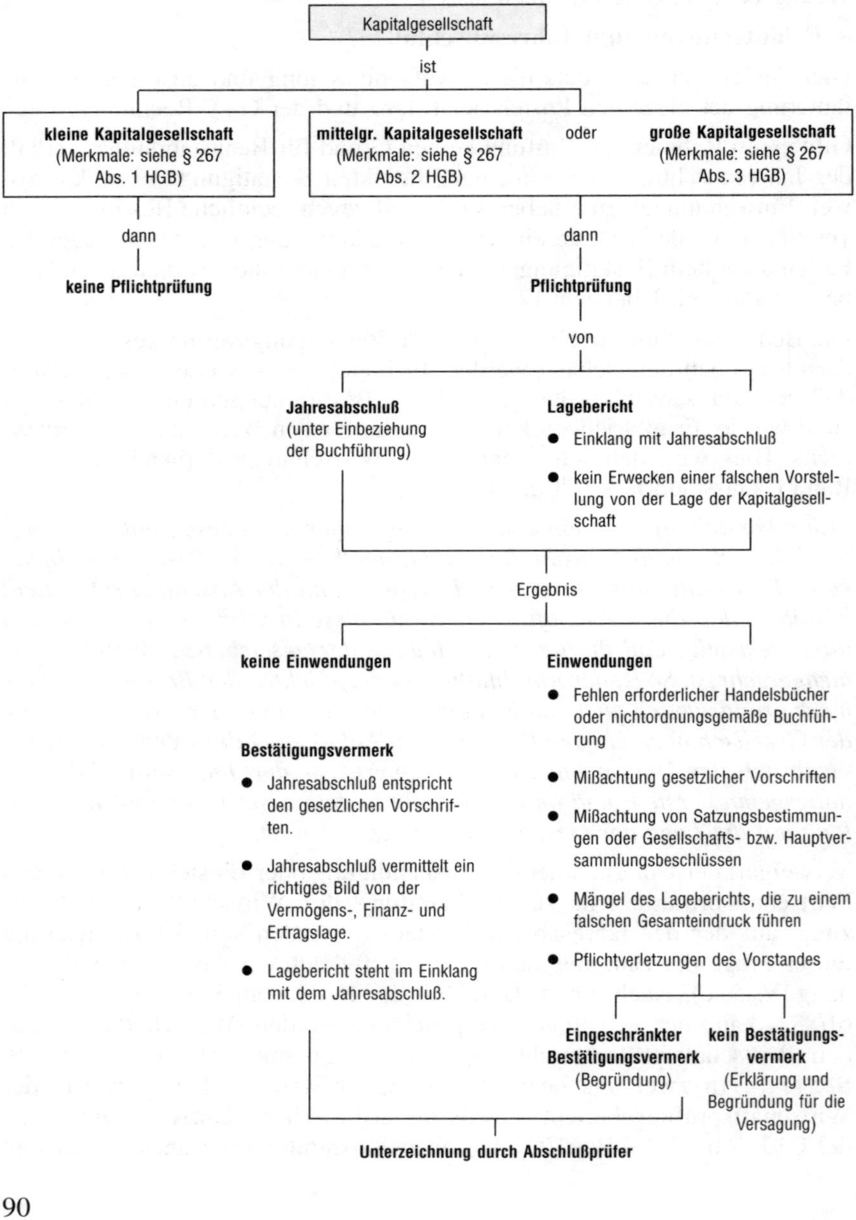

der WP-Bericht dem Wirtschaftsausschuß zeitweise zu überlassen ist (vgl. hierzu auch AiB 1988, S. 45 und 1988, S. 314 f.). Nach unseren Erfahrungen bestehen bei entsprechender Vorbereitung der Interessenvertretung und Hinzuziehung geeigneter Beisitzer gute Chancen, den Wirtschaftsprüfungsbericht über die Einigungsstelle zu erhalten.

4.2.4 Wer muß in welcher Form einen Jahresabschluß erstellen? – Rechnungslegungs-, Prüfungs- und Veröffentlichungsvorschriften beim Einzelabschluß

Die Rechnungslegungs-, Prüfungs- und Veröffentlichungspflichten sind abhängig von der

- Branche
- Rechtsform
- Größe

der betroffenen Unternehmen. Auf branchenabhängige Besonderheiten (z.B. bei Kreditinstituten, Versicherungen) wird hier nicht näher eingegangen. Die rechtsform- und größenabhängigen Vorschriften sind in Übersicht 18 zusammengefaßt dargestellt.

Die Erläuterung des Jahresabschlusses durch den Unternehmer im WA ist allerdings völlig unabhängig davon, ob und in welchem Umfang der Jahresabschluß eines Unternehmens veröffentlicht werden muß. Wenn Unternehmen lediglich eine Steuerbilanz erstellen, dann ist auch diese dem WA und dem (G)BR vorzulegen und zu erläutern.

Die Erläuterung des Jahresabschlusses hat nach der gesetzlichen Prüfung aber *vor* der Feststellung durch die maßgebenden Organe (Vorstand, Aufsichtsrat, Hauptversammlung oder Gesellschafterversammlung) zu erfolgen. In den meisten Unternehmen wird diese Reihenfolge nicht beachtet und von WA und (G)BR auch kaum moniert. Eine Kritik z.B. an der vorgesehenen Gewinnverwendung kann – wenn überhaupt – jedoch nur dann Konsequenzen haben, wenn die entsprechenden Beschlüsse der maßgebenden Organe noch nicht gefaßt sind.

Der WA sollte gegenüber dem Unternehmer auf die Aushändigung des Jahresabschlusses, des Lageberichts und des Prüfungsberichtes bestehen.

In Unternehmen, die zur Veröffentlichung verpflichtet sind, wird die Aushändigung des Jahresabschlusses und des Lageberichts an den WA nur selten verweigert. Kommt ein Unternehmer seiner Veröffentlichungspflicht nicht nach, so kann der (G)BR beim Registergericht (Amtsgericht) beantra-

Übersicht 18

Rechnungslegungs-, Prüfungs- und Veröffentlichungspflicht von Unternehmen in Abhängigkeit von Rechtsform und Größe

	Kapitalgesellschaften (AG, KGaA, GmbH)			Personengesellschaften (Einzelkaufmann, OHG, KG)		Sonstige[1]	
	Größenklassen[2] (HGB)			Größenklassen[2] (PublG)		Größenklassen[2] (PublG)	
	klein	mittel	groß	klein-groß	sehr groß	klein-groß	sehr groß
Größengrenzen:							
Umsatz (Mio.-DM)	bis 10,62	bis 42,48	über 42,48	bis 250	über 250	bis 250	über 250
Bilanzsumme (Mio.-DM)	bis 5,31	bis 21,24	über 21,24	bis 125	über 125	bis 125	über 125
Beschäftigte	bis 50	bis 250	über 250	bis 5 000	über 5 000	bis 5 000	über 5 000
Bilanz:							
Erstellung	ja	ja	ja	ja	ja	ja	ja
Veröffentlichung	HR	HR	BA	nein	BA	nein	BA
G + V-Rechnung:							
Erstellung	ja[3]	ja[3]	ja	ja	ja	ja	ja
Veröffentlichung	nein	nein	BA	nein	nein	nein	BA
Anhang:							
Erstellung	ja	ja	ja	nein	nein	nein	ja
Veröffentlichung	HR	HR	BA	nein	nein	nein	BA
Lagebericht:							
Erstellung	ja	ja	ja	nein	nein	nein	ja
Veröffentlichung	nein	HR	BA	nein	nein	nein	BA
Gewinnverwendungsrechnung[4]:							
Erstellung	ja	ja	ja	nein	nein	nein	ja
Veröffentlichung	HR	HR	BA	nein	nein	nein	BA
Pflichtprüfung	nein	ja	ja	nein	ja	nein	ja
Aufstellungspflicht	6 Mon.	3 Mon.	3 Mon.	keine Frist	3 Mon.	keine Frist	3 Mon.
Veröffentlichungsfrist	12 Mon.	9 Mon.	9 Mon.	–	9 Mon.	–	9 Mon.

1 = Abgesehen von Sonderregelungen für Kreditinstitute und Versicherungen, für die auch andere Größenkriterien gelten, und für Genossenschaften, für deren Jahresabschluß die meisten Regeln wie für Kapitalgesellschaften gelten, für deren Konzernabschluß aber nur das PublG gilt.
2 = Die Zuordnung zu den Größenklassen erfolgt, wenn zwei der drei aufgeführten Größenmerkmale zutreffen.
3 = in verkürzter Form ohne Umsatzausweis
4 = soweit sie sich nicht aus dem Jahresabschluß ergibt
HR = Handelsregister einschließlich Hinweisveröffentlichungen im Bundesanzeiger
BA = Bundesanzeiger

gen, die gesetzlichen Vertreter einer Kapitalgesellschaft zur Erfüllung ihrer Veröffentlichungspflicht durch Verhängung eines Zwangsgeldes anzuhalten (§ 335 Satz 2 HGB). Nach unserer Auffassung gehört der Jahresabschluß und der Lagebericht sowie der Prüfungsbericht zu den Unterlagen, die so umfangreich sind, daß deren (zumindest zeitweise) Aushändigung geboten erscheint (vgl. BAG vom 20.11.1984, DB 1985, S. 924 ff.). Die Durchsetzung des Anspruchs auf Aushändigung der geforderten Unterlagen über die Einigungsstelle gemäß § 109 BetrVG halten wir für sehr aussichtsreich.

4.2.5 *Bilanzpolitik im Einzelabschluß*

4.2.5.1 Begriff und Zielsetzung

Als Bilanzpolitik bezeichnet man die bewußte und im Hinblick auf die Unternehmensziele zweckorientierte Beeinflussung des Jahresabschlusses im Rahmen des rechtlich Zulässigen.

Der Bilanzpolitik können die verschiedensten, zum Teil miteinander konkurrierenden Zielsetzungen zugrunde liegen:

- **Verringerung der Steuerbelastung** des Unternehmens und seiner Eigentümer
  Dies kann durch Steueraufschub und Steuervermeidung erreicht werden. Steueraufschub (bei den ertragsabhängigen Steuern) bedeutet, daß Erträge in die Zukunft verlagert und Aufwendungen in die Gegenwart vorgezogen werden. Die dadurch bewirkte Verschiebung von Ertragssteuern in die Zukunft entspricht in seiner Wirkung einem zinslosen Kredit des Staates an das Unternehmen. Ein typisches Beispiel ist das Bilden von Sonderposten mit Rücklageanteil. In dem Maße, wie im Zuge der Auflösung dieses Sonderpostens gleichzeitig wieder neue Sonderposten gebildet werden können, verlängert sich der Steueraufschub u.U. bis zum »Sankt Nimmerleinstag«, spätestens jedoch bis zur Auflösung des Unternehmens. Steuervermeidung kann erreicht werden durch das Ausnutzen von Verlustvorträgen, die Verlagerung von Gewinnen in Länder mit niedrigerer Besteuerung, die Verringerung von substanzabhängigen Steuern durch niedrigeren Vermögensausweis und die Glättung von Progressionsspitzen bei der Einkommenssteuer durch verstetigte Gewinnausschüttung.
- **Beeinflussung der Bilanzadressaten** zugunsten des Unternehmens. Durch niedrigen Ergebnisausweis sollen Ansprüche Dritter (z.B. der Arbeitnehmer im Hinblick auf verbesserte Arbeits- und Entlohnungsbedingungen; der Gesellschafter an einer hohen Ausschüttung, der Öffentlichkeit an Umweltschutzinvestitionen) abgewehrt werden. Durch einen hohen Ergebnisausweis soll ein möglichst solventes Unternehmen präsentiert werden (z.B. um die Gesellschafter zur Teilnahme an einer Kapitalerhöhung, die Banken zu höheren und/oder günstigeren Krediten oder einen Käufer zu einem möglichst hohen Kaufpreis zu bewegen).

4.2.5.2 Zulässige bilanzpolitische Handlungsspielräume

Die Verfolgung von z.T. sehr gegensätzlichen Zielen durch Bilanzpolitik führt zur Frage nach den rechtlichen Grenzen für bilanzpolitische Maßnahmen. Wie wir nun sehen werden, bietet der Gesetzgeber den Unternehmen einen recht weiten Spielraum für Bilanzpolitik in die eine oder andere Richtung.

Grundsätzlich ist es dem Unternehmer möglich, in Abhängigkeit von seinen Zielsetzungen eine gewinnerhöhende oder eine gewinnmindernde Bilanzpolitik zu betreiben. Ein höherer Gewinn (genauer: Jahresüberschuß) wird erreicht, indem man die Vermögenswerte auf der Aktivseite der Bilanz möglichst hoch bewertet und/oder die Schulden auf der Passivseite der Bilanz niedrig ansetzt (s. Übersicht 20). Ein niedriger Gewinn wird erreicht, indem man gerade umgekehrt verfährt (s. Übersicht 19).

Erreicht werden diese bilanzpolitisch gewollten Ergebnisse durch das Ausüben von **Wahlrechten** (Aktivierungs- und Passivierungswahlrechte; Wertansatzwahlrechte), dem Ausnutzen von **Spielräumen** bei der Bilanzierung und Bewertung und von Sachverhaltsgestaltungen im Rahmen der vom Gesetzgeber (weit) gesteckten Grenzen.

Aktivierungswahlrechte ermöglichen es, eine getätigte Ausgabe entweder zunächst erfolgsneutral (d.h. ohne Auswirkung auf den Gewinn) oder sofort als Aufwand gewinnmindernd zu erfassen (z.B. Aufwendungen für die Ingangsetzung und Erweiterung des Geschäftsbetriebes, Disagio, derivativer Geschäfts- oder Firmenwert). Passivierungswahlrechte erlauben, bestimmte künftige Ausgaben zum Bilanzstichtag noch unberücksichtigt zu lassen oder bereits aufwandserhöhend den Rückstellungen zuzuführen (z.B. Sonderposten mit Rücklageanteil, Wertaufholungsrücklage, Aufwandsrückstellungen für Großreparaturen). Wertansatzwahlrechte ermöglichen dem Unternehmer, einzelne Vermögens- oder Schuldpositionen unterschiedlich hoch zu bewerten (z.B. Wahl der Abschreibungsmethode, außerplanmäßige Abschreibung bei nicht dauerhafter Wertminderung, Einbeziehung nur der Einzelkosten in die Herstellungskosten, Wahl der Höhe des Zinssatzes bei zinsabhängigen Posten, Höhe einzelner Rückstellungen). Mit Sachverhaltsgestaltungen werden Maßnahmen bezeichnet, die gegebene Sachverhalte verändern, um damit bestimmte Auswirkungen auf den Jahresabschluß überhaupt erst zu ermöglichen (z.B. Leasing statt Kauf; Sales and lease back; Factoring; Abschluß eines Ergebnisabführungsvertrages; Ausgliederung und rechtliche Verselbständigung von Forschungsaktivitäten zur legalen Umgehung des Aktivierungsverbots für selbsterstellte immaterielle Anlagewerte).

Übersicht 19

Möglichkeiten der Verminderung des Jahresüberschusses

Unterbewertung der Aktiv-Seite	Überbewertung der Passiv-Seite
– Steuerliche Sonderabschreibungen auf das Anlagevermögen – Festsetzung kürzerer Nutzungsdauern für Maschinen und damit Erhöhung der jährlichen Abschreibungen – Vollabschreibung geringwertiger Wirtschaftsgüter – Verzicht auf die Aktivierung aktivierungsfähiger Aufwendungen (z. B. bei der Ermittlung der Herstellungskosten selbsterstellter Anlagen) – Bewertung der Vorräte unter den Anschaffungs- oder Herstellungskosten – hohe Pauschalwertberichtigung auf Forderungen – Verzicht auf Wertaufholung (Zuschreibung)	– Bildung von steuerlich zulässigen Sonderposten mit Rücklageanteil – Bildung von Rückstellungen für drohende Verluste aus schwebenden Geschäften (z. B. Gewährleistungsansprüche)

Übersicht 20

Möglichkeiten der Erhöhung des Jahresüberschusses

Überbewertung der Aktiv-Seite	Unterbewertung der Passiv-Seite
– Verzicht auf steuerliche Sonderabschreibungen auf das Anlagevermögen – Festsetzung längerer Nutzungsdauern für Maschinen – Aktivierung aller aktivierungsfähigen Aufwendungen – Aktivierung geringwertiger Wirtschaftsgüter – Verwendung von Bewertungsverfahren beim Vorratsvermögen, die eine Höherbewertung ermöglichen – Verzicht auf Pauschalwertberichtigung auf Forderungen (möglich bei Abschluß einer entsprechenden Kreditversicherung) – Vermeidung von Abschreibungen auf Wertpapiere des Umlaufvermögens durch Umbuchung ins Anlagevermögen	– Verzicht auf die Bildung von steuerlich zulässigen Sonderposten mit Rücklageanteil – Auflösung bzw. Verzicht auf die Bildung von Rückstellungen

Grundsätzlich gilt, daß in der Handelsbilanz für den Unternehmer die Wahlrechte zahlreicher und die Bewertungsspielräume größer sind als in der Steuerbilanz. Dies führt in der Regel dazu, daß der Gewinn in der Steuerbilanz höher ist als in der Handelsbilanz.

4.3 Der Konzernabschluß

4.3.1 Konzernbegriff

Ein Konzern ist ein Zusammenschluß von mindestens zwei rechtlich selbständig bleibenden Unternehmen unter einheitlicher Leitung (§ 18 AktG). Durch die ausgeübte einheitliche Leitung verlieren die rechtlich selbständigen Unternehmen ihre wirtschaftliche Unabhängigkeit; sie sind wirtschaftlich wie Betriebsstätten des Einheitsunternehmens Konzern zu betrachten (Einheitstheorie).

Die Beibehaltung der rechtlichen Selbständigkeit führt dazu, daß der Konzern selbst keine rechtliche Einheit darstellt. Dies hat u.a. zur Folge, daß der Konzern nicht über eigene Organe wie z.B. Hauptversammlung, Aufsichtsrat und Vorstand verfügt, keine Anteilseigner hat, keine Gewinnverwendung vornimmt und nicht als selbständiges Steuerobjekt der Besteuerung unterliegt. Auch verfügt der Konzern nicht über eine eigene Konzern-Buchführung. Vielmehr wird der Konzernabschluß aus den Einzelabschlüssen der Konzernunternehmen abgeleitet.

4.3.2 Pflicht zur Aufstellung eines Konzernabschlusses

Die Pflicht zur Konzernrechnungslegung ist nach § 290 HGB auf Kapitalgesellschaften (AG, GmbH, KGaA) beschränkt. Darüber hinaus regelt das PublG in den §§ 11–13 rechtsformunabhängig die Pflicht zur Konzernrechnungslegung für Konzernobergesellschaften (Mutterunternehmen), soweit sie bestimmte Größenkriterien erfüllen (vgl. Übersicht 21).

Gemäß § 290 Abs. 1 HGB besteht eine Pflicht zur Erstellung eines Konzernabschlusses, wenn Unternehmen (Tochterunternehmen) unter der einheitlichen Leitung einer Konzernobergesellschaft (Mutterunternehmen) im Inland stehen und dem Mutterunternehmen eine direkte oder indirekte mindestens 20 %ige Beteiligung (§ 271 Abs. 1 HGB) an den Tochterunternehmen gehört. Die einheitliche Leitung kann auf einem Beherrschungsvertrag zwischen den Konzernunternehmen (Vertragskonzern) oder auf einer kapitalmäßigen Mehrheitsbeteiligung der Konzernobergesellschaft an

Übersicht 21

Rechnungslegungs-, Prüfungs- und Veröffentlichungspflicht von Konzernen in Abhängigkeit von der Rechtsform

	Kapitalgesellschaften (AG, KGaA, GmbH)	Personengesellschaften (Einzelkaufmann, OHG, KG)	Sonstige[1]
Größengrenzen[2]:	kons./unkons.		
Umsatz (Mio.-DM)	über 106,2/127,44	über 250	über 250
Bilanzsumme (Mio.-DM)	über 53,1/63,72	über 125	über 125
Beschäftigte	über 500	über 5 000	über 5 000
Bilanz:			
Erstellung	ja	ja	ja
Veröffentlichung	BA	BA	BA
G + V-Rechnung:			
Erstellung	ja	ja	ja
Veröffentlichung	BA	nein	nein
Anhang:			
Erstellung	ja	nein	nein
Veröffentlichung	BA	nein	nein
Lagebericht:			
Erstellung	ja	nein	nein
Veröffentlichung	BA	nein	nein
Gewinnverwendungsrechnung[3]:			
Erstellung	–	–	–
Veröffentlichung	–	–	–
Pflichtprüfung	ja	ja	ja
Aufstellungspflicht	5 Mon.	5 Mon.	5 Mon.
Veröffentlichungsfrist	9 Mon.	9 Mon.	9 Mon.

1 = Abgesehen von Sonderregelungen für Kreditinstitute und Versicherungen, für die auch andere Größenkriterien gelten, und für Genossenschaften, für deren Jahresabschluß die meisten Regeln wie für Kapitalgesellschaften gelten, für deren Konzernabschluß aber nur das PublG gilt.
2 = Pflicht zur Erstellung eines Konzernabschlusses nur, wenn zwei der drei Größengrenzen überschritten werden.
3 = soweit sie sich nicht aus dem Jahresabschluß ergibt
HR = Handelsregister einschließlich Hinweisveröffentlichungen im Bundesanzeiger
BA = Bundesanzeiger

den beherrschten Unternehmen (faktischer Konzern) beruhen. Im letzteren Fall gilt die gesetzliche Konzernvermutung (§ 17 Abs. 2 AktG i.V.m. § 18 Abs. 1 AktG), die von der Konzernobergesellschaft allerdings widerlegt werden kann.

Darüber hinaus sind Kapitalgesellschaften dann zur Erstellung eines Konzernabschlusses verpflichtet, wenn eine der in § 290 Abs. 2 HGB formulierten Voraussetzungen erfüllt ist:

- Konzernmutter besitzt Mehrheit der Stimmrechte bei Konzerntochter;
- Konzernmutter steht das Recht zu, die Mehrheit der Mitglieder des Vorstandes bzw. der Geschäftsführung oder des Aufsichtsrates bei der Tochterunternehmung zu bestellen oder abzuberufen;
- Konzernmutter steht das Recht zu, einen beherrschenden Einfluß auf Grund eines mit dem Tochterunternehmen abgeschlossenen Beherrschungsvertrages oder auf Grund einer Satzungsbestimmung des Tochterunternehmens auszuüben.

Von der grundsätzlichen Pflicht zur Aufstellung eines Konzernabschlusses gibt es zwei Befreiungstatbestände.

Gemäß § 291 Abs. 1 HGB ist ein Mutterunternehmen, das zugleich Tochterunternehmen eines Mutterunternehmens mit Sitz in einem Mitgliedsstaat der EG ist (mehrstufiger europäischer Konzern), von der Pflicht zur Aufstellung eines Teilkonzernabschlusses befreit, wenn das zu befreiende Mutterunternehmen und seine Tochterunternehmen in den Konzernabschluß des übergeordneten Mutterunternehmens einbezogen werden.

Gemäß § 293 Abs. 1 HGB ist ein Mutterunternehmen von der Pflicht eines Konzernabschlusses befreit, wenn an zwei aufeinanderfolgenden Bilanzstichtagen mindestens zwei der drei Größenmerkmale Bilanzsumme, Umsatzerlöse und Zahl der Arbeitnehmer unterschritten wird (s. Übersicht 21). Für Kreditinstitute und Versicherungen gelten Sonderbestimmungen (§ 293 Abs. 2 und 3 HGB).

4.3.3 In den Konzernabschluß einzubeziehende Tochterunternehmen – Der Konsolidierungskreis

Bei der Frage, welche Tochterunternehmen in den Konzernabschluß einzubeziehen sind, unterscheidet man zwischen dem Konsolidierungsgebot, dem Konsolidierungsverbot und Konsolidierungswahlrechten.

Gemäß dem Konsolidierungsgebot des § 294 Abs. 1 HGB sind grundsätzlich alle inländischen und ausländischen Tochterunternehmen in den Konzernabschluß des Mutterunternehmens einzubeziehen (Weltabschlußprinzip).

Ein Konsolidierungsverbot besteht für Tochterunternehmen, deren Tätigkeit sich von der Tätigkeit der anderen einbezogenen Tochtergesellschaften und der Muttergesellschaft derart unterscheidet, daß die Einbeziehung dieses Tochterunternehmens in den Konzernabschluß mit der Verpflichtung, ein den tatsächlichen Verhältnissen entsprechendes Bild der Vermögens-, Finanz- und Ertragslage des Konzerns zu vermitteln, unvereinbar ist. Beispiel: Ein Industrieunternehmen ist an einer Bank oder Versicherung beteiligt. Die Anwendung des Konsolidierungsverbotes muß im Konzernanhang angegeben und begründet werden (§ 295 Abs. 1 HGB).

Ein Wahlrecht bezüglich der Einbeziehung von Tochterunternehmen in den Konzernabschluß des Mutterunternehmens (Konsolidierungswahlrecht) besteht gemäß § 296 HGB in folgenden vier Fällen.

Ein Tochterunternehmen braucht in den Konzernabschluß des Mutterunternehmens nicht einbezogen zu werden, wenn

- erhebliche und andauernde Beschränkungen die Ausübung der Rechte des Mutterunternehmens in bezug auf das Vermögen oder die Geschäftsführung des Tochterunternehmens nachhaltig beeinträchtigen (z.B. bei gemeinnützigen Tochtergesellschaften, wenn deren Vermögen satzungsmäßig gebunden ist);
- die für die Aufstellung des Konzernabschlusses erforderlichen Angaben nur mit unverhältnismäßig hohen Kosten oder Verzögerungen zu erhalten sind;
- das Mutterunternehmen die Anteile am Tochterunternehmen ausschließlich zum Zwecke der Weiterveräußerung hält;
- das Tochterunternehmen nur von untergeordneter Bedeutung für die Beurteilung der Vermögens-, Finanz- und Ertragslage des Konzerns ist. Sind mehrere Tochterunternehmen jeweils von untergeordneter Bedeutung, so müssen sie dennoch in den Konzernabschluß einbezogen werden, wenn sie zusammen nicht von untergeordneter Bedeutung sind.

Die Anwendung des Konsolidierungswahlrechts ist in jedem Einzelfall im Konzernanhang zu begründen (§ 296 Abs. 1 HGB).

4.3.4 Vorgehensweise bei der Erstellung eines Konzernabschlusses – Die einzelnen Konsolidierungsschritte

Ausgehend von der Einheitstheorie hat der Konzern einerseits Rechnung zu legen, als sei er ein wirtschaftlich und rechtlich einheitliches Unternehmen; die einzelnen Konzernunternehmen nehmen dabei im Rahmen der Konzernrechnungslegung die Stellung wirtschaftlich und rechtlich unselbständiger Betriebsabteilungen ein. Andererseits erfolgt die Rechnungslegung der Einzelgesellschaften auf der Grundlage ihrer rechtlichen Selbständigkeit. Die Beziehungen zu Konzernunternehmen werden im Einzelabschluß nicht gesondert erfaßt.

Gemäß § 300 Abs. 1 HGB sind im Konzernabschluß der Jahresabschluß des

Mutterunternehmens mit den Jahresabschlüssen der Tochterunternehmen zusammenzufassen. Eine bloße Addition der Einzelabschlüsse der Konzernunternehmen zum Konzernabschluß würde jedoch auch die Beziehungen zwischen den Konzernunternehmen erfassen – ein Ergebnis, das aus der Sicht der Einheitstheorie nicht denkbar ist, da konzerninterne Beziehungen – vergleichbar den zwischenbetrieblichen Beziehungen im Einzelabschluß – im Rahmen der Konzernrechnungslegung keinen Raum haben. Es sind daher Korrekturen an den aufsummierten Einzelabschlußwerten (sog. Summenbilanz) erforderlich, die die Auswirkungen der konzerninternen Beziehungen auf den Konzernabschluß ausschalten. Das Zusammenfassen der Einzelabschlußwerte und die Korrektur derjenigen Werte, die durch konzerninterne Vorgänge beeinflußt sind, nennt man Konsolidierung. Die Konsolidierung erstreckt sich auf die

- Zusammenführung und Korrektur der Aktiv- und Passivposten der Einzelabschlüsse (Kapitalkonsolidierung),
- Eliminierung der Forderungen und Verbindlichkeiten gegenüber Konzernunternehmen aus den Einzelabschlüssen (Schuldenkonsolidierung),
- Zusammenführung und Korrektur der Posten der Gewinn- und Verlustrechnungen der Einzelabschlüsse (Aufwands- und Ertragskonsolidierung und Zwischenergebniseliminierung).

4.3.4.1 Die Kapitalkonsolidierung

In einem ersten Schritt werden sämtliche Vermögensgegenstände, Schulden und das Eigenkapital des Mutterunternehmens sowie aller in den Konzernabschluß einzubeziehenden Tochterunternehmen zusammengefaßt (Summenbilanz). Die Vermögensgegenstände und Schulden sind mit den Werten anzusetzen, die diese zum Zeitpunkt des Erwerbs der Beteiligung oder der erstmaligen Einbeziehung des Tochterunternehmens in den Konzernabschluß aufwiesen (§ 301 Abs. 2 HGB). In der Summenbilanz sind also neben den einzelnen Vermögensgegenständen und den Schulden der jeweiligen Tochterunternehmen auch die Buchwerte der Beteiligten des Mutterunternehmens an den jeweiligen Tochterunternehmen ausgewiesen. Aus der Sicht des Konzerns stellt der gleichzeitige bilanzielle Ausweis der Beteiligungen (des Mutterunternehmens) und der sie repräsentierenden Vermögenswerte (der jeweiligen Tochterunternehmen) eine unzulässige Doppelerfassung dar.

Aufgabe der Kapitalkonsolidierung ist es daher, die Beteiligungsbuchwerte des Mutterunternehmens gegen die anteiligen Eigenkapitale (einschließlich der Rücklagen und des Bilanzergebnisses) der Tochterunternehmen aufzurechnen. Die Eigenkapitale (einschließlich der Rücklagen und des Bilanzergebnisses) der Tochterunternehmen entsprechen dem Nettovermögen (Aktiva abzüglich der Schulden) der jeweiligen Tochterunternehmen.

Bei der Aufrechnung von Beteiligungsbuchwerten des Mutterunternehmens gegen die anteiligen Eigenkapitale der Tochterunternehmen können drei Fälle auftreten:

- Im einfachsten – aber unwahrscheinlichsten – Fall entsprechen sich Beteiligungsbuchwerte bei der Mutter und anteiliges Eigenkapital bei der Tochter; es besteht kein weiterer Handlungsbedarf.
- Der Beteiligungsbuchwert bei der Mutter übersteigt das anteilige Eigenkapital der Tochter, d.h., auf Grund von stillen Reserven in der Bilanz des Tochterunternehmens entsteht bei der Erstkonsolidierung ein »Unterschiedsbetrag aus der Kapitalkonsolidierung« auf der Aktivseite, der in den Folgejahren (Folgekonsolidierung) zumindest mit einem Viertel jährlich abgeschrieben oder offen mit den Rücklagen verrechnet werden muß. Die sich bei der Aufrechnung ergebenden aktivischen Differenzen werden – soweit dies möglich ist – unmittelbar unter den entsprechenden Posten der Konzernbilanz verbucht, d.h. direkt den einzelnen Vermögensgegenständen zugeordnet.
- Der Beteiligungsbuchwert bei der Mutter ist niedriger als das anteilige Eigenkapital der Tochter, d.h., auf Grund von stillen Reserven in der Beteiligung bzw. eines negativen Firmenwertes (badwill) entsteht ein »Unterschiedsbetrag aus der Kapitalkonsolidierung« auf der Passivseite, der nur unter ganz bestimmten Voraussetzungen ergebniswirksam aufgelöst werden darf.

Beispiele einer Kapitalkonsolidierung (nach der Buchwertmethode)

Beispiel 1:

Konsolidierung einer 100 %-Beteiligung

Das Mutterunternehmen erwirbt am 31.12.1993 eine 100 %ige Beteiligung an dem Tochterunternehmen zum Preis von 8 000 TDM, die ein buchmäßiges Eigenkapital von 6 000 TDM ausweist. Zum 31.12.1993 haben die Bilanzen der beiden Unternehmen folgendes vereinfachtes Aussehen:

Übersicht 22

Einzelbilanzen zum 31. 12. 1993

Bilanzposten \ Unternehmen	Mutterunternehmen TDM	Tochterunternehmen TDM
Anlagevermögen	17 000	6 000
Beteiligungen	4 000	
Umlaufvermögen	9 000	4 000
	30 000	10 000
Eigenkapital	5 000	3 000
Verbindlichkeiten	25 000	7 000
	30 000	10 000

Die Erstkonsolidierung der beiden Einzelbilanzen unter Berücksichtigung der Zeitwerte des Tochterunternehmens ergibt folgende Konzernbilanz zum 31. 12. 1993:

Übersicht 23

Erstkonsolidierung bei 100%-Beteiligung zum 31. 12. 1993

	Einzelabschlußwerte		Summen-bilanz	Korrekturen	Kon-zern-bilanz
	Mutter-unter-nehmen TDM	Tochter-unter-nehmen TDM	TDM		TDM
Anlagevermögen	17 000	6 000	23 000		23 000
Beteiligungen	4 000		4 000	– 4 000	0
Umlaufvermögen	9 000	4 000	13 000		13 000
Konsolidierungs-ausgleichsposten				+ 1 000	1 000
	30 000	10 000	40 000	– 3 000	37 000
Eigenkapital	5 000	3 000	8 000	– 3 000	5 000
Verbindlichkeiten	25 000	7 000	32 000		32 000
	30 000	10 000	40 000	– 3 000	37 000

Der Konsolidierungsausgleichsposten zeigt somit die bei der Tochter vorhandenen stillen Reserven in Höhe von 1 000 TDM an.

Beispiel 2:

Konsolidierung einer 60 %-Beteiligung

Die bisherige Darstellung der Kapitalkonsolidierung erfolgte unter der Annahme, daß das Mutterunternehmen zu 100 % an dem Tochterunternehmen beteiligt ist. Aber auch dann, wenn das Mutterunternehmen (direkt oder indirekt über andere Konzerntöchter) nicht alle Anteile an einem Tochterunternehmen hält und somit Minderheitengesellschafter an dem Tochterunternehmen beteiligt sind, werden die Einzelabschlüsse der Konzernunternehmen in voller Höhe wie bei einer 100 %-Beteiligung zusammengeführt. Für nicht dem Mutterunternehmen gehörende Anteile ist in der Konzernbilanz innerhalb des Eigenkapitals ein »Ausgleichsposten für Anteile im Fremdbesitz« in Höhe des Anteils der Fremdgesellschafter am Eigenkapital zu bilden. Diese Vorgehensweise wird als Vollkonsolidierung bezeichnet.

Das Mutterunternehmen erwirbt am 31. 12. 1993 lediglich eine 60 %ige Beteiligung an dem Tochterunternehmen zum Preis von 4 800 TDM. Zum 31. 12. 1993 haben die Bilanzen der beiden Unternehmen folgendes vereinfachtes Aussehen:

Übersicht 24

Einzelbilanzen zum 31. 12. 1993

Bilanzposten \ Unternehmen	Mutterunternehmen TDM	Tochterunternehmen TDM
Anlagevermögen	17 000	6 000
Beteiligungen	2 400	
Umlaufvermögen	10 600	4 000
	30 000	10 000
Eigenkapital	5 000	3 000
Verbindlichkeiten	25 000	7 000
	30 000	10 000

Die Erstkonsolidierung der beiden Einzelbilanzen unter Berücksichtigung der Zeitwerte des Tochterunternehmens ergibt folgende Konzernbilanz zum 31. 12. 1993:

Übersicht 25

Erstkonsolidierung bei 60 %-Beteiligung zum 31. 12. 1993

	Einzelabschlußwerte		Summen-bilanz	Korrekturen	Kon-zern-bilanz
	Mutter-unter-nehmen TDM	Tochter-unter-nehmen TDM	TDM		TDM
Anlagevermögen	17 000	6 000	23 000		23 000
Beteiligungen	2 400		2 400	– 2 400	
Umlaufvermögen	10 600	4 000	14 600		14 600
Konsolidierungs-ausgleichsposten				+ 600	600
	30 000	10 000	40 000	– 1 800	38 200
Eigenkapital	5 000	3 000	8 000	– 3 000	5 000
Verbindlichkeiten	25 000	7 000	32 000		32 000
Ausgleichsposten für Anteile im Fremdbesitz				+ 1 200	1 200
	30 000	10 000	40 000	– 1 800	38 200

Der Ausgleichsposten für Anteile im Fremdbesitz in Höhe von 1 200 TDM entspricht 40 % des Eigenkapitals der Tochter von 3 000 TDM. Der Konsolidierungsausgleichsposten enthält die anteiligen stillen Reserven in Höhe von 60 % der gesamten stillen Reserven der Tochter (60 % von 1 000 TDM).

Handelt es sich bei dem in den Konzernabschluß einzubeziehenden Tochterunternehmen um ein Gemeinschaftsunternehmen, d.h., steht es unter der gemeinschaftlichen Leitung von mindestens zwei Muttergesellschaften, so werden die Vermögens- und Schuldpositionen nur entsprechend der Beteiligungsquote des Mutterunternehmens konsolidiert (Quotenkonsolidierung).

Für assoziierte Unternehmen – das sind in der Regel Unternehmen, an denen der Konzern (direkt oder indirekt) mit mindestens 20 % und höchstens mit 50 % beteiligt ist und auf deren Geschäftspolitik er einen maßgebenden (keinen beherrschenden) Einfluß ausübt – ist eine Konsolidierung nach der Equity-Methode vorgeschrieben. Bei der Equity-Methode werden im Unterschied zur Vollkonsolidierung nicht die Vermögensgegenstände und Schulden des assoziierten Unternehmens in die Konzernbilanz übernommen. Statt dessen wird in der Konzernbilanz im Finanzanlagevermögen der Posten »Beteiligung an assoziierten Unternehmen« ausgewiesen, wobei als Wertansatz der bei der Mutter geführte Buchwert oder das anteilige Eigenkapital des assoziierten Unternehmens verwendet werden kann. Eine mögliche Differenz zwischen diesen beiden Werten ist entweder in der Konzernbilanz oder im Konzernanhang anzugeben.

Falls ein Unternehmen nicht durch Kauf, sondern durch Tausch gegen neu ausgegebene Anteile eines in den Konzernabschluß einbezogenen Unternehmens zu einem Konzernunternehmen wurde, wird es nach der Interessenzusammenführungsmethode (Pooling-of-Interest-Methode) in den Konzernabschluß einbezogen. Hierbei ist keine Bewertung zu Zeitwerten vorzunehmen, sondern es sind lediglich die Buchwerte weiterzuführen.

4.3.4.2 Die Schuldenkonsolidierung

Ausgehend von der Vorstellung des Konzerns als rechtlicher Einheit kann der Konzern keine Forderungen und Verbindlichkeiten gegen sich selbst haben. Dementsprechend sind im Rahmen der Schuldenkonsolidierung sämtliche Forderungen und Verbindlichkeiten zwischen in den Konzernabschluß einbezogenen Unternehmen vollständig zu eliminieren. Eine Schuldenkonsolidierung kann allenfalls dann unterbleiben, wenn die wegzulassenden Beträge für die Beurteilung der Konzernlage von untergeordneter Bedeutung sind.

4.3.4.3 Die Aufwands- und Ertragskonsolidierung und Zwischenergebniseliminierung

Bei der Zusammenfassung der Gewinn- und Verlustrechnungen der einzelnen in den Konzernabschluß einbezogenen Unternehmen werden aus Konzernsicht zwei Fehler begangen: Zum einen werden Aufwendungen und Erträge erfaßt, die aus Vorgängen zwischen diesen Unternehmen resultieren. Diese Aufwendungen und Erträge sind gegeneinander aufzurechnen, da aus der Sicht des Konzerns diese Unternehmen wie Betriebsabteilungen zu behandeln sind.

Im wesentlichen handelt es sich hierbei um folgende Aufwendungen und Erträge:

- Umsatzerlöse aus Lieferungen und Leistungen zwischen in den Konzernabschluß einbezogenen Unternehmen (sog. Innenumsätze)

- Aufwendungen und Erträge aus Ergebnisabführungsverträgen zwischen in den Konzernabschluß einbezogenen Unternehmen
- Erträge aus Beteiligungen
- Zinserträge und Zinsaufwendungen aus Forderungen und Verbindlichkeiten gegenüber in den Konzernabschluß einbezogenen Unternehmen

Zum anderen werden auch gegenüber Konzernunternehmen realisierte Gewinne bzw. Verluste ausgewiesen. Sofern diese Gewinne oder Verluste noch nicht durch Verkauf an Konzernfremde realisiert worden sind, müssen sie ebenfalls im Rahmen der Konsolidierung herausgerechnet werden.

Bei der Erstellung der Konzern-Gewinn- und Verlustrechnung hat die Konzernleitung – wie beim Einzelabschluß auch – ein Wahlrecht zwischen dem Gesamtkosten- und dem Umsatzkostenverfahren. Abweichend von der Gewinn- und Verlustrechnung im Einzelabschluß sind die auf die Minderheitengesellschafter und auf assoziierte Unternehmen entfallenden Gewinne bzw. Verluste gesondert auszuweisen (§§ 307 Abs. 2, 312 Abs. 4 HGB).

4.3.5 Konzernanhang

Der Konzernanhang (§§ 313, 314 HGB) kann eigenständig erstellt oder aber mit dem Anhang des Mutterunternehmens zusammengefaßt werden (§ 298 Abs. 3 HGB). Von der Möglichkeit der Zusammenfassung von Konzernanhang und Anhang der Muttergesellschaft wird überwiegend Gebrauch gemacht.

Der Konzernanhang muß folgende Informationen enthalten:

I. Abgrenzung des Konsolidierungskreises
   1. Konzern- und Beteiligungsunternehmen
   2. Änderung des Konsolidierungskreises
   3. Begründung für die Nichteinbeziehung

II. Konsolidierungsgrundsätze
   1. Allgemeine Angaben
   2. Einheitlichkeit der Bewertung
   3. Verfahren der Kapitalkonsolidierung
   4. Zwischenergebniseliminierung

III. Erläuterungen zur Konzernbilanz und Konzern-Gewinn- und Verlustrechnung

IV. Sonstige Angaben
   1. Belegschaftsstärke und -struktur
   2. Inanspruchnahme steuerlicher Vergünstigungen
   3. Anwendung der Schutzklausel

4.3.6 Konzernlagebericht

Der Konzernlagebericht muß gemäß § 315 HGB folgenden Mindestinhalt haben:

- Darstellung des Geschäftsverlaufs und der Lage des Konzerns mit dem Ziel, ein den tatsächlichen Verhältnissen entsprechendes Bild zu vermitteln;
- Darstellung und Erläuterung von Vorgängen mit besonderer Bedeutung, die nach dem Schluß des Konzerngeschäftsjahres eingetreten sind;
- Darstellung der voraussichtlichen Entwicklung des Konzerns;
- Bereich Forschung und Entwicklung im Konzern.

Mängel des Konzernlageberichts, die zu einem falschen Gesamteindruck führen, können je Schwere zu einer Einschränkung oder gar einem Versagen des Bestätigungsvermerks durch den Wirtschaftsprüfer führen.

4.3.7 Konzernprüfungsbericht

Der Konzernabschluß und der Konzernlagebericht von Kapitalgesellschaften sind durch einen Abschlußprüfer zu prüfen (§ 316 Abs. 2 HGB). Der Abschlußprüfer hat auch die im Konzernabschluß zusammengefaßten Einzelabschlüsse darauf zu überprüfen, ob sie den Grundsätzen ordnungsmäßiger Buchführung entsprechen und ob die für die Übernahme in den Konzernabschluß maßgeblichen Vorschriften beachtet sind.

Die Aussagen zum Prüfungsbericht beim Einzelabschluß (vgl. Abschn. 4.2.3) gelten in vollem Umfang auch für den Konzernprüfungsbericht.

4.3.8 Eigenständige Bilanzpolitik im Konzern

Für die Erstellung des Konzernabschlusses sind die für den Einzelabschluß des Mutterunternehmens geltenden Bilanzierungs- und Bewertungsvorschriften einheitlich auf alle Konzernunternehmen anzuwenden, unabhängig von den in den einzelnen Konzernunternehmen tatsächlich angewendeten Bilanzierungs- und Bewertungsmethoden. Dadurch eröffnet sich der Konzernleitung ein eigenständiger konzernpolitischer Bilanzierungs- und Bewertungsspielraum, von dem nach ersten Erfahrungen mit dem neuen Konzernbilanzrecht von deutschen Konzernen auch ausgiebig Gebrauch gemacht wird.

4.4 Möglichkeiten der Gewinnmanipulation in (multinationalen) Konzernen

Konzerne, insbesondere solche mit Unternehmen in verschiedenen Ländern mit unterschiedlichen Unternehmenssteuern, haben vielfältige Möglichkeiten der Gewinnverschiebung in Länder mit einer niedrigen Besteuerung von Unternehmensgewinnen. Die wichtigsten sind in der Übersicht 26 zusammengefaßt.

Die Kontrolle der Finanzämter bei grenzüberschreitenden Lieferungen und Leistungen zwischen Konzernunternehmen beschränkt sich auf die Angemessenheit und Marktüblichkeit von Leistung und Gegenleistung innerhalb einer doch beachtlichen Bandbreite. Lediglich sog. »Mondscheinpreise« werden von den Finanzämtern nicht akzeptiert.

4.5 Bilanzanalyse

Bei der Bilanzanalyse geht es um die Darstellung und Beurteilung der gegenwärtigen und vergangenen (nicht der zukünftigen) Vermögens-, Finanz- und Ertragslage eines Unternehmens oder Konzerns durch

- die Auswertung der in den Jahresabschlüssen enthaltenen Daten (eventuell unter Berücksichtigung weiterer zur Verfügung stehender Informationen),
- die Aufbereitung und Bereinigung der Jahresabschlüsse und
- die Bildung von Kennzahlen.

Als Analyseinstrumente kommen für den WA vor allem in Betracht:

- Vergleichsreihen (Zeitvergleich, Unternehmensvergleich, Branchenvergleich)
- Verhältniskennzahlen (Gliederungskennzahlen, z.B. Eigenkapitalquote; Beziehungskennzahlen, z.B. Verhältnis von Anlagevermögen zu Eigenkapital [Anlagedeckungsgrad])
- Sonstige Kennzahlen (z.B. Cash-flow, Wertschöpfungsquote)

Wichtige Erkenntnisse zur Beurteilung der wirtschaftlichen und finanziellen Situation des eigenen Unternehmens bieten insbesondere Vergleiche mit anderen Unternehmen derselben Branche (Konkurrenten) oder mit Branchendurchschnittswerten. Letztere kann man aus den entsprechenden Veröffentlichungen des Statistischen Bundesamtes, von Arbeitgeberverbänden und z.T. auch von den Wirtschaftsabteilungen der zuständigen Einzelgewerkschaft erhalten. Auch die Unternehmer nutzen für ihre Analysezwecke

Übersicht 26

Gewinnverschiebungen bei multinationalen Konzernen

Arten der Beziehungen zwischen Konzernunternehmen	Technik der Gewinnverschiebung	Auswirkungen auf den Erfolg (Posten der Gewinn- und Verlustrechnung)	Häufigkeit der Verschiebungen im allgemeinen
Lieferbeziehungen: Bezug von Stoffen und Fertigteilen	Verrechnungspreise für Bezug liegen über den Marktpreisen	höherer Stoffaufwand, niedrigerer Jahresgewinn	regelmäßig
Lieferung von Erzeugnissen und Waren	Verrechnungspreise für die Lieferung liegen unter den Marktpreisen	niedrigere Umsatzerlöse, niedrigerer Jahresgewinn	
Kapitalbeziehungen: Hingabe von Kapital	Zinslose Hingabe, Einräumung von günstigen Zinskonditionen	niedrigerer Zinsertrag, niedrigerer Jahresgewinn	
Aufnahme von Kapital	Aufnahme zu überhöhten Zinskonditionen	höherer Zinsaufwand, niedrigerer Jahresgewinn	regelmäßig
Pachtverträge, Betriebsüberlassungsverträge *Überlassung von Know-how* *Zentrale Forschung, Entwicklung, Beratung, Werbung*	Einräumung von günstigen Bedingungen und Hinnahme von ungünstigen Bedingungen bei Konzernumlagen aufgrund von Verträgen im Konzern	i. d. R. überhöhte sonstige Aufwendungen und zu niedrige sonstige Erträge, niedrigerer Jahresgewinn	regelmäßig
Übertragung von Wirtschaftsgütern des Anlagevermögens (Grundstücke, Maschinen u. ä.)	Übertragungswerte unter Buchwerten Übernahmewerte über Buchwerten	Verluste aus Anlagenabgang, hohe Ausgangswerte für Abschreibungen, niedrigerer Jahresgewinn	meist einmalig

Quelle: *WSI-Projektgruppe,* Mitbestimmung ..., a. a. O., S. 571

solche Vergleichszahlen. Soweit Unternehmer über solche Vergleichszahlen verfügen, sind sie dem WA auf Verlangen vorzulegen.

Die Bilanzanalyse kann sich sowohl auf den Abschluß einzelner (Konzern-)

Unternehmen als auch auf den Konzernabschluß erstrecken. Grundsätzlich ist die Analyse des Konzernabschlusses wichtiger als die des Einzelabschlusses, da diese Auskunft über die Vermögens-, Finanz- und Ertragslage des gesamten Konzerns gibt, während die Analyse des Einzelabschlusses von Konzernunternehmen nur Auskunft über einen Teil des Konzerns gibt.

Die nachfolgend beschriebenen Analysemöglichkeiten können sowohl beim Einzel- als auch beim Konzernabschluß angewendet werden.

4.5.1 Analyse der Vermögenssituation

Ziel der Analyse ist es, Informationen über die Verwendung der dem Unternehmen zur Verfügung stehenden Mittel, insbesondere über die Art und Dauer der Vermögensbindung, zu geben.

- **Sachanlageintensität**

Die Kennzahl Sachanlageintensität

Sachanlagen (Buchwert)/Bilanzsumme * 100

gibt Auskunft, welchen Anteil das Sachanlagevermögen am Gesamtvermögen hat.

Ein relativ niedriger Wert der Sachanlageintensität im Vergleich zu früheren Jahren bzw. zu anderen Unternehmen oder der Branche kann folgende sehr unterschiedlich zu bewertende Ursachen haben:

- großzügige Abschreibungspolitik (stille Reserven)
- relativ veraltetes Sachanlagevermögen
- verstärktes Anlage-Leasing
- Betriebsaufspaltung in Besitz- und Betriebsgesellschaft
- geringe Fertigungstiefe und geringer Automatisierungsgrad
- hohe Kapazitätsauslastung (Mehrschichtbetrieb)

- **Finanzanlageintensität**

Die Kennzahl Finanzanlageintensität

Finanzanlagen (Buchwert)/Bilanzsumme * 100

gibt Auskunft über den Anteil der Finanzanlagen am Gesamtvermögen.

Eine Zunahme dieser Kennzahl im Zeitvergleich kann folgende Ursachen haben:

- es ist für den Unternehmer rentabler, außerhalb des Unternehmens zu investieren als in dem Unternehmen selbst (insbesondere bei gleichzeitigem Rückgang der Kennzahl Sachanlagenintensität)

- liquide Mittel können nicht sinnvoll im Unternehmen investiert werden
- Unternehmensteile wurden auf Tochtergesellschaften ausgegliedert (Outsourcing)

- **Abschreibungsgrad**

Die Kennzahl Abschreibungsgrad

$$\frac{\text{kumulierte Abschreibungen auf Sachanlagevermögen}}{\text{Sachanlagevermögen zu Anschaffungs- o. Herstellungskosten}} * 100$$

gibt bedingt Auskunft über die Altersstruktur und den Abnutzungsgrad des Sachanlagevermögens und damit auch auf den Reinvestitionsbedarf.

Ein hoher Abschreibungsgrad kann folgende Ursachen haben:

- hohes Alter und hoher Abnutzungsgrad und damit hoher Reinvestitionsbedarf
- großzügige Abschreibungspolitik und damit beträchtliche stille Reserven

- **Umsatzrelation**

Die Kennzahl Umsatzrelation

Sachanlagevermögen (Buchwert)/Umsatzerlöse

besagt, daß x DM Sachanlagevermögen die Voraussetzung zur Erzielung von 1 DM Umsatz waren.

Eine Erhöhung dieser Kennzahl im Zeitvergleich deutet auf eine schlechte Kapazitätsauslastung. Umgekehrt läßt ein Rückgang der Kennzahl eine bessere Kapazitätsauslastung vermuten.

Eine hohe Kennzahl im Unternehmens- bzw. Branchenvergleich deutet auf Überkapazitäten oder nicht betriebsnotwendiges Anlagevermögen hin.

4.5.2 Analyse der Kapitalstruktur

Die Analyse der Kapitalstruktur gibt Auskunft über die Zusammensetzung des Kapitals nach Art und Fristigkeit und über die Finanzierungsrisiken.

- **Eigenkapitalquote**

Die Kennzahl Eigenkapitalquote

Eigenkapital/Gesamtkapital

gibt Auskunft über den Anteil des nominellen Eigenkapitals am Gesamtkapital.

Wegen der Möglichkeit der Bildung stiller Reserven in Anlage- und Umlaufvermögen wird die Eigenkapitalquote in deutschen Bilanzen im Vergleich zu ausländischen Bilanzen meist zu niedrig ausgewiesen.

Eine Beurteilung der Eigenkapitalquote ist am ehesten durch Unternehmens-, besser noch durch einen Branchenvergleich möglich.

Unter Finanzierungsgesichtspunkten ist insbesondere die Kennzahl wirtschaftliche Eigenkapitalquote bedeutsam:

(Eigenkapital + eigenkapitalähnliche Mittel)/Gesamtkapital

Eigenkapitalähnliche Mittel sind die Pensionsrückstellungen, weil sie dem Unternehmen langfristig zur Verfügung stehen und 50 % der Sonderposten mit Rücklageanteil (die anderen 50 % sind vom Fiskus gestundete Steuern und damit Fremdkapital).

- **Anlagendeckungsgrad**

Die Kennzahlen zum Anlagendeckungsgrad geben Auskunft über die Finanzierung des Anlagevermögens. Grundsätzlich gilt, daß das langfristig gebundene Anlagevermögen auch durch langfristiges Kapital finanziert sein soll (Fristenkongruenz).

Dementsprechend gibt die Kennzahl Anlagendeckung ersten Grades

Eigenkapital/Anlagevermögen * 100

Auskunft darüber, zu wieviel Prozent das Anlagevermögen durch Eigenkapital finanziert ist.

Die Kennzahl Anlagendeckung zweiten Grades

$$\frac{(\text{Wirtschaftliches Eigenkapital + Langfr. Verbindlichkeiten}) * 100}{\text{Anlagevermögen}}$$

gibt Auskunft darüber, zu wieviel Prozent das Anlagevermögen durch langfristiges Kapital finanziert ist.

Ein Unternehmen ist um so solider finanziert, je höher der Anlagendeckungsgrad ist. Die Anlagendeckung zweiten Grades sollte mindestens

100 % betragen. Ein niedrigerer Wert deutet auf eine nicht fristengerechte Finanzierung hin, die zu Zahlungsschwierigkeiten führen kann.

4.5.3 Liquiditätsanalyse

Die Analyse der Liquidität gibt Auskunft über die Möglichkeit des Unternehmens, kurz- und mittelfristig fällig werdende Verbindlichkeiten fristgemäß begleichen zu können (Zahlungsfähigkeit des Unternehmens).

- **Liquiditätsdgrad**

Üblicherweise werden folgende Kennzahlen verwendet:

– Liquidität ersten Grades (Barliquidität)

$$\frac{\text{(flüssige Mittel + leicht veräußerbare Wertpapiere)}}{\text{kurzfristiges Fremdkapital}}$$

– Liquidität zweiten Grades (Liquidität auf kurze Sicht)

$$\frac{\text{(flüssige Mittel + leicht veräußerbare Wertpapiere + Forderungen aus Lieferungen und Leistungen}}{\text{kurzfristiges Fremdkapital}}$$

– Liquidität dritten Grades (Liquidität auf mittlere Sicht)

$$\frac{\text{(flüssige Mittel + leicht veräußerbare Wertpapiere + Forderungen aus Lieferungen und Leistungen + Vorräte)}}{\text{kurzfristiges Fremdkapital}}$$

Von diesen drei Kennzahlen gibt die Liquidität dritten Grades den größten Aufschluß über die Zahlungsfähigkeit und den Finanzierungsspielraum des Unternehmens. Je höher die Kennzahl über eins liegt, desto mehr ist sichergestellt, daß die Liquidität des Unternehmens nicht durch Forderungsverluste, schwerverkäufliche Waren oder außerordentliche Ereignisse gefährdet werden kann.

Je höher der Anteil der Vorräte und je geringer die Umschlagshäufigkeit der Forderungen und der Vorräte ist, desto höher sollte die Kennzahl gegenüber dem Branchendurchschnitt nach oben abweichen und umgekehrt.

4.5.4 Erfolgs- und Rentabilitätsanalyse

Ziel der Erfolgs- und Rentabilitätsanalyse ist es, Aussagen über die Ertragskraft des Unternehmens und die Verzinsung des eingesetzten Kapitals (Rentabilität) zu gewinnen.

- **Wertschöpfungsquote**

Als Wertschöpfung bezeichnet man den Produktionszuwachs bzw. den Wertzuwachs, den ein Unternehmen über den Wert der Zulieferungen und Vorleistungen von anderen Unternehmen hinaus erwirtschaftet hat.

Grundlage der Ermittlung der Wertschöpfung eines Unternehmens ist die Gewinn- und Verlustrechnung. Die Wertschöpfung (auf der Basis des Gesamtkostenverfahrens) läßt sich nach folgendem Berechnungsschema ermitteln:

	Umsatzerlöse
+	Erhöhung oder (–) Verminderung des Bestandes an fertigen und unfertigen Erzeugnissen
+	andere aktivierte Eigenleistungen
+	sonstige betriebl. Erträge (abzügl. Erträge aus der Auflösung von Sonderposten mit Rücklageanteil)
–	Aufwendungen für Roh-, Hilfs- u. Betriebsstoffe
–	Aufwendungen für bezogene Leistungen
–	sonstige betriebl. Aufwendungen (abzügl. Einstellung in die Sonderposten mit Rücklageanteil)
–	Abschreibungen
=	Wertschöpfung

Die Kennzahl Wertschöpfungsquote

$$\frac{\text{Wertschöpfung}}{\text{Gesamtleistung}}$$

gibt den Anteil der Wertschöpfung an der Gesamtleistung des Unternehmens an. Wichtige Erkenntnisse liefern insbesondere ein Zeitvergleich sowie ein Unternehmens- bzw. Branchenvergleich.

- **Arbeitsproduktivität**

Die Kennzahl Arbeitsproduktivität

$$\frac{\text{Wertschöpfung}}{\text{Anzahl der Arbeitnehmer (umgerechnet auf Vollzeitbasis)}}$$

gibt die pro Vollzeitbeschäftigter erbrachte Wertschöpfung an. Diese Kennziffer eignet sich auch gut für Unternehmens- und Branchenvergleiche.

Hat der WA Kenntnis von den im Geschäftsjahr geleisteten Arbeitsstunden, dann sollten diese anstelle der Beschäftigtenzahl genommen werden, weil damit auch Mehrarbeits- und Kurzarbeitsphasen berücksichtigt werden und sich so ein genaueres Bild von der Arbeitsproduktivität ergibt:

$$\frac{\text{Wertschöpfung}}{\text{geleistete Arbeitsstunden im Geschäftsjahr}}$$

Diese Kennziffer eignet sich nur für Zeitvergleiche, da die Information über die geleisteten Arbeitsstunden für andere Unternehmen bzw. die Branche in der Regel nicht zur Verfügung stehen.

- **Personalaufwandsquote**

Diese Kennziffer

$$\frac{\text{Personalaufwand}}{\text{Gesamtleistung}}$$

gibt den Anteil des gesamten Personalaufwandes (Arbeitgeberbrutto) an der Gesamtleistung an. Diese Kennziffer eignet sich für Zeit-, Unternehmens- und Branchenvergleiche.

- **Materialaufwandsquote**

Diese Kennziffer

$$\frac{\text{Aufwendungen für Roh-, Hilfs- u. Betriebsstoffe sowie bezogene Waren}}{\text{Gesamtleistung}}$$

gibt den Anteil des Materialaufwandes an der Gesamtleistung wieder. Diese Kennziffer eignet sich für Zeit-, Unternehmens- und Branchenvergleiche.

- **Abschreibungsquote**

Diese Kennziffer

$$\frac{\text{Abschreibungen}}{\text{Gesamtleistung}}$$

gibt den Anteil der Abschreibungen an der Gesamtleistung wieder. Diese Kennziffer eignet sich für Zeit-, Unternehmens- und Branchenvergleiche.

- **Eigenkapitalrentabilität**

Diese Kennziffer

$$\frac{\text{Ergebnis der gewöhnlichen Geschäftstätigkeit} \\ + \text{außerordentliches Ergebnis}}{\text{durchschnittliches Eigenkapital}}$$

gibt die Verzinsung des durchschnittlich im Geschäftsjahr eingesetzten Eigenkapitals ([Eigenkapital am Jahresanfang + Eigenkapital am Jahresende]/2) vor Steuern an. Damit eignet sich diese Kennzahl vor allem für Zeit- und Unternehmensvergleiche.

- **Gesamtkapitalrentabilität**

Diese Kennzahl

$$\frac{\text{Ergebnis der gewöhnlichen Geschäftstätigkeit} \\ + \text{außerordentliches Ergebnis} + \text{Fremdkapitalzinsen}}{\text{durchschnittliches Eigen-} + \text{Fremdkapital}}$$

berücksichtigt unterschiedliche Kapitalstrukturen und eignet sich daher besser für Branchen- und Unternehmensvergleiche und für einen Vergleich mit der Kapitalmarktrendite für langfristige Anleihen.

Ein Vergleich zwischen Eigen- und Gesamtkapitalrentabilität gibt dem Unternehmer Hinweise, ob es für ihn günstiger ist, Investitionen mit zusätzlichem Eigen- oder Fremdkapital zu finanzieren. Ist die Gesamtkapitalrentabilität höher als die Eigenkapitalrentabilität, so ist es für den Unternehmer günstiger, zusätzliches Fremdkapital aufzunehmen, statt Eigenmittel einzusetzen (Leverage-Effekt).

- **Umsatzrentabilität**

Die Kennziffer

$$\frac{\text{Ergebnis der gewöhnlichen Geschäftsfähigkeit} \\ + \text{außerordentliches Ergebnis}}{\text{Umsatzerlöse}}$$

gibt an, wieviel »Gewinn vor Steuern« mit einer DM Umsatz erwirtschaftet wurde. Diese Kennziffer eignet sich für Zeit-, Unternehmens- und Branchenvergleiche.

- **Cash-flow (Umsatzüberschuß)**

Der Cash-flow ist eine von Bilanzmanipulationen weitgehend befreite »Gewinngröße«. Die Kennzahl Cash-flow findet sich regelmäßig in den veröffentlichten Geschäftsberichten. Allerdings wird sie in den einzelnen Unternehmen sehr unterschiedlich berechnet. Eine einfache und sehr häufig verwandte Berechnungsmethode des Cash-flow ist die folgende:

	Jahresüberschuß/-fehlbetrag
(+)	Abschreibungen (–)Zuschreibungen
(+)	Erhöhung (–)Verringerung der Rückstellungen
(+)	Erhöhung (–)Verringerung der Sonderposten mit Rücklageanteil
=	Cash-flow

Durch das Ausschalten aller Aufwendungen (Abschreibungen, Erhöhung der Rückstellungen und Sonderposten mit Rücklageanteil) und Erträgen (Verringerung der Rückstellungen und Sonderposten mit Rücklageanteil), die nicht zahlungswirksam waren, gibt der Cash-flow den Überschuß der Einnahmen über die Ausgaben des Geschäftsjahres an. Er ist deshalb insbesondere ein Maß für den »Innenfinanzierungsspielraum« eines Unternehmens, d.h., Mittel in Höhe des Cash-flow standen dem Unternehmen zur Finanzierung besonderer Ausgaben, wie z.B. Tilgung von Schulden, Finanzierung von Investitionen, Gewinnausschüttung, zur Verfügung.

Die Kennzahl Cash-flow als absolute Größe eignet sich nur für Zeitvergleiche. Für Unternehmens- und Branchenvergleiche ist es notwendig, den Cash-flow als prozentualer Anteil am Umsatz zu ermitteln:

Cash-flow/Umsatz

Bei Unternehmens- und Branchenvergleichen ist darauf zu achten, daß eine einheitliche Cash-flow-Berechnung vorgenommen wird, da sonst die Ergebnisse nicht vergleichbar sind.

Beispiel:

Durchsetzungsstrategie

Der BR der Fa. X-GmbH wurde Mitte September 1986 von der Geschäftsleitung über einen drastischen Absatzrückgang bei einem ihrer Produkte unterrichtet und um Zustimmung zu Kurzarbeit gebeten. Anderenfalls seien Massenentlassungen unvermeidbar. Nachdem sich der BR mit Unterstützung des zuständigen Gewerkschaftssekretärs und eines externen Sachverständigen anhand von Unterlagen überzeugt hatte, daß Kurzarbeit tatsächlich nicht zu vermeiden war, wurden Verhandlungen mit der Geschäftsleitung über den Abschluß einer entsprechenden Betriebsvereinbarung aufgenommen. Hauptziel war dabei, für die von Kurzarbeit Betroffenen Einkommenseinbußen zu vermeiden. Wie zu erwarten war, lehnte die Geschäftsleitung die Forderung nach entsprechenden Ausgleichszahlungen unter Hinweis auf die schlechte finanzielle Lage und die seit Jahren anfallenden Bilanzverluste in Millionenhöhe rundweg ab.

Eine Analyse der Bilanzen und der Wirtschaftsprüferberichte der letzten Jahre durch den externen Sachverständigen ergab, daß diese Verluste nur dadurch entstanden waren, daß vorweg jährlich zwischen 30 und 40 Mio. DM für Vergütung, Instandhaltung, Miete, Pacht, Darlehenszinsen, Bürgschaftsprovisionen usw. an die Muttergesellschaft oder andere Tochterunternehmen des Konzerns geflossen waren. Nach diesem Analyseergebnis wurde die Behauptung, die Ausgleichszahlung für die Kurzarbeit sei nicht finanzierbar, nicht länger aufrechterhalten. Jetzt drehten sich die Verhandlungen um das Argument der Geschäftsleitung, es sei personalpolitisch nicht verantwortbar, denen, die nicht oder weniger arbeiten, genausoviel zu zahlen wie denjenigen, die voll arbeiten. Dem wurde von seiten des BR entgegengehalten, daß der Bäcker, Vermieter usw. auch nicht für die Kurzarbeitenden den Brotpreis, die Miete usw. senken würden und daß es im übrigen der Unternehmer sei, der den Betroffenen die Arbeit wegnähme. Schließlich einigte man sich u.a. auf einen verlängerten Kündigungsschutz und auf Ausgleichszahlungen, die den Betroffenen 89 % des Nettoverdienstes garantierten.

Vertiefende und weiterführende Literatur

Bierbaum, H., Der Jahresabschluß, in: *Bierbaum, H./Kröger, H. J./Neumann, H.* (Hrsg.): Unternehmenspolitik und Interessenvertretung. Handbuch für gewerkschaftliche Betriebspolitik, Hamburg 1988, S. 44–69.

Bösche, B./Grimberg, H., Vorlage des Wirtschaftsprüferberichts im Wirtschaftsausschuß, in: ArbuR, 1987, S. 133–139.

Engel-Bock, J., Bilanzanalyse leicht gemacht. Eine Arbeitshilfe für Betriebsräte, Wirtschaftsausschußmitglieder und Arbeitnehmervertreter in Aufsichtsräten, Köln 1990 (Reihe: Handbücher für den Betriebsrat, Band 9).

Pfleger, G., Die neue Praxis der Bilanzpolitik. Strategien und Gestaltungsmöglichkeiten im Handels- und steuerrechtlichen Jahresabschluß, 4. Aufl. Freiburg 1991.

Volkmann, G., Bilanzanalyse und Interessenvertretung der Arbeitnehmer im Unternehmen, in: Interessenvertretung durch Information. Handbuch für Arbeitnehmervertreter, hg. von H. Brehm und G. Pohl, Köln 1978, S. 224–261.

WSI-Projektgruppe, Mitbestimmung in Unternehmen und Betrieb, Köln 1981, S. 301–342 und S. 541–586.

5. »Geplant wird bei uns ganz anders!« – Unternehmensplanung und ihre Auswirkungen auf die Beschäftigten

5.1 Warum muß der Wirtschaftsausschuß über die Unternehmensplanung Bescheid wissen?

Bevor wir diese Frage beantworten können, müssen wir erst festhalten, was Planung ist und welche Bedeutung sie für den Unternehmer hat.

Jeder Unternehmer, zumindest jeder rational handelnde Unternehmer, setzt sich Ziele und überlegt, mit welchen Maßnahmen er diese Ziele am besten erreichen kann. Strebt der Unternehmer z.B. eine Erhöhung seines Gewinns um 10 % an, dann überlegt er im nächsten Schritt, ob dieses Ziel besser durch eine Ausweitung des Umsatzes oder durch Senkung der Produktionskosten oder beides erreicht werden kann. Für welche dieser Maßnahmen sich der Unternehmer entscheidet, hängt u.a. davon ab, wie die Absatzchancen beurteilt werden und welche Rationalisierungspotentiale vorhanden sind. Diesen Prozeß des Überlegens, d.h. der gedanklichen Vorbereitung auf die Zukunft, nennt man *Planung*. Am Ende eines jeden Planungsprozesses steht als Ergebnis ein bestimmter Plan. In diesem Plan sind die angestrebten Ziele und die jeweils durchzuführenden Maßnahmen für alle Entscheidungsträger des Unternehmens verbindlich festgelegt. Mit dieser Festlegung der zukünftigen Unternehmensentwicklung sind gleichzeitig auch die Auswirkungen auf die Beschäftigten mitgeplant.

Grundsätzlich kann man sagen, daß es keine Unternehmungen und keine Betriebe gibt, die nicht planen. Planung betreibt z.B. der Handwerksmeister, wenn er überlegt, welcher Geselle wann in welchem Haushalt eine Reparatur vornehmen soll (letztlich ist dies bereits eine Form der Personalplanung). Planung betreibt der Einzelhändler, wenn er überlegt, welche Produkte in welcher Menge zu welchem Zeitpunkt angeboten werden sollen (dies ist eine Form von Beschäftigungs- und Absatzplanung). Und Planung betreibt auch die Konzernspitze, wenn sie überlegt, ob Investitionen unter welchen Voraussetzungen in welchen Unternehmen getätigt oder unterlassen werden sollen, ob Beteiligungsinvestitionen durchgeführt werden oder mehr Geld in Forschung und Entwicklung gesteckt oder die Produktions-Struktur verändert werden soll usw.

Planung ist aus folgenden Gründen für einen Unternehmer unverzichtbar:

- Planung dient dazu, das Risiko von Fehlentscheidungen zu mindern und die Erfolgswahrscheinlichkeit, das Gewinnziel zu erreichen, zu erhöhen.
- Planung dient dazu, Risiken und Erfolgschancen aufzudecken und kalkulierbar zu machen.
- Planung dient dazu, Voraussetzungen für künftiges Handeln zu schaffen. Maßnahmen, Mittel und Wege zur zukünftigen Gewinnverwirklichung sollen festgelegt werden.
- Planung dient dazu, eine rasche Anpassung an veränderte Bedingungen zu sichern. Dies ist häufig nur möglich, wenn durch die Planung das Ziel und die Maßnahmen bestimmt wurden. Nur dann kann ein Vergleich von Soll-Vorstellungen und Ist-Zustand zu unternehmerischen Handlungskonsequenzen führen.

Der unternehmerische Planungsprozeß vollzieht sich in mehreren logisch aufeinander aufbauenden Stufen. Im folgenden ist das 6-Stufen-Schema der Systemgestaltung aus dem REFA-Standardprogramm wiedergegeben, das auch dem Betriebsverfassungsgesetz-Kommentar von FAKH zugrunde liegt (vgl. Übersicht 27).

In der Praxis werden diese Stufen nicht nur einmal durchlaufen, sondern es finden Rücksprünge statt, so daß einzelne Planungsstufen auch mehrmals durchlaufen werden. Dabei konkretisieren sich zugleich auch zunehmend die Alternativen.

Am Ende des Planungsprozesses steht die Entscheidung darüber, welche wirtschaftlichen Maßnahmen wann durchgeführt werden sollen. Da diese Maßnahmen in der Regel (häufig negative) Auswirkungen auf die Beschäftigten haben, ergibt sich für die Interessenvertretung folgende Situation: Der Unternehmer ist in seinen wirtschaftlichen Entscheidungen autonom, d.h., die Interessenvertretung hat keine (erzwingbaren) Mitbestimmungsrechte in wirtschaftlichen Angelegenheiten. Bei den Auswirkungen wirtschaftlicher Entscheidungen im personellen und sozialen Bereich hingegen verfügt die Interessenvertretung über eine ganze Reihe erzwingbarer Mitbestimmungsrechte. Wenn die Interessenvertretung z.B. frühzeitig weiß, welche Gefahren den Beschäftigten bei der Durchführung der geplanten wirtschaftlichen Maßnahmen drohen, ist sie besser in der Lage, ihre Mitbestimmungsrechte im personellen und sozialen Bereich wirksam wahrzunehmen. Im günstigsten Fall kann dies sogar dazu führen, daß der Unternehmer in Kenntnis der Art und Weise, wie die Interessenvertretung ihre

Übersicht 27

Der Planungsprozeß (6-Stufen-Schema des REFA-Standardprogramms)

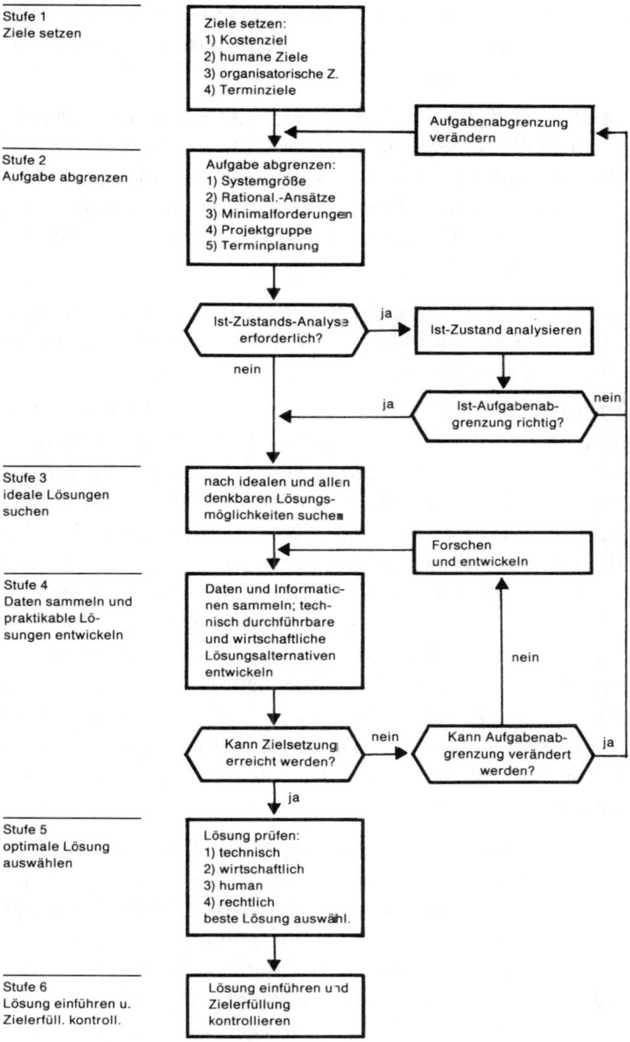

Quelle: *Fitting u. a.,* Betriebsverfassungsgesetz, Handkommentar, 17. Aufl., München 1992, S. 1038 (jetzt nicht mehr lieferbar; bereits 18. Auflage erschienen)

Mitbestimmungsrechte im personellen und sozialen Bereich wahrnehmen wird, seine Planung im Sinne einer besseren Berücksichtigung der Beschäftigteninteressen ändert.

Eine realistische Chance der Einflußnahme der Interessenvertretung auf die Unternehmensplanung im Interesse der Beschäftigten besteht im wesentlichen unter folgenden Voraussetzungen:

- Die Interessenvertretung muß glaubwürdig Widerstand gegen die Durchführung von geplanten Maßnahmen, die zu einer Gefährdung von Arbeitnehmerinteressen führen, ankündigen (z.B. Entfaltung von Gegenmacht durch betriebliche Öffentlichkeitsarbeit, Dienst nach Vorschrift usw.; Ausschöpfung aller zur Verfügung stehenden Mitbestimmungsrechte im personellen und sozialen Bereich).
- Es muß für den Unternehmer zumindest *eine* Alternative zur geplanten Maßnahme geben, die zwar vermutlich weniger profitabel, dafür aber für die Beschäftigten eher akzeptabel ist.

Für die Interessenvertretung ist es wichtig zu wissen, daß der Unternehmer im Rahmen des Planungsprozesses in aller Regel aus mehreren Alternativen diejenige auswählt, die für ihn am *rentabelsten* ist. Auswahlkriterium ist für den Unternehmer die einzelwirtschaftliche (betriebswirtschaftliche) Rentabilität, die wesentlich von der Kostenseite beeinflußt wird. Häufig erwiesen sich deshalb solche Alternativen am rentabelsten, die mit wenig Personal auskommen und damit nur geringe Personalkosten verursachen. Aus gesamtwirtschaftlicher (volkswirtschaftlicher) Sicht und aus der Sicht der Beschäftigten wären hingegen Alternativen vorzuziehen, die sich positiv auf die Beschäftigung auswirken. Der Unternehmer hat jedoch ein Interesse daran, die für ihn rentabelste Alternative als die einzig mögliche darzustellen. Damit muß und kann sich die Interessenvertretung jedoch nicht zufriedengeben. Sie hat ein Recht darauf, daß ihr alle in Erwägung gezogenen Alternativen dargestellt werden.

Die Chance, daß der Unternehmer die aus seiner Sicht zunächst weniger rentable Alternative wählt, ist um so größer, je geringer die damit verbundene Profiteinbuße (im Vergleich zur rentabelsten Alternative) ist und je höher er die Kosten einschätzt, die ihm entstehen können, wenn er versucht, seine ursprünglich favorisierte Alternative gegen den Widerstand der Belegschaft und des Betriebsrates durchzusetzen. Unter Berücksichtigung dieser Durchsetzungskosten (z.B. Kosten eines Sozialplans, Kosten der Durchführung von außerordentlichen Betriebs- und Abteilungsversammlungen usw.) kann es vorkommen, daß die Verteuerung der ursprünglich rentabelsten Alternative dazu führt, daß sich nunmehr eine Alternative aus etwas geringerer

Rentabilität, aber höherer *Akzeptanz* bei den Beschäftigten auch als die betriebswirtschaftlich günstigste erweist.

Dem WA mit seinen umfassenden Informations- und Beratungsrechten in wirtschaftlichen Angelegenheiten kommt hier besondere Bedeutung zu. Denn der Unternehmer ist verpflichtet, dem WA schon so frühzeitig über seine in Aussicht genommenen Maßnahmen und die daraus resultierenden Auswirkungen auf alle Beschäftigten zu informieren, daß der WA sein Beratungsrecht auch tatsächlich ausüben kann. Das setzt voraus, daß das Management zum Zeitpunkt der Information des WA noch keine endgültige Entscheidung über die Unternehmensplanung getroffen hat. Nach Fitting u.a. hat die Information im Rahmen der Stufe 4 des REFA-Standardprogramms zu erfolgen – zu einem Zeitpunkt also, zu dem noch mehrere Planungsalternativen zur Verfügung stehen.

Allerdings wäre es ausgesprochen naiv anzunehmen, der Unternehmer würde seiner gesetzlichen Verpflichtung zur unaufgeforderten, rechtzeitigen und umfassenden Information des WA ohne weiteres nachkommen. Die Praxis zeigt, daß der Unternehmer relativ unbehelligt von der Interessenvertretung seine Informationspflichten verletzen kann (vgl. Abschn. 9.1). Es kommt deshalb darauf an, daß die Interessenvertretung den Unternehmer zwingt, seinen gesetzlichen Verpflichtungen nachzukommen und seine Planungen frühzeitig offenzulegen und mit dem WA zu beraten.

Jeder, der dies schon einmal versucht hat, weiß, daß dies ein hartes Stück Arbeit ist. Als Gegenargumente bekommt man dann zu hören:

»Sie wissen doch, wir haben eine auftragsorientierte Fertigung, da kann man gar nicht planen.«

»In unserer Branche ist die wirtschaftliche Entwicklung so unübersichtlich und unsicher, da kann man doch gar nicht planen.«

»Planung? – Das ist doch nur etwas für Großunternehmen mit entsprechenden Expertenstäben!«

»So, wie Sie sich das vorstellen, geht das bei uns nicht. Geplant wird bei uns ganz anders!«

Mit solchen oder ähnlichen Antworten müssen vor allem WA-Mitglieder kleinerer und mittlerer Unternehmen rechnen, wenn sie den Unternehmer nach der Unternehmensplanung für die nächsten Jahre fragen. Man muß sich jedoch damit nicht abfinden: Handelt es sich doch durchweg um Schutzbehauptungen des Unternehmers, damit er seine Planungen gegenüber dem WA nicht offenlegen muß. Denn natürlich wird auch bei auftragsorientierter Fertigung geplante. Wie sonst könnte der Unternehmer z.B. eine neue Maschine mit einer ganz bestimmten Kapazität bestellen, wo er doch angeblich gar nicht weiß, ob er sie auch auslasten kann? Diese Behauptung ist meist schon vom Tisch, wenn die Interessenvertretung darlegen kann, daß in der Vergangenheit noch in jedem Monat ein bestimmtes Niveau des Auftragsbestandes erreicht wurde, und sie den Unternehmer auffordert, doch einmal plausibel die Gründe darzulegen, die zu einer völlig anderen Beurteilung der zukünftigen Auftragslage zwingen. Je unübersichtlicher und unsicherer die wirtschaftliche Entwicklung einer Branche ist, desto unverzichtbarer ist Planung. Ohne Planung wäre eine rasche Anpassung an veränderte Bedingungen gar nicht möglich! Planung ist nicht nur etwas für Großunternehmen. Im Unterschied zu kleinen Unternehmen planen Großunternehmen in der Regel anders, nämlich formalisierter, umfassender und langfristiger (vgl. hierzu die Übersichten 29 und 30). Das könnte auch mit der Behauptung, »geplant wird bei uns ganz anders«, gemeint sein. In einem solchen Fall sollte die Interessenvertretung ganz einfach höflich, aber bestimmt darauf bestehen, daß ihr das Planungssystem des Unternehmens erläutert wird. Dabei wird sich sehr schnell herausstellen, daß die praktizierte Planung so viel »anders« gar nicht ist.

5.2 Wie planen Unternehmer?

5.2.1 Der Planungsprozeß

So unbestritten es ist, daß jedes Unternehmen plant, so unbestritten ist auch, daß keine zwei Unternehmen völlig gleichartig planen. Bei allen unternehmensspezifischen Unterschieden läßt sich die vorherrschende Planungspraxis bundesdeutscher Unternehmen jedoch auf *drei Grundmuster* reduzieren. Sie unterscheiden sich im wesentlichen durch die Anzahl der Planungsstufen und die zeitliche Reichweite der Planung (Planungshorizont). Welche Unternehmen welches Grundmuster der Unternehmensplanung bevorzugt anwenden, hängt vor allem von der Unternehmensgröße, der Organisationsstruktur des Unternehmens und der Zugehörigkeit zu einem Konzernverbund ab.

In der folgenden Übersicht sind die drei Grundmuster der Unternehmensplanung in Abhängigkeit von Unternehmensgröße, Organisationsstruktur und/oder Konzernzugehörigkeit dargestellt:

Übersicht 28

Grundmuster der Unternehmensplanung

Unternehmenstyp	typisches Planungssystem
Großunternehmen mit Geschäftsbereichsorganisation (Spartenorganisation, profit-center)	dreistufiges, hierarchisches Planungssystem: – strategische Planung – operative Planung – taktische Planung
Großunternehmen mit traditioneller, nach Funktionen gegliederter Organisationsstruktur/mittlere Unternehmen	zweistufiges, hierarchisches Planungssystem: – 5-Jahres-Planung – 1-Jahres-Planung
mittlere und kleinere Unternehmen	einstufiges Planungssystem: – 1-Jahres-Planung

In der Mehrzahl der Großunternehmen mit Geschäftsbereichsorganisation (Spartenorganisation, profit-center) und in Tochterunternehmen insbesondere internationaler Konzerne hat sich heute weitgehend das dreistufige, hierarchische Planungssystem durchgesetzt (vgl. Übersicht 31).

In der Mehrzahl der mittleren Unternehmen und in den meisten Großunternehmen mit traditioneller, nach Funktionen gegliederter Organi-

Übersicht 29

Verbreitung schriftlicher Unternehmenspläne im produzierenden Gewerbe
(Unternehmensanteile in %)

	Beschäftigtengrößenklassen						
	20–49	50–99	100 bis 199	200 bis 499	500 bis 999	1 000 +	insgesamt
Basis (N =)							
ungewichtet	197	199	270	333	174	187	1 360
[gewichtet]	[678]	[324]	[180]	[117]	[35]	[28]	[1362]
Investitionsplanung	35,1	49,1	63,7	81,0	89,7	92,7	48,5
Produktionsplanung	26,4	38,4	57,5	75,0	80,3	87,7	40,0
Absatzplanung	34,1	35,7	56,3	68,8	77,3	84,7	42,5
Forschungsplanung	10,7	10,5	25,1	40,7	51,8	69,4	17,4
Personalplanung	16,9	27,2	45,4	63,1	76,8	87,3	29,9
davon differenziert nach:							
Beschäftigtengruppen	55,7	58,9	66,9	70,4	62,0	74,2	62,8
Zeiträumen	33,9	14,9	16,9	19,3	23,6	39,1	23,5

Quelle: Semlinger 1989; aus: Bosch, G. u. a. (Hrsg.): Handbuch der Personalplanung, Bund-Verlag Köln 1995, S. 37

Übersicht 30

Unternehmen mit regelmäßiger Erstellung eines Gesamtplanes

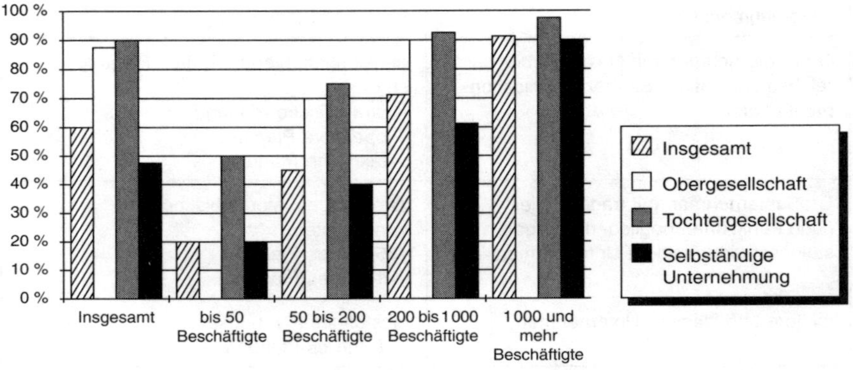

Quelle: Hahn, Oppenländer, Scholz, Stand und Entwicklungstendenzen der strategischen Unternehmensplanung in der Bundesrepublik Deutschland, in: Hahn und Taylor (Hrsg.), Strategische Unternehmensplanung – strategische Unternehmensführung, 5. Auflage, Physica-Verlag, Heidelberg 1990, S. 981.

sationsstruktur besteht das unternehmerische Planungssystem aus zwei Stufen: der langfristigen 5-Jahres-Planung (Planungsperiode: 1 Jahr) und der kurzfristigen Jahresplanung (Planungsperiode: 1 Monat). In Expertenkreisen gilt diese Strukturierung der Unternehmensplanung als überholt. Kritik wird hauptsächlich an der 5-Jahres-Planung geübt. Sie ist ein Zwittergebilde, das keine der beiden ihr zugedachten Funktionen hinreichend erfüllen kann: Für eine Ausrichtung des Unternehmens auf die künftigen Marktbedingungen (strategischer Aspekt) sind 5 Jahre zu wenig, für eine detaillierte, mengen- und wertmäßige Planung der einzelnen Geschäftsjahre im voraus (operativer Aspekt) sind 5 Jahre wiederum zu viel. Aus diesem Grund wird empfohlen, anstelle einer 5-Jahres-Planung eine Aufteilung in eine strategische und eine operative Planung vorzunehmen.

Kleinere Unternehmen planen in der Regel lediglich das kommende Geschäftsjahr. Diese Planung entspricht im wesentlichen der taktischen Planung.

Die strategische Planung orientiert sich an folgenden Grundregeln:

- verstärke deine Stärken,
- konzentriere deine Kräfte,
- laß weg, was nicht mehr zu dir paßt,
- streiche Gemeinkosten ohne positive Zukunftswirkung,
- realisiere Fixkostenvorteile.

Übersicht 31

Kurzbeschreibung der Planungsstufen eines dreistufigen, hierarchischen Planungssystems

Planungs-stufe	Planungs-instanz (Wer plant?)	typische Planungsinhalte (Was wird geplant?)	Detaillierungsgrad der Planung (Wie genau wird geplant?)	Planungsrhythmus (Wie oft wird geplant?)	Planungsreichweite (-horizont)	Planungs-zeiträume (-perioden)
strategische Planung	Unterneh-mensleitung	Unternehmensspezifische Grundsatzentscheidungen: – Festlegung des Tätigkeits-bereichs des Unternehmens – Standort – Beziehung zu Kunden, Re-gierungen, Beschäftigten	lediglich qualitative Beschreibung	nur bei Bedarf	unbegrenzt	–
		Strategische Maßnahmen-planung: – Wachstums- u. Ertragsziele – Diversifikation (neue Produkte, neue Märkte) – Aufgabe von Produkten und Maßnahmen – Forschung und Entwicklung – grundlegende Veränderung der Organisationsstruktur	sehr geringer Detaillierungsgrad, globale, auf das gesamte Unternehmen bezogene Maß-nahmeplanung, Erstellung eines langfristigen Finanzplans und einer mehrjährigen Planbilanz	regelmäßige, jährliche Planungsrunde; Ab-schluß der Planung in der 1. Hälfte des Geschäftsjahres	5–10 Jahre	1 Jahr
operative Planung	Geschäftsbe-reichsleiter	Rahmenplanung bezüglich: – Absatz – Produktion – Investition – Beschaffung – Personal – Forschung und Entwicklung – Finanzierung – Gewinn	Mengen- und wertmäßige Planung auf der Ebene der Geschäftsbereiche	regelmäßige, jährliche Planungsrunde; Ab-schluß bis zum Ende des III. Quartals des laufenden Geschäftsjah-res	bis zu 3 Jahren	1 Jahr
taktische Planung	Leiter der Funktionsberei-che (Vertrieb, Produktion, Forschung u. Entwicklung, Personal ...)	Konkrete Maßnahmen bzw. Durchführungsplanung: – Umsatzplan – Produktionsplan – Investitionsplan – Personalplan – Beschaffungsplan – Finanzplan – Gewinnplan	sehr detaillierte Planung; Budgetierung erfolgt z.T. bis auf die Ebene der Kostenstellen	regelmäßige, jährliche Planungsrunde; Ab-schluß bis zum Ende des laufenden Ge-schäftsjahres; monatli-cher SOLL/IST-Vergleich mit anschließender Plankorrektur	1 Jahr	Monat

Der Prozeß der konkreten Planerstellung vollzieht sich in einer Reihe von Einzelschritten, wobei sich in der Praxis weitgehend das sogenannte »Gegenstromverfahren« (top down/bottom up-Verfahren) durchgesetzt hat: Die Unternehmensleitung legt die Ziele fest, die dann auf den darunterliegenden Leitungsebenen (Geschäfts- bzw. Funktionsbereichsleiter) in konkrete Planungsentwürfe (Maßnahmenplanung) umgesetzt (top down) und anschließend wieder zur Unternehmensleitung rückgekoppelt und von dieser genehmigt werden müssen (bottom up). Dabei ist es möglich, daß bis zur endgültigen Planverabschiedung dieses Verfahren mehrmals durchlaufen wird.

Im folgenden soll das Gegenstromverfahren am Beispiel eines dreistufigen hierarchischen Planungssystems dargestellt werden:

Der zeitliche Verlauf des Planungsprozesses wird in den einzelnen Unternehmen insbesondere in Abhängigkeit von den beteiligten Instanzen recht unterschiedlich sein. Die Kenntnis des konkreten zeitlichen Verlaufs des gesamten Planungsprozesses im eigenen Unternehmen ist wichtig, um die rechtzeitigen Informationszeitpunkte bestimmen zu können: Im Rahmen der strategischen Planung wäre der WA jeweils vor der Genehmigung des strategischen Rahmenplans bzw. strategischen Programms zu informieren und im Hinblick auf mögliche Auswirkungen auf die Beschäftigten zu beraten; bei der operativen bzw. taktischen Planung liegt der Informationszeitpunkt vor der Genehmigung und Verabschiedung des operativen bzw. taktischen Gesamtplans. (Die jeweiligen Informationszeitpunkte sind in Übersicht 32 durch Pfeile kenntlich gemacht.)

Aus Übersicht 32 wird darüber hinaus auch deutlich, daß bei der gesamten Planerstellung eine Vielzahl von Personen beteiligt sind, so daß das von Unternehmerseite häufiger vorgebrachte Argument, Planung sei grundsätzlich geheimhaltungsbedürftig, schon aus diesem Grund fragwürdig ist.

5.2.2 Die strategische Planung

Die strategische Planung beginnt mit der Analyse der Ausgangsposition des Unternehmens/Konzerns (vgl. Übersicht 33).

Dabei erstreckt sich die Analyse auf das Unternehmensumfeld (wirtschaftliche, soziale, rechtliche und politische Situation), das Unternehmen bzw. den Konzern selbst, die Konkurrenz (Wettbewerbssituation) und die voraussichtliche Zukunftsentwicklung in diesen Bereichen.

Im folgenden sollen beispielhaft einige der in den einzelnen Planungsphasen zum Einsatz kommenden Instrumente/Methoden kurz erläutert werden.

Zur Analyse der gegenwärtigen strategischen Situation kommen vor allem folgende Instrumente/Methoden zum Einsatz:
- Potentialanalyse,
- Stärken-Schwächen-Analysen,
- Portfolio-Analysen,
- Imageanalysen,
- Wettbewerbsanalysen.

Beispiel: Potentialanalyse

Bei der Durchführung einer Potentialanalyse wird ein **»Expertenteam«** zusammengestellt, daß in einer ersten Analysephase alle denkbaren Erfolgsfaktoren eines Produktes bzw. einer Dienstleistung systematisch zu erfassen versucht. Dies können z.B. in einem Versicherungsunternehmen für einen bestimmten Vertragstypen die Prämienhöhe, das Produktimage, die Bearbeitungsschnelligkeit, die Qualität der Versicherungsleistung, die Vertriebskosten, die Kundenstruktur, der Marktanteil u.ä. Kriterien sein. In einem zweiten Schritt werden aus dieser Erfolgsfaktorenliste z.B. die wichtigsten zehn Faktoren ausgewählt und einer **Bewertung** unterzogen. Hierbei werden Punkte vergeben, z.B. zwischen – 4 und + 4 je Erfolgsfaktor, wobei die Ziffer Null bedeutet, daß das eigene Versicherungsprodukt im Vergleich zum stärksten Wettbewerber weder besser noch schlechter bewertet wird. Es ergibt sich eine Bewertungsstruktur, die bei den relevanten Erfolgsfaktoren **Potentialvorteile** (Pluspunktbewertungen) oder **Potentialdefizite** (Minuspunktbewertungen) gegenüber dem Hauptwettbewerber zeigt (vgl. Übersicht 34).

Strategische Überlegungen können nun darauf abzielen, Maßnahmen zu entwickeln, wie die Potentialvorteile, z.B. durch gezielte Werbemaßnahmen, genutzt werden können. Ferner können strategische Überlegungen zur Verringerung von Potentialnachteilen, z.B. höhere Vertriebskosten, angestellt werden.

Dieses Vorgehen ist **typisch für strategische Analysen.** Es werden eigene Stärken und Schwächen im Vergleich zum Hauptwettbewerber ermittelt, um aufgrund der sich hieraus ergebenden Erkenntnisse erfolgsverbessernde strategische Maßnahmen zu entwickeln. Kenntnisse über Potentialvor- und -nachteile ermöglichen die Beurteilung von Strategieschwerpunkten. Insbesondere Potentialdefizite können die Marktsituation auf Dauer beeinträchtigen und damit auch langfristig die Interessen der Beschäftigten gefährden. Eine Gefährdung von Beschäftigteninteressen kann aber durch die Beseitigung der Defizite entstehen, z.B. wenn es darum geht, die Vertriebskosten zu vermindern. WA-Mitglieder sollten darauf achten, daß vor allem die

Übersicht 32

Schematische Darstellung des Planungsprozesses bei einem dreistufigen, hierarchischen Planungssystem

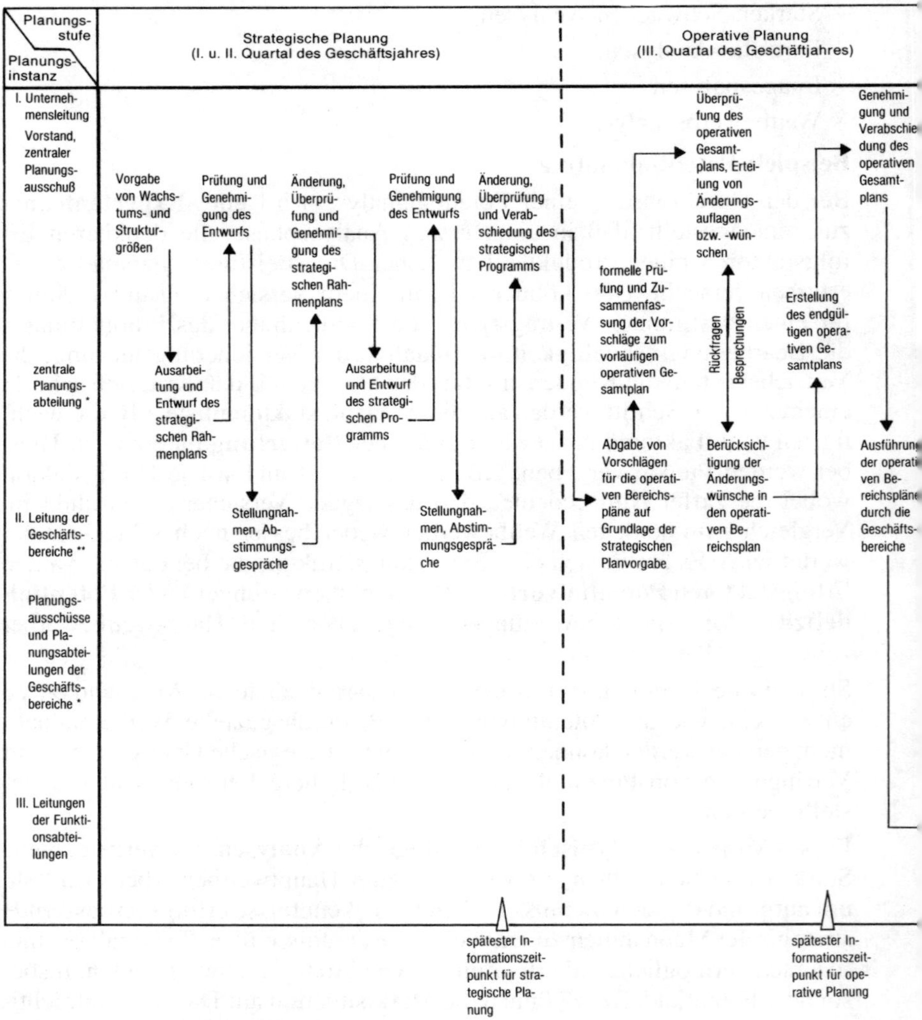

* Falls keine Planungsabteilungen bestehen, werden diese Angaben von der jeweils vorgelagerten Leitungsebene wahrgenommen

** Falls keine Geschäftsbereiche existieren, erfolgt die Abstimmung direkt mit den Funktionsbereichen

Quelle: *Koch, H.*, Integrierte Unternehmensplanung, Wiesbaden 1982; zusammengestellt nach S. 163, 209 u. 242

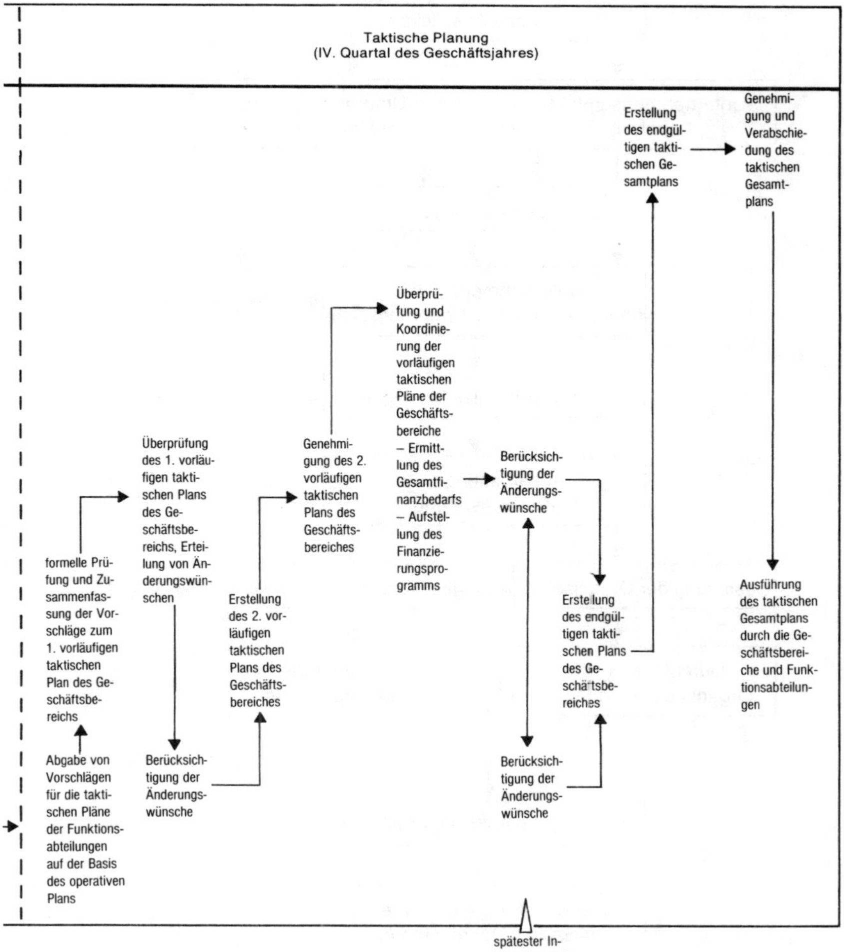
Taktische Planung
(IV. Quartal des Geschäftsjahres)
Abgabe von Vorschlägen für die taktischen Pläne der Funktionsabteilungen auf der Basis des operativen Plans
formelle Prüfung und Zusammenfassung der Vorschläge zum 1. vorläufigen taktischen Plan des Geschäftsbereichs
Überprüfung des 1. vorläufigen taktischen Plans des Geschäftsbereichs, Erteilung von Änderungswünschen
Berücksichtigung der Änderungswünsche
Erstellung des 2. vorläufigen taktischen Plans des Geschäftsbereiches
Genehmigung des 2. vorläufigen taktischen Plans des Geschäftsbereiches
Überprüfung und Koordinierung der vorläufigen taktischen Pläne der Geschäftsbereiche – Ermittlung des Gesamtfinanzbedarfs – Aufstellung des Finanzierungsprogramms
Berücksichtigung der Änderungswünsche
Berücksichtigung der Änderungswünsche
Erstellung des endgültigen taktischen Plans des Geschäftsbereiches
Erstellung des endgültigen taktischen Gesamtplans
Genehmigung und Verabschiedung des taktischen Gesamtplans
Ausführung des taktischen Gesamtplans durch die Geschäftsbereiche und Funktionsabteilungen
spätester Informationszeitpunkt für taktische Planung

Übersicht 33

Das Zusammenwirken von strategischer, operativer und taktischer Planung

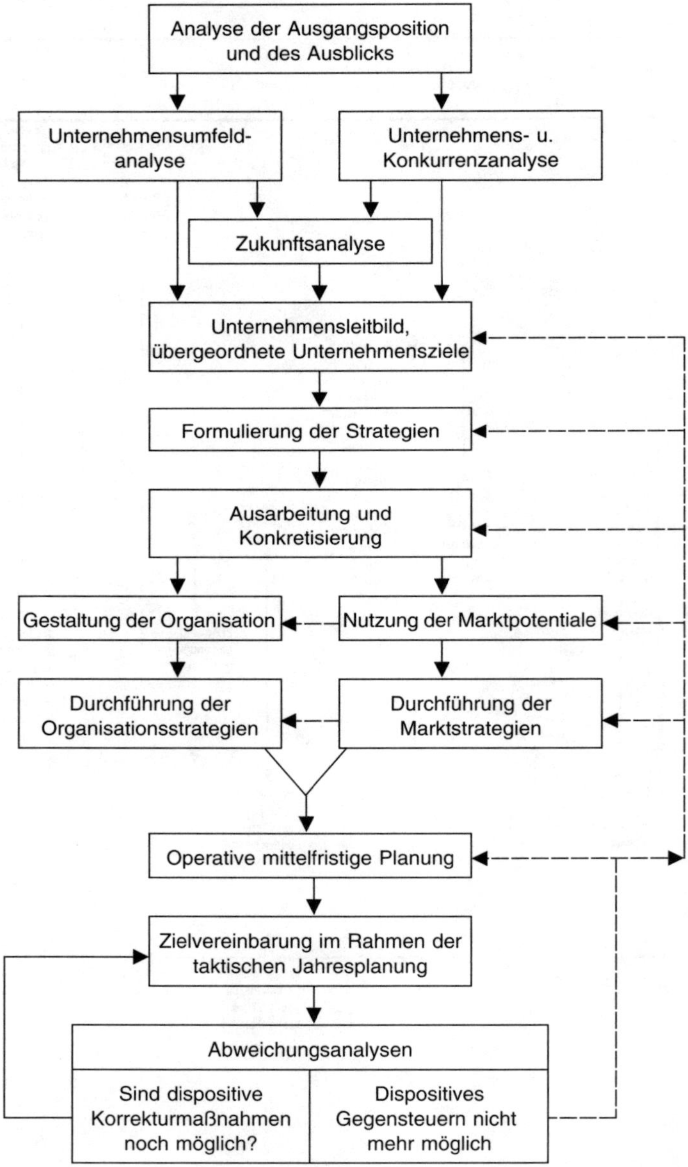

Übersicht 34

Potentialanalyse in einem Versicherungsunternehmen

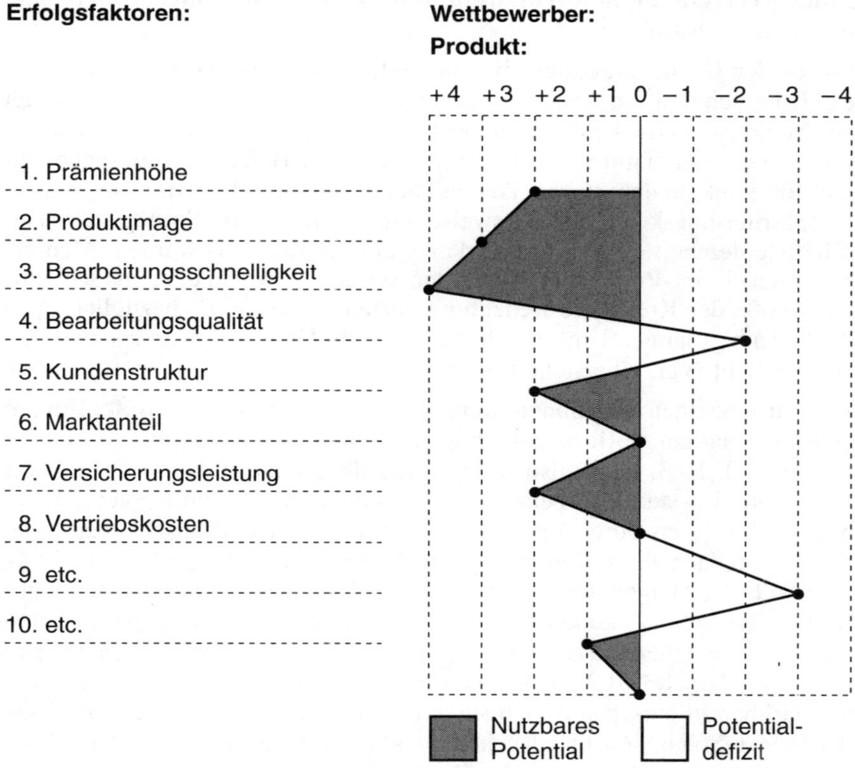

Quelle: HBV-Arbeitsheft: Controlling im Versicherungsunternehmen, S. 45

Stärken ausgebaut und systematisch genutzt werden und daß die Strategieentwicklung sich nicht nur auf die Reduzierung strategischer Kostennachteile bezieht. Bei der Entwicklung strategischer Maßnahmen ist dann insbesondere auch auf deren Sozialverträglichkeit zu achten. Da Strategien i.d.R. langfristig angelegt sind, ergeben sich hier vor allem zeitliche Spielräume, frühzeitig die Berücksichtigung von Beschäftigteninteressen zu verlangen.

Beispiel: Portfolio-Analyse

Portfolio-Methode. (Portfolio = optimale Vermögens- oder Geschäftsstruktur)

Ziel der Portfolio-Methode (Portfolio = optimale Vermögens- oder Geschäftsstruktur) ist es, Geschäftsfelder, Produkte bzw. Produktgruppen bzw. Dienstleistungen oder Kundengruppen zukunftsorientiert zu bewerten. **Punktwertsysteme in Verbindung mit einer Neun-Felder-Matrix** sind das übliche Instrument.

Die beiden Grundkategorien sind die »relativen Wettbewerbsvorteile«, die ein Unternehmen am Markt geltend machen kann, und die »Attraktivität des Marktes«. Diese beiden Hauptkriterien werden durch ein differenziertes Punktewertsystem mit vielen Unterkriterien einer Bewertung zwischen null und 100 Punkten unterzogen. Anhand der ermittelten Bewertungssumme je Hauptkriterium kann beispielsweise eine untersuchte Strategische Geschäftsfeldeinheit (SGE) in das Matrix-Feld positioniert werden. Man erhält dann ein **Ist-Portfolio** mit z. B. den SGEs A–I, wobei die unterschiedliche Größe der Kreise die Bedeutung der einzelnen SGEs bezüglich ihres Anteils am gesamten Umsatzvolumen oder am Unternehmensergebnis veranschaulicht (vgl. Übersicht 35).

Zu den einzelnen Positionen werden dann **strategische Empfehlungen** erarbeitet. Folgende Basisempfehlungen gelten: SGEs, die in den Matrixfeldern II.3, III.3, III.2 (also rechts oberhalb der Diagonalen) positioniert sind, sind als »stars« zu behandeln. Sie stellen das Zukunftspotential dar, hier sind Stärken durch Investitionen abzusichern und auszubauen. Alle SGEs, die nach ihrer Bewertung den Matrixfeldern I.2., I.1., II.1. (links unterhalb der Diagonalen) zugeordnet werden müssen, sind auf dem »absterbenden« Ast. Zukunftspotentiale sind nicht erkennbar, Desinvestition und Aufgabe lauten die Empfehlungen. Alle SGEs auf der Diagonalen, also in den Feldern I.3, II.2, III.1, bedürfen einer differenzierten Betrachtung, um darüber zu entscheiden, ob sie gefördert und ausgebaut werden sollen oder einer Stagnation und Rückentwicklung preisgegeben werden. Eines der wesentlichen Hauptziele der Portfolio-Analyse ist es, die finanziellen Mittel (z.B. Werbeausgaben, Investitionen) auf diejenigen SGEs zu konzentrieren, die besonders zukunftsträchtig sind. Werden aus der Ist-Analyse **strategische Empfehlungen** zur Entwicklung von SGEs abgeleitet und durch Festlegung strategische Ziele für einzelne SGE konkretisiert, dann können auch **Soll-Portfolios bzw. Ziel-Portfolios** aufgestellt werden (vgl. Übersicht 36).

Diese geben dann Auskunft darüber, ob SGEs systematisch gefördert und weiterentwickelt werden sollen, z.B. (B, C, D, E), ob sie stagnieren werden (I) oder ob sie sich weiter verschlechtern werden (F, G) bis hin zu ihrer Aufgabe (A, H). Sie zeigen die **geplanten oder aufgrund der Marktentwicklung hingenommenen Veränderungen** für einzelne SGE durch deren Verschiebung innerhalb der Neun-Felder-Matrix an.

Übersicht 35

Ist-Portfolio

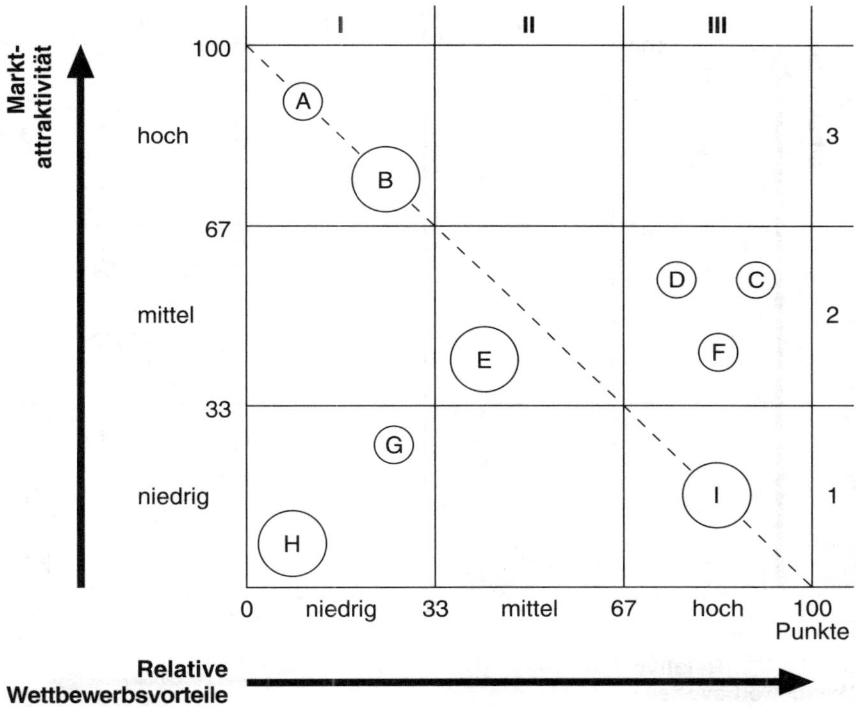

Quelle: HBV-Arbeitsheft: Controlling im Versicherungsunternehmen, S. 49.

Die Grundlage solcher strategischer Entscheidungen bilden die sog. Norm- bzw. Basisstrategien für die einzelnen Felder der Portfolio-Matrix (vgl. Übersicht 37).

Zur Prognose der zukünftigen Entwicklung der strategischen Situation des Unternehmens kommen vor allem folgende Instrumente zum Einsatz:

- Strategische Lückenanalyse (Gap-Analyse),
- Langfristprognosen (z.B. Delphi-Methode, Szenariotechniken).

Beispiel: Strategische Lückenanalyse

Soll nun beispielsweise die SGE B, die im Feld I.3. positioniert ist (Übersicht 34), so weiterentwickelt werden, daß sie in fünf Jahren zu den »stars« gehört, dann entspricht dies einer strategischen Zielsetzung, die durch eine andere Positionierung im Soll-Portfolio, z.B. nun im Feld II.3. (Über-

Übersicht 36

Soll-/Ziel-Portfolio

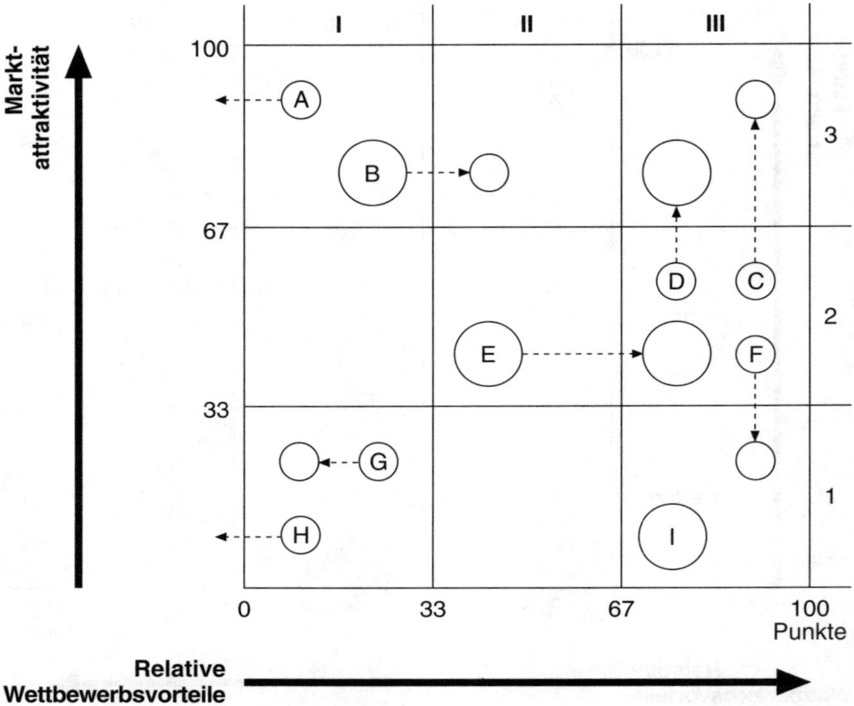

Quelle: HBV-Arbeitsheft: Controlling im Versicherungsunternehmen, S. 50.

sicht 36) ihren Ausdruck findet. Ist der **strategische Zielpunkt** fixiert, dann kann die bestehende strategische Lücke ermittelt werden als Differenz zwischen Ist- und Zielposition.

Bei der SGE B müßte bei dieser Zielsetzung vor allem die relative Wettbewerbsposition verbessert werden (vgl. Übersicht 36). Hauptansatzpunkt hierzu wäre eine erhebliche Zunahme im Marktanteil: Strategische Zielvorstellung ist es, in fünf Jahren den Marktanteil von aktuell 5 % auf 10 % zu verdoppeln (Übersicht 38). Hierdurch ergibt sich der strategische Zielpunkt t_5. In den letzten drei Jahren ist der Marktanteil nur leicht gestiegen, wie die Ist-Entwicklung zeigt. Wird diese Ist-Entwicklung in die Zukunft verlängert (»normale« Weiterentwicklung, Status quo), dann wird er in fünf Jahren ungefähr 5,5 % betragen. Die strategische Plan-Entwicklung hingegen geht von einer wesentlich stärkeren Marktanteilszunahme aus. Zwischen

Übersicht 37

Norm- bzw. Basisstrategien

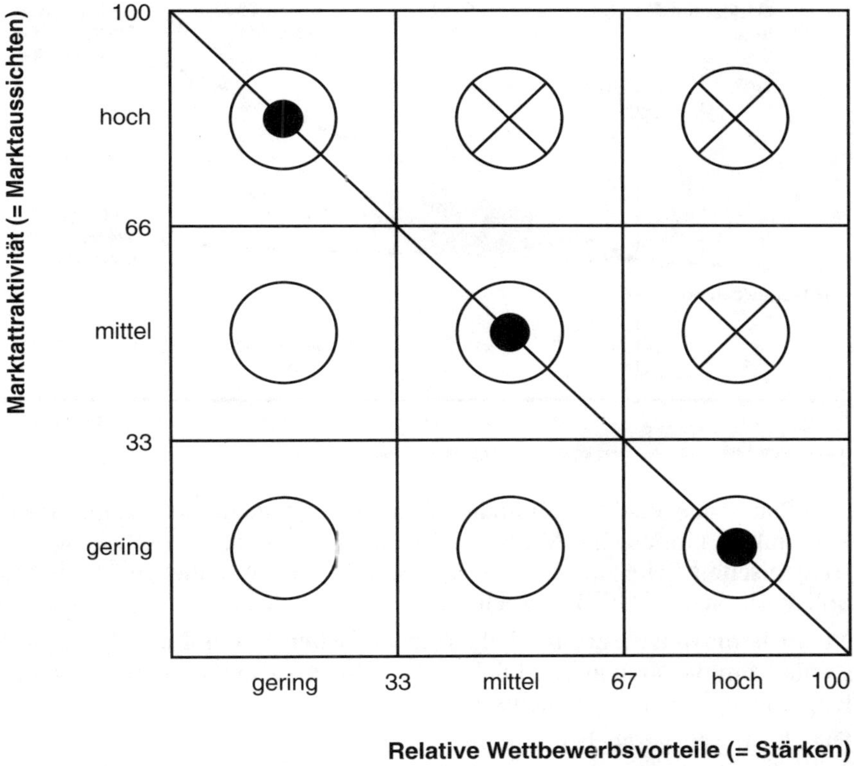

⊗ Investitions- und Wachtums- sowie Erhaltungsstrategien, z. B.

- Steigerung von Marktanteilen bereits vorhandener Produkte (Rechtsverschiebung);
- Angebot neuer Leistungen an schon angesprochene Zielgruppen (Rechtsverschiebung);
- Angebot bereits vorhandener und/oder neuer Leistungen an neue Abnehmergruppen (Steigerung der Marktattraktivität);
- Erhaltung der Marktposition: d. h. ausschließliche Durchführung von »Ersatz«-Investitionen wie z. B. Erinnerungswerbung (Beibehaltung der Positionierung).

○ Abschöpfungs- oder Desinvestitionsstrategien, z. B.

- Bereinigung der Angebotspalette;
- Reduzierung der Ressourcenzuteilung;
- Gesundschrumpfen lassen;
- Totale Aufgabe des Geschäftsfeldes.

Ableitung von selektiven Strategien für die auf den Diagonalfeldern positionierten Geschäftseinheiten

⊙ Selektive Strategien können sowohl Wachstums-, Erhaltungs-, Abschöpfungs- oder Desinvestitionsstrategien beinhalten.

Übersicht 38

Lückenanalyse

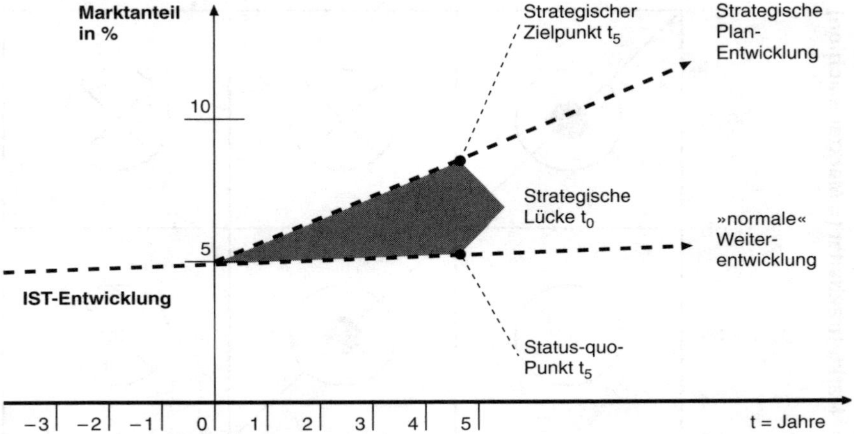

Quelle: HBV-Arbeitsheft: Controlling im Versicherungsunternehmen, S. 53.

dem Status-quo-Punkt im Zeitpunkt t_5 und dem strategischen Zielpunkt im Zeitpunkt t_5 gibt es eine Marktanteilsdifferenz von ca. 4,5 %. Dies ist die **strategische Lücke** zum Planungszeitpunkt t_0, die zu schließen ist, um die Soll-Position der SGE B im Zielportfolio zu erreichen.

Nunmehr müssen die erforderlichen **strategischen Maßnahmen** konzipiert werden, um die strategische Lücke zu beseitigen, also um die Ist-Entwicklung entsprechend der strategischen Absicht zu verbessern.

Dies kann z.B. geschehen durch

- Verbesserung des Produktes,
- intensivere Werbung,
- Nutzung neuer Vertriebswege.

Die voraussichtlichen positiven Wirkungen aus der Umsetzung der geplanten Strategieansätze (Basisstrategien) fließen nun in die **operative Geschäftsjahresplanung** für die SGE B ein. D.h., daß operative Zwischenziele zur Erfüllung der langfristigen strategischen Ziele beitragen sollen. Hier zeigt sich, wie die operative kurzfristige Planung langfristigen strategischen Zielsetzungen zuarbeitet.

Die Kenntnis strategischer Lücken beinhaltet den Umfang des strategischen Handlungsbedarfs. Für die Interessenvertretung ist von besonderer Bedeutung zu wissen, wie hoch der strategische Handlungsbedarf ist, d.h., wie

Übersicht 39

Lebenszyklen von Produkten eines Unternehmens im Markt

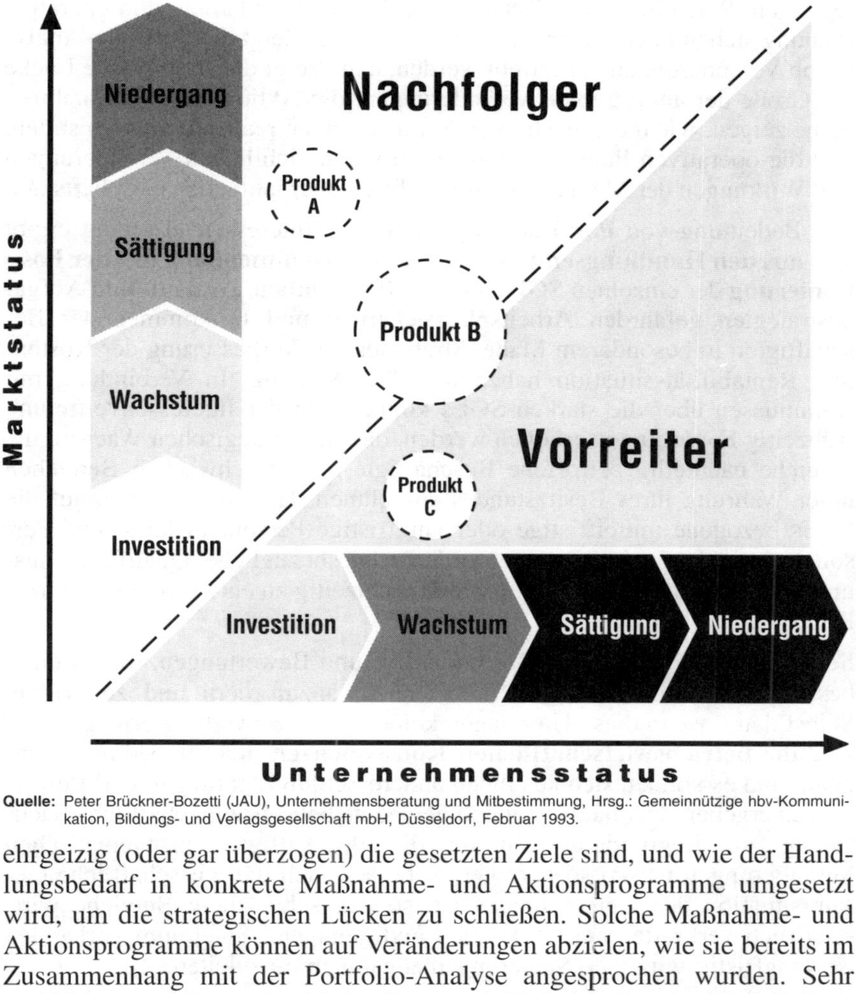

Quelle: Peter Brückner-Bozetti (JAU), Unternehmensberatung und Mitbestimmung, Hrsg.: Gemeinnützige hbv-Kommunikation, Bildungs- und Verlagsgesellschaft mbH, Düsseldorf, Februar 1993.

ehrgeizig (oder gar überzogen) die gesetzten Ziele sind, und wie der Handlungsbedarf in konkrete Maßnahme- und Aktionsprogramme umgesetzt wird, um die strategischen Lücken zu schließen. Solche Maßnahme- und Aktionsprogramme können auf Veränderungen abzielen, wie sie bereits im Zusammenhang mit der Portfolio-Analyse angesprochen wurden. Sehr wohl können sich aus den Maßnahme- und Aktionsprogrammen auch weitere Arbeitsbelastungen für die Beschäftigten ergeben. Sie können auch technische und organisatorische Veränderungen beinhalten, bis hin zur mitbestimmungspflichtigen Betriebsänderung. Je eher und besser die Interessenvertretung über die Maßnahme- und Aktionsplanung informiert ist, desto besser können sie bevorstehende Veränderungen erkennen und deren

Auswirkungen abschätzen. Auch operative Planungsansätze erschließen sich oft erst vor dem Hintergrund der längerfristigen strategischen Vorüberlegungen. Portfolio, strategische Lücke, Maßnahmeplanung und operative Planung stehen in einem engen Zusammenhang. Zeigt die Portfolio-Analyse, ob Veränderungen angestrebt werden, dann zeigt die strategische Lücke die Größe der angestrebten Veränderungen; die Aktions- und Maßnahmepläne zeigen, wie die angestrebten Veränderungen realisiert werden sollen, und die operativen Plandaten zeigen die voraussichtlichen Veränderungen und Wirkungen der Maßnahmen im nächsten oder laufenden Geschäftsjahr.

Die Bedeutung von Portfolioanalysen für die Interessenvertretung ergibt sich **aus den Handlungsempfehlungen im Zusammenhang mit der Positionierung** der einzelnen SGEs und ist offensichtlich. Auslauf- und Aufgabestrategien gefährden Arbeitsplatzsicherheit und Einkommen der Beschäftigten in besonderem Maße. Strategien zur Verbesserung der Kosten- und Rentabilitätssituation haben dieselbe Wirkung. In Verbindung mit Kenntnissen über die starken SGEs können von der Interessenvertretung frühzeitig Forderungen erhoben werden, daß die strategischen Wachstumsbereiche nachteilig betroffene Beschäftigte in den schwachen Bereichen unter Wahrung ihres Besitzstandes aufnehmen. Hierzu wäre eine auf die SGEs bezogene mittelfristige oder langfristige Personalbedarfs- und Personalentwicklungsplanung anzufordern. Diesbezügliche Qualifizierungs- und Weiterbildungsmaßnahmen wären rechtzeitig zu entwickeln und einzuleiten.

Selbstverständlich sind die Berechnungen und Bewertungen, die zu einer bestimmten Positionierung geführt haben, anzufordern und zu prüfen. Selbst dann, wenn diese Unterlagen keine andere Bewertung ermöglichen, sind die **betriebswirtschaftlichen Konsequenzen** nicht unbedingt zwingend, und es können sich aus ihnen andere Schlußfolgerungen und Bewertungen ergeben. Der häufig geltend gemachte betriebswirtschaftliche Sachzwang zur Begründung von für die Beschäftigten problematischen Veränderungen ist um so geringer, je besser auch die wirtschaftliche Gesamtsituation des Unternehmens ist, so daß schwächere Bereiche wirtschaftlich verkraftet werden können und genügend Spielraum vorhanden ist, langfristig wirkende Sanierungsmaßnahmen einzuleiten.

Unter Beachtung der übergeordneten Unternehmensziele (Unternehmensleitbilder, Unternehmensgrundsätze) erfolgt auf der Grundlage der Analyse der Ausgangssituation und der Zukunftsaussichten eine Formulierung der (langfristigen) Unternehmensstrategien. Im Mittelpunkt steht die Nutzung derzeitiger und zukünftiger Marktpotentiale durch entsprechende Marktstrategien (v.a. Geschäftsfeldplanung) und die Ausrichtung der derzeitigen

Übersicht 40

Erstellung strategischer Pläne für Geschäftsbereiche

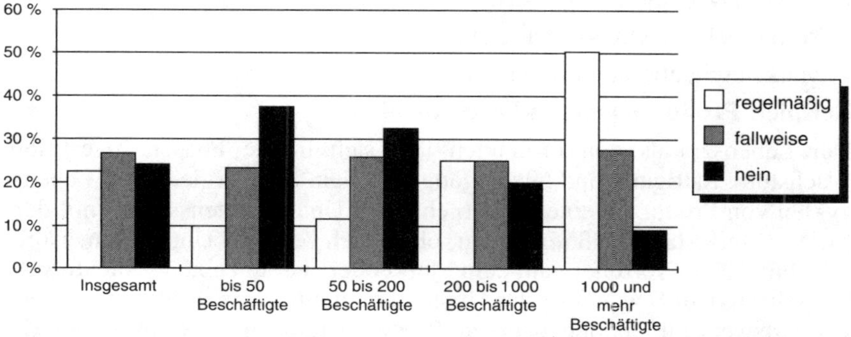

Quelle: Hahn, Oppenländer, Scholz, 1990, Stand und Entwicklungstendenzen der strategischen Unternehmensplanung in der Bundesrepublik Deutschland, in: Hahn und Taylor (Hrsg.), Strategische Unternehmensplanung – strategische Unternehmensführung, 5. Auflage, Physica-Verlag, Heidelberg 1990, S. 985.

Übersicht 41

Interesse der Arbeitnehmervertretung an der strategischen Unternehmensplanung

Strategische Entscheidung	**Auswirkungen auf die Arbeitnehmer**
Aufgabe von Geschäftsfeldern	drohender Abbau von Arbeitsplätzen Betriebsübergang auf neuen Arbeitgeber Versetzungen
Erschließung neuer Geschäftsfelder	Versetzungen Qualifizierungsmaßnahmen Einstellungen
Abschöpfung	Intensivierung der Arbeit Änderungen in der Arbeitszeit
Wachstum	Schichtarbeit Intensivierung der Arbeit Veränderung von Arbeitsbedingungen veränderte Qualifikationsanforderungen Einstellungen
Änderung der Organisation	Versetzungen Entlassungen/Einstellungen veränderte Qualifikationsanforderungen Intensivierung der Arbeit
Austausch von Führungskräften	Änderung des Führungsstils Entwicklung neuer Unternehmensstrategien
Änderung der Gratifikation von Führungskräften	erhöhter Druck auf die Personalkosten

und zukünftigen Unternehmensorganisation (v.a. Organisations-, Rechtsform-, Standort- und Führungssystemplanung) auf diese Strategien hin. Zum Einsatz kommen hier z.B.

– Produktlebenszyklus-Strategien,
– Marktsegmentierungsstrategien.

Beispiel: Produktlebenszyklus-Strategie

Der Lebenszyklus von Produkten läßt sich in die Phasen Investition, Wachstum, Sättigung und Niedergang einteilen. Ein Vergleich der Lebenszyklen von Produkten eines Unternehmens (Unternehmensstatus) mit dem Markt (Marktstatus) läßt erkennen, ob es sich bei dem Unternehmensprodukt um einen »Vorreiter« auf dem Markt oder eher um einen »Nachfolger« handelt. In dem Beispiel ist das Unternehmen nur in einem Produktbereich vorwärtsweisend, in den anderen Produktbereichen hinkt es hinter der Marktentwicklung her.

Die Durchführung dieser Markt- und Organisationsstrategien münden zunächst in die operative (mittelfristige) und schließlich in die taktische (kurzfristige) Jahresplanung (vgl. Übersicht 33).

Das Verhältnis von strategischer und operativer Planung läßt sich auch folgendermaßen charakterisieren: Die strategische Planung hat die Aufgabe, das Management in die Lage zu versetzen, die richtigen Dinge zu tun (»doing the right thing«), während es Aufgabe der operativen Planung ist, das Management und die ausführenden Instanzen in die Lage zu versetzen, die (vereinbarten) Dinge richtig zu tun (»doing the things right«).

Über die Erstellung strategischer Pläne in Unternehmen gibt Übersicht 40 auf Seite 141 Auskunft.

Das Interesse der Interessenvertretung an der strategischen Unternehmensplanung liegt auf der Hand. Je frühzeitiger die Interessenvertretung über die zukünftige Entwicklung des Unternehmens unterrichtet ist, desto eher kann sie Gegenstrategien/Überlegungen anstellen, um möglichen Gefährdungen von Arbeitnehmerinteressen (vgl. Übersicht 41) entgegenzuwirken.

5.2.3 Die operative und taktische Planung

5.2.3.1 Überblick

Im Rahmen der operativen und taktischen Planung werden Gesamtpläne erstellt, die sich aus einer Reihe aufeinander abgestimmter Teilpläne zusammensetzen:

Übersicht 42

Zusammenhang der wichtigsten Teilpläne der Unternehmensplanung

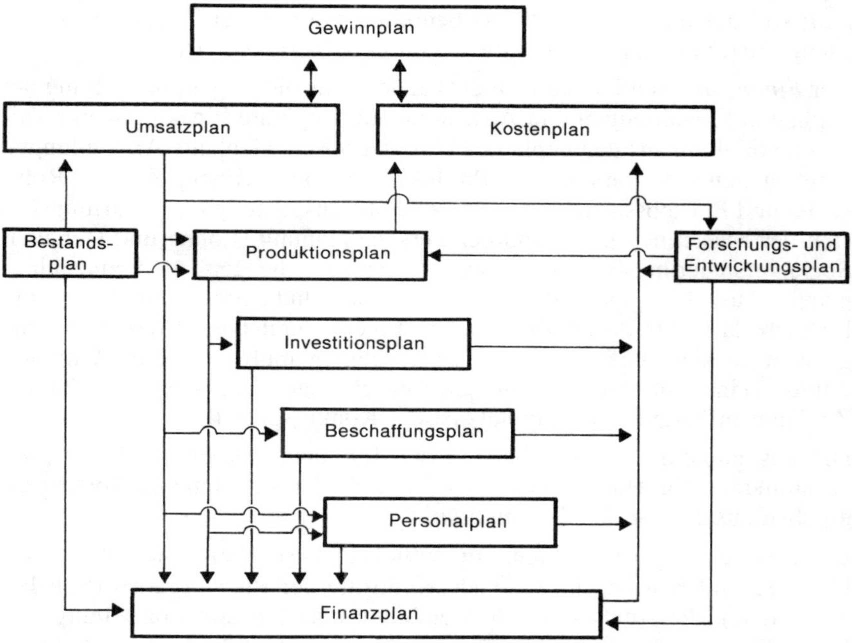

Dieser Systematik liegt folgende Überlegung zugrunde: Oberstes Ziel eines Unternehmens ist die Gewinnmaximierung, d.h. die optimale Verwertung des eingesetzten Kapitals. Die gesamte Unternehmensplanung ist an diesem Ziel ausgerichtet. Man kann auch sagen: Unternehmensplanung ist Gewinnplanung. Da der Gewinn definiert ist als Differenz zwischen Umsatz und Kosten (G = U – K), läßt sich die Gewinnplanung auflösen in eine Umsatz- und eine Kostenplanung. Entsprechend dem Ziel der Gewinnmaximierung ist der Unternehmer bestrebt, unter Berücksichtigung von Absatzprognosen usw. einen bestimmten Umsatz mit möglichst geringen Kosten zu erzielen.

Der *Umsatzplan* ist der Ausgangspunkt für die übrigen Teilpläne. Unter Berücksichtigung des *Bestandsplans* und des *Forschungs- und Entwicklungsplans* wird der *Produktionsplan* erstellt, d.h., es werden die Produktionskapazität und der Materialeinsatz in mengenmäßiger und zeitlicher Hinsicht geplant. Stellt sich heraus, daß die benötigte Kapazität (Maschinen, Personal) mit der vorhandenen Kapazität nicht übereinstimmt, so löst dies Anpassungsmaßnahmen aus (Aus- oder Abbau von Kapazitäten), die sich im *Investitions-* und *Personalplan* niederschlagen. Der *Beschaffungsplan* soll gewährleisten, daß das benötigte Vormaterial in der benötigten Menge und Qualität zum richtigen Zeitpunkt verfügbar ist.

Der *Finanzplan* schließlich ist nichts anderes als die Gegenüberstellung der geplanten Einzahlungen und Auszahlungen. Geplante Einzahlungen resultieren vor allem aus den geplanten Umsatzerlösen. Geplante Auszahlungen ergeben sich vor allem aus der Produktionsplanung (Energiekosten, Roh-, Hilfs- und Betriebsstoffe usw.), der Inverstitionsplanung (Anschaffungskosten der Maschinen usw.) und der Personalplanung (Löhne und Gehälter, Sozialversicherungsbeiträge usw.). Übersteigen die geplanten Einzahlungen die Auszahlungen, besteht ein Finanzüberschuß. Umgekehrt besteht ein Finanzbedarf, der durch zusätzliches Eigenkapital oder Kreditaufnahme gedeckt werden muß. Denn ein Unternehmen muß zu jedem Zeitpunkt liquide sein, d.h. seinen Zahlungsverpflichtungen nachkommen können. Zahlungsunfähigkeit (Illiquidität) ist ein Konkursgrund!

Die kostenmäßigen Auswirkungen der Teilpläne werden im *Kostenplan* zusammengefaßt. Hier schließt sich der Kreis: Umsatzplan und Kostenplan ergeben zusammen den *Gewinnplan.*

Die Entwicklung kurzfristiger (monatlicher, jährlicher) Planvorgaben für Umsätze und Kosten, die laufende Kontrolle der Planvorgaben (Soll-Ist-Vergleiche), die Analyse der Abweichungsursachen und Erarbeitung von Vorschlägen für mögliche Anpassungsmaßnahmen ist die zentrale Aufgabe des sogenannten Controlling (vgl. Kapitel 6).

Im folgenden werden die Investitions- und Personalplanung wegen ihrer besonderen Bedeutung für die Arbeit der Interessenvertretung ausführlicher beschrieben.

5.2.3.2 Investitionsplanung

Frühzeitige und umfassende Informationen über die Investitionsplanung sind aus folgenden Gründen für die Interessenvertretung von besonderer Bedeutung: Investitionen haben Auswirkungen auf die Arbeitsplätze, auf die Arbeitsplatzanforderungen und die damit verbundenen Qualifikationen, auf die Entgeltstruktur sowie auf die Umgebungseinflüsse. Damit berühren Investitionen in zentraler Weise Arbeitnehmerinteressen. Gleichwohl werden diese (häufig negativen) Auswirkungen auf die Beschäftigten in der Regel nur dann bei der Investitionsplanung berücksichtigt, wenn gesetzliche Auflagen oder Bestimmungen (z.B. Arbeitsschutzbestimmungen) dies erforderlich machen bzw. wenn entsprechende tarifvertragliche oder betriebsverfassungsrechtliche Vereinbarungen vorliegen. Ansonsten befaßt sich das Management neben den zu erwartenden (Personal-)Kostenaspekten mit den Auswirkungen auf die Beschäftigten erst in den zeitlichen nachfolgenden Planungen wie insbesondere der Personalplanung (vgl. Kapitel 5.4.2). Dann allerdings sind aufgrund der getroffenen Investitionsentscheidungen bereits Fakten geschaffen, die nicht oder nur noch schwer veränderbar sind.

Vorherrschende Praxis unternehmerischer Informationspolitik ist es, über die Investitionsplanung – wenn überhaupt – häufig nicht rechtzeitig und nur auf wirtschaftliche und (produktions-)technische Aspekte beschränkt zu informieren. Nach einer Umfrage in Unternehmen mit mehr als 500 Beschäftigten gab jeder vierte Unternehmer zu, den BR nicht rechtzeitig zu informieren. In der Hälfte dieser Fälle war den Betriebsräten nicht einmal die Existenz einer Investitionsplanung bekannt (vgl. *Kirsch/Scholl/Paul,* Mitbestimmung in der Unternehmerpraxis. Eine empirische Bestandsaufnahme. München 1984, S. 273 und 319). Da es sich hierbei um Verstöße gegen das BetrVG handelt, ist zu vermuten, daß diese Verstöße in der Praxis weit häufiger vorkommen, als in der Befragung zugegeben wurde.

Allerdings werden solche Verstöße der Unternehmer gegen ihre Informationspflichten durch die mangelnde Kenntnis der Interessenvertretungen über die Vorbereitung von Investitionsplanungen und den Ablauf von Planungsprozessen in den Unternehmen erleichtert. Nach neueren empirischen Untersuchungen kann man davon ausgehen, daß in allen Unternehmen des verarbeitenden Gewerbes mit mehr als 500 Beschäftigten eine schriftlich fixierte Unternehmensplanung betrieben wird (vgl. *Kirsch u.a.,* a.a.O., S. 275). Deshalb sollten BR und WA-Mitglieder der Behauptung des Unternehmers, es würde keine Investitionsplanung betrieben, sehr skeptisch gegenüberstehen (vgl. auch Kapital 9.2.2.1).

Häufig wird eine rechtzeitige Information über die Investitionsplanung auch mit dem Hinweis verweigert, daß zunächst die Gesellschafter oder der Aufsichtsrat über die Investitionsplanung zu befinden hätten. Diese Auffassung bezüglich der Reihenfolge der Information ist falsch. Der WA ist vor einer Beschlußfassung der zuständigen Unternehmensorgane (Geschäftsführung, Gesellschafterversammlung, Aufsichtsrat) zu informieren, weil sonst eine Beratung über die Investitionsplanung keinen Sinn mehr hätte, da keine Einflußnahme auf die Investitionsentscheidungen mehr möglich wäre.

Um erkennen zu können, ob die Information über die Investitionsplanung rechtzeitig oder verspätet erfolgt, ist es wichtig, den genauen Planungsablauf im Unternehmen zu kennen. Grundsätzlich gilt, daß im Rahmen der strategischen Investitionsplanung im wesentlichen die Investitionskontingente als DM-Beträge für einzelne Produktgruppen, Märkte usw. festgelegt werden. Hieraus kann die Interessenvertretung erkennen, welche Geschäftsbereiche bzw. Geschäftsfelder ausgebaut werden sollen und in welchen Bereichen der Unternehmer die Zukunftsaussichten zumindest langfristig eher skeptisch beurteilt (und dementsprechend nicht oder nur noch geringfügig investiert wird). Auch zu Beginn der operativen Investitionsplanung sind zunächst die konkreten Investitionsobjekte häufig noch nicht festgelegt, sondern Alternativlösungen möglich, die im Laufe dieser Phase allerdings zunehmend aussortiert werden. Für die taktische Investitionsplanung stehen dann meistens die optimalen Investitionsobjekte fest, wobei allenfalls in einer Feinplanungsphase noch über technische Einzelheiten entschieden wird.

Die Interessenvertretung muß darauf dringen, daß sie von der Unternehmensleitung in den einzelnen Planungsstufen (strategische, operative und taktische Planung) über die möglichen Alternativen und – soweit erkennbar – über deren jeweilige Auswirkungen auf die Beschäftigten informiert wird.

Unter wirtschaftlichen Gesichtspunkten getroffene Investitionsentscheidungen können regelmäßig folgende Auswirkungen auf die Beschäftigten haben:

- Sicherheit der Arbeitsplätze (Personalbedarf)
- Qualität der Arbeitsplätze (Personalstruktur)
- Qualifikationsanforderungen
- Einkommenssicherheit (Eingruppierung, Entlohnungsformen)
- Arbeitszeitsysteme (flexible Arbeitszeiten, Schichtsysteme)
- Arbeitsbedingungen (z.B. Arbeitsumgebungseinflüsse wie Lärm, Hitze, Schwingungen, Nässe usw.; Monotonie)

Über die möglichen Auswirkungen muß die Interessenvertretung Bescheid wissen, damit sie ihr Beratungsrecht im Interesse der Beschäftigten sinnvoll wahrnehmen kann. Da der Arbeitgeber diese Informationen in aller Regel nicht von sich aus gibt, muß die Interessenvertretung entsprechende Fragen stellen. Der in Anlage VI auf S. 329 ff. abgebildete Fragebogen über Investitionen und deren Auswirkungen auf die Beschäftigten kann dabei als Anregung dienen.

Bei AUDI/NSU z.B. haben die betriebliche Interessenvertretung und die Arbeitnehmervertreter im Aufsichtsrat durchgesetzt, daß die Information und Beratung der Investitionsplanung zunächst im WA und anschließend

Übersicht 43

Investitionsanalyse bei AUDI/NSU

Investitionen			Personal		Betroffene Mitarbeiter durch Veränderungen der					
Gesamtübersicht					Arbeitsplatzbedingungen		Sozialeinrichtungen		Qualifikation	
Pos. Nr.	Vorhaben laut Programm	Ausgaben Mio. DM	Mehr-bedarf	Minder-bedarf	Mit-arbeiter	Maßnahmen-index	Mit-arbeiter	Maßnahmen-index	Mit-arbeiter	Maßnahmen-index
1.	Technische Entwicklung	50	–	–	400	A,B,E,F,G,H	10	J	200	Q,R,S
2.	Produktinvestitionen	450	–	300	2000	–	–	–	–	–
3.	Umstruktur. in der Fertigung	350	150	700	400	A–H	3001	J,L,M,N,O	400	Q–T
4.	Erweiterungen	86	20	–	20	A–H	102	J	100	Q,R,S
5.	Ersatz und Modernisierung	26	–	5	150	A,B		–		–
6.	Sozial-/Humaninvestitionen	38	70	–		A,B,D,G,H	2097	J,K,L,M,N,P	1300	Q,R,T
	Gesamt	1000	240	1005	2970	A–H	5210	J–P	2000	Q–T

Arbeitsplatzbedingungen
A = Arbeitssicherheit, Unfallschutz
B = Verminderung der Arbeitsschwere
C = Verbesserung der Luftverhältnisse
D = Verbesserung der klimatischen Bedingungen
E = Verbesserung der Beleuchtung
F = Lärmminderung
G = Arbeitsplatzgestaltung
H = Veränderung der Arbeitsorganisation

Sozialeinrichtungen
J = Pausen- und Sozialräume
K = Ausbildungseinrichtungen
L = Medizinische Betreuung
M = Versorgung der Belegschaft
N = Sanitärmaßnahmen
O = Parkplätze, Wege
P = Wohn- und Erholungsheime, Baudarlehen

Qualifikation
Q = Zusätzliche Informationsmaßnahmen
R = Interne Schulung
S = Externe Weiterbildungsmaßnahmen
T = Zusätzliche Ausbildungsmaßnahmen (z.B. Veränderungen von Ausbildungsberufen)

Quelle: *Pitz, K. H.*, Investitionsanalyse: Mitbestimmung mit Inhalt füllen, in: Die Mitbestimmung, 12/1983, S. 571.

Übersicht 44

Investitionsrechenverfahren

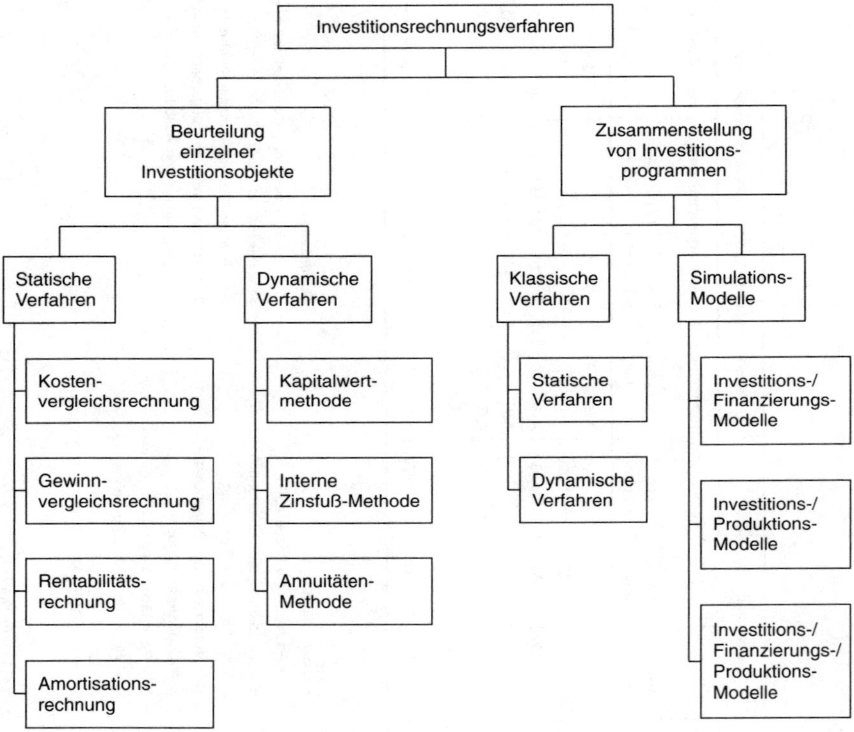

auch im AR anhand einer vom Unternehmer erstellten *Investitionsanalyse* erfolgt (s. Übersicht 43).

Eine andere Möglichkeit besteht darin, mit dem Arbeitgeber eine freiwillige Betriebsvereinbarung über die regelmäßig zu erteilenden Informationen im Rahmen der Beratung über die Investitionsplanung abzuschließen (vgl. unser Vorschlag für eine umfassende Betriebsvereinbarung in Anlage V auf S. 320 ff.).

Investitionsentscheidungen ab einer bestimmten Investitionssumme werden aufgrund der Ergebnisse von Wirtschaftlichkeitsberechnungen getroffen. Hierzu stehen den Unternehmen eine Vielzahl von sog. Investitionsrechenverfahren zur Verfügung (vgl. Übersicht 44).

Welche Verfahren angewandt werden, hängt von der jeweiligen Problem-

Übersicht 45:

Teilbereiche der Personalplanung

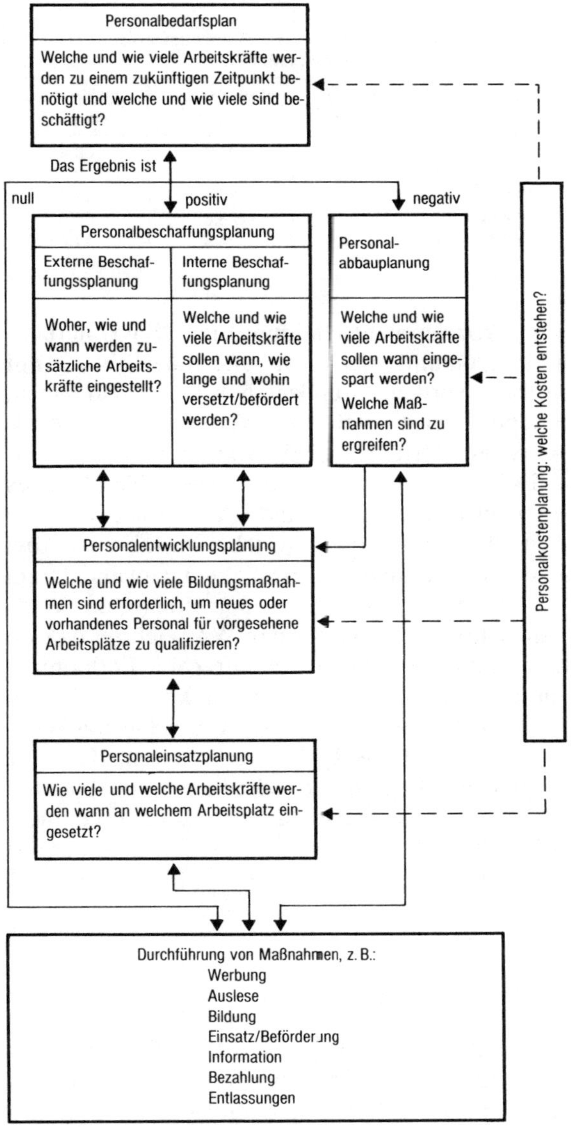

Quelle: RWK-Handbuch Praxis der Personalplanung, 1990, S. 19, RKW-Verlag.

Übersicht 46

Verbreitung schriftlich fixierter Teilpläne der Personalplanung und deren Planungshorizont

	Planungszeiträume (Durchschnittswerte) Angabe in Monaten			
Teilplan	Verbreitungsgrad	kurzfristige Planung	mittelfristige Planung	langfristige Planung
Personalbedarfsplan	94,1 %	8,6	27,9	56,4
Personalbeschaffungs- bzw. -abbauplan	63,5 %	6,2	17,4	43,2
Personalentwicklungsplan	42,4 %	10,4	29,6	58,8
Personaleinsatzplan	38,8 %	8,7	24,8	44,4
Personalkostenplan	72,9 %	9,5	27,6	49,2

Quelle: *Kirsch u. a.*, a. a. O., S. 360 und 365.

stellung (Einzelentscheidung, Programmentscheidung) und der Unternehmensgröße bzw. der Ausbildung/Qualität der MitarbeiterInnen ab, die mit diesen Berechnungen beauftragt werden. Grundsätzlich kann man sagen, daß in Klein- und Mittelbetrieben eher die statischen Verfahren (bei Einzelentscheidungen) bzw. klassischen Verfahren (bei Programmentscheidungen) angewandt werden. Es würde den Rahmen dieses Handbuches sprengen, alle Verfahren hier ausreichend verständlich darzustellen. Der WA sollte sich beim Arbeitgeber erkundigen, welche Verfahren er bei Wirtschaftlichkeitsberechnungen von Investitionsobjekten anwendet und sich diese dann erläutern lassen. Die Kenntnis der konkreten Wirtschaftlichkeitsberechnung einer Investition ist für den WA wichtig, da sich hier Hinweise auf Ausnahmen oder Ziele bezüglich der Zahl, Entlohnung und Qualifikation der benötigten Arbeitnehmer finden lassen. Für den WA ist außerdem wichtig, auch die Ergebnisse der Wirtschaftlichkeitsberechnungen der abgelehnten Investitionsobjekte zu erfahren, damit er einschätzen kann, ob im Rahmen der Beratung über die Investitionsplanung die Möglichkeit besteht, die Investitionsentscheidungen des Unternehmers im Sinne der Interessen der Beschäftigten zu beeinflussen. Dies wird um so eher möglich sein, wenn es Alternativen gibt, die wirtschaftlich nicht sehr viel schlechter abschneiden.

5.2.3.3 Personalplanung

Nach § 106 Abs. 2 BetrVG hat der Unternehmer den WA über die wirtschaftlichen Angelegenheiten zu unterrichten sowie die sich daraus ergebenden Auswirkungen auf die Personalplanung darzustellen.

Gegen diese Verpflichtung nach dem BetrVG verstoßen nach eigenen An-

Übersicht 47

Mögliche Auswirkungen der Personalplanung auf die Beschäftigten

Personalplanungsbereiche	Gefahrenpunkte / Folgen für die Arbeitnehmer
– Personalbedarfsplanung	Mehr- oder Minderbedarf (Entlassungen bzw. Leistungsverdichtung) Variation der Belastungsgrenzen (Personaleinsparung) personelle Unterdeckung (Mehrarbeit) notwendige Anpassung von Springereinsatz/personeller Zuschlagsquote an Fehlzeitenquote (z.B. nach Arbeitszeitverkürzung, sonst Leistungssteigerung)
– Personalbeschaffungsplanung	Rekrutierung der Arbeitskräfte von innen oder von außen; interne Ausschreibungen, Umsetzungen (anstelle Entlassungen); mehr oder weniger Auszubildende (in Verbindung mit Qualifikationsplanung)
– Personalabbauplanung	Entlassungen oder alternative Maßnahmen der Personalanpassung; Einsatz von Abbaureserven/Leiharbeitnehmern/vorzeitige Pensionierung/Sozialplan/Aufhebungsvertrag
– Personalentwicklungsplanung	Personalbeurteilungssysteme/Exklusivität der Beteiligung an interner oder externer Weiterbildung/Qualifikationssicherung als Voraussetzung gesicherter Einkommen/Nachwuchs- und Führungskräfteplanung
– Personalkostenplanung	Rationalisierung/Kostensenkung bei gleichzeitiger Leistungssteigerung/Abgruppierung/Dequalifizierung

Quelle: *WSI-Projektgruppe,* Mitbestimmung im Unternehmen und Betrieb, Köln 1981, S. 505.

gaben mehr als die Hälfte aller Unternehmer (vgl. *Kirsch u.a.,* a.a.O., S. 385). Während in rd. 90 % der Unternehmen mit mehr als 500 Beschäftigten eine schriftlich fixierte Personalplanung betrieben wird, wissen in 25 % der Unternehmen die Interessenvertretungen nichts von deren Existenz (ebd., S. 357). Wird über die Personalplanung informiert, dann erfolgt die Information sehr oft verspätet, d.h., nachdem die Entscheidung über den Plan getroffen ist. Solche Verstöße des Unternehmens werden häufig dadurch erleichtert, daß die Interessenvertretungen nur unzureichend über den Aufbau und die Funktionsweise einer Personalplanung informiert sind.

Dabei ist Personalplanung, wie die folgenden Übersichten verdeutlichen, im Rahmen der Unternehmensplanung mit entscheidend für die Zukunftsperspektiven der Beschäftigten. Ihr Ausbaustand und ihre Differenziertheit sind nicht zuletzt auch für die Einflußmöglichkeiten der Arbeitnehmervertretung von Interesse. Über welche wichtigen Weichenstellungen im Rahmen einer ausgebauten Personalplanung in den einzelnen Teilbereichen entschieden wird, verdeutlicht die zusammenfassende Übersicht 45.

Über die Verbreitung der schriftlich fixierten Teilpläne sowie deren jeweilige Planungszeiträume gibt Übersicht 46 Auskunft.

In aller Regel hat eine unter dem Gesichtspunkt der Kostenminimierung durchgeführte Personalplanung für die Beschäftigten die in Übersicht 47 zusammengestellten negativen Konsequenzen.

Dennoch oder gerade deswegen ist die Personalplanung für die Interessenvertretung von großer Bedeutung: Als operative und taktische Planung macht sie die mittel- und kurzfristige Personalpolitik des Unternehmens transparent und schafft so die Voraussetzungen zum möglichst frühen Ergreifen von Schutzmaßnahmen bzw. zur Organisation betrieblicher Gegenwehr zur Sicherung der Arbeitsplätze.

Personalbedarfsplanung

Ausgangspunkt und zentraler Bereich der Personalplanung ist die Personalbedarfsplanung. Sie hat die Aufgabe festzustellen, wie viele Arbeitskräfte, mit welcher Qualifikation, an welchem Ort und zu welchem Zeitpunkt benötigt werden, um ein bestimmtes Produktions- oder Dienstleistungsprogramm möglichst kostengünstig zu realisieren.

Die Ermittlung des zukünftigen Personalbedarfs erfolgt in mehreren Schritten:

Übersicht 48

Ermittlung des Personalbedarfs

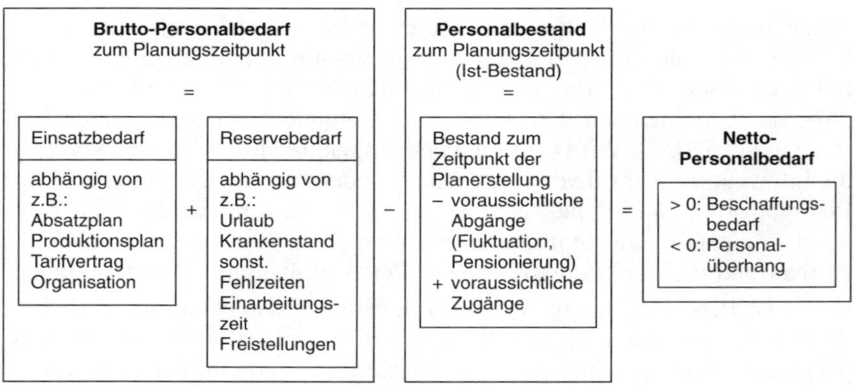

Quelle: RKW-Handbuch Praxis der Personalplanung, 1990, S. 88, RKW-Verlag.

Im ersten Schritt geht es um die Ermittlung des Bruttobedarfs. Dazu bedarf es der Berechnung der für die Erfüllung des geplanten Dienstleistungs- oder Produktionsprogramms erforderlichen Arbeitsmenge (i.d.R. auf Stundenbasis), dem sog. Einsatzbedarf, zu dem noch der ausfallzeitbestimmte Reservebedarf hinzugerechnet werden muß. Die Praxis bedient sich bei der Berechnung des Bruttopersonalbedarfs einer Vielzahl unterschiedlicher v.a. quantitativer Methoden (vgl. Übersicht 49).

Der Reservebedarf ergibt sich aus der Summe aller Abwesenheitszeiten der Beschäftigten im Betrieb. Die Zuschlagsquoten für den Reservebedarf sind sicherlich von Betrieb zu Betrieb verschieden; allerdings dürfte in kaum einem Fall eine Zuschlagsquote zu ermitteln sein, die unter 20 % liegt (vgl. Übersicht 50).

Bei der Berechnung des Bruttobedarfs ist zu beachten, daß die Reservequote nicht einfach addiert wird, sondern daß wie folgt gerechnet wird:

$$\text{Bruttopersonalbedarf} = \frac{\text{Einsatzbedarf}}{100\,\%\text{-Reservequote}} * 100$$

Dies ist dadurch begründet, daß natürlich auch die zusätzlich als Ausgleich für den Reservebedarf eingestellten Mitarbeiter(innen) Anspruch auf Urlaub, Weiterbildung usw. haben und auch krank werden können.

Im zweiten Schritt geht es um die Ermittlung des Personalbestandes unter Berücksichtigung von voraussichtlichen Abgängen (Fluktuation, Pensionierung, Zivil- oder Wehrdienst) und Zugängen (aufgrund bereits eingegangener Verpflichtungen, Rückkehr aus Erziehungsurlaub bzw. Zivil- oder Wehrdienst, Übernahme von Auszubildenden nach erfolgreichem Abschluß).

Der dritte Schritt dient der Ermittlung des Nettopersonalbedarfs durch Gegenüberstellung von Bruttopersonalbedarf und Personalbestand. Ist der Nettopersonalbedarf positiv, dann muß Personal beschafft werden; ist er negativ, besteht ein Personalüberhang.

Im Beispiel der Übersicht 51 plant der Unternehmer im kommenden Geschäftsjahr die Einführung von Bestückungsautomaten am Montageband. Mit dieser Rationalisierungsinvestition sollen 18 Arbeitsplätze eingespart werden (Zeile f). Betroffen sind hiervon insbesondere die unteren Lohngruppen. Ein Teil des geplanten Personalabbaus soll durch Ausnutzen der natürlichen Fluktuation erfolgen (Zeile g). Außerdem plant der Unternehmer im nächsten Geschäftsjahr insgesamt 9 Entlassungen und 2 Einstellungen.

In Kenntnis dieser Personalbedarfsplanung für das kommende Geschäftsjahr kann der Betriebsrat nun versuchen, seine Schutzfunktion gegenüber

Übersicht 49

Verfahren zur Prognose des Brutto-Personalbedarfs

Methode	Bezugsgrößen	Umrechnungsmethoden	Eignung
Schätzverfahren	– Unbestimmt • Erfahrung, Vorhaben und Maßnahmen anderer Unternehmenspläne u. a.	– Schätzung – systematische Schätzung	Geeignet für kleinere und mittlere Betriebe zur kurz- und mittelfristigen Bedarfsermittlung
Globale Bedarfsprognosen	– Entwicklung bestimmter Größen in der Vergangenheit wie • Beschäftigtenzahl • Umsatz u. a. – Ermittelte oder vermutete Zusammenhänge zwischen Größen in Form von Kennzahlen	– Trendextrapolation – Regressionsrechnung – Korrelationsrechnung	Geeignet für Mittel- und Großbetriebe mit kontinuierlicher Absatz- und Produktionsentwicklung zur mittel- und langfristigen Planung
Kennzahlenmethode	– Z. B. Entwicklung der Arbeitsproduktivität bzw. anderer Kennzahlen	– Trendextrapolation – Regressionsrechnung – Innerbetriebliche Quervergleiche	Gut geeignet für Betriebe aller Größenklassen zur Ermittlung des Personalbedarfs für bestimmte Betriebsteile oder Gruppen von Arbeitsplätzen
Analytisches Verfahren der Personalbemessung	– Zeitbedarf pro Arbeitseinheit – Arbeitseinheit	– Schätzungen – Arbeitsanalysen – Zeitmessungen – Tätigkeitsvergleiche – Innerbetriebliche Quervergleiche	Für Betriebe geeignet, in denen im Rahmen der Arbeitsvorbereitung REFA bzw. MTM angewendet wird
Stellenplanmethode	– Gegenwärtige und künftige Organisationsstruktur		Für alle Betriebe geeignet zur kurz- und mittelfristigen Planung, wenn organisatorische Voraussetzungen erfüllt sind
Besondere Analyse des Reservebedarfs	– Effektive und nominale Arbeitszeit	– Analyse von Fehlzeiten – Fluktuation – Prognose der tariflichen Arbeitszeit	Für alle Betriebe kurz-, mittel- und langfristig

Quelle: RKW-Handbuch Praxis der Personalplanung, 1990, S. 97, RKW-Verlag.

Übersicht 50

Ermittlung des Reservebedarfs (Beispiel)

1. Ermittlung der jährlichen Betriebszeiten		
365 Jahrestage		
52 Sonntage		
52 Samstage		
9 Feiertage		
ergibt 252 potentielle Arbeitstage = 100 %; 1 Tag = 0,4 %		
2. Ermittlung des Reservebedarfs		
Tage		Prozent
30	Tarifurlaub	+ 11,9
1	unbezahlter Urlaub	+ 0,4
0,5	Sonstiger Urlaub (z. B. für Schwerbehinderte)	+ 0,2
0,5	Mutterschutzurlaub	+ 0,2
0,5	Bundeswehr	+ 0,2
1	Weiterbildung/Bildungsurlaub	+ 0,4
2,5	nicht besetzte Arbeitsplätze	+ 1,0
15	Arbeitsunfähigkeit	+ 6,0
0,5	Freistellung für Betriebsräte u. Vertrauensleute	+ 0,2
52,5	Tage durchschnittlicher Abwesenheit; Reservebedarf beträgt	+ 20,5
3. Zusätzlicher Reservebedarf bei einer Aufrechterhaltung der Wochenarbeitszeit von 40 Std. bei einer Arbeitszeitverkürzung auf 37 Std.		
	18 Freischichten für 37-Stunden-Woche	+ 7,2
4. Verminderter Reservebedarf durch Einführung eines vierwöchigen Betriebsurlaubs im Sommer (20 Arbeitstage) und nach Weihnachten (5 Arbeitstage)		
	25 Urlaubstage werden während des Betriebsurlaubs genommen	– 10

Quelle: IAT; abgedruckt in: Bosch u. a. (Hrsg.) 1995, S. 112.

den von Entlassung bedrohten Beschäftigten wahrzunehmen. Ansatzpunkte hierfür sind:

Übersicht 51

Beispiel einer Personalbedarfsplanung bei vorgesehener Rationalisierung

Abt.: Montage	Personalbedarfsplanung	Planungszeitraum: 1.1.–31.12. 1996				
		Lohngruppen				Gesamtsumme
		2	3	4	5	
Sollbestand ohne Berücksichtigung der Fehlzeiten	a	38	25	23	10	96
Zusätzlicher Bedarf für Fehlzeiten (Krankheit, Urlaub, sonstige Fehlzeiten) in % . . . (15) (soweit sich Fehlzeiten nicht auf einzelne Mitarbeitergruppen beziehen lassen, ist der Prozentsatz auf die Gesamtsumme zu beziehen)	b	6	4	3	1	14
Sollbestand (a + b)	c	44	29	26	11	110
Istbestand	d	50	38	30	10	128
Geplante Veränderung (c − d) als Mehrbedarf = + als Minderbedarf = −	e f	− 6	− 9	− 4	+ 1	− 18
Ersatzbedarf + zu ersetzende Pensionierungen		+ 1	+ 2	+ 1		+ 4
+ zu ersetzende Einberufungen/Zivildienstleistende			+ 2			+ 2
+ zu ersetzende Kündigungsfälle (geschätzte und bekannte Kündigungen)						
+ zu ersetzende Versetzungsfälle						
+ zu ersetzende Todes- u. Invalidenfälle (geschätzt)						
+ sonstige bekannte bzw. geschätzte Abgänge		+ 4	+ 1	+ 1	+ 1	+ 7
Abgänge (gesamt)	g	+ 5	+ 5	+ 2	+ 1	+ 13
– Zugänge aufgrund vertraglicher Verpflichtungen						
– Rückkehr vom Wehrdienst/Zivildienst			− 1			− 1
– Versetzungen			− 1			−1
– Übernahme aus Ausbildungsverhältnis						
– sonstige bekannte bzw. geschätzte Zugänge						
Zugänge (gesamt)	h		− 2			− 2
Beschäftigungsbedarf (e oder f) + g − h = +	i				+ 2	+ 2
Freisetzungsbedarf (e oder f) + g − h = −	k	− 1	− 6	− 2		− 9

Übersicht 52

Methoden und Maßnahmen der Personalbeschaffung

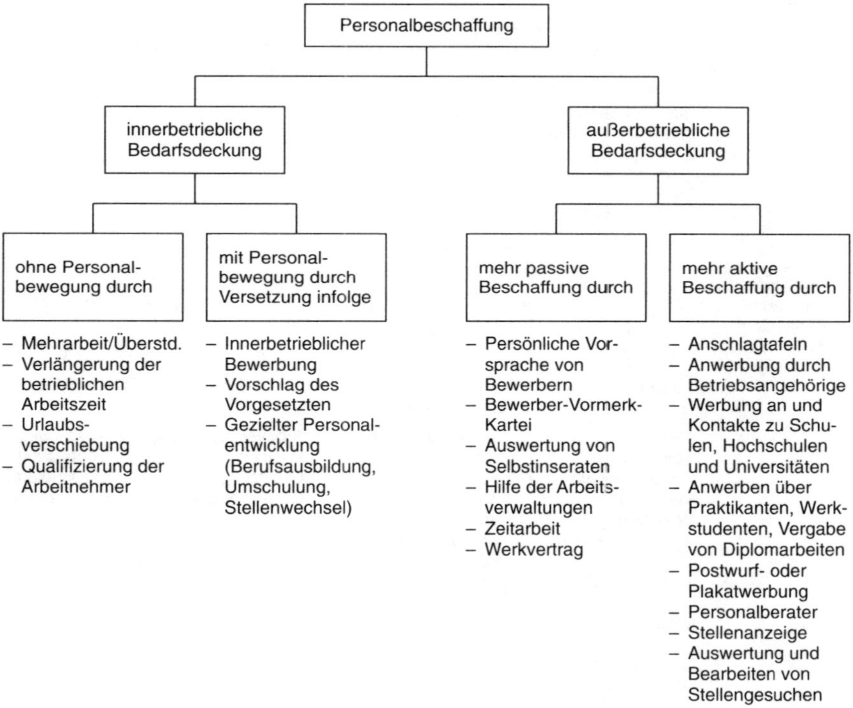

Quelle: RKW-Handbuch Praxis der Personalplanung, 1990, S. 139, RKW-Verlag.

- Überprüfung und Infragestellung des Sollbestandes und der zugrunde gelegten Reservequote;
- Verhandlungen mit dem Unternehmer über Umsetzungen/Versetzungen in andere Abteilungen (evtl. verbunden mit Einstellungsstopp und Umschulungsmaßnahmen);
- Verhandlungen mit dem Unternehmer über Weiterqualifizierungsmaßnahmen mit dem Ziel, den zusätzlichen Bedarf an qualifizierten Beschäftigten der Lohngruppe V (Zeile i) durch interne Lösungen (Umsetzungen/Versetzungen) abzudecken.

Auch wenn im Regelfall der Unternehmer nicht in der hier dokumentierten Detailliertheit seine Personalbedarfsplanung offenlegt, so kann der WA doch versuchen, durch entsprechende Nachfragen die in Übersicht 45 ent-

Übersicht 53

Überblick über beschäftigungspolitische Reaktionsmöglichkeiten bei geplantem Personalabbau

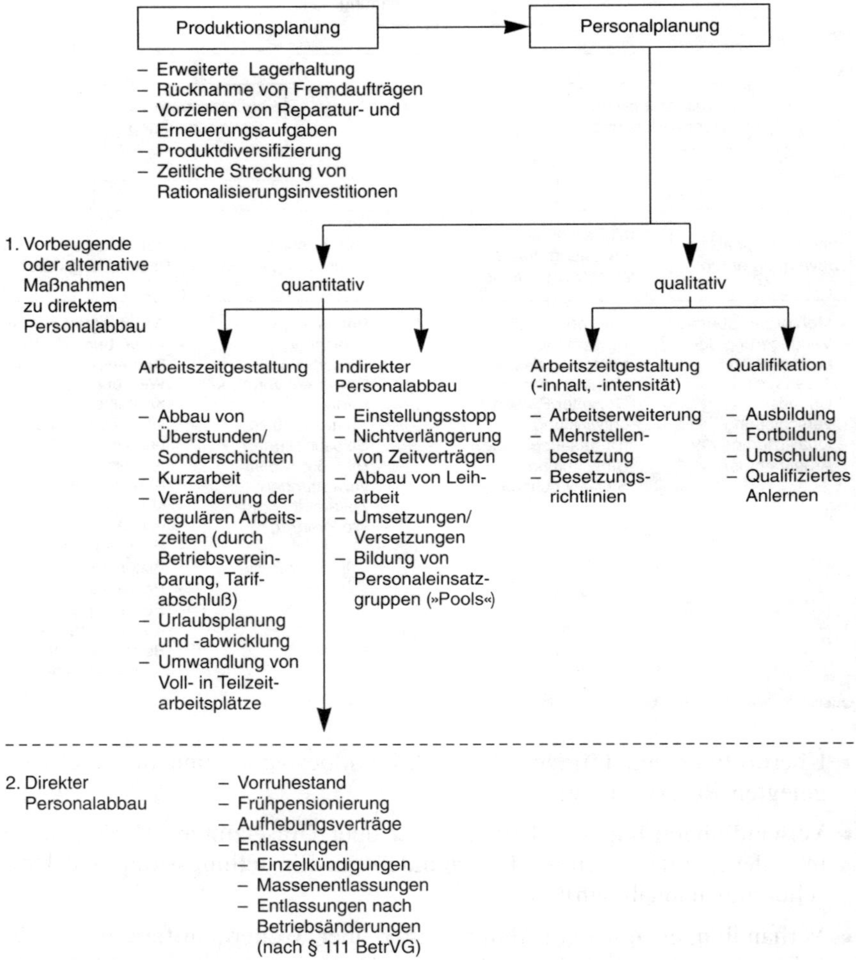

Quelle: RKW-Handbuch Praxis der Personalplanung, 1990, S. 206, RKW-Verlag.

haltenen Informationen zu bekommen. Im übrigen ist der Betriebsrat berechtigt, Vorschläge zur Einführung einer solchen Personalplanung zu machen (§ 92 BetrVG).

Die Informationsbeschaffung und die Entwicklung von Gegenvorschlägen ist in aller Regel notwendig, da die unter der Zielsetzung der Kostenminimierung durchgeführte unternehmerische Bedarfsplanung die in Übersicht 47 dargestellten negativen Konsequenzen für die Beschäftigten hat.

Personalbeschaffungs- oder -abbauplanung

Bei der Personalbeschaffungsplanung geht es um die Frage, wie ein Nettopersonalbedarf bestmöglich gedeckt werden kann. Zur Verfügung stehen sowohl der interne als auch der externe Arbeitsmarkt (vgl. Übersicht 52).

Welche Möglichkeiten ein Unternehmen zur Bedarfsdeckung nutzt, hängt von einer Vielzahl von Faktoren ab. Soweit es möglich ist, bevorzugen viele Unternehmen interne Lösungen. Der Betriebsrat kann nach § 93 BetrVG interne Stellenausschreibungen verlangen. Kommt es zu Versetzungen, dann sind die Mitbestimmungsrechte des Betriebsrates gemäß § 99 BetrVG zu beachten. Erfolgen Einstellungen von außerhalb des Betriebes (nicht des Unternehmens), dann ist der Betriebsrat ebenfalls gemäß § 99 BetrVG zu beteiligen.

Personalabbauplanung

Ergibt ein SOLL-IST-Vergleich im Rahmen der Personalbedarfsplanung einen Personalüberhang, dann muß der Unternehmer Überlegungen anstellen, wie er den Personalabbau bewerkstelligt. Übersteigt der Personalabbau eine bestimmte Größenordnung, dann greifen die Mitbestimmungsrechte des Betriebsrates gemäß §§ 111 ff. BetrVG. Der Betriebsrat kann Verhandlungen über einen Interessenausgleich und Sozialplan verlangen. Kann zwischen Arbeitgeber und Betriebsrat in diesen Fragen kein Einvernehmen hergestellt werden, dann kann die Einigungsstelle angerufen werden, die für den Sozialplan auch verbindliche Entscheidungen treffen kann.

Unabhängig vom Vorliegen eines Mitbestimmungsrechtes des Betriebsrates ist es wichtig, Überlegungen anzustellen, um Entlassungen möglichst zu vermeiden. Übersicht 53 zeigt das weite Spektrum von Maßnahmen, daß hierfür in Frage kommt.

Personalentwicklungsplanung

Die Qualifikation der Beschäftigten erweist sich seit geraumer Zeit als bedeutsamer Faktor für die wirtschaftliche Betriebsführung insbesonders in technologisch hochentwickelten Betrieben. Aufgabe der Personalentwicklungsplanung ist es,

- Qualifikationsziele zu bestimmen,
- Qualifikationsbedarf zu ermitteln und
- Maßnahmen zur Deckung des Qualifikationsbedarfs festzulegen.

Übersicht 54

Ablauf der Personalentwicklungsplanung

1. Künftige Arbeitsplatzanforderungen analysieren	Planungsrunden und begleitende Projektteams arbeitswissenschaftliche Verfahren Gruppeninterviews offen strukturierte Interviews repräsentativ ausgewählte Arbeitsplatzbeobachtungen	Projektteam aus: Organisationsabteilung/ Planungsabteilung/ Arbeitswirtschaft/ Personalabteilung/Personalentwicklung/Bildungswesen
2. Vorhandene Qualifikationen und künftige Qualifikationsanforderungen analysieren und bewerten	Stellen-/Positionsbeschreibungen Auswertung von Literatur Vergleich mit anderen Unternehmen Szenarientechniken Gruppeninterviews Expertengespräche Mitarbeitergespräche	Fachbereiche/Personalabteilung/Personalentwicklung/externe Experten/Vorgesetzte/Mitarbeiter/ Betriebsrat
3. Entwicklungspotentiale analysieren und bewerten	Mitarbeitergespräche Assessment Center Fragen zur Laufbahn	Vorgesetzte/Personalentwicklung/externe Berater/ Betriebsrat
4. Entwicklungsbedarf ermitteln	Analyse von Fehlzeiten, Unfallquoten, Qualitätsmängeln, Betriebsklima, Informationsfluß usw. (z. B. durch Erfa-Gruppen) Stellenbeschreibungen Gruppeninterviews Mitarbeitergespräche Fragebogen zur Laufbahn	Vorgesetzte/Fachbereiche, Personalabteilung, Personalentwicklung, Bildungsbeauftragter, Mitarbeiter/Betriebsrat
5. Planung der Entwicklungsmaßnahmen (global und individuell)	Entwicklung von Curricula Auswahl der Bildungsträger/Trainer, evtl. Schulung der Trainer Festlegung der zeitlichen und organisatorischen Durchführungsbedingungen	Personalentwicklung/ Fachabteilung/Vorgesetzte/ Mitarbeiter/Betriebsrat
6. Durchführung der Entwicklungsmaßnahmen	training on-the-job/off-the-job/job rotation	Bildungswesen/externe Bildungsträger/Fachabteilungen/Betriebsrat
7. Planung der Erfolgskontrolle	z. B. Analyse von Betriebsklima, Ausschußproduktion, Qualität durch Fragebogen/Tests/Seminarkritik Beobachtung/Leistungsbeurteilung	Vorgesetzte/ Personalentwicklung/ Mitarbeiter/Betriebsrat Fachabteilung

Quelle: RKW 1990, S. 280; abgedruckt in: Bosch, G. u. a. (Hrsg.) 1995, S. 236.

Der Ablauf der Personalentwicklungsplanung ist in Übersicht 54 dargestellt.

Personaleinsatzplanung

Aufgabe der Personaleinsatzplanung ist die optimale Zuordnung von Arbeitskräften zu Arbeitsplätzen. Die zentralen Fragen sind in der folgenden Übersicht zusammengestellt:

Übersicht 55

Stellengebundene Einflußfaktoren bei der Personaleinsatzplanung

Was ist zu tun (Art der Tätigkeit)?	1. Stellenbezeichnung 2. Kurzbeschreibung von Arbeitsinhalt und -umfang 3. Qualifikationsanforderungen 4. Körperliche und geistige Belastungen 5. Entscheidungs- und Handlungsspielräume
Wie ist die Arbeit zu leisten?	**Daten zur Arbeitsorganisation:** 1. Einzelarbeit/Gruppenarbeit 2. Einstellenarbeit/Mehrstellenarbeit 3. Einzel-, Takt-, Fließfertigung 4. Arbeitsplatz 5. Arbeitsmittel; Werkzeuge; Hilfsmittel 6. Aufgabenverteilung und -kontrolle 7. Eigenverantwortlich/Zuarbeitend
Wodurch wird die Arbeitsausübung beeinflußt?	**Umgebungseinflüsse:** 1. Luft, Licht, Lärm 2. Maschinenbedienung 3. Verkehrsverbindungen 4. Kantinenversorgung 5. Zwischenmenschliche Beziehungen
Wo ist die Arbeit zu leisten?	**Räumliche Daten:** 1. Büro; Großraum; Werkstatt; Werkhalle; im Freien; Außendienst 2. am Ort; im regionalen Bereich; im überregionalen Bereich; im Ausland
Wann ist die Arbeit zu leisten?	**Daten zur Zeitgestaltung:** 1. Termingebunden 2. befristet/unbefristet 3. fest Arbeitszeit (Vollzeit/Teilzeit) 4. Gleitzeit 5. Variable Arbeitszeit (Rufbereitschaft; Bereitschaftsdienst) 6. Flexible Arbeitszeitregelung 7. Schichtarbeit: – Einschicht, Mehrschicht, Wechselschicht – mit/ohne Nachtschicht 8. Überstunden, Sonderschichten

Quelle: Kador/Pornschlegel 1989, S. 88, RKW-Verlag.

Im Rahmen der Personaleinsatzplanung ist zu unterscheiden zwischen dem kurzfristigen Kapazitätsaustausch zwischen Abteilungen oder Bereichen bei auftretenden Kapazitätsengpässen und der mittel- und langfristigen Anpassung des Arbeitskräftepotentials an die Arbeitsanforderungen.

Kurzfristige Personalbedarfsschwankungen werden in der Regel ausgeglichen durch

- Veränderungen der Arbeitszeiten (Kurzarbeit, Mehrarbeit, Sonderschichten, flexible Arbeitszeit),
- Einstellung von Aushilfen, befristeten Teilzeitbeschäftigten, Personalleasing,
- Einrichtung von Springer-Arbeitsplätzen,
- Urlaubsplanung.

Die mittel- und langfristige Personaleinsatzplanung beschäftigt sich mit Fragen der optimalen Besetzung künftig frei werdender, neu zu schaffender oder veränderter Arbeitsplätze. Mittel sind sog. Stellenbesetzungspläne und Profilvergleiche.

Stellenbesetzungspläne sollten neben den Ist-Informationen

- Abteilung/Betrieb,
- Stellennummer,
- Stellenbezeichnung,
- Name des Stelleninhabers

auch vorausschauende, planerische Informationen enthalten, wie z.B.

- Stellenvermehrung,
- Stellenzusammenlegung oder -teilung,
- Stellenausgliederung, -umverteilung oder -zuordnungsänderung,
- Stellenverminderung.

Stellenbesetzungspläne sind zu ergänzen um Zusatzpläne bezüglich

- Schicht,
- Urlaub,
- Nachfolge usw.

Mit der Profilmethode oder dem Profilvergleich versucht man, Anforderungen des Arbeitsplatzes mit den Fähigkeiten der Stelleninhaber hinsichtlich bestimmter Kriterien, wie z.B. notwendige Kenntnisse, Geschicklichkeit, Verantwortung, Belastbarkeit, abzugleichen. Die Anforderungen des Arbeitsplatzes ergeben sich aus den Stellenbeschreibungen. Die Fähigkeiten der Arbeitnehmer aus den Personalakten, Beurteilungsgesprächen, Assessment-Center usw.

Die Personaleinsatzplanung hat außerdem die Aufgabe, Einsatzmöglichkeiten für besondere Arbeitnehmergruppen bereitzustellen, wie z.B. für

- ältere Mitarbeiter,
- Schwerbehinderte oder gesundheitlich beeinträchtigte Mitarbeiter,
- Auszubildende und jugendliche Mitarbeiter.

Personalkostenplanung

In der Personalkostenplanung werden die kostenmäßigen Auswirkungen der Personalplanung erfaßt. Eine differenzierte Planung läßt sich am besten mit Hilfe der Budgetierung auf der Basis der Stellenpläne erreichen:

Die Personalkostenplanung liefert auch die Informationsbasis für eine genauere Analyse der Personalkostenstruktur auf der Grundlage von Kennziffern, wie z.B.

- Personalkosten/Mitarbeiter,
- Personalnebenkosten/Mitarbeiter,
- Lohn/Gewerbliche Arbeitnehmer,
- Gehalt/Angestellte,
- Personalkosten/Umsatz.

5.3 Was muß der Wirtschaftsausschuß über die Planung im Unternehmen wissen?

Es kann nicht das Ziel der WA-Arbeit sein, möglichst umfassend über die strategische, operative und taktische Unternehmensplanung mitsamt ihren Einzelplänen informiert zu sein. Nicht nur, daß der WA die über ihn hereinbrechende Informationsflut gar nicht bewältigen könnte. Der weitaus überwiegende Teil dieser Information wäre für die Interessenvertretungsarbeit auch völlig bedeutungslos. Eine intensive Beschäftigung mit der am Gewinnziel orientierten Unternehmensplanung würde zudem für die Interessenvertretung die erhebliche Gefahr in sich bergen, vorschnell unternehmerischen »Sachzwängen« aufzusitzen und sich damit den eigenen Handlungsspielraum unnötig einzuengen.

Der WA sollte sich deshalb auf diejenigen Planinformationen konzentrieren, die für die Interessenvertretung von Bedeutung sind. Es sind dies im wesentlichen die Planinformationen über die *Gefährdungsbereiche* von Arbeitnehmerinteressen (vgl. Abschn. 7.2).

Diese Planinformationen kann der Unternehmer in aller Regel auch ohne großen Aufwand für den WA bereitstellen. Die Planinformationen über die Gefährdungsbereiche der Arbeitnehmerinteressen *(Beschäftigung, Einkommen, Arbeitsbedingungen, Arbeitszeit, Qualifikation)* sind vor allem dem Personalplan zu entnehmen.

Sollten bestimmte, von der Interessenvertretung gefordert (Plan-)Informationen nicht in den (Planungs-)Unterlagen des Unternehmens direkt enthalten sein, dann ist es dem Unternehmer sehr wohl zuzumuten, daß er diese speziell für die Interessenvertretung erstellt (vgl. hierzu die Ausführungen in Abschn. 8.2.2.2).

Im übrigen sollte der BR versuchen, mit dem Unternehmer eine freiwillige Betriebsvereinbarung abzuschließen, in der festgelegt ist, in welchem Pla-

Übersicht 56

Vorgehensweise bei der Budgetierung von Personalkosten

1. Erfassung der Ist-Monatslöhne bzw. -gehälter aller besetzten Planstellen auf der Basis der Normalarbeitszeit
2. Erfassung der voraussichtlichen Monatslöhne bzw. -gehälter aller im Planungszeitraum zu besetzenden Planstellen, ebenfalls auf der Basis der Normalarbeitszeit. Bei voraussichtlicher Stellenbesetzung im Laufe des Planungszeitraumes zeitanteilige Durchschnitts-Monatsbeträge ansetzen.
3. Erfassung der tarifbedingten zwangsläufigen Steigerungsbeträge (z. B. Erhöhung infolge Dienst- oder Lebensalter) als Monatsdurchschnitt für den Planungszeitraum
4. Angabe der voraussichtlichen Durchschnitts-Überstundenvergütungen pro Monat für die gesamte Kostenstelle
5. Erfassung der voraussichtlich anfallenden monatlichen Durchschnittsbeträge für verschiedene Zulagen (Umweltzulagen, Schichtzulagen usw.)
6. Schätzung der voraussichtlich anfallenden Kosten für Stellenanzeigen, Bewerbervorstellungen usw. (soweit nicht den Gemeinkosten zugeschlagen)
7. Die Nebenkosten sowohl auf Grund von Gesetz und Tarif als auch auf Grund freiwilliger Leistungen werden zweckmäßigerweise unternehmensindividuell ermittelt und als prozentualer Zuschlagsatz den Lohn- und Gehaltskosten hinzugerechnet.
8. Erhöhungsbeträge auf Grund erwarteter Tarifvereinbarungen und vorgesehener freiwilliger Zulagen sollten ebenfalls zweckmäßigerweise unternehmenseinheitlich geplant und den Budgets der einzelnen Kostenstellen zugeschlagen werden.

Quelle: Kador/Pornschlegel, 1989, S. 115, RKW-Verlag.

nungsstadium BR und WA welche Informationen erhalten. Eine beispielhafte Regelung für die Information des BR bei der Einführung neuer und Änderung bestehender Techniken sowie der Änderung der Arbeitsorganisation findet sich z.B. in dem am 2. 3. 1987 zwischen der IG Metall, Bezirksleitung Hannover, und der Volkswagen AG in Wolfsburg abgeschlossenen Firmentarifvertrag (siehe dazu Dokumentation im Anhang VII). Sowohl in der Grob- als auch in der Feinplanungsphase als auch in der Realisierungsphase erhält der BR folgende Informationen, die mit zunehmendem Planungsfortschritt inhaltlich zu konkretisieren sind:

- Ziel und Umfang der Planung,
- geplante Bauten oder die Veränderung von Bauten,
- geplante technische Anlagen und/oder wesentliche Veränderungen solcher Anlagen,
- geplante Veränderungen der Arbeitsinhalte und -abläufe,
- die sich aus dem Planungsvorhaben ergebenden Auswirkungen auf die

Übersicht 57

Fragenkatalog zur Organisation der Unternehmensplanung

1. Welche Planungen werden regelmäßig durchgeführt?
   (z. B. Umsatz- und Kostenplanung, Beschaffungs-, Investitions- und Personalplanung, Finanzplanung)
2. Wie lang ist der Planungshorizont für die regelmäßig aufgestellten Planungen? (z. B. 1 Jahr, 3 Jahre, 5–10 Jahre)
3. Wie oft werden die regelmäßigen Planungen aufgestellt/überarbeitet?
   (z. B. jährlich, quartalsweise, monatlich)
4. Wann werden die grundsätzlichen Planungen für das nächste Jahr vorgenommen?
   (z. B. taktische Jahresplanungen i. d. R. Sept.–Dez./Jan.)
5. Wer ist an der Aufstellung der Pläne maßgeblich beteiligt?
   (z. B. Stabsabteilungen Vorstand, Rechnungswesen/Controlling, Organisationsabteilung)
6. Mit wem werden aufgestellte Planungen abgestimmt und vereinbart?
   (z. B. Werksleiter, Filialleiter, Abteilungsleiter)
7. Welche Planungsformulare und -instrumente werden verwendet? (z. B. Personalanforderungsformular, Investitionsanforderungsformular, Budgetblätter)
8. Wie werden die Planungsergebnisse dokumentiert?
   (z. B. Soll-Stellenpläne, Soll-Deckungsbeitragsrechnungen, Budgetansätze)
9. Welche projektbezogenen einmaligen Planungen gibt es für das laufende Jahr?
   (z. B. umfangreichere Investitionsobjekte, Betriebsänderungen, Fusionen, Aufkäufe anderer Unternehmen, Einsatz von Unternehmensberatern, Marktstudien etc.)

Art der Arbeit und Arbeitsumgebung sowie auf den Personalbedarf einschließlich der Qualifikationsanforderungen.

Voraussetzung für eine derartige Beschäftigung mit der Unternehmensplanung ist, daß die Interessenvertretung über das Planungssystem und die Planungsabläufe im Unternehmen Bescheid weiß. Häufig ist das nicht der Fall. Deshalb empfehlen wir, daß sich der WA einen Überblick über das Planungssystem des Unternehmens verschafft. Dazu eignet sich am besten eine Sondersitzung des WA bzw. eine WA-Sitzung, die von der Tagesordnung her nicht allzu umfangreich ist. Zur Vorbereitung (auch des Unternehmers) auf eine solche Sitzung kann der Fragenkatalog in Übersicht 57 hilfreich sein.

Vertiefende und weiterführende Literatur:

Zur Unternehmensplanung allgemein

Brückner-Bozetti, P., Unternehmensberatung und Mitbestimmung, HBV-Arbeitsheft, Düsseldorf 1993.

Hase, D., Schmidt, T., Teppich H., Controlling im Versicherungsunternehmen, HBV-Arbeitsheft, Düsseldorf 1994.

Koch, H., Integrierte Unternehmensplanung, Wiesbaden 1982.

WSI-Projektgruppe, Mitbestimmung in Unternehmen und Betrieb, Köln 1982, S. 483–500.

Zur Investitionsplanung

Bosch/Kohl/Schneider (Hrsg.), Handbuch Personalplanung. Ein praktischer Ratgeber, Bund-Verlag Köln 1995.

Kador/Pornschlegel, Handlungsanleitung zur betrieblichen Personalplanung, 3. Aufl., RKW-Verlag/Verlag TÜV Rheinland 1989.

Briefs, U., Informationspolitik der Interessenvertretung bei Investitionen. Die Umsetzung des Kennziffernsystems bei Investitionsentscheidungen, in: Interessenvertretung durch Information. Handbuch für Arbeitnehmervertreter, hg. v. H. Brehm und G. Pohl, Köln 1978, S. 284–301.

Koubek, N., Wann hat die Mitbestimmung bei Investitionsentscheidungen einzusetzen?, in: Die Mitbestimmung, Heft 7/1983, S. 299–303.

Pitz, K.-H., Investitionsanalyse: Mitbestimmung mit Inhalt füllen, in: Die Mitbestimmung 12/1983, S. 569–571.

WSI-Projektgruppe, Mitbestimmung in Unternehmen und Betrieb, Köln 1982, S. 256 ff.

Zur Personalplanung

Kohl, H., Personalplanung – Frühwarnsystem und Konfliktfeld für Arbeitnehmervertreter, in: Mitbestimmung durch Information. Handbuch für Arbeitnehmervertreter, hg. v. H. Brehm und G. Pohl, Köln 1978, S. 302–316.

Mohr, A., Personalplanung und Betriebsverfassungsgesetz, Beteiligungsmöglichkeiten des Betriebsrates, Köln 1977.

Projektgruppe im WSI, Betriebliche Beschäftigungspolitik und gewerkschaftliche Interessenvertretung, Köln 1977.

Strauss-Wieczorek, G., Personalplanung – ein Instrument zur Verhinderung von Personalabbau?, in: Kröger, H. J. (Hg.): Wirtschaftliche Kennzahlen. Handbuch für gewerkschaftliche Betriebspolitik, Hamburg 1984, S. 201–210.

6. Controlling

In den Unternehmen werden zunehmend Controlling-Abteilungen eingerichtet, wobei man sich in kleinen und mittleren Unternehmen mit einem zentralen, der Unternehmensleitung direkt zugeordneten Controlling begnügt, während in Großunternehmen zunehmend auch dezentrale Controllingabteilungen für Sparten, Profitcenter oder Abteilungen eingerichtet werden. Doch auch wenn keine Controllingabteilungen eingerichtet werden, so werden Controlling-Instrumente in allen Unternehmen in zunehmendem Maße eingesetzt.

Da das Controlling für viele Entscheidungen der Unternehmensleitung wichtige Informationsgrundlagen liefert, ist eine Kenntnis der Controllingaufgaben, der im Unternehmen eingesetzten Controllingverfahren und -instrumente sowie des vom Controlling entwickelten Berichtswesens für die Arbeit im WA unerläßlich.

6.1 Aufgaben des Controlling

Unter Controlling wird die an den Unternehmenszielen ausgerichtete Steuerung des Unternehmens verstanden. Will man ein Unternehmen steuern, so muß man wissen,

- wie sich das Unternehmen entwickeln soll,
- wie es sich tatsächlich entwickelt hat und
- wie es sich vermutlich weiterentwickeln wird.

Durch einen Vergleich von geplanter, tatsächlicher und prognostizierter Entwicklung sowie der Feststellung der Ursachen für mögliche Abweichungen zwischen geplanter und tatsächlicher Entwicklung sowie zwischen geplanter und prognostizierter Entwicklung können Maßnahmen entwickelt werden, um der ursprünglich angestrebten Entwicklung möglichst nahe zu kommen. Dementsprechend nimmt das Controlling folgende Aufgaben wahr:

1. Unterstützung bei der Unternehmensplanung, teilweise übernimmt das Controlling auch die Durchführung der Planungsarbeiten;
2. laufende Erfassung und Darstellung der ist-Entwicklung des Unternehmens;
3. Prognose der voraussichtlichen Unternehmensentwicklung auf der Basis der bisher eingetretenen Ist-Entwicklung sowie erkennbarer in der Unternehmensplanung nicht berücksichtigter Entwicklungen;
4. laufende Analyse der Abweichungen zwischen den Planwerten einerseits und den entsprechenden Istwerten sowie den prognostizierten Werten der Unternehmensentwicklung andererseits;
5. Entwicklung von Maßnahmevorschlägen, die dem Ziel dienen, die erkannten Abweichungen zukünftig zu vermeiden und zu einer Annäherung der prognostizierten Werte an die geplanten Werte beizutragen;
6. Entwicklung eines Berichtswesens, daß die Entscheidungsträger der verschiedenen Hierarchiestufen des Unternehmens mit den notwendigen Controlling-Informationen versieht.

Bisher war nur sehr allgemein von der geplanten Entwicklung des Unternehmens bzw. der Unternehmensplanung die Rede. Ist damit die langfristige Entwicklung des Unternehmens im Zeitraum der nächsten fünf bis zehn Jahre gemeint, so wird vom **strategischen Controlling** gesprochen. Ein strategisches Controlling existiert in den meisten kleinen und mittleren Unternehmen bisher nur in ersten, zumeist wenig formalisierten Ansätzen. Da auch in Großunternehmen bisher zumeist nur die strategische Planung entwickelt ist (vgl. dazu Kap. 5), soll hier auf die Darstellung des strategischen Controlling verzichtet werden.

Als **operatives Controlling** wird die Steuerung des Unternehmens mit Blick auf das nächste Geschäftsjahr (in seltenen Fällen auch mit Blick auf die nächsten drei Geschäftsjahre) verstanden. Die hierfür entwickelten Methoden und Instrumente sind zumeist weitgehend formalisiert und werden zunehmend auch in kleineren und mittleren Unternehmen eingesetzt. Die folgenden Ausführungen beschränken sich deshalb auf das operative Controlling.

6.2 Der Controlling-Zyklus

Die grundlegende Vorgehensweise des Controlling läßt sich als Controlling-Zyklus bezeichnen, der in Übersicht 58 dargestellt ist.

Im Rahmen des Planungsprozesses werden zunächst Sollvorgaben festge-

Übersicht 58

Controlling-Zyklus

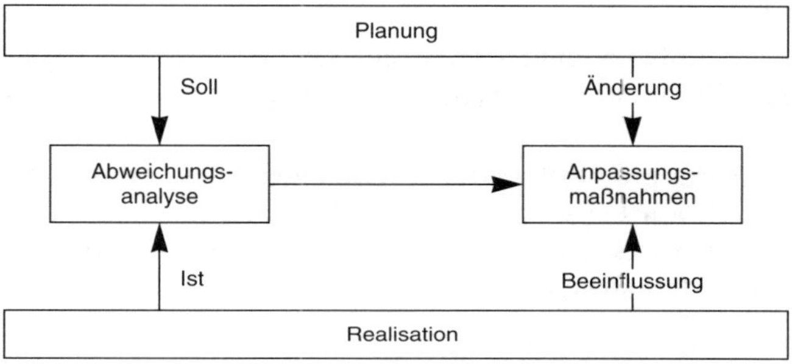

legt. In einem zweiten Schritt wird die entsprechende Istentwicklung erfaßt. Als dritter Schritt erfolgt die Feststellung und gegebenenfalls die Ursachenanlyse der Abweichung zwischen Soll und Ist. In einem vierten Schritt werden sodann Maßnahmen entwickelt, die möglichst kurzfristig zu einer Behebung der Abweichungsursachen beitragen und so für die Zukunft geringere Abweichungen erwarten lassen.

Nun wäre es für die erfolgreiche Steuerung des Unternehmens in der Regel unzureichend, wenn man erst nach Ablauf eines Jahres überprüft, ob die für dieses Jahr gesetzten Ziele erreicht wurden. Die Ergebnisse einer solchen Überprüfung ließen sich bestenfalls für die Planung des folgenden Jahres verwenden; für eine Beeinflussung des betrachteten Jahres käme man allerdings zu spät. Der beschriebene Controlling-Zyklus muß deshalb unterjährig, d.h. monatlich oder quartalsweise ablaufen. Dazu müssen einerseits die geplanten Jahresgrößen wie z.B. Absatz- und Produktionsmengen, Umsatzzahlen, Kosten und Betriebsergebnisse in Monats- oder Quartalsgrößen aufgeteilt werden. Andererseits müssen die entsprechenden Istzahlen möglichst schnell nach Ablauf der jeweiligen Monate bzw. Quartale vorliegen. Dadurch wird es möglich, Abweichungen auch schon im laufenden Jahr festzustellen und mit Hilfe der vorzuschlagenden Maßnahmen die noch bevorstehenden Monate bzw. Quartale des laufenden Jahres so zu beeinflussen, daß die in der Unternehmensplanung festgelegten Jahresziele doch noch erreicht werden.

Außerdem sollte in dem unterjährig durchgeführten Controlling-Zyklus eine **Prognose** (oft auch als **Hochrechnung** bezeichnet) der zu erwartenden Jahreswerte vorgenommen werden. In diese Prognose können dabei einfließen:

- die bisherigen Istzahlen,
- die beschlossenen Maßnahmen zur zukünftigen Vermeidung von Abweichungen,
- erkennbare Entwicklungen (z.B. auf den Absatz- und Beschaffungsmärkten), die in der ursprünglichen Jahresplanung nicht berücksichtigt wurden.

Ein Vergleich der prognostizierten mit den geplanten Werten kann nun die Notwendigkeit von Gegensteuerungsmaßnahmen deutlich werden lassen, auch wenn die bisherigen Monats-Istwerte noch nicht von den geplanten Monats-Sollwerten abweichen.

6.3 Das Controlling-Berichtswesen

Entsprechend dem Controlling-Zyklus werden vom Controlling regelmäßige – meist monatliche – Standardberichte erstellt. Daneben werden in kritischen Situationen oder vor wesentlichen Unternehmensentscheidungen Sonderberichte von der Controllingabteilung verfaßt.

6.3.1 Standardberichte

Die Standardberichte sollen die Manager auf den jeweiligen Hierarchiestufen des Unternehmens in die Lage versetzen, ihre Entscheidungen so zu treffen, daß die im Rahmen der Unternehmensplanung gesetzten Ziele möglichst erreicht werden. Damit ist eine wesentliche Voraussetzung geschaffen, die zu treffenden Entscheidungen auf möglichst niedrige Hierarchiestufen zu verlagern. Diese Entscheidungsdezentralisation macht jedoch zugleich eine Standardberichterstattung erforderlich, die dem in der Unternehmenshierarchie jeweils nächsthöheren Manager eine Kontrolle der ihm unterstellten Bereiche ermöglicht, um bei einem Versagen der dezentralen Steuerung noch rechtzeitig eingreifen zu können.

Es liegt somit auf der Hand, daß die für die Unternehmensleitung vorgesehenen Standardberichte für den WA von großer Bedeutung sind, da sie

- eine weitgehend ungeschminkte Darstellung der bisherigen und zu erwartenden Unternehmensentwicklung enthalten,
- frühzeitig Schwachstellen im Unternehmen aufzeigen, an deren Behebung das Management zukünftig vermutlich verstärkt arbeiten wird,
- Belege für vom WA vermutete Managementfehler liefern können.

Der WA sollte dich deshalb vom Controlling erläutern lassen, welche Berichte der Unternehmensleitung regelmäßig vorgelegt werden, und sodann vom Unternehmer die regelmäßige Vorlage dieser Berichte im WA fordern. Als wichtigstes Beispiel der an die Unternehmensleitung gerichteten Standardberichte des Controlling soll im folgenden die kurzfristige Erfolgsrechnung in Form der Deckungsbeitragsrechnung dargestellt werden.

Die Deckungsbeitragsrechnung ist ein Planungs-, Analyse- und Steuerungsinstrument, das dem Unternehmer helfen soll, sog. Rationalisierungsreserven bis in die kleinste Unternehmenseinheit (Arbeitsgruppe, Beschäftigter) aufzudecken und auszunutzen. Die auf der Basis der Deckungsbeitragsrechnung getroffenen Entscheidungen können deshalb zu erheblichen Auswirkungen auf die Beschäftigten führen. Zu nennen sind hier: Personalabbau, Leistungsverdichtungen, Einkommensminderungen, verminderte Kommunikationsmöglichkeiten, veränderte Arbeitsinhalte usw.

Da es für das gesamte interne Rechnungswesen der Unternehmen – und damit auch für die Deckungsbeitragsberechnung – keine verbindlichen Vorschriften gibt, unterscheiden sich die Verfahren meist von Unternehmen zu Unternehmen. Die im folgenden verwendeten Beispiele aus dem Handelsbereich beanspruchen deshalb auch keine Allgemeingültigkeit, sondern sollen lediglich die Grundzüge der Deckungsbeitragsberechnung verdeutlichen. Wir empfehlen daher, daß sich der WA das im jeweiligen Unternehmen eingesetzte Verfahren in einer WA-Sitzung ausführlich erläutern lassen sollte.

Die Grundidee der Deckungsbeitragsberechnung besteht darin, für bestimmte Einheiten des Unternehmens (z.B. Artikel/Artikelgruppen, Abteilungen, Filialen oder Regionen) die diesen Einheiten direkt zurechenbaren Umsätze und Kosten einander gegenüberzustellen. Die Differenz zwischen Umsätzen und direkt zurechenbaren Kosten wird dabei als Deckungsbeitrag (DB) bezeichnet. Dieser Deckungsbeitrag soll zur Deckung der restlichen, der jeweiligen Unternehmenseinheit nicht direkt zurechenbaren Kosten und des geplanten Gewinns beitragen.

Werden als Einheiten die Artikel oder Artikelgruppen gewählt, so wird als Deckungsbeitrag die Differenz zwischen Nettoumsatz und Wareneinsatzkosten definiert (DB 1 in Übersicht 59).

Soll der Erfolgsbeitrag einer Abteilung ermittelt werden, so werden von den Umsätzen der Abteilung die Wareneinsatzkosten und die Kosten für das Verkaufspersonal abgezogen (DB 2 in Übersicht 59). Zum gleichen Ergebnis kommt man, wenn die Summe aller Artikeldeckungsbeiträge der in der Abteilung verkauften Artikel um die Kosten für das Verkaufspersonal dieser Abteilung vermindert wird.

Übersicht 59

Beispielhafte Deckungsbeitragsberechnung für eine Abteilung

Abteilung X	ISt 2/1987 TDM	%	Soll 2/1988 TDM	%	Ist 2/1988 TDM	%	Abw. I–S 2/88 TDM	%
Umsatz	7 546	100,0	8 100	100,0	8 013	100,0	– 83	– 1,0
– Wareneinsatz	3 985	52,8	4 200	51,9	4 186	52,2	– 14	– 0,3
= Bruttorohertrag	3 561	47,2	3 900	48,1	3 827	47,8	– 73	– 1,9
– MWSt	927	12,3	995	12,3	984	12,3	– 11	– 1,1
= Nettorohertrag	2 634	34,9	2 905	35,9	2 843	35,5	– 62	– 2,1
+ Boni, Skonto	212	2,8	227	2,8	203	2,5	– 24	– 10,6
– Lagerzinsen	96	1,3	103	1,3	101	1,3	– 2	– 1,9
= Deckungsbeitrag 1	2 750	36,4	3 029	37,4	2 945	36,8	– 84	– 2,8
– Pers.kosten Verkauf	986	13,1	972	12,0	966	12,1	– 6	– 0,6
= Deckungsbeitrag 2	1 764	23,4	2 057	25,4	1 979	24,7	– 78	– 3,8
– Pers.kosten NVerkauf	494	6,5	405	5,0	378	4,7	– 27	– 6,7
– Pers.–Nebenkosten	148	2,0	138	1,7	152	1,9	+ 14	+ 10,1
– Werbung	140	1,9	250	3,1	244	3,0	– 6	– 2,4
Warenabgabekosten	9	0,1	18	0,2	34	0,4	+ 16	+ 88,9
Porti, Telefon, Büro	29	0,4	30	0,4	28	0,3	– 2	– 6,7
Versicherungen	38	0,5	100	1,2	105	1,3	+ 5	+ 5,0
– Raumkosten	134	1,8	130	1,6	139	1,7	+ 9	+ 6,9
– Miete	378	5,0	370	4,6	369	4,6	– 1	– 0,3
– Abschreibungen	200	2,7	110	1,4	110	1,4	0	0,0
– sonstige Kosten	82	1,1	86	1,1	80	1,0	– 6	– 7,0
= Deckungsbeitrag 3	112	1,5	420	5,2	340	4,3	– 80	– 19,0

Kenndaten der Abteilung

		Ist 2/87	Soll 2/88	Ist 2/88
DB 1 je m²	DM	419	462	449
DB 2 je m²	DM	267	313	302
DB 1 je VB[1]	DM	16 054	17 682	17 192
DB 2 je VG	DM	10 298	12 008	11 553
Umsatz je m²	DM	1 150	1 234	1 221
Umsatz je VB	DM	44 051	47 285	46 778

Kenndaten-Vergleich Abteilung[2]

		Ist 2/87	Soll 2/88	Ist 2/88
Umsatzanteil	%	12,9	12,5	11,8
DB 1-Anteil	%	15,5	14,5	13,5
DB 2-Anteil	%	16,7	15,3	12,9
Pers.kosten-Anteil	%	14,0	14,0	14,3
Werbungs-Anteil	%	4,3	7,0	6,5

1 VB = Vollzeitbeschäftigter.

2 VB = Die Prozentangaben beziehen sich jeweils auf die Gesamtwerte der Filiale.

Soll der Deckungsbeitrag einer Filiale ermittelt werden, so werden von der Summe der Deckungsbeiträge aller Abteilungen alle sonstigen in dieser Filiale anfallenden Kosten abgezogen. Häufig werden die Kosten der Filiale auch schon bei der Erfolgsbetrachtung einzelner Abteilungen auf die einzelnen Abteilungen verteilt. Bei den meisten so verteilten Kosten wird jedoch ein willkürlicher Verteilungsschlüssel gewählt, so daß das Ergebnis dieser Rechnung (DB 3 in Übersicht 59) keine sinnvolle Aussage über den Erfolgsbeitrag der einzelnen Abteilungen liefert. Soweit die Kosten dieser Gruppe von den Abteilungsleitern beeinflußt werden können, wird jedoch die Einhaltung der Sollvorgaben überprüft.

Schließlich werden für die Abteilungen und Filialen Kenndaten ermittelt, bei denen die verschiedenen Deckungsbeiträge auf die Verkaufsfläche oder die Beschäftigtenzahl bezogen werden. Diese Kenndaten dienen vornehmlich zum Vergleich der Abteilungen und Filialen untereinander und zur ersten Ursachenanalyse.

Die Deckungsbeitragsrechnung ist als *Controllinginstrument* aus folgenden Gründen gut geeignet:

1. Sie zeigt dem Management, bei welchen Artikeln, Abteilungen, Filialen und Regionen Gewinne oder Verluste gemacht werden, wo also Maßnahmen zur Stabilisierung oder Verbesserung der Gewinnsituation ansetzen müssen.
2. Sie zeigt deutlich die beiden Hauptstoßrichtungen, in denen das Management versucht, die Gewinnsituation zu verbessern: Die Umsätze zu steigern und/oder die Kosten zu senken (z.B. mehr Umsatz mit weniger Personal). Beides führt zu einer Erhöhung des Deckungsbeitrags.
3. Sie zeigt durch die Gegenüberstellung der geplanten Umsätze und Kosten mit den erzielten Umsätzen und Kosten, wo die Ursachen in den einzelnen Abteilungen und Filialen für Abweichungen von den gesteckten Deckungsbeitragszielen zu suchen sind.

In den jährlichen Planungsrunden wird somit die Deckungsbeitragsberechnung zur Grundlage der Absatz- und Preisplanung auf der einen und der Kostenplanung auf der anderen Seite.

Beispiele:

- Absatzplanung
  Optimierung der Sortimentstruktur

  Es werden die Produkte/Dienstleistungen mit hohem Deckungsbeitrag gegenüber solchen mit niedrigem Deckungsbeitrag bevorzugt angeboten. Andere Produkte/Produktgruppen werden dagegen mittelfristig kaum oder gar nicht mehr angeboten. Die Folgen für die Beschäftigten können

Entlassungen, Versetzungen, Umgruppierungen und Änderung der Qualifikationsanforderungen sein.

Optimierung der Angebotsform

Im Einzelhandel ist damit z.B. die Umstellung von Bedienung auf Teilselbstbedienung oder Selbstbedienung gemeint. Die Auswirkungen für die Beschäftigten können u.a. bestehen im Abbau von Arbeitsplätzen, Flexibilisierung von Arbeitszeiten sowie der Veränderung von Arbeitsinhalten und Qualifikationsanforderungen, verbunden mit Umgruppierungen und Einkommensverlusten.

- Preisplanung

  Bei sinkender Nachfrage nach Produkten, die durch die gesamtwirtschaftliche Nachfrage oder Saisoneinflüsse bestimmt ist, kann die Absatzmenge durch gezielte Preispolitik (Sonderangebote, Verkaufsaktionen, Preisnachlässe) erhöht werden. Da die von der Umsatzhöhe unabhängigen Kosten dabei nicht ansteigen, kann dadurch im Ergebnis ein höherer Deckungsbeitrag für die Filiale oder das gesamte Unternehmen erzielt werden, solange die Preise über den Wareneinsatzkosten liegen. Die Auswirkungen solcher meist kurzfristig geplanten Aktionen und vermehrter Leistungsdruck, Überstunden, vermehrter Einsatz von Aushilfen usw., da bei der Personalbemessung diese Aktionen in der Regel nicht berücksichtigt wurden.

- Kostenplanung

  Lassen sich die Umsätze nicht steigern und/oder ist sogar mit einer Reduzierung der Deckungsspanne (DB 1 in Übersicht 59) zu rechnen, so wird das Management verstärkt versuchen, die Kosten zu senken, um so die Deckungsbeiträge der Abteilungen und Filialen zu erhöhen oder wenigstens zu stabilisieren. Da die Personalkosten nach den Wareneinsatzkosten den größten Kostenblock im Handel darstellen, richtet sich auf sie das Hauptaugenmerk.

  Grundlage für die Kostenplanung liefert häufig ein Abteilungs- und/oder Filialvergleich, bei dem die Kostenvorgaben für die »schlechten« Abteilungen/Filialen an den Kosten der »guten« Abteilungen/Filialen orientiert werden. Grundsätzlich werden aber alle – also auch die »guten« Abteilungen/Filialen – auf der Grundlage der Deckungsbeitragsrechnung unter folgenden Fragestellungen analysiert:

  – Sind die Personalkosten wie geplante?
  – Wie hoch sind die Personalkosten im Vergleich zu vergleichbaren Unternehmensbereichen?
  – Hat sich die Personalbesetzung gegenüber der Planung verändert?

- Kann Personal ohne Einschränkung der geplanten Umsätze eingespart werden? (Geschicktere Urlaubsplanung, Pausenzeiten)
- Kann der zeitliche Personaleinsatz durch Anpassung an die Kundenfrequenz geändert werden?
- Kann der Anteil der Fachkräfte verändert werden?
- Kann die Personalstruktur (Vollzeit/Teilzeit/Aushilfen) verändert werden?
- Sind Versetzungen möglich?

Es zeigt sich, daß somit schon im Rahmen der Kostenplanung wesentliche Vorentscheidungen für die Personalplanung getroffen werden.Um die Abteilungs- und Filialleiter zu einer möglichst weitgehenden Orientierung ihres Handelns an den gesetzten Deckungsbeitragszielen zu bringen, wird zunehmend versucht, zumindest einen Teil des Einkommens der Abteilungs- und Filialleiter an die erreichten Deckungsbeiträge zu koppeln. Dazu werden neue, deckungsbeitragsbezogene Einkommensbestandteile geschaffen oder die bisherigen umsatz- bzw. nettorohertragsbezogenen Einkommensbestandteile entsprechend umgewandelt (Deckungsbeitragsprovisionen oder Prämien für das Erreichen bestimmter Deckungsbeitragsgrenzen).

Diese Koppelung des Einkommen der Abteilungs-/Filialleiter an die erzielten Deckungsbeiträge hat folgende Konsequenzen:

- Das Wissen der Abteilungs-/Filialleiter über vorhandene organisatorische Rationalisierungsreserven kann vom Management besser genutzt werden. Die Abteilungsleiter werden dadurch zum Prellbock zwischen Geschäftsleitung und den Beschäftigten, da die Rationalisierung auch im Einkommensinteresse der Abteilungs-/Filialleiter liegt.
- Die Bereitschaft und das Interesse der Abteilungs-/Filialleiter, die Kosten und insbesondere die Personalkosten zu kontrollieren, wird erheblich gesteigert.
- Die Abteilungs-/Filialleiter tragen zumindest teilweise das unternehmerische Risiko, obwohl sie außerbetriebliche Einflüsse (örtliche Konkurrenzsituation, regionale Umsatzeinbrüche) und Entscheidungen des übergeordneten Managements nicht zu verantworten haben. Bei ungünstiger Deckungsbeitragsentwicklung erhöht sich so zwangsweise der von den Abteilungs-/Filialleitern auf die Belegschaft ausgeübte Druck.
- Abteilungs-/Filialleiter werden sich im eigenen Interesse für eine »unsoziale Auslese« in ihrer Abteilung einsetzen, um so mit einer »olympiareifen Mannschaft« möglichst hohe Umsätze bei niedrigen Kosten zu erreichen.

Übersicht 60

Beispielhafte Deckungsbeitragsrechnung zum Filialvergleich

	Filiale 1 (1 000 m², 22 VB)		Filiale 2 (550 m², 14 VB)	
	Abteilung A TDM	Abteilung B TDM	Abteilung A TDM	Abteilung B TDM
Umsatz	400	600	250	150
– Wareneinsatz – MWSt + Boni, Skonto – Lagerzinsen	340	510	210	130
= Deckungsbeitrag 1	60	90	40	20
– Pers.kosten Verkauf	40	50	40	15
= Deckungsbeitrag 2	20	40	0	5
– Pers.kosten NVerkauf – Pers.-Nebenkosten – Werbung – Warenabgabekosten – Porti, Telefon, Büro – Versicherungen – Raumkosten – Miete – Abschreibungen – sonstige Kosten	29		15	
= Deckungsbeitrag 3	31		– 10	
– Kosten der Zentrale	12			
= Betriebsergebnis des Unternehmens	9			
Kennzahlen der Filialen				
Umsatz je m² DM	1 000		800	
Umsatz je VB DM	45 455		28 571	
DB 1 je m² DM	150		120	
DB 1 je VB DM	6 818		4 286	
DB 2 je m² DM	60		10	
DB 2 je VB DM	2 727		357	

Die aufgeführten Analyse- und Steuerungsfunktion der Deckungsbeitragsberechnung haben unternehmenspolitische Maßnahmen zur Folge, die mittelbare, aber auch unmittelbare negative Auswirkungen auf die Beschäftigten haben. Solange die Deckungsbeiträge entscheidende Orientierungsgrößen für die Managemententscheidungen sind, wird sich daran auch nichts ändern. Menschen sind auch hier wieder nur Zahlen, genauer: Personalkosten.

BR und WA sollten sich deshalb nicht ohne weiteres auf die Sachzwanglogik der Deckungsbeitragsrechnung einlassen. Die Kenntnis der Deckungsbeitragsrechnung (Plan- und Istzahlen) kann jedoch auf drohende Gefahren hinweisen und so der Arbeitnehmervertretung mehr zeitlichen Spielraum für die Vorbereitung von Gegenmaßnahmen verschaffen.

Wird die Arbeitnehmervertretung unter Hinweis auf die geringen oder gar negativen Deckungsbeiträge aufgefordert, einschneidende Maßnahmen (z.B. Schließung von Abteilungen oder Filialen) zu akzeptieren oder gar mitzutragen, so können sich die Arbeitnehmervertreter auf folgenden Standpunkt stellen:

- Geringe oder negative Deckungsbeiträge in einigen Bereichen lassen sich durch positive Deckungsbeiträge aus anderen Bereichen möglicherweise immer noch zu einem positiven oder ausgeglichenen Ergebnis für das Gesamtunternehmen ausgleichen. Daß jede Abteilung oder Filiale einen Gewinn erzielen muß, ist kein Naturgesetz. Es reicht deshalb auf keinen Fall, sich für Rationalisierungs- oder gar Stillegungsentscheidungen nur die Deckungsbeiträge für die betroffenen Bereiche vorlegen zu lassen. Benötigt werden die Deckungsbeitragsrechnungen (Plan und Ist) für alle Bereiche des Unternehmens.
- Wenn schon Kosten eingespart werden sollen, so sollte die Geschäftsleitung aufgefordert werden, das Augenmerk stärker auf die Kosten zu legen, die keine Personalkosten sind (z.B. Leasingkosten, Zinsen, Mieten, gewährte Boni und Skonti). Hier kann auch der Hinweis auf Managementfehler und nicht erreichte Planziele sinnvoll sein.
- Schließlich sollte versucht werden, die Stichhaltigkeit der Geschäftsargumente zu überprüfen. Für solche Überprüfung sollte man jedoch möglichst Experten der Gewerkschaften oder gewerkschaftlich empfohlene Sachverständige heranziehen.

6.3.2 Sonderberichte

Neben den Standardberichten erteilt das Controlling in unregelmäßigen Abständen und zumeist nur auf Anforderung der jeweiligen Manager zusätzliche Sonderberichte. Als Beispiele solcher Sonderberichte sollen hier die Break-Even-Analyse und Vorteilhaftigkeitsberechnungen dargestellt werden.

6.3.2.1 Break-Even-Analyse

In der Break-Even- oder auch Gewinnschwellen-Analyse wird untersucht, welche Stückzahl von einem Produkt innerhalb einer Periode produziert und verkauft werden muß, damit weder Gewinn noch Verlust entsteht. Anders ausgedrückt lautet die Frage also: wie hoch muß die abgesetzte Stückzahl mindestens liegen, damit kein Verlust entsteht? Statt auf eine einzelne Produktart kann diese Frage auch für eine Produktgruppe, Sparte oder das gesamte Unternehmen gestellt werden.

Ausgangspunkt der Break-Even-Analyse ist die Aufspaltung der Kosten in fixe und variable Bestandteile. Stellt man die zu erwartenden Kosten in Abhängigkeit von der hergestellten Menge in einem Diagramm dar, so ergibt sich eine Kurve, die wegen der fixen Kosten nicht durch den Ursprung des Diagramms verläuft. Unterstellt man weiterhin, daß die variablen Kosten pro Mengeneinheit bei jeden beliebigen Stückzahl gleich hoch sind, so kann die Kostenfunktion wie in Übersicht 61 dargestellt werden. In dieses Diagramm wird nun zusätzlich die Kurve der Umsatzerlöse eingetragen, die sich bei unterschiedlicher Zahl abgesetzter Stücke ergibt. Unterstellt man, daß der Preis des Produktes von der abgesetzten Menge unabhängig ist, so ergibt sich eine Gerade, die genau durch den Ursprung des Diagramms verläuft. Der Schnittpunkt der beiden Kurven stellt nun den sogen. **Break-Even-Punkt** (die Gewinnschwelle) und die zugehörige Menge die **Break-Even-Menge** dar. Liegt die hergestellte und abgesetzte Menge unterhalb der Break-Even-Menge (im Diagramm links von der B-E-Menge), so entsteht ein Verlust, da die Kosten höher sind als die Umsatzerlöse. Liegt dagegen die hergestellte und abgesetzte Menge über der Break-Even-Menge (im Diagramm rechts von der B-E-Menge), so entsteht ein Gewinn, da nun die Umsatzerlöse größer sind als die Kosten.

Statt der Verwendung der Kosten- und der Umsatzgeraden kann dieselbe Überlegung mit Hilfe der fixen Kosten und der Größe »Deckungsbeitrag« angestellt werden: Zunächst stellt man in einem Diagramm (vgl. Übersicht 62) die fixen Kosten in Abhängigkeit von der produzierten Menge dar. (Dies muß eine horizontale Gerade ergeben, da ansonsten die Kosten ja nicht fix wären.) In dieses Diagramm werden nun zusätzlich die bei unterschiedlichen Mengen erzielbaren Deckungsbeiträge eingetragen. Unter den obigen Annahmen (konstante variable Kosten pro Stück und konstante Preise) ergibt sich als Deckungsbeitragskurve eine Gerade, die durch den Ursprung des Diagramms verläuft. Ist der Deckungsbeitrag pro Stück positiv, so steigt die Deckungsbeitragsgerade an und wird in einem bestimmten Punkt die Fixkostengerade schneiden. Dieser Punkt ist wiederum der

Übersicht 61

Break-Even-Diagramm mit fixen und variablen Kosten

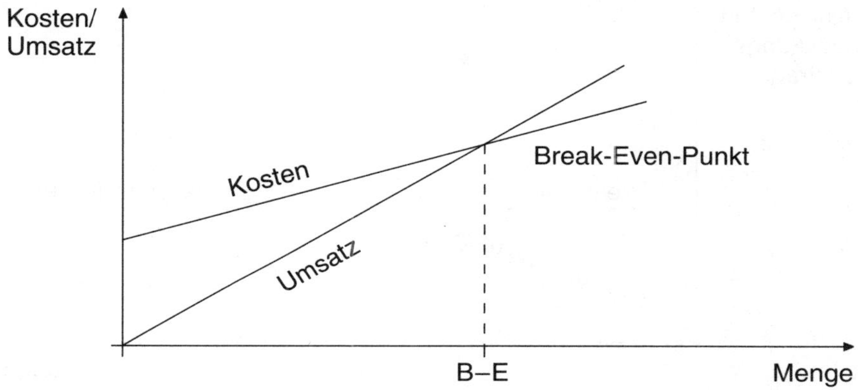

Break-Even-Punkt und die zugehörige Menge stellt die Break-Even-Menge dar, die der in der ersten Darstellung ermittelten Break-Even-Menge entsprechen muß.

Die Break-Even-Analyse kann vom Management zu verschiedenen Zwekken eingesetzt werden:

- Ist z.B. nach einer ersten Planungsrunde der für eine Produktart erzielbare Deckungsbeitrag noch geringer als die produktspezifischen Fixkosten, so kann relativ leicht ermittelt werden, welche zusätzliche Menge erforderlich ist, um wenigstens die produktspezifischen Fixkosten zu decken. Diese Menge wird in einer zweiten Planungsrunde dem zuständigen Entscheidungsträger als Ziel vorgegeben.
- Es kann untersucht werden, wie sich bei einer Erhöhung der fixen Kosten die Break-Even-Menge erhöht. (Im Diagramm der Übersicht 62 würde die Kostengerade parallel nach oben verschoben.)
- Es kann untersucht werden, wie sich bei einer Veränderung bestimmter variabler Kosten die Break-Even-Menge verändert. (Im Diagramm der Übersicht 62 würde die Kostengerade steiler oder flacher verlaufen.)
- Es kann versucht werden, bei welchen Kostenarten schon eine geringfügige prozentuale Änderung eine starke Verschiebung der Gewinnschwelle zur Folge hat. Diese Kostenarten sollten deshalb von den zuständigen Kostenstellenleitern besonders gut im Auge behalten werden.

Für den WA ist die Kenntnis durchgeführter Break-Even-Analysen aus folgenden Gründen von Bedeutung:

Übersicht 62

Break-Even-Diagramm auf der Basis fixer Kosten

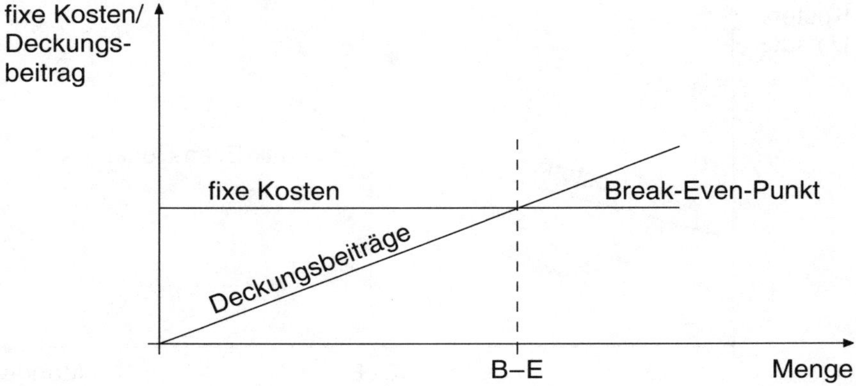

- Die Break-Even-Analyse zeigt das Risiko von Umsatzrückgängen sowie die zu erwartenden Reaktionen des Managements.
- Der WA kann besser abschätzen, welche Auswirkungen bestimmte Maßnahmevorschläge vermutlich auf den Gewinn des Unternehmens haben werden.

6.3.2.2 Vorteilhaftigkeitsberechnungen

Stehen im Unternehmen Entscheidungen über

- Investitionen,
- Stillegungen,
- Fremdvergaben oder
- Rationalisierungen

an, so hat das Controlling die Aufgabe, Aussagen über die Vorteilhaftigkeit der erwogenen Alternativen zu machen.

Die einfachste Methode zur Beurteilung der Vorteilhaftigkeit der erwogenen Alternativen in den beschriebenen Entscheidungssituationen ist die sogen. **Kostenvergleichsrechnung,** bei der die jeweiligen Gesamtkosten einer Periode oder die Kosten pro Einheit der Alternativen einander gegenübergestellt werden.

Die Kostenvergleichsrechnung ermöglicht zwar eine Aussage, welche der betrachteten Alternativen aus Kostengesichtspunkten die günstigste ist, allerdings erlaubt sie keine Aussage, ob die mit den jeweiligen Alternativen verbundenen einmaligen Ausgaben aus der Sicht der Kapitalgeber rentabel angelegt sind. Um diese Frage beantworten zu können, werden z.B. die Amortisationsdauern oder die internen Verzinsungen der Alternativen berechnet.

Bei der **Amortisationsrechnung** werden die einmaligen Aufwendungen der betrachteten Alternative durch die jährlichen Kosteneinsparungen bzw. Erlössteigerungen dieser Alternative dividiert. Als Ergebnis erhält man so die sogen. **Amortisationsdauer,** die angibt, in welchem Zeitraum die notwendigen Aufwendungen durch Kosteneinsparungen bzw. zusätzliche Erlöse wieder »eingespielt« werden. Werden mehrere Alternativen zum bestehenden Zustand untersucht, so können auf diese Weise die in der Regel unterschiedlich hohen einmaligen Aufwendungen der Alternativen berücksichtigt werden. Außerdem stellt die Unternehmensleitung häufig Mindestanforderungen an die Amortisationsdauer, bei deren Überschreiten auf die Investition verzichtet wird.

Bei der Methode des **internen Zinssatzes** wird die Frage gestellt, welcher Zinssatz sich rechnerisch ergäbe, wenn man statt der Durchführung der betrachteten Alternative das dazu notwendige Kapital bei einer Bank festlegen würde und als Zinszahlungen die jährlichen Kostenvorteile bzw. Erlössteigerungen gegenüber dem bisherigen Zustand erhielte. Als Ergebnis erhält man pro Alternative einen Zinsatz, wobei die Alternative mit dem höchsten Zinssatz die vorziehungswürdigste ist. Ebenso wie bei der Amortisationsrechnung kann hier eine Mindestverzinsung vorgegeben werden, unterhalb derer keine der betrachteten Alternativen gewählt werden soll, weil es dann aus Sicht des Geldgebers sinnvoller sein kann, das Kapital tatsächlich bei einer Bank oder in anderen Bereichen anzulegen. Die Methode der internen Verzinsung ist gegenüber der Amortisationsrechnung dann von Vorteil, wenn die Kostenvorteile der betrachteten Alternativen im Laufe der Jahre stark schwanken.

Da in den beschriebenen Entscheidungssituationen aus der Sicht des Unternehmers jedoch nicht nur die Kosten sondern auch Größen wie z.B.: Lieferfähigkeit, Flexibilität, Qualität und Service zu berücksichtigen sind, wird zunehmend auch versucht, mit Hilfe sogen. Nutzwertanalysen allgemeinere Vergleichsbetrachtungen anzustellen, in denen die Kosten nur eines von mehreren Entscheidungskriterien darstellen (s. Übersicht 63 als Beispiel für eine qualitative Analyse einer Make-or-Buy Entscheidung).

Doch auch wenn solche Nutzwertanalysen angestellt werden, geben die Kosten häufig den entscheidenden Ausschlag für die zu treffende Entschei-

Übersicht 63

Vorteilsvergleich für Make-or-Buy-Entscheidungen

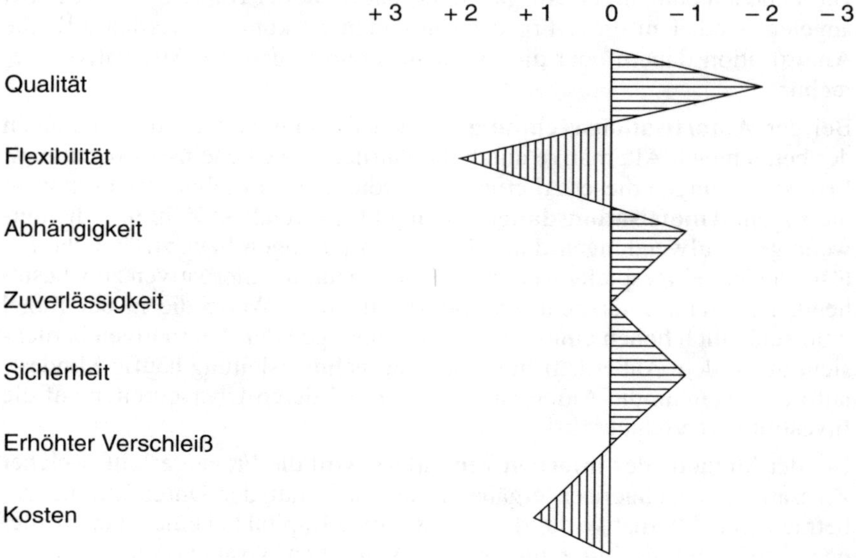

dung. Deshalb ist es zumeist sinnvoll, die Kostenvergleiche kritisch zu hinterfragen. Folgende Fragen sollten dabei gestellt werden:

- Sind die Prämissen bei allen Alternativen gleich?
- Sind in den Kosten der zur Zeit bestehenden Alternative nur solche Kosten enthalten, die bei Wahl einer anderen Alternative auch tatsächlich entfallen?
- Sind in den Kosten der Alternativen zum bestehenden Zustand auch die Abbaukosten enthalten, die voraussichtlich entstehen, wenn der bestehende Zustand verändert wird?
- Wurden die kostenmäßigen Auswirkungen unterschiedlicher Entwicklungen der Leistungsmenge untersucht?
- Wurden die Auswirkungen unterschiedlicher Entwicklungen der Preise wichtige Kostenarten untersucht?
- Wurden die zu erwartenden Auswirkungen auf die Erlöse untersucht?

Die Kenntnis der Vorteilhaftigkeitsberechnungen kann für den WA aus folgenden Gründen wichtig sein:

- Bestreitet der Arbeitgeber genauere Kenntnisse über die voraussichtlichen Auswirkungen der geplanten Maßnahmen auf die Beschäftigten, so zeigt eine genauere Analyse der Vorteilhaftigkeitsrechnung möglicherweise, daß mit bestimmten Annahmen über die Zahl der Arbeitnehmer, deren Eingruppierung und deren Einkommensentwicklung gerechnet wurde.

- Erfolgt die Information im WA zu einem Zeitpunkt, in dem der Unternehmer die Entscheidung noch nicht getroffen hat, so läßt sich abschätzen, ob bestimmte Zugeständnisse der Arbeitnehmerseite, den Arbeitgeber bewegen können, eine aus Sicht der Arbeitnehmer günstigere Alternative zu wählen.
- Handelt es sich bei der geplanten Maßnahme um eine Betriebsänderung, so kann das aus der Vorteilhaftigkeitsberechnung ersichtliche Einsparungsvolumen in den Sozialplanverhandlungen als ein Anhaltspunkt für die Höhe eines als wirtschaftlich vertretbar anzusehendes Sozialplanvolumen verwendet werden.

Vertiefende und weiterführende Literatur:

Falk, B. R./Wolf, J., Handelsbetriebslehre, 7. Aufl., Landsberg a. L. 1986, S. 354–368 (für den Handel).

Hase, D./Schmidt, T./Teppich, H., Controlling in Versicherungsunternehmen, HBV-Arbeitsheft, Düsseldorf 1994.

Neumann-Cosel, R. v./Tödt, B., Die Kostenrechnung, in: Bierbaum, H./Kröger, H. J. Neumann, H., Unternehmenspolitik und Interessenvertretung. Handbuch für gewerkschaftliche Betriebspolitik. Hamburg 1988, S. 70–87 (für die Industrie).

7. Das Kennziffern-Informationssystem – eine Möglichkeit der systematischen, handlungsorientierten Informationsbeschaffung und -verarbeitung durch den Wirtschaftsausschuß

7.1 Worum geht es beim Kennziffern-Konzept?

In Kapitel 2 wurde die Bedeutung von Informationen für die Interessenvertretungsarbeit herausgearbeitet. Dabei wurde deutlich, daß die zu beschaffenden und zu verarbeitenden Informationen folgenden Anforderungen genügen müssen:

- Sie müssen direkte Aussagen über die gegenwärtigen und zukünftigen Interessenlagen der Beschäftigten enthalten bzw. im Hinblick darauf auswertbar sein und
- sie müssen geeignet sein, gegenüber der Belegschaft und potentiellen Mitstreitern zu begründen, daß die Forderungen der Interessenvertretung für das Unternehmen (evtl. auch für den Konzern) wirtschaftlich vertretbar sind.

Die wesentlichste Informationsquelle für den WA ist der Unternehmer (vgl. Abschn. 2.4). Ihm gegenüber besteht der Informationsanspruch des WA. Die Informationen des Unternehmers stammen im wesentlichen aus dessen Informationssystem, das in den Kapiteln 4–6 in seinen Grundzügen beschrieben wurde. Dieses Informationssystem ist allerdings auf die Interessenlage des Unternehmers, Gewinn zu erzielen, ausgerichtet (vgl. Übersicht 64). Die Interessenlagen der Beschäftigten werden nur insoweit berücksichtigt, als sie sich erfolgsmäßig auswirken.

Mit dem Kennziffernkonzept sollen Unternehmer und Management gezwungen werden, sich mehr Gedanken darüber zu machen, was mit Arbeitnehmern geschieht, wenn sie »unternehmen«, also über die personalen und sozialen Auswirkungen ihrer ökonomischen bzw. technologischen Entscheidungen. Daß ihnen das nicht schon früher systematisch abverlangt wurde, ist im Zweifelsfall zunächst der bisherigen Informationspolitik der Interessenvertretung selbst anzulasten.

Das Kennziffern-Konzept stellt auf den Zusammenhang zwischen unternehmerischer Entscheidung und Auswirkungen für die Beschäftigten ab.

Übersicht 64

Unterschiedliche Informationsinteressen von Betriebsrat und Unternehmen

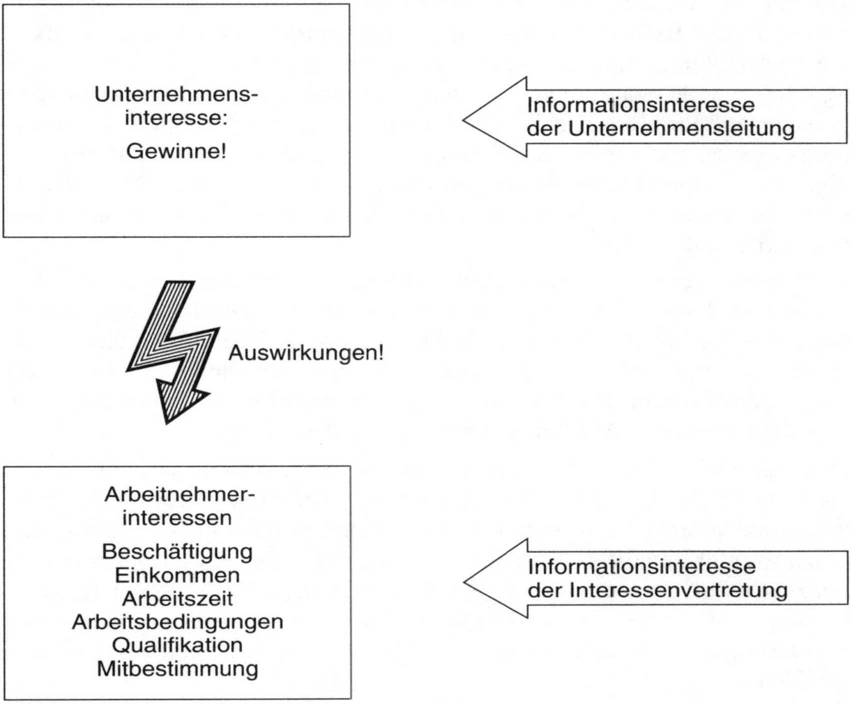

Quelle: *Briefs, U. u. a.*, Gewerkschaftliche Betriebspolitik und Information, Köln 1983, S. 21.

Kennziffern geben Auskunft über die einzelnen Interessenbereiche und über die wirtschaftliche Situation des Unternehmens. Sie

- zeigen die Auswirkungen von unternehmerischen Maßnahmen auf,
- weisen auf Ansatzpunkte für die Forderungspolitik der Interessenvertretung hin,
- machen Ergebnisse und Erfolge der Interessenvertretungsarbeit überprüfbar.

Unter diesen Gesichtspunkten liefern sie zahlenmäßige Grundlagen für

- Diskussionen zwischen der Belegschaft und ihrer Interessenvertretung,
- Klärungen und Vereinbarungen in den Interessenvertretungsorganen,
- Auseinandersetzungen mit dem Unternehmer.

Wesentlicher Gedanke des Kennziffernkonzeptes ist, daß *zweckbezogene*

Informationen sich nicht so sehr auf die Unternehmenspolitik, sondern zunächst einmal auf die jeweiligen Folgen für die Beschäftigten beziehen. Die *personellen und sozialen Auswirkungen* der Unternehmenspolitik sollen mit Kennziffern systematisch abgebildet werden. Sie bilden die konkreten Ansatzpunkte und Zielgrößen der *gewerkschaftlichen Betriebspolitik.* Mißstände und Gefährdungen werden so deutlicher und früher erkannt, eine gemeinsame Problemsicht ist in der Belegschaft und den Interessenvertretungsorganen leichter herzustellen, Zielrichtungen und Gestaltungsnotwendigkeiten werden klarer, Prioritäten können gesetzt werden. Die Entwicklung von Forderungen durch den Betriebsrat ist betriebspolitisch besser begründet und verankert.

Betriebsräte sollen gegenüber den technisch-wirtschaftlichen Sachverhalten, die der Unternehmer an sie heranträgt, eine eigene Sichtweise einnehmen. Was für die Unternehmer die Frage nach der Rentabilität einer Maßnahme ist, muß für sie die Frage nach den personellen und sozialen Auswirkungen sein (s. Übersicht 65). Die Kennziffern der einzelnen Interessenbereiche (vgl. Abschn 7.2) präzisieren diese Frage.

Den Unternehmer interessiert an technisch-wirtschaftlichen Sachverhalten die Rentabilität. Betriebsräte wollen bessere Verhältnisse für die Beschäftigten und können mit Kennziffern den entsprechenden Informationsbedarf präzisieren. Kennziffern sollen helfen, sich auf die Angelegenheiten zu konzentrieren, die im Interesse der Arbeitnehmer sind. Mit dem Kennziffernbogen als *Checkliste für Arbeitnehmerinteressen* wird so schnell nichts vergessen, die Zusammenhänge zwischen den Interessenbereichen bleiben im Blick.

Eine Forderung nach besseren Bedingungen für die Beschäftigten sollte nicht nur aus Mißständen heraus begründet werden. Die Durchsetzungschancen steigen, wenn die Interessenvertretung die Maßnahmen kritisch begleiten kann, die der Unternehmer vornimmt. Ihr Rückhalt bei den Beschäftigten und deren Engagement wachsen, wenn es nicht nur berechtigte Forderungen sind, sondern auch nachweislich finanzierbare. Es sind also auch Informationen erforderlich, um Forderungen wirtschaftlich begründen zu können.

Es geht beim Kennziffernkonzept im wesentlichen darum, im Sinne von § 2 BetrVG das »Wohl der Arbeitnehmer und des Betriebes« mit präzisen Informationen zu vergleichen, um die im § 76 Abs. 5 BetrVG geforderte »angemessene Berücksichtigung der Belange des Betriebes und der betroffenen Arbeitnehmer« überhaupt leisten zu können. Das Betriebsverfassungsgesetz ist erst auf der Grundlage solcher Informationen über den Zustand beider Interessen ausfüllbar. Informationsrechte der Interessen-

Übersicht 65

Unterschiedliche Sichtweise von Betriebsrat und Unternehmen

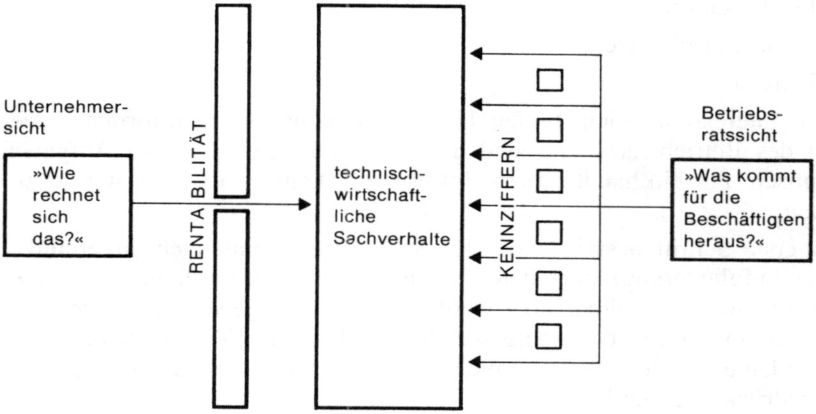

vertretung sind deshalb auch an verschiedenen Stellen der Betriebsverfassung vorgesehen, so die Unterrichtung des Betriebsrats nach § 80 Abs. 2 und § 90 sowie des Wirtschaftsausschusses nach § 106 BetrVG.

7.2 Die Grundstruktur des Kennziffern-Informationssystems: Arbeitnehmerinteressen stehen im Vordergrund

Unsere zunächst eher grundsätzlichen Überlegungen sind für die praktische Informationsarbeit des Betriebsrates genauer auszuführen.

7.2.1 Notwendige Informationen, um Forderungen stellen zu können

Um Forderungen stellen zu können, sind Informationen über die konkreten Arbeitnehmerbelange erforderlich, die beeinflußt werden sollen. Es geht also um ein möglichst genaues Abbild der Lage der Beschäftigten im Betrieb. Wie ist die Situation, welche Veränderungen zeichnen sich ab, welcher (neue) Zustand soll erreicht werden? Welche Informationsarten sind dazu geeignet?

Die Informationsarbeit muß sich an den angesprochenen Interessenbereichen der Beschäftigten orientieren:

1. Beschäftigung
2. Einkommen

3. Arbeitsbedingungen
4. Arbeitszeit
5. Qualifikation
6. Sozialeinrichtungen
7. Umwelt

Diese Interessenbereiche bilden das Grundschema für den Informationsbedarf des Betriebsrates. Sie sind mit den Zielbereichen seiner Aufgaben identisch. Für ein handhabbares Informationskonzept ist es weiter auszubauen.

Der erste Schritt besteht darin, für jeden Interessenbereich Unterpunkte (eine Aufgliederung) zu finden, die die betrieblichen Verhältnisse genauer kennzeichnen. Es soll sichtbar werden, was in dem jeweiligen Interessenbereich »los ist«, insbesondere, welche Probleme und Mißstände bestehen. Diese Unterpunkte müssen so präzise bestimmt werden, daß sie in *Zahlen* ausgedrückt werden können.

Das hat mehrere Vorteile:

1. Zahlen sind in sich eindeutig, leichter zu interpretieren, weniger strittig, man kann den Unternehmer besser »festlegen«.
2. Sie erlauben Vergleiche
   - über Zeiträume, deren Entwicklungen und ggf. Trends;
   - zwischen Bereichen (Betrieben, Abteilungen, Gruppen usw.).
3. Sie erleichtern die Informationsweitergabe und u.U. eine öffentlichkeitswirksame Argumentation.

Für ein Konzept der laufenden Informationsarbeit des Betriebsrates ist die *Quantifizierung* des jeweiligen Informationsbedürfnisses unbedingt anzustreben. Nicht so leicht in Zahlen ausdrückbare Arbeitnehmer-Interessen sollen damit nicht abgewertet werden. Sie können aber nicht in einem Kennziffernsystem erfaßt werden, sondern verlangen ergänzende Formen der Informationsverarbeitung.

Wie ist das Informationskonzept des Betriebsrates nun im einzelnen aufzubauen?

Im Interessenbereich *»Beschäftigung«* soll zahlenmäßig erfaßt werden, wie die Beschäftigtenstruktur im Unternehmen aussieht und sich entwickelt, z.B. nach Gehalts-/Lohngruppen. Welche Beschäftigtengruppen gibt es, die die besondere Aufmerksamkeit des Betriebsrates verdienen (z.B. Frauen, Auszubildende, Behinderte, ältere Arbeitnehmer)? Welche personalpolitischen Strategien fährt der Unternehmer (z.B. Leiharbeitnehmer, geringfügige Beschäftigung unter 580 DM, Teilzeitkräfte, befristete Arbeitsverhältnisse, Versetzungen, Kündigungen usw.)?

Die dazu denkbare Kennziffernzusammenstellung sollte neben dem *IST-Zustand* auch die *Vergangenheit* und die *Zukunft* erfassen. In unserer Aufstellung wird als Beispiel eine 3-Jahres-Übersicht gewählt:

	1. Beschäftigung	1995	1996 (IST)	1997 (PLAN)
Interesse an Beschäftigungssicherung	Personalbestand (Anzahl) Teilzeitbeschäftigte (Anzahl) Befristete Arbeitsverhältnisse (Anzahl) Arbeiter (Anzahl) Tarifangestellte (Anzahl) AT-Angestellte (Anzahl) Leitende Angestellte (Anzahl) Ausbildungsquote (%) Einstellungen (Anzahl) Entlassungen (Anzahl) Versetzungen (Anzahl) Fluktuation (%)			

Im Bereich *»Einkommen«* geht es darum, die Differenzierungen innerhalb der Beschäftigten transparent zu machen, insbesondere auch die Unterschiede zwischen tarifvertraglich gesicherten und lediglich betrieblich/einzelvertraglich vereinbarten Einkommensbestandteilen. Betriebsräte können dann besser über die Einhaltung von Tarifverträgen wachen, Eingruppierungen kontrollieren, die Qualifikationsentwicklung verfolgen und sich um die Schere zwischen Tarif- und Effektivverdienst kümmern.

Folgende Kennziffern können diesen Informationsbedarf abdecken:

	2. Einkommen	1995	1996 (IST)	1997 (PLAN)
Interesse an Einkommenssicherung und -steigerung	Lohn je Arbeiter (DM) (Haupt- und Nebenbezüge) davon tariflich (%) Gehalt je Tarifangestellten (DM) davon tariflich (%) Gehalt je AT-Angestellten (DM) Gehalt je Leitender Angestellter (DM) Höhergruppierungen (Anzahl) Abgruppierungen (Anzahl)			

Der Komplex *»Arbeitsbedingungen«* erfordert eine eingehendere Analyse der konkreten Arbeitsplätze im Betrieb: Wie können sie »qualitativ« unter den Gesichtspunkten Belastung und Arbeitsinhalte erfaßt werden (z.B. Lärmarbeitsplätze, Staubanfall, monotone Arbeitsplätze usw.)? Auch die ergriffenen Maßnahmen des Unternehmers zum Arbeitsschutz (z.B. Aufwand für Humanisierung, Sicherheitsbeauftragte, Betriebsarzt usw.) können helfen, diesen Interessenbereich auszuleuchten und Hinweise auf unterlassene Maßnahmen zu geben. Solche Informationen zeigen konkreten Handlungsbedarf »vor Ort« auf und sind nahe an den Bedürfnissen der Kollegen hinsichtlich ihrer Arbeitsgestaltung. Die folgende Aufstellung ist auf die spezifischen betrieblichen Verhältnisse abzustimmen:

	3. Arbeitsbedingungen	1995	1996 (IST)	1997 (PLAN)
Interesse an Verbesserung der Arbeitsbedingungen	Lärmarbeitsplätze (Anzahl) Arbeitsplätze mit gefährlichen Stoffen (Anzahl) Monotone Tätigkeiten (Anzahl) Krankenstand (%) Arbeitsunfälle (Anzahl) Sicherheitsbeauftragte (Arbeitsstunden) Sonstige Fachkräfte (z. B. für Ergonomie) Erholzeiten (Std.) Arbeitsplätze mit mehr Arbeitsinhalten (Anzahl) Aufwand für menschengerechte Technologie, Abschirmungen und individuellen Schutz (TDM) Abschirmungen von Staub, Erschütterungen usw. an der Entstehungsquelle (Anzahl der Arbeitsplätze) Aufwand dafür (DM)			

In dem Feld *»Arbeitszeit«* soll einerseits die Arbeitszeitsituation der Beschäftigten aufgenommen werden (z.B. tatsächliche Wochenarbeitszeit, Urlaubsansprüche, Gleitzeit usw.), aber auch die Arbeitszeitpolitik des Unternehmers (z.B. Überstunden, Ausfallzeiten, Schichtarbeit, Sonn- und Feiertagsarbeit usw.).

Diese Fragen spielen stark in den Interessenbereich »Beschäftigung« hinein. Überhaupt müssen laufend Querverbindungen zwischen allen Kennziffern bei ihrer Auswertung und betriebspolitischen Konsequenzen hergestellt werden.

Die Arbeitszeitsituation der Arbeitnehmer und die Arbeitszeitpolitik des Unternehmers ist mit folgender Kennziffernaufstellung darstellbar:

	4. Arbeitszeit	1995	1996 (IST)	1997 (PLAN)
Interesse an Verbesserung der Arbeitszeit	Tatsächliche Wochenarbeitszeit je vollzeitbeschäftigtem Arbeitnehmer (Std.) Überstunden je betroffener Arbeitnehmer und Monat (Std.) Ausfallzeiten (in % der geleisteten Arbeitsstunden) Gleitende Arbeitszeit (Anzahl) Schichtarbeit (Anzahl) davon Wechselschicht Konti-Schicht Nacht-Schicht Sonn- und Feiertagsarbeit (Anzahl) Samstagsarbeit (Anzahl)			

Der Interessenbereich *»Qualifikation«* ist mit Informationen über die Aus- und Weiterbildungssituation im Unternehmen aufzufüllen. Neben der Aktivität bzw. Passivität des Unternehmens dürften meist eine ziemlich ungleiche Verteilung des Bildungsaufwandes auf die einzelnen Beschäftigtengruppen aufgedeckt und damit Hinweise auf Betriebsratsforderungen gegeben werden. Mit den von der Unternehmensleitung vorangetriebenen technischen und organisatorischen Neuerungen gehen laufende Veränderungen der qualifikatorischen Anforderungen an den Arbeitsplätzen einher. Der Betriebsrat muß deshalb verfolgen, wie sich diese Veränderungen in der Qualifikationsstruktur der Beschäftigten niederschlagen und an welchen Schwerpunkten Qualifikationsmaßnahmen anzusetzen bzw. zu fordern sind. Die Kennziffern zur »Qualifikation« müssen mit Blick auf den Interessenbereich »Arbeitsbedingungen« definiert und interpretiert werden:

Interesse an Verbesserung der Berufsbildung	5. Qualifikation	1995	1996 (IST)	1997 (PLAN)
	Arbeitnehmer ohne Berufsausbildung (Anzahl) Arbeitnehmer mit Berufsausbildung (Anzahl) Arbeitnehmer in berufsfremden Tätigkeiten (Anzahl) Arbeitnehmer in Umschulung (Anzahl) Arbeitnehmer in Fortbildung (Anzahl) Bildung mit anschl. Höhergruppierung (Anzahl) Bildungsaufwand je Arbeiter, Angestellten, AT-Angestellten (TDM) Bildungsaufwand Berufsausbildung (TDM) Auszubildende (Anzahl) Übernahme nach Ausbildung (%) Ausbilder (Anzahl)			

Unter *»Sozialeinrichtungen«* soll vollständig erfaßt werden, was das Unternehmen neben dem Lohn für seine Mitarbeiter tut, wie hoch der Aufwand hierfür ist und wie er sich entwickelt. Neben dem unmittelbaren Abbau in diesem Bereich findet ja auch eine schleichende Entwertung dieser Leistungen durch die Geldentwertung statt. Kennziffern machen das nachvollziehbar, ermöglichen Vergleiche mit anderen Betrieben und geben so Hinweise auf Forderungen:

Interesse an Absicherung der Sozialeinrichtungen	6. Soziale Einrichtungen	1995	1996 (IST)	1997 (PLAN)
	Aufwand für soziale Einrichtungen (DM) Zur Verfügung gestellte Wohnungen (Anzahl) Aufwand für Freizeiteinrichtungen Kindergarten (Zahl der Plätze) Werkskantine (DM)			

Die Auswirkungen der Produktion auf die *Umwelt* werden immer mehr auch zu einem Aufgabenfeld für die betriebliche Interessenvertretung. Einmal haben Arbeitnehmer – neben dem reinen Arbeitsschutz – ein Interesse an einer intakten Umwelt, in der sie arbeiten *und* leben. Andererseits machen gerade in letzter Zeit viele Beispiele deutlich, daß die von der Produktion ausgehenden Umweltbelastungen (durch Rohstoffe, Fertigungsverfahren, Emissionen, Produkte, Abfall) die Arbeitsplätze *in* diesen Betrieben gefährden. So gilt zunehmend, daß nur umweltgerechte Arbeitsplätze auch gesicherte Arbeitspätze sind und deshalb Betriebsräte dringend Einfluß auf die Umweltbeziehungen des Unternehmens nehmen müssen.

Die für diesen Komplex sinnvollen Kennziffern müssen für den jeweiligen Betrieb mit seinen jeweiligen Umweltwirkungen definiert werden. Für viele Belastungen gibt es produktionsspezifische Meß- und Grenzwerte, teilweise auf der Grundlage gesetzlicher Bestimmungen oder Richtlinien. Sie sind aufzugreifen in aussagefähigen Kennziffern, die auch die Auswirkungen der Arbeitsumwelt auf die Beschäftigten (gesundheitliche Belastungen bzw. deren Vorbeugung) umfassen sollten. Unser Vorschlag benennt nur die Richtung dieser Präzisierung:

	7. Umweltbelastungen	1995	1996 (IST)	1997 (PLAN)
Interesse an einer umweltgerechten Produktion	Emissionen von Schadstoffen: Luft (Art, Meßwerte, Mengen) Boden (Art, Meßwerte, Mengen) Wasser (Art, Meßwerte, Mengen) Müll/Abfall (Art, Mengen) Kompensationszahlungen (TDM) Verhängte Strafen (Anzahl) Geldbußen (TDM) Umweltbedingte Erkrankungen (Anzahl)			

Werden die einzelnen Interessenbereiche mit ihren Kennziffern zu einem Bild zusammengefaßt, ist das Ergebnis zunächst eine betriebliche IST-Aufnahmne, eine *Check-Liste* der für die Beschäftigten wichtigen Belange. Zugleich dient sie als Informationskonzept, das die aus Betriebsratssicht wichtigen Fragen enthält.

Das Herausfinden der Informationskarten (Kennziffern), die für die einzelnen Interessenbereiche im jeweiligen Betrieb geeignet sind, ist eine Aufgabe für alle Interessenvertreter in allen Organen. Es werden erforderlich: gezielte Bestandsaufnahmen, Betriebsbegehungen, Rücksprache mit Kollegen an den Arbeitsplätzen, Diskussionen mit Vertrauensleuten, Abstimmungen zwischen Betriebsräten, Gesamtbetriebsrat, Wirtschaftsausschuß, Kommissionen, ggf. den Arbeitnehmervertretern im Aufsichtsrat und der gewerkschaftlichen Organisation vor Ort.

Auf dem *Musterbogen* auf S. 198 ist nachzuvollziehen, wie die nach Interessenbereichen geordneten Informationsarten (Kennziffern) als Konzept für die Informationsarbeit aufbereitet werden können. Der »Kennziffernkatalog« im Anhang I auf S. 275 ff. enthält weitere Beispiele bzw. Kennziffern-Vorschläge zur Anregung und Auswahl. Für jeden Betrieb muß ein Bogen nach den jeweiligen Verhältnissen erarbeitet werden (vgl. zur Vorgehensweise Kapitel 7.3).

7.2.2 Informationen, um Forderungen wirtschaftlich zu begründen

Betriebsräte, die Forderungen im Interesse der Beschäftigten stellen, müssen erfahrungsgemäß damit rechnen, daß Arbeitgeber diese regelmäßig mit folgender »Begründungskette« abzulehnen versuchen: Zunächst wird behauptet, die Forderungen des BR entsprächen überhaupt nicht den Interessen der Beschäftigten (etwa bei der Verweigerung von Überstunden). Läßt sich der BR davon nicht beirren und beharrt auf seinen Forderungen, dann wird eingewandt, die Vorstellungen des BR seien technisch oder organisatorisch gar nicht umsetzbar. Kann der BR auch diesen Einwand entkräften, dann erst wird mit wirtschaftlichen »Argumenten« gearbeitet.

Der Unternehmer verunsichert normalerweise Arbeitnehmer und Betriebsräte am nachhaltigsten, wenn er behauptet, ihre Forderungen seien »wirtschaftlich nicht vertretbar« und gefährden die Wettbewerbsfähigkeit des Unternehmens und damit die Arbeitsplätze. Die Behauptung, eine Forderung sei »wirtschaftlich nicht vertretbar«, ist ein »Totschlagargument«, denn es ist äußerst schwierig, die wirtschaftliche Vertretbarkeit einer Forderung zu beurteilen, da es objektive Kriterien hierfür nicht gibt, abgesehen von den Kriterien Verschuldung und Liquidität, Überschuldung und Illiquidität (Zahlungsunfähigkeit) eines Unternehmens stellen Konkursgründe dar. Forderungen des BR, die zum Konkurs eines Unternehmens führen würden, wären in der Tat wirtschaftlich nicht vertretbar. Im Interesse der Sicherheit der Arbeitsplätze werden solche Forderungen von BR aber auch nicht erhoben.

WA und BR sind für den Normalfall gut beraten, wenn sie sich für ihre Gegenargumentation hauptsächlich auf wirtschaftliche Daten stützen, die ohne große »Fachkenntnisse« verstehbar sind, weil sonst die Vermittlung bis zu den Beschäftigten zu kompliziert wird oder gar nicht gelingt. Zugleich müssen diese Informationen für eine Auseinandersetzung mit dem Unternehmer vor der Belegschaft geeignet sein. Denn die Mobilisierbarkeit der Belegschaft nimmt in dem Maße ab, wie Unternehmerargumente eher einleuchten als die der Interessenvertretung.

In diesem Sinne geeignete wirtschaftliche Informationen sind

- Auftragseingang,
- Auftragsbestand,
- Auftragsreichweite,
- Lagerbestand,
- Umsatz,
- Jahresüberschuß,
- Gewinnausschüttung,
- Arbeitsproduktivität.

»Auftragseingang«, »Auftragsbestand«, »Auftragsreichweite«, »Umsatz« und »Lagerbestand« (im IST und PLAN) sind Meß- und Steuerungsgrößen für das (künftige) Produktionsvolumen und damit Anhaltspunkte insbesondere für das Beschäftigungsinteresse.

Die »Arbeitsproduktiviät« ist eine Meßgröße für die Effektivität des Produktionsprozesses. Sie gibt somit auch Hinweise auf Leistungssteigerungen der Beschäftigten. Wird diese Kennziffer direkt vom Unternehmer abgefragt, so muß genau geklärt werden, wie der Unternehmer diese errechnet. Soll die Arbeitsproduktivität von der Interessenvertretung selbst errechnet werden, so lautet die Formel:

$$\text{Arbeitsproduktivität} = \frac{\text{Gesamtleistung}}{\text{geleistete Arbeitstunden}}$$

Die Gesamtleistung errechnet sich wie folgt:

Umsatz
\+ Lagerbestandserhöhung
·/. Lagerbestandsverringerung
\+ aktivierte Eigenleistungen
= Gesamtleistung

Diese Größe kann häufig auch direkt der G + V-Rechnung entnommen werden (vgl. Abschn. 4.2.1.2). Sind die geleisteten Arbeitsstunden nicht bekannt, dann kann dafür hilfsweise auch die Zahl der Beschäftigten verwendet werden. Aufschlußreich ist jedenfalls auch schon die Entwicklung des Umsatzes pro Beschäftigten.

Der *Jahresüberschuß* aus der Gewinn- und Verlustrechnung kann als grober Anhaltspunkt für den Gewinn eines Jahres angesehen werden. Da der in der Gewinn- und Verlustrechnung ausgewiesene Jahresüberschuß noch nicht um Zuführungen (bzw. Entnahmen) zu den Rücklagen gekürzt (bzw. erhöht) wurde, ist er zur Gewinndarstellung besser geeignet als der Bilanzgewinn. Allerdings kann auch der Jahresüberschuß vom Unternehmer auf legalem Weg erheblich manipuliert werden (vgl. Abschn. 4.2.5), z.B. um Steuern zu sparen oder auch eine gleichbleibende Gewinnentwicklung darzustellen. Daher besitzt diese Kennziffer erst über einen längeren Zeitraum betrachtet eine gewisse Aussagekraft.

Sollte sich herausstellen, daß diese »einfachen« wirtschaftlichen Informationen für eine erfolgreiche Gegenargumentation (z.B. gegenüber dem Vorsitzenden einer Einigungsstelle) nicht ausreichen, dann muß auf weniger leichtverständliche wirtschaftliche Informationen zurückgegriffen werden, etwa aus dem externen Rechnungswesen (Jahresabschluß) abgeleitete Kennzahlen, die Aussagen über die Vermögens-, Finanz- und Ertragslage ermöglichen (vgl. Abschn. 4.5). Zwar haben aus der Bilanzanalyse gewonnene Kennzahlen den Mangel, daß die Datenbasis aufgrund handelsrechtlicher Vorschriften legal manipulierbar ist. Außerdem sind die Daten nicht aktuell. Insoweit ist es zweckmäßig, Planjahresabschlüsse – soweit vorhanden – heranzuziehen. Außerdem ist ein zusätzlicher Rückgriff auf Daten aus dem Controlling (vgl. Kapitel 6) erforderlich.

Welche der aus diesen Informationsquellen abrufbaren bzw. ableitbaren wirtschaftlichen Informationen erforderlich sind, hängt sehr vom konkreten Fall ab. U.u. ist ein wirtschaftlich versierter Sachverständiger hinzuzuziehen (vgl. Abschn. 3.4.6).

Es soll hier nicht der Eindruck erweckt werden, daß das Kennziffern-System die gesamte Breite der Aufgaben des WA abdeckt. Deshalb wird im Kapitel 8 noch ausführlich auf die gesetzliche Aufgabendefinition der §§ 106 Abs. 3, 108 Abs. 5 und 110 BetrVG und deren Ausfüllung durch den WA einzugehen sein. Für die Systematisierung der *laufenden* Informationsarbeit und als Orientierungshilfe gerade für die weitergehenden Aufgaben des WAs kann dieses Informationskonzept ein strukturierendes Hilfsmittel sein.

7.2.3 Der Berichtsbogen

Informationen sind dann am nützlichsten, wenn sie laufend erhoben und verarbeitet werden. Es geht auch um Übersichtlichkeit und Verständlichkeit, die den Informationsaustausch zwischen den verschiedenen Organen der Interessenvertretung erleichtern. Hierfür ist es wichtig, daß die Interessenvertretung ihr konkretes Interesse an Art, Zeitpunkt und Zeitraum der Information und auch die Form der Berichterstattung selbst bestimmt. Es darf nicht dem Unternehmer überlassen bleiben, was »rechtzeitig und umfassend« ist und wie die Informationen präsentiert werden. Wir schlagen deshalb vor, die für wichtig befundenen Kennziffern in den Berichtsbögen zusammenzustellen. Im folgenden soll an einem *Musterberichtsbogen* das Grundkonzept erläutert werden.

Das Muster des Berichtsbogens soll für ein Unternehmen gelten. Besteht dieses aus mehreren Betrieben, sind zusätzliche Blätter gleicher Art für jeden Betrieb zu erstellen. Bei entsprechenden Größenordnungen ist eine weitere Gliederung nach Abteilungen erforderlich. Der in Übersicht 66 abgebildete Musterberichtsbogen ist vor allem unter Auswertungsgesichtspunkten (Ermittlung der Soll-Ist-Abweichungen) konzipiert und unterscheidet sich deshalb von den Zusammenstellungen der einzelnen Interessenbereiche zu Beginn dieses Kapitels durch eine andere Anordnung und Bezeichnung der Spalten.

Der Berichtsbogen enthält in den Spalten die Berichtszeiträume und die Soll-Ist-Abweichungen.

Der Berichtszeitraum ist im Musterbogen so ausgestaltet, daß man auf einen Blick erkennen kann, wie sich die Kennziffern in der Vergangenheit (2 Jahre), Gegenwart und bis zum Ende des jeweiligen Planjahres entwikkeln. Dabei sind die Veränderungen und nicht so sehr die absoluten Zahlen von Interesse. Gedacht ist daran, daß der Unternehmer insbesondere Veränderungen größeren Ausmaßes rechtzeitig schriftlich erläutert. Auch müßte er veränderte Definitionen benennen.

Hält man es für wichtig, über längere Zeiträume mit Hilfe eines solchen Berichtsbogens informiert zu sein, müßten mehr Vergangenheitswerte und weiterreichende Zukunftswerte als zusätzliche Spalten aufgenommen werden. Zusätzliche Spalten können auch durch kumulierte Werte und Indexwerte erforderlich sein. Das gleiche gilt, wenn eine quartalsweise Berichterstattung als ungenügend und monatliche Informationen als bedeutsam eingeschätzt werden. Es muß aber davor gewarnt werden, einerseits den Berichtsbogen zu überfrachten, andererseits die Interessenvertretung in zu kurzen Zeitabständen mit Auswertungsarbeiten zu überlasten. *Weniger ist oft mehr!*

Berichte über längere Planperioden als ein Jahr sind – trotz stark anwachsender Unsicherheit – für die Interessenvertretung wichtig. Projektplanungen, die neben der regelmäßigen Planung durchgeführt werden, müssen in zusätzlichen Kennziffernbögen abgebildet werden (z.B. Werksneubau, größere Investitionsvorhaben, Umorganisation usw.). Die Interessenvertretung sollte vor der Verabschiedung des Budgets (Jahresplanung) ihr Informationsbegehren bereits mit konkreten Forderungskatalogen begleiten.

Bei allem ist folgendes zu beachten: Kennziffernbögen allein sind Daten-

Übersicht 66

Muster eines Berichtsbogens

	Kennziffern für Arbeitnehmer (Muster für einen Berichtsbogen) für den I. Quartalsbericht 1987	IST 1995	Abweichungen in % Vorjahr (1994)	IST 1996 I. Quartal	Abweichungen in % zum Vorjahresquart.	SOLL 1996 I. Quartal	Abweichungen in % IST I. Quartal 1995	SOLL/BUTGET/ PLAN 1996	Abweichungen in % IST 1995	Voraussichtliches IST 1996	Abweichungen in % SOLL 1996	Erläuterungen besonderer Abweichungen
Interesse an Beschäftigungs-sicherung	1. Beschäftigung Personalbestand (Anzahl) Teilzeitbeschäftigte (Anzahl) Befristete Arbeitsverhältnisse (Anzahl) Arbeiter (Anzahl) Tarifangestellte (Anzahl) AT-Angestellte (Anzahl) Leitende Angestellte (Anzahl) Ausbildungsquote (%) Einstellungen (Anzahl) Entlassungen (Anzahl) Versetzungen (Anzahl) Fluktuation (%)											
Interesse an Einkommens-sicherung und -steigerung	2. Einkommen Lohn je Arbeiter (DM) (Haupt- und Nebenbezüge) davon tariflich (%) Gehalt je Tarifangestellten (DM) davon tariflich (%) Gehalt je AT-Angestellten (DM) Gehalt je Leitender Angestellter (DM) Höhergruppierungen (Anzahl) Abgruppierungen (Anzahl)											
Interesse an Verbesserung der Arbeits-bedingungen	3. Arbeitsbedingungen Lärmarbeitsplätze (Anzahl) Arbeitsplätze mit gefährlichen Stoffen (Anzahl) Monotone Tätigkeiten (Anzahl) Krankenstand (%) Arbeitsunfälle (Anzahl) Sicherheitsbeauftragte (Arbeitsstunden) Arbeitsplätze mit mehr Arbeitsinhalten (Anzahl) Aufwand für menschengerechte Technologie, Abschirmungen und individuellen Schutz (TDM) Abschirmungen von Staub, Erschütterungen usw. an der Entstehungsquelle (Anzahl der Arbeitsplätze)											
Interesse an Verbesserung der Arbeitszeit	4. Arbeitszeit Tatsächl. Wochenarbeitszeit je Vollzeitbeschäftigtem Arbeitnehmer (Std.) Überstunden je betroffener Arbeitnehmer und Monat (Std.) Ausfallzeiten (in % der geleisteten Arbeitsstunden)											

	Gleitende Arbeitszeit (Anzahl) Schichtarbeit (Anzahl) Schichtarbeit (Anzahl) davon Wechsel-/Konti-/Nachtschicht Sonn- und Feiertagsarbeit, Samstagsarbeit (Anzahl)											
Interesse an Verbesserung der Berufsbildung	5. Qualifikation Arbeitnehmer ohne Berufsausbildung (Anzahl) Arbeitnehmer mit Berufsausbildung (Anzahl) Arbeitnehmer in berufsfremden Tätigkeiten (Anzahl) Arbeitnehmer in Umschulung (Anzahl) Arbeitnehmer in Fortbildung (Anzahl) Bildung mit anschl. Höhergruppierung (Anzahl) Bildungsaufwand je Arbeiter, Angestellter, AT-Angestellter (TDM) Bildungsaufwand Berufsausbildung (TDM) Auszubildende (Anzahl) Übernahme nach Ausbildung (%) Ausbilder (Anzahl)											
Interesse an Absicherung der Sozial-einrichtungen	6. Soziale Einrichtungen Aufwand für soziale Einrichtungen (DM) Zur Verfügung gestellte Wohnungen (Anzahl) Aufwand für Freizeiteinrichtungen (DM) Kindergarten (Zahl der Plätze) Werkskantine (DM)											
Interesse an einer umwelt-gerechten Produktion	7. Umweltbelastungen Emissionen von Schadstoffen: Luft (Art, Meßwerte, Mengen) Boden (Art, Meßwerte, Mengen) Wasser (Art, Meßwerte, Mengen) Müll/Abfall (Art, Mengen) Kompensationszahlungen (TDM) Verhängte Strafen (Anzahl) Geldbußen (TDM) Umweltbedingte Erkrankungen (Anzahl)											
Unternehmen	Auftragseingang (TDM) Auftragsbestand (TDM) Umsatz (TDM) Lagerbestand (Fertig-/Halbfertigprodukte – TDM) Arbeitsproduktivität (pro Beschäftigtenstunde) Cash-flow (TDM) Jahresüberschuß (TDM)											

friedhöfe. Nur ihre bewußte Handhabung kann die Interessenvertretungsarbeit unterstützen. Die mobilisierende Politik, die konkrete, gemeinsame Aktion selbst, ist das eigentlich wichtige, nicht das Kennziffernsystem.

Im folgenden Abschnitt sollen Tips und Beispiele gegeben werden, wie man mit der Erstellung und Einführung eines auf den konkreten Betrieb bezogenen Kennziffern-Informationssystems (KIS) weiterkommt.

7.3 »Weniger ist oft mehr!« – Die Erstellung eines unternehmensbezogenen Kennziffernsystems

Leider stellen Interessenvertretungen, die mit dem Kennziffernkonzept arbeiten, bisher eher noch eine Ausnahme dar. So verwenden nach unserer Untersuchung nur 6 % aller befragten WA Informationssysteme, die den Anforderungen eines arbeitnehmerorientierten KIS, wie es oben dargestellt wurde, genügen. Dieses Ergebnis deckt sich auch mit den Erfahrungen gewerkschaftlicher Bildungseinrichtungen.

Die Ursachen für diesen Zustand liegen zum einen sicherlich in dem immer noch zu geringen Bekanntheitsgrad des Kennziffernansatzes bei den Interessenvertretungen und den gewerkschaftlichen Betreuungssekretären. Zum anderen sind es aber auch Widerstände von Unternehmerseite und vor allem Probleme und Widerstände innerhalb der Interessenvertretung, die eine Umsetzung des Konzepts bisher häufig erschwert oder gar verhindert haben.

In diesem Kapital sollen zunächst nur die internen Schwierigkeiten bei Erstellung und Anwendung eines unternehmensbezogenen Kennziffernsystems dargestellt und Vorschläge zur Überwindung dieser Probleme gemacht werden. Auf die möglichen Reaktionen der Interessenvertretung bei externen Widerständen durch die Unternehmerseite wird in Kapitel 9 eingegangen.

Oft wird die Arbeit mit Kennziffern von vielen BR- und WA-Mitgliedern mit folgenden Begründungen abgelehnt:

– *»Das ist doch alles zu arbeitsaufwendig!«*

– *»Viel zu theoretisch, für die praktische Arbeit ist das eher hinderlich!«*

Hinter diesen Argumenten verbergen sich jedoch häufig Befürchtungen, daß sich durch die Arbeit mit Kennziffern die Interessenvertretungsarbeit ingesamt ändern könnte.

In einer solchen Situation hilft nur geduldige Überzeugungsarbeit. Dazu können die Beispiele aus diesem Buch oder Erfahrungsberichte von Arbeitnehmervertretern aus anderen Betrieben, in denen mit dem KIS gearbeitet wird, herangezogen werden. Außerdem könnten sich einzelne Interessenvertreter für ihre eigene Arbeit im (G)BR, WA oder Aufsichtsrat Kennziffernbögen erstellen. Merken die anderen Mitglieder, daß jemand z.B. bei einer Auseinandersetzung mit dem Unternehmer oder bei internen Diskussionen des öfteren die »richtigen«, mit Zahlen belegten Argumente zur Hand hat, so könnte dieses Beispiel Schule machen. Schließlich ließe sich auch eine intensivere Schulungsarbeit für alle Mitglieder der Interessenvertretung anregen, um auf diese Weise Widerstände in den eigenen Reihen zu vermindern.

Selbst wenn weitgehende Einigung über den Einsatz des Kennziffernkonzepts besteht, werden sich bei der Entwicklung des Systems Probleme, Rückschläge und Frustrationen ergeben, die oft genug zu einem Abbruch oder Versanden führen können, wie Erfahrungen aus der Vergangenheit zeigen. Es lohnt sich deshalb, schon die Einführung des KIS planmäßig zu betreiben. Dazu sind die folgenden Fragen zu klären:

- Wer entwickelt den Kennziffernbogen?
- In welchen Schritten wird er eingeführt?
- Was enthält der Kennziffernbogen?
- Wer beschafft die Daten und pflegt den Kennziffernbogen?
- Wann wird der Kennziffernbogen überarbeitet?

Diese Fragen werden je nach der betrieblichen Situation unterschiedlich zu beantworten sein. Wir wollen jedoch einige Hinweise auf erfolgversprechende Vorgehensweisen und vermeidbare Fehler geben.

7.3.1 Wer entwickelt den Kennziffernbogen?

Zunächst muß festgelegt werden, wer die Entwicklung des auf das eigene Unternehmen bezogenen KIS in die Hand nehmen soll. Erfahrungsgemäß ist es sinnvoll, eine kleine Arbeitsgruppe zu bilden, die Vorschläge erarbeitet und im (G)BR zur Beschlußfassung vorlegt. Soll der WA später die Pflege des Systems übernehmen, d.h. für die Aktualität der Informationen sorgen, so sollte die Arbeitsgruppe aus WA-Mitgliedern bestehen. Dabei muß darauf geachtet werden, daß diese WA-Mitglieder auch zugleich im BR sitzen, um die Entwicklung eines »abgehobenen« Systems zu verhindern.

Abzuraten ist vom Einsatz von »Einzelkämpfern«. Da es sich bei einem solchen Mitglied der Interessenvertretung oft um einen der wenigen Aktiven handelt, droht in solchen Fällen die Entwicklung des unternehmensbezogenen KIS leicht auf die lange Bank geschoben zu werden, da immer wieder kurzfristig zu lösende, wichtige Probleme dazwischenkommen. Oder es besteht die Gefahr einer mehr »privaten« oder zufälligen Nutzung der Daten.

7.3.2 In welchen Schritten wird der Kennziffernbogen eingeführt?

Auch für dieses Problem gibt es keine Patentlösung. Wir wollen drei mögliche Vorgehensweisen beschreiben, die an unterschiedliche Voraussetzungen gebunden sind und jeweils Vor- und Nachteile haben. Es sind dies

- die Einführung auf einen Schlag
- die problemorientierte, schrittweise Einführung
- der Mittelweg.

1. Einführung auf einen Schlag

Von Schulungsteilnehmern hört man manchmal, daß sie nach der Teilnahme an einem Kennziffernseminar einen umfangreichen Bogen entwickelt haben, in dem alle zur Zeit und möglichst auch für die Zukunft als wichtig erachteten Kennziffern enthalten waren. Häufig ist damit der Mißerfolg leider schon vorprogrammiert: Entweder scheiterte dieser Versuch an der Überforderung der restlichen Mitglieder der Interessenvertretung, oder der Unternehmer verweigerte die Übermittlung der geforderten Daten. Da bei der Interessenvertretung der Nutzen des Konzepts zu diesem Zeitpunkt jedoch noch nicht erkennbar war, wurde auch kein Druck auf den Unternehmer zur Herausgabe der geforderten Daten entwickelt. Im Ergebnis landete der Kennziffernbogen in der Schublade.

Gelänge die Einführung auf einen Schlag, so hätte sie unbestreitbar den Vorteil, daß die Interessenvertretung schon nach kurzer Zeit über eine umfassende Problemsicht verfügt. Allerdings sollte man einen solchen Kraftakt nur wagen, wenn das Konzept auf einer gemeinsamen Klausurtagung der gesamten Interessenvertretung unter Anwesenheit eines mit dem KIS-Ansatz vertrauten Experten entwickelt wird. Außerdem sollte zumindest für das erste Jahr der Arbeit mit dem Kennziffernbogen eine Betreuung durch einen Gewerkschaftssekretär erfolgen, damit auftretende Probleme früh erkannt und schnell gelöst werden können. Denn auch bei der Einführung auf einen Schlag braucht man einen langen Atem, da viele Daten erst dann zu einer nutzbringenden Information für die Interessenvertretung werden, wenn sie über einen längeren Zeitraum erhoben und ausgewertet wurden.

2. Problemorientierte, schrittweise Einführung

Der in aller Regel erfolgversprechendere Weg zur Einführung des KIS im Unternehmen dürfte in einem schrittweisen Vorgehen bestehen. Dabei wird zunächst nur ein Kennziffernbogen mit wenigen Kennziffern (etwa 15 bis 20) entwickelt. Zur Auswahl dieser Kennziffern orientiert man sich am besten an einem aktuellen Problem bzw. einer Aufgabe, die sich die Interessenvertretung für die nähere Zukunft gestellt hat.

Beispiel:

In der Z-KG hatte sich der BR vorgenommen, das Überstundenproblem anzugehen. Einerseits wurde der BR vom Arbeitgeber gar nicht oder zu spät eingeschaltet, wenn Überstunden geleistet werden sollten, so daß die Mitbestimmungsrechte oft nicht wahrgenommen werden konnten. Wenn der BR dennoch einmal Überstunden ablehnen wollte, wurde von der Unternehmensleitung zumeist behauptet, es handele sich um unvorhersehbare Überstunden, die der BR doch nicht ernsthaft verhindern wolle. Andererseits war es auch erforderlich, die Belegschaft zu überzeugen, daß ein Überstundenabbau notwendig und möglich sei.

Der WA erhielt die Aufgabe, die dafür geeigneten Kennziffern zusammenzuststellen. Im WA wurde daraufhin der (auf Seite 205 abgebildete) Kennziffernbogen entwickelt. Nachdem die Daten über mehrere Monate vom Unternehmer abgefragt und in den Kennziffernbogen eingetragen worden waren, verfügte der BR über wichtige Informationsgrundlagen. So konnte z.B. durch den Vergleich zwischen beantragten und geleisteten Überstunden die bisherige Vermutung, daß der BR über viele Überstunden von der Geschäftsleitung nicht unterrichtet wurde, belegt werden. Außerdem stellte man anhand des Zahlenmaterials fest, daß in der Abteilung mit den meisten Überstunden auch der höchste Krankenstand gegeben war. Da es sonst keine vernünftige Erklärung dafür gab, konnte der BR nun seine Behauptung belegen, zu viele Überstunden machten krank. Schließlich konnte der BR auch seine Forderung nach Neueinstellungen besser untermauern, da ein Vergleich der Planzahlen für Beschäftigte und Umsatz mit den Vergangenheitszahlen ergab, daß auch in Zukunft wieder Überstunden anfallen würden, wenn die Umsatzziele erreicht werden sollten. Die Überstunden wurden also von der Geschäftsleitung quasi mit eingeplant. (Vgl. dazu auch das Beispiel auf S. 214 ff.)

Sind erst einmal positive Erfahrungen mit einem solchen *verkürzten Kenn-*

ziffernbogen gemacht worden, so dürfte einer späteren schrittweisen Ausdehnung der zu erfassenden Daten nichts mehr im Wege stehen. Bei den Ausweitungsschritten kann man dann auch zugleich die bei der Arbeit mit dem Kennziffernbogen erkannten Mängel beheben.

Der Vorteil dieser Vorgehensweise besteht darin, daß man schon nach recht kurzer Zeit erste Erfolge sieht. Allerdings bleibt die Problemsicht in der Regel unvollkommen, da aus einigen Interessenbereichen zunächst keine Daten ermittelt werden. Die schrittweise Einführung sollte deshalb gewählt werden, wenn es in der Interessenvertretung noch viele zögernde Mitglieder gibt, die durch Anfangserfolge vom Nutzen des Konzepts überzeugt werden müssen.

3. Mittelweg

Der Mittelweg besteht aus einer Kombination der beiden beschriebenen Verfahren: Es wird ein Bogen mit ca. 20 Kennziffern entwickelt, der aus jedem Interessenbereich mindestens 2 Kennziffern enthält, so daß die vollständige Erfassung der Arbeitnehmerbelange wenigstens im Prinzip gewährleistet ist. Außerdem wird ein Interessenbereich mit 5 bis 7 Kennziffern genauer ausgeleuchtet. Die Auswahl dieses Bereichs sollte dabei wie beim zweiten Weg davon abhängig gemacht werden, wo die Interessenvertretung zur Zeit oder in Zukunft die größten Probleme erwartet bzw. sich selbst Prioritäten setzt. Nach etwa einem halben bis ganzen Jahr kann dann darangegangen werden, weitere Interessenbereiche durch die schrittweise Aufnahme zusätzlicher Kennziffern vollständiger zu beschreiben. Diese Ergänzungsschritte sollten ebenfalls im Halb- bis Ganzjahresabstand erfolgen und den Kennziffernbogen um ca. jeweils 10 Kennziffern erweitern.

7.3.3 Was enthält der Kennziffernbogen?

Hat sich die Interessenvertretung für einen der drei Wege entschieden, so hat die *Arbeitsgruppe* die Aufgabe, Kennziffernbögen für das Unternehmen zu entwerfen. Dabei sind folgende Entscheidungen zu treffen:

- *Welche Kennziffern sollen zur Beschreibung der einzelnen Interessenbereiche in den Bogen aufgenommen werden?*

Dazu geht man am besten den Kennziffernkatalog (Anhang I, S. 275 ff.) Zeile für Zeile durch und überlegt, ob die jeweiligen Kennziffern für das eigene Unternehmen bzw. den eigenen Betrieb wichtig sind. Gibt es z.B. im Unternehmen keine Teilzeitbeschäftigten, so braucht man die entsprechende Zeile nicht im eigenen Kennziffernbogen.

	Unternehmensbogen Z–KG							
	monatliche IST-Zahlen 1996					Jahreszahlen		
						IST	PLAN	
	Januar	Febr.	März	……	Dez.	1996	1996	1997
Personalbestand (Anzahl) Arbeiter (Anzahl) Angestellte (Anzahl) Einstellungen (Anzahl) Entlassungen (Anzahl)								
Geleistete Arbeitsstunden								
Geleistete Überstunden								
Ausfallstunden wegen Krankheit								
Umsatz (1 000 DM)								
Auftragsbestand (1 000 DM)								
Lagerbestand (1 000 DM)								
Jahresüberschuß (1 000 DM)								
Arbeitsproduktivität (DM/Std.) (Umsatz/gel. Arbeitsstunde)								

	Abteilungsbogen Z–KG							
	monatliche IST-Zahlen 1996					Jahreszahlen		
						IST	PLAN	
	Januar	Febr.	März	……	Dez.	1996	1996	1997
Personalbestand (Anzahl) Arbeiter (Anzahl) Angestellte (Anzahl) Einstellungen (Anzahl) Entlassungen (Anzahl)								
Geleistete Arbeitsstunden								
Geleistete Überstunden								
Ausfallstunden wegen Krankheit								

Nimmt der Unternehmer Neueinstellungen fast nur noch befristet vor, kann die Kennziffer »Zahl der befristeten Arbeitsverhältnisse« diese unternehmerische Personalpolitik aufdecken.

Da die so entwickelten Kennziffernbögen – besonders bei der Einführung auf einen Schlag – oft zu umfangreich werden, muß vor der Aufnahme einer Kennziffer in den Bogen genau überprüft werden, ob die Interessenvertretung glaubt, damit etwas anfangen zu können. Im Zweifel sollte man dabei lieber eine Kennziffer *weniger* als eine mehr verwenden, um nicht später in der Datenfülle zu versinken. Eine Ausweitung des Bogens kann zu späteren Zeitpunkten immer noch erfolgen.

- *Für welche Bereiche sollen die Kennziffern erfaßt werden?*

Besteht das Unternehmen aus mehreren Betrieben, so ist es für die sechs hauptsächlichen Interessenbereiche sinnvoll, die Kennziffern zum einen für das Unternehmen insgesamt und zum anderen für jeden einzelnen Betrieb zu erfassen. Man erhält so auf der einen Seite eine Gesamtübersicht über die Entwicklung der Arbeitnehmerbelange auf Unternehmensebene, auf der anderen Seite läßt sich auch die Entwicklung in den einzelnen Betrieben verfolgen und vergleichen. Die Übersicht über die Datenfülle wird dabei erleichtert, wenn man für jeden Betrieb einen eigenen Kennziffernbogen verwendet.

Sind die einzelnen Betriebe relativ groß, so kann eine weitere Unterteilung in Abteilungen sinnvoll sein. Eine solche weitergehende Aufspaltung ist immer dann notwendig, wenn sich die Interessenvertretung bestimmter Probleme, die nur in einigen Abteilungen gegeben sind, annehmen will. Soll z.B. der bisher hohe Überstundenanfall reduziert werden, so ist eine Betrachtung in Abteilungen notwendig, da Überstunden in der Regel nicht in allen Abteilungen gleichmäßig anfallen.

Aus der Gruppe der wirtschaftlichen Kennziffern kommen dagegen nur einige wenige für eine Aufspaltung nach Betrieben in Frage. So können die Zugänge an Sachanlagen nach Betrieben und u.U. auch nach Abteilungen untergliedert werden. Eine Unterteilung der Kennziffern Auftragseingang, Auftragsbestand, Umsatz, Lagerbestand und Arbeitsproduktivität ist dagegen nur sinnvoll, wenn in den Betrieben unterschiedliche Produkte hergestellt werden und keine wesentlichen Leistungsverflechtungen zwischen den Betrieben bestehen. Allerdings wird häufig eine Einteilung dieser Kennziffern nach den im Unternehmen hergestellten Produktgruppen vorgenommen. Denn wenn sich z.B. die Anteile der Produktgruppen am geplanten Umsatz verändern, kann dies Auswirkungen auf die Arbeitnehmer haben (Versetzungen, notwendige Qualifizierungsmaßnahmen usw.), selbst wenn sich der Gesamtumsatz nicht wesentlich verändert,

• *In welchem zeitlichen Abstand sollen die Kennziffern erfaßt werden?*

Nach unseren Erfahrungen gibt es in jedem Unternehmen einige Kennziffern, bei denen eine jährliche Erfassung ausreicht, während bei anderen Kennziffern ein kürzerer Abstand (z.B. vierteljährlich oder monatlich) geboten ist. Generell dürfte es ausreichen, den Cash-flow und den Jahresüberschuß im Jahresrhythmus zu erfassen. Dagegen besteht meist ein Interesse daran, bei den Größen Auftragseingang, Auftragsbestand, Umsatz und Lagerbestand die monatliche Entwicklung zu verfolgen.

Ebenso sind die Kennziffern aus den sechs arbeitnehmerbezogenen Interessenbereichen daraufhin zu überprüfen, ob sie in monatlichen, vierteljährlichen oder jährlichen Abständen erfaßt werden sollen. Viele Interessenvertretungen entscheiden sich hier für einen kurzen Berichtszeitraum (monatlich bzw. vierteljährlich) bei den Daten zur Beschäftigung und zur Arbeitszeit und für einen längeren Abstand (jährlich) bei den Daten zu Einkommen, Arbeitsbedingungen, Qualifikation und den sozialen Einrichtungen.

Als grobe Richtschnur für die Entscheidung kann die vermutliche Entwicklung der einzelnen Kennziffern im Laufe eines Jahres verwendet werden: Sind keine großen Schwankungen von Monat zu Monat bzw. von Quartal zu Quartal zu erwarten, so genügt in der Regel die Erfassung im Jahresrhythmus. Weiß man dagegen, daß größere Schwankungen innerhalb eines Jahres auftreten, wie es z.B. bei Saisonbetrieben regelmäßig der Fall ist, so sollten die entsprechenden Kennziffern für kürzere Zeiträume erfaßt werden.

Zur Bewahrung der Übersichtlichkeit kann es sich anbieten, für das Unternehmen und jeden Betrieb zwei Kennzifferbögen zu entwickeln: einen *Jahresbogen,* in dem alle Kennziffern (auch die in kürzeren Zeitabständen zu erfassenden) mit ihren Jahreswerten enthalten sind, und einen *Monats-* oder *Quartalsbogen,* in dem nur die im Monats- bzw. Vierteljahresrhythmus erfaßten Daten aufgeführt sind.

• *Welche zusätzlichen Definitionen sind zu treffen?*

Als letzter Schritt müssen bei einigen Kennziffern noch zusätzliche Festlegungen getroffen werden, damit die Zahlen nicht mißgedeutet werden können. So muß man bei allen Kennziffern, die direkt oder indirekt die Zahl der Beschäftigten messen (z.B. Anzahl der Teilzeitbeschäftigten oder Anzahl bzw. Anteil der Schichtarbeiter), entscheiden, ob Durchschnitts- oder Stichtagswerte verwendet werden sollen. Wir schlagen vor, mit *Stichtagswerten* zu arbeiten (also z.B. Anzahl der Teilzeitbeschäftigten am Monats- oder

Jahresende), weil diese Zahlen leichter zu ermitteln sind und die Notwendigkeit zur Interpretation von Durchschnittszahlen entfällt.

In der Gruppe der Kennziffern zu den Arbeitsbedingungen ist außerdem zu definieren, was z.B. unter einem Lärmarbeitsplatz oder einem Arbeitsplatz mit gefährlichen Stoffen zu verstehen ist. In vielen dieser Fälle müssen Grenzen festgelegt werden, wie dies im Kennziffernkatalog im Anhang dieses Handbuchs beispielsweise geschehen ist. Es sollen also z.B. alle Arbeitsplätze, bei denen der Lärmpegel über 70 dB(A) liegt, als Lärmarbeitsplätze eingestuft werden. Erste Anhaltspunkte für solche Grenzwerte liefern die Bestimmungen der Berufsgenossenschaften. Allerdings kann sich die Interessenvertretung auch das Ziel setzen, bei möglichst vielen Arbeitsplätzen diese Grenzwerte zu unterschreiten. In einem solchen Fall müßten für die Kennziffern niedrigere Grenzen angesetzt werden.

Schließlich kann es in bestimmten Unternehmen und Betrieben sinnvoll sein, die Größen Umsatz, Auftragsbestand und -reichweite sowie Lagerbestand nicht wertmäßig (d.h. in DM), sondern mengenmäßig zu erfassen. Dies kann z.B. bei Unternehmen/Betrieben der Grundstoffindustrie oder in Unternehmen/Betrieben mit nur einem oder wenigen Produkten der Fall sein. Der Vorteil der mengenmäßigen Erfassung besteht darin, daß die in wertmäßigen Größen enthaltenen Preisschwankungen ausgeschaltet werden.

7.3.4 Wer beschafft die Daten und pflegt den Kennziffernbogen?

Wir haben in der Praxis gute Erfahrungen damit gemacht, dem WA die Beschaffung der Kennzifferndaten zu übertragen. Denn § 106 BetrVG bietet eine allgemeine Grundlage, diese Daten – besonders die auf die Zukunft bezogenen Plandaten – vom Unternehmer abzufordern. Der einfachste Weg für den WA besteht dann darin, dem Unternehmen den unausgefüllten Bogen zu übergeben und ausfüllen zu lassen.

Leider gibt es ein für diese Praxis wenig förderliches Urteil des LAG Stuttgart, in dem die Verpflichtung des Unternehmers, standardisierte Kennziffernbogen auszufüllen, verneint wird (vgl. LAG Stuttgart vom 22.11.1985). Versucht der Unternehmer unter Hinweis auf dieses Urteil, die Arbeit mit dem Kennziffernbogen zu verhindern, sollte der WA bzw. BR zu den in Kapitel 9.2 und 9.3 genannten Mitteln greifen. Dies wird aber bedeuten, daß diese Gremien zumindest für eine gewisse Zeit den Kennziffernbogen selber ausfüllen müssen, indem die einzelnen Daten vom Unternehmer abgefragt oder notfalls aus den Unterlagen des Unternehmers übertragen werden. Außerdem lassen sich viele Kennziffern auch aus sonstigen Unterlagen, die dem (G)BR vom Arbeitgeber nach § 80 Abs. 2 BetrVG zu überlassen sind, entnehmen.

Auf welchem Weg die Daten auch beschafft werden mögen, in der praktischen Arbeit mit dem KIS hat es sich als notwendig herausgestellt, daß sich mindestens eine Person, besser jedoch eine Gruppe, für die Pflege der Kennziffernbögen verantwortlich fühlt. Pflege bedeutet dabei, daß die Daten möglichst immer auf dem neuesten Stand gehalten und Fehler, die sich immer mal einschleichen können, korrigiert werden.

Werden dem WA die Beschaffung der Daten und die Pflege der Kennziffernbögen übertragen, so ist allerdings auf eine enge personelle und informatorische Verflechtung mit einem Interessenvertretungsgremien zu achten. Ist der WA bisher noch wenig aktiv, so ist es durch die Übertragung dieser Aufgabe an den WA auch möglich, dieses Gremium aus seinem bisherigen Dornröschenschlaf aufzuwecken.

7.3.5 Wann soll der Kennziffernbogen überarbeitet werden?

Wird der Kennziffernbogen in der Arbeit von WA und BR eingesetzt, so wird man in der Regel sehr schnell kleinere oder auch größere Mängel feststellen, sei es, daß die Definition einzelner Kennziffern unglücklich gewählt wurde, sei es, daß sich bestimmte Kennziffern als überflüssig, andere als fehlend herausstellen.

Es muß jedoch davor gewahrt werden, die Kennziffernbögen zu jeder WA-Sitzung zu verändern. Damit würden gerade die Vergleiche über einen längeren Zeitraum erschwert oder sogar unmöglich. Statt dessen raten wir dazu, daß einmal pro Jahr eine Sitzung der Interessenvertretung stattfindet, auf der die mit dem KIS gesammelten Erfahrungen ausgewertet werden. Als Ergebnis dieser Sitzung kann die mit der laufenden Pflege der Kennziffernbögen betraute Gruppe einen Veränderungsvorschlag machen. Bei der schrittweisen Einführung des KIS (Wege 2 und 3) wäre dies auch der Zeitpunkt, zu dem die bisherigen Kennziffernbögen erweitert werden sollten. Lediglich bei echten Definitionsfehlern und bei Kennziffern, die sich als offensichtlich aussagelos herausstellen, sollte man sofort Änderungen bzw. Streichungen vornehmen.

7.4 Die Auswertung der Kennzifferninformationen: Der Handlungsbedarf der Interessenvertretung wird deutlich

Grundlage der Informationsbeschaffung der Interessenvertretung sind die betriebs- und unternehmensbezogenen Berichtsbögen der Monats- bzw. Jahresbasis. Häufig kann man beobachten, daß Interessenvertretungen die z.T. mühevolle Beschaffung der Informationen als Erfolg an sich betrachten und darüber »vergessen«, *wozu* die Informationen überhaupt beschafft wurden. Dabei ist dieses »Vergessen« sicherlich auch Ausdruck einer nach wie vor vorhandenen reaktiven Grundhaltung vieler Interessenvertretungen, deren Überwindung nicht von heute auf morgen gelingt. Es kommt darauf an, sich immer wieder vor Augen zu halten, daß Informationen für die Interessenvertretung nicht Selbstzweck, sondern Mittel zum Zweck einer möglichst wirksamen Wahrnehmung der Schutz- und Gestaltungsfunktion der Interessenvertretung sind. Hierzu ist es notwendig, die Informationen zu verarbeiten und auszuwerten.

Erfahrungsgemäß stellt gerade die Auswertung von Informationen viele Interessenvertretungen vor erhebliche Probleme. Deshalb wollen wir zunächst die für Interessenvertretung wichtigsten Auswertungstechniken kurz darstellen und anschließend deren Anwendung an verschiedenen Praxisbeispielen demonstrieren.

7.4.1 Auswertungstechniken

Im Rahmen der Auswertung von Kennzifferninformationen sind vor allem
- die Umrechnung von Absolut- in Verhältniszahlen und
- die graphische Darstellung von Kennzifferninformationen bzw. Umrechnungsergebnissen

von Bedeutung.

1. Umrechnung von Absolut- in Verhältniszahlen

In aller Regel liegen dem WA die Kennziffern aus dem Berichtsbogen als Absolutzahlen vor. Diese sind für sich betrachtet häufig nicht sehr aufschlußreich. Unter Umständen verleiten sie sogar zu falschen Schlußfolgerungen. Für die betriebliche Interessenvertretung wichtige Erkenntnisse ergeben sich oftmals erst dadurch, daß man bestimmte Daten zueinander in Beziehung setzt. Mit Hilfe eines Dreisatzes ist diese Umrechnung relativ einfach möglich.

Beispiel:

Bestimmung des *Anteils* der unteren Lohngruppe (250 Beschäftigte) an der Gesamtzahl der Beschäftigten (825 Beschäftigte)

Gesamtzahl der Beschäftigten : 825 = 100 %
Besch. der unteren Lohngruppe : 250 = x %

$$x = \frac{100 \cdot 250}{825} = 30{,}3\ \%$$

2. Graphische Darstellungsformen

Wichtiger als einzelne Prozentzahlen ist für die Interessenvertretung häufig die Entwicklung dieser Größen im Zeitablauf oder im Vergleich zu Konkurrenzunternehmen oder zum Branchendurchschnitt. Nur so lassen sich Entwicklungstendenzen ausmachen (z.B. Tendenz zur Dequalifizierung bei überproportionaler Zunahme oder unterproportionaler Abnahme der unteren Lohngruppen) und eine Standortbestimmung vornehmen (z.B. wie ist die Qualifikationsstruktur im eigenen Unternehmen im Vergleich zur Branche, zur Konkurrenz usw.). Zum Erkennen solcher Zusammenhänge und zur besseren Veranschaulichung eignen sich vor allem graphische Darstellungsformen wie z.B. die Verlaufskurve oder das Säulendiagramm.

Graphische Darstellungsformen erleichtern die Auswertung von Informationen. Insbesondere durch die Abbildung mehrerer Kennzahlen in einer gemeinsamen Graphik lassen sich unter Umständen wichtige Zusammenhänge zwischen verschiedenen Größen erkennen. Es empfiehlt sich, die Graphiken auf Millimeterpapier zu zeichnen und für verschiedene Verlaufskurven unterschiedliche Farben zu verwenden.

Welche Zusammenhänge sind aus dieser Graphik ablesbar? Zwei wesentliche Entwicklungen sind deutlich erkennbar: einmal die relative gleichgerichtete Entwicklung von Mehrarbeit und Krankenstand. D.h., steigt die Mehrarbeit, steigt auch der Krankenstand, wobei die Entwicklung der Mehrarbeit einen zeitlichen Vorlauf vor der Entwicklung des Krankenstandes aufweist. Dies läßt vermuten, daß Mehrarbeit einen vermehrten Gesundheitsverschleiß bewirkt hat – und nicht, wie von Unternehmerseite gerne behauptet, daß Mehrarbeit nur notwendig war, um den erhöhten Krankenstand aufzufangen! Zum anderen ist eine gegenläufige Entwicklung zwischen Produktivitätsentwicklung (gemessen anhand der Pro-Kopf-Leistung) und Entwicklung der Mehrarbeit und des Krankenstandes erkennbar. Hieraus ließe sich ableiten, daß Mehrarbeit – zumindest über einen

Das einfache Säulendiagramm

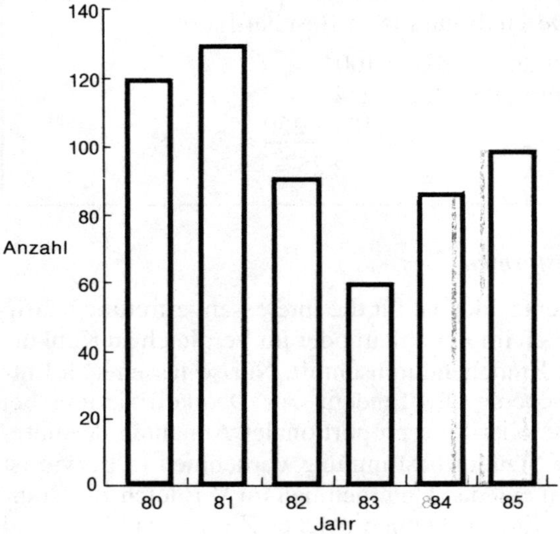

Die Verlaufskurve

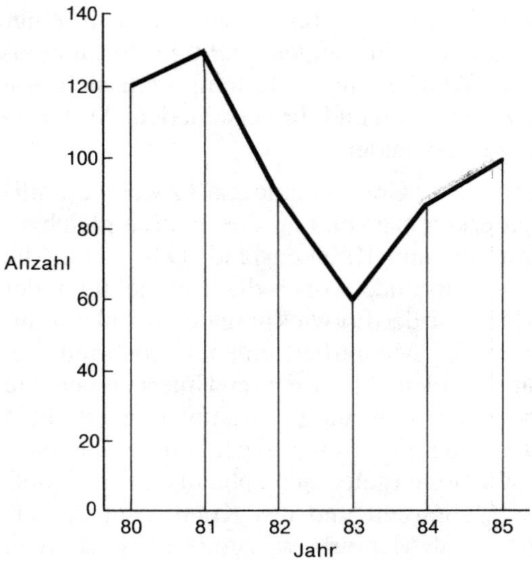

bestimmten Umfang hinaus – kontraproduktiv ist, d.h. während der Mehrarbeitszeit die Pro-Kopf-Leistung zurückgeht. Beide Einsichten eignen sich vorzüglich für eine Aufklärungskampagne gegenüber der Belegschaft zum Abbau von Mehrarbeit und zur Schaffung zusätzlicher Arbeitsplätze im eigenen Unternehmen sowie als Argumente zur Verweigerung der Zustimmung zur Mehrarbeit gegenüber dem Unternehmer.

Beispiel:

Abbildung mehrerer Verlaufskurven in einer Graphik

Dem WA der Z-KG (vgl. Beispiel 1 auf S. 122ff.) liegt der ausgefüllte Kennziffernbogen für das Unternehmen vor (siehe Übersicht auf S. 121).

Es werden nun für ein Jahr die monatlichen Daten bezüglich

– Arbeitsproduktivität (Umsatz : geleistete Arbeitsstunden)
– Mehrarbeit
– Krankenstand

als Verlaufskurven in einer Graphik abgetragen:

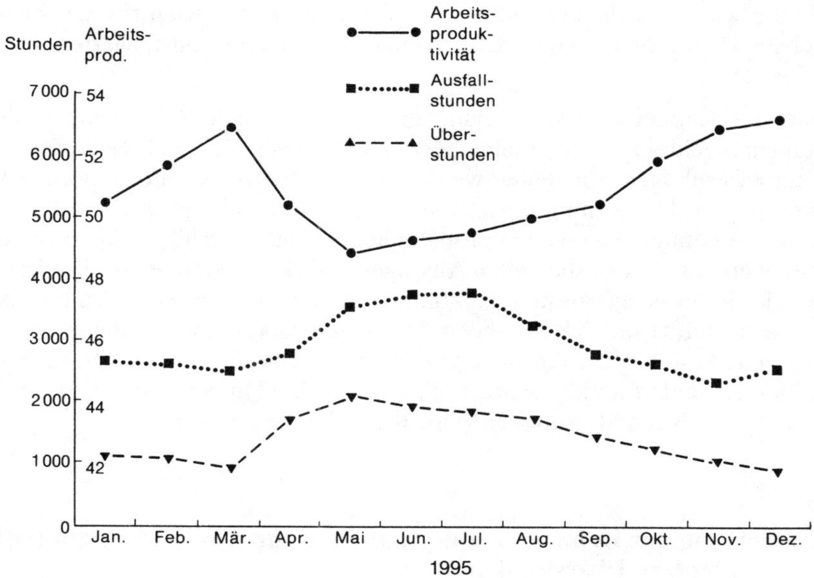

7.4.2 Praxisbeispiele

Anhand ausgewählter Beispiele wollen wir die Bedeutung und den Nutzen von Kennzifferninformationen für die Arbeit der Interessenvertretung verdeutlichen. Die Beispiele sind so gewählt, daß ein relativ breites Spektrum von Auswertungsfällen abgedeckt ist.

Verfügt – im Idealfall – die Interessenvertretung sowohl über Vergangenheitsdaten (Ist-Daten) als auch über entsprechende Plandaten, so kommt deren Auswertung eine bedeutsame Frühwarnfunktion zu (Beispiel 1). Stehen der Interessenvertretung (zunächst) Planzahlen nicht zur Verfügung, so können bereits aus Vergangenheitszahlen abgeleitete Entwicklungstendenzen unter Umständen dazu genutzt werden, den Unternehmer zur (teilweisen) Offenlegung seiner Planungen zu veranlassen (Beispiel 2). Auch konnte z.B. in den Tarifauseinandersetzungen 1986/87 um die Arbeitszeitverkürzung anhand vergangenheitsorientierter Kennziffern der Arbeitsplatzeffekt der Arbeitszeitverkürzung von 1985/86 um 1,5 Stunden in den einzelnen Unternehmen berechnet und damit das Unternehmerargument, Arbeitszeitverkürzung habe keinen Beschäftigungseffekt, für die Beschäftigten dieser Unternehmen eindrucksvoll widerlegt werden (Beispiel 3). Häufig wird es auch notwendig werden, ökonomische Daten zur wirtschaftlichen Begründung von Arbeitnehmerforderungen auszuwerten (Beispiel 4).

Wie das Kapitel zur Anwendung graphischer Darstellungsformen zeigt, können wichtige Sachverhalte bereits direkt aus den Zahlenwerten der Kennziffernbögen abgeleitet werden. Häufig wird es jedoch notwendig sein, für die Darstellung eines bestimmten Problems die in den Kennziffernbögen enthaltenen Daten problembezogen auszuwählen und besonders aufzubereiten, um zu speziellen Aussagen und Begründungen für Forderungen der Interessenvertretung zu kommen. Manchmal wird es auch notwendig sein, sich zusätzlich besondere Daten zu besorgen, die in den regelmäßig erstellten Kennziffernbögen noch nicht enthalten sind. Diese Fälle sollten gesondert notiert werden, da sie wichtige Hinweise für die Überarbeitung der Kennziffernbögen (vgl. Kapitel 5.4.5) geben.

Beispiel 1:

Auswertung der Kennzifferninformationen zur Aufdeckung zukünftiger »geplanter« Überstunden

In einem Unternehmen der metallverarbeitenden Industrie werden monatlich von einer Arbeitsgruppe des WA Berichtsbögen für verschiedene Ab-

	Unternehmensbogen Z–KG														
	monatliche IST-Zahlen 1995												Jahreszahlen		
													IST	PLAN	
	Januar	Febr.	März	April	Mai	Juni	Juli	August	Sept.	Oktober	Nov.	Dez.	1995	1995	1996
Personalbestand (Anzahl)	275	277	280	284	285	282	279	281	279	276	273	269	269	267	265
Arbeiter (Anzahl)	184	186	188	192	193	190	188	190	188	185	183	179	179	178	177
Angestellte (Anzahl)	91	91	92	92	92	92	91	91	91	91	90	90	90	89	88
Einstellungen (Anzahl)	5	3	5	4	2	1	0	3	2	0	2	0	27		
Entlassungen (Anzahl)	3	1	2	0	1	4	3	1	4	3	5	4	31		
Geleistete Arbeitsstunden	43 675	41 763	42 691	43 306	40 828	42 310	38 411	34 692	45 006	46 233	41 429	36 147	496 481	470 000	465 000
Geleistete Überstunden	1 117	1 020	874	1 627	2 024	1 913	1 832	1 692	1 422	1 237	1 056	929	16 743		
Ausfallstunden wegen Krankheit	2 640	2 577	2 463	2 761	3 516	3 723	3 757	3 218	2 752	2 580	2 307	2 518	34 812		
Umsatz (1 000 DM)	2 201	2 155	2 254	2 178	1 988	2 077	1 897	1 731	2 264	2 390	2 187	1 880	25 202	24 000	26 000
Auftragsbestand (1 000 DM)	3 708	3 560	3 270	3 510	3 760	3 480	3 210	3 070	2 850	3 190	3 460	3 570	3 570	3 000	3 000
Lagerbestand (1 000 DM)	1 280	1 240	1 150	1 170	1 280	1 350	1 400	1 430	1 450	1 410	1 370	1 320	1 320	1 200	1 000
Jahresüberschuß (1 000 DM)													850	720	900
Arbeitsproduktivität (DM/Std) (Umsatz/gel. Arbeitsstunde)	50,4	51,6	52,8	50,3	48,7	49,1	49,4	49,9	50,3	51,7	52,8	53,2	50,8	ca. 51	ca. 56

teilungen geführt. Der Berichtsbogen für die Montageabteilung des Unternehmens für den Monat Januar ist auf S. 217 abgebildet.

Der Betriebsrat entnimmt dem Kennziffernbogen die Information, daß im Januar 1995 542 Überstunden in der Montage angefallen sind. Bereits seit längerer Zeit ärgert er sich über den Sachverhalt, daß der Unternehmer wiederholt die Notwendigkeit zur Samstagsarbeit betont hat, um die seiner Meinung nach überraschend und unverständlich hohen Ausfallzeiten zu kompensieren. Der Betriebsrat hatte bisher vergeblich zur Erhöhung des Personalstandes in der Montage gedrängt und zähneknirschend die Samstagsschichten genehmigt. Er beschließt nun, mit Hilfe der seit Anfang 1994 geführten Kennziffernbögen das Problem systematisch zu durchleuchten, und er möchte seine Vermutung bestätigen, daß die zu leistenden Überstunden stillschweigend von dem Unternehmer geplant sind und daß demzufolge auch zukünftig mit Überstunden in hohem Umfang zu rechnen ist.

Der Versuch nachzuweisen, daß der Unternehmer Überstunden in der Produktion bewußt oder unbewußt einplant, muß von den geplanten Umsatzzahlen oder besser noch von den geplanten Produktionsmengen ausgehen.

In einem unternehmensbezogenen Kennziffernbogen, der mittels der »Unternehmensbezogenen Kennziffern« (vgl. Übersicht 66) Auskunft über die geplante wirtschaftliche Unternehmensentwicklung gibt, sind die geplanten Umsatzzahlen und Produktionswerte für die Produkte A und B und die Vorjahres-Ist-Zahlen aufgeführt (siehe die Plandaten zu Beispiel 1 auf S. 215).

Die geplanten Umsätze sind mit dem geplanten Produktionswert identisch, Lagerveränderungen sind also nicht geplant. Um nun die für die geplante Januar-Produktion notwendige Zahl von Vollzeit-Arbeitsplätzen ermitteln zu können, benötigt die Interessenvertretung noch weitere Informationen, die u.U. zusätzlich zu beschaffen sind:

– Aus den geplanten Produktionswerten sind zunächst die geplanten Produktionsmengen zu errechnen. Hierzu benötigt der Betriebsrat die den Produktionswerten zugrundeliegenden Plan-Preise.

  Plan-Preis Produkt A 3 500 DM/ME (ME = Mengeneinheit)
  Plan-Preis Produkt B 4 700 DM/ME
  Nach der Gleichung

  $$\text{Planmenge} = \frac{\text{geplanter Produktionswert}}{\text{Plan-Preis}}$$

  ergibt sich für das Produkt A folgende Planmenge:

  $$\text{Planmenge Produkt A} = \frac{5\,950\,000 \text{ DM}}{3\,500 \text{ DM}} = 1\,700 \text{ ME/Monat.}$$

Beispiel 1: Kennziffernbogen »geplante Unternehmensentwicklung« – Soll-Ist-Vergleich 1995

monatliche Kennzahlen	Januar			Februar			Dezember			Gesamt 1995			Gesamt 1996
	Soll	Ist	Abw.	Soll	Ist	Abw.	Soll	Ist	Abw.	Soll	Ist	Abw.	Ist
Umsatz Produkt A (TDM)	5 950	5 915	– 0,6 %	5 950									72 500
Umsatz Produkt B (TDM)	6 110	6 580	+ 7,6 %	6 204									73 100
Produktion Produkt A (TDM)	5 950	5 950	0	5 950									71 100
Produktion Produkt B (TDM)	6 110	6 110	0	6 204									72 300
Lagerbestand Produkt A (TDM)	1 400	1 435	+ 2,5 %	1 400									1 100
Lagerbestand Produkt B (TDM)	1 880	1 410	– 25 %	1 880									1 500
Auftragsbestand Produkt A (TDM)	8 750	8 820	+ 0,8 %	8 750									8 700
Auftragsbestand Produkt B (TDM)	11 750	11 891	+ 1,2 %	11 844									11 700
.													
.													
.													
.													
.													
.													
.													
.													
.													
.													
.													
.													

Für das Produkt B ergibt sich:

$$\text{Planmenge Produkt B} = \frac{6.110\,000 \text{ DM}}{4\,700 \text{ DM}} = 1\,300 \text{ ME/Monat.}$$

– Ferner bedarf es der notwendigen Arbeitszeit pro Mengeneinheit je Produktart. Die produktbezogene notwendige Arbeitszeit gehört zu den wesentlichen Plandaten der Arbeitsvorbereitung und ist in jedem Betrieb mit einer Produktionsplanung vorhanden. Bei Akkordentlohnung ergibt sich die notwendige Arbeitszeit aus der Division der Vorgabezeit durch den durchschnittlichen Leistungsgrad.

  Ist die notwendige Arbeitszeit pro Produkteinheit jedoch nicht bekannt, so kann sie hilfsweise aus den Vorjahresdaten gewonnen werden, indem man die im Vorjahr für eine Produktart geleistete Arbeitszeit durch die hergestellte Produktionsmenge dividiert. Die Jahresproduktionsmenge je Produktart kann näherungsweise wie folgt ermittelt werden:

$$\text{Jahresproduktionsmenge} = \frac{\text{Produktionswert}}{\text{ISt-Preis}}$$

  Für die notwendige Arbeitszeit gilt:

$$\text{notwendige Arbeitszeit je ME} = \frac{\text{jährlich geleistete Arbeitsstunden}}{\text{Jahresproduktionsmenge}}$$

– Die Jahresproduktionsmengen für A und B ergeben sich bei einem Ist-Preis von DM 3 500 für Produkt A und DM 4 700 bei Produkt B wie folgt:

$$\text{Jahresproduktionsmenge A} = \frac{71\,100\,000 \text{ DM}}{3\,500 \text{ DM}} = 20\,314 \text{ ME}$$

$$\text{Jahresproduktionsmenge B} = \frac{72\,300\,000 \text{ DM}}{4\,700 \text{ DM}} = 15\,383 \text{ ME}$$

  Danach ergibt sich für die notwendige Arbeitszeit je ME:

$$\text{notwendige Arbeitszeit je ME von A} = \frac{16\,254 \text{ Std.}}{20\,314 \text{ ME}} = 0{,}8 \text{ Std./ME}$$

$$\text{notwendige Arbeitszeit je ME von B} = \frac{21\,546 \text{ Std.}}{15\,383 \text{ ME}} = 1{,}4 \text{ Std./ME}$$

  Die Aufteilung der 1994 insgesamt geleisteten Arbeitszeit (= 37 800 Std.) auf die Produkte A und B ergibt sich aus einer Rückfrage in der Montage.

– Für die geplanten Produktionsmengen im Januar 1987 errechnet sich folgende notwendige Arbeitszeit:

  Produkt A: 1 700 ME × 0,8 Std./ME = 1 360 Std.
  Produkt B: 1 300 ME × 1,4 Std./ME = <u>1 820 Std.</u>
  3 180 Std.

Beispiel 1: Berichtsbogen Montage		
	Gesamtzahlen 1994	Januar 1995
1. Beschäftigung		
Personalbestand (Anzahl)	27	27
Teilzeitbeschäftigte (Anzahl)	9	9
Befristete Arbeitsverhältnisse (Anzahl)	2	2
Arbeiter (Anzahl)	21	21
Tarifangestellte (Anzahl)	4	4
AT-Angestellte (Anzahl)	2	2
Leitende Angestellte (Anzahl)	0	0
Auszubildende (Anzahl)	2	2
Ausbildungsquote (%)	7,4	7,4
Einstellungen (Anzahl)	6	2
Entlassungen (Anzahl)	4	1
Versetzungen (Anzahl)	2	1
2. Einkommen		
Lohn je Arbeiter (DM/Monat)	2100	2150
davon tariflich (%)	89	90
Gehalt je Tarifangestellter (DM/Monat)	3000	3050
davon tariflich (%)	90	92
Gehalt je AT-Angestellter	5600	5800
Höhergruppierungen (Anzahl)	5	2
Abgruppierungen (Anzahl)	2	1
3. Arbeitsbedingungen		
Lärmarbeitsplätze (Anzahl)	6	6
Monotone Tätigkeiten (Anzahl)	7	7
Krankenstand (%)	10	11
Arbeitsunfälle (Anzahl)	5	1
Sicherheitsbeauftragte (Arbeitsstunden)	131	12
Aufwand für menschengerechte Technologie, Abschirmungen u. individuellen Schutz (DM)	40000	5000
4. Arbeitszeit		
geleistete Arbeitsstunden	37800	3190
davon Überstunden	6120	542
Ausfallzeiten (Stunden)	9900	826
Tatsächliche Wochenarbeitszeit je vollbeschäftigten Arbeitnehmer (DM)	44,2	44,6
Überstunden je betroffenen Arbeitnehmer	18,9	20
Gleitende Arbeitszeit (Anzahl)	3	3
Sonn- und Feiertagsarbeit, Samstagsarbeit (Anzahl)	24	3
5. Qualifikation		
Arbeitnehmer ohne Berufsausbildung (Anzahl)	8	8
Arbeitnehmer mit Berufsausbildung (Anzahl)	19	19
Arbeitnehmer in berufsfremder Tätigkeit (Anzahl)	4	4
Arbeitnehmer in Umschulung (Anzahl)	4	0
Arbeitnehmer in Fortbildung (Anzahl)	3	0
Bildung mit anschl. Höhergruppierung (Anzahl)	4	0
Bildungsaufwand je Arbeiter, Angestellter, AT-Angestellter (TDM)	7500	0
6. Soziale Einrichtungen		
Aufwand für soziale Einrichtungen (DM)	4800	500

- In der so ermittelten insgesamt notwendigen Arbeitszeit von 3 180 Stunden müssen nun noch die durchschnittlich anfallenden Ausfallzeiten hinzugerechnet werden. Grundlage hierfür ist die Reservequote des Vorjahres, die sich aus dem »Berichtsbogen Montage« (S. 219) ermitteln läßt.

  Bei der Berechnung der *Reservequote* werden die Ausfallzeiten zu den geleisteten Arbeitsstunden in Beziehung gesetzt:
  geleistete Arbeitsstunden 1986 = 37 800 Std. = 100 %
  Ausfallzeiten 1986 = 9 900 Std. = x %

  $$\text{Reservequote} = \frac{9\,900 \times 100}{37\,800} = 26{,}2\,\%$$

- Aufgrund dieser Reservequote ergibt sich eine voraussichtliche Ausfallzeit für Januar 1995 von 833 Stunden:

  $$\text{voraussichtliche Ausfallzeit} = \frac{3\,180 \times 26{,}2}{100} = 833 \text{ Std.}$$

  Demzufolge wären für die geplanten Produktionsmengen im Januar insgesamt 4 013 Stunden Arbeitszeit anzusetzen gewesen.

- Bei einer 38,5-Stunden-Woche beträgt die tägliche Arbeitszeit 7,7 Stunden, bei durchschnittlich 20 Arbeitstagen im Monat sind dies 154 Stunden Arbeitszeit je Vollzeit-Arbeitskraft. Die insgesamt notwendige Anzahl von Vollzeit-Arbeitsplätzen ergibt sich dann, indem die insgesamt erforderliche Arbeitszeit durch die monatliche Arbeitszeit einer Vollzeit-Arbeitskraft dividiert wird:

  $$\frac{4\,013 \text{ Std.}}{20 \times 7{,}7 \text{ Std.}} = 26{,}05 \text{ Vollzeit-Arbeitskräfte.}$$ [1]

- Dem Kennziffernbogen (S. 123) kann der Betriebsrat entnehmen, daß in der Montage permanent 3,5 Vollzeit-Arbeitskräfte fehlen. Insgesamt arbeiten in der Montage 27 Arbeitnehmer, davon 18 Vollzeit-Beschäftigte und 9 Teilzeit-Beschäftigte. Rückfragen in der Montage ergeben, daß die Teilzeit-Beschäftigten jeweils 50 % der normalen Arbeitszeit arbeiten, demzufolge entsprechen 9 Teilzeit-Beschäftigte 4,5 Vollzeit-Arbeitskräften, so daß in der Montage insgesamt 22,5 Vollzeit-Arbeitsplätze besetzt sind. Die Differenz zwischen den besetzten Vollzeit-Arbeitsplätzen (22,5) und den erforderlichen Vollzeit-Arbeitsplätzen (26) ergibt das dauernde Personaldefizit in Höhe von 3,5 Vollzeit-Arbeitsplätzen.

---

1 Bei Zugrundelegung der 37-Stunden-Woche erhöht sich deren Zahl entsprechend.

– Tatsächlich bewegen sich die Ausfallzeiten mit 826 Stunden im Januar 1995 im Rahmen des Jahresdurchschnitts 1994. Die Behauptung des Unternehmers, die Überstunden im Januar 1995 resultierten auf überdurchschnittlich hohen Ausfallzeiten, ist also unhaltbar.

  Vielmehr läßt sich zeigen, daß der Unternehmer mit einer viel zu niedrigen Reservequote plant und somit Überstunden auch für die Zukunft vorhersehbar sind: 22,5 besetzte Vollzeit-Arbeitsplätze ergeben im Monat (20 Arbeitstage, 7,7 Std./Tag) 3 465 Stunden an zur Verfügung stehender Arbeitszeit. Für die geplanten Produktionsmengen sind bereits 3 180 Stunden notwendige Arbeitszeit erforderlich, so daß eine mögliche Ausfallzeit von 285 Stunden verbleibt. Dies sind nur 35 % der tatsächlichen Ausfallzeit! Die verbleibende Ausfallzeit entspricht einer Reservequote von 9 % ($\frac{285 \times 100}{3\,180}$) , einem völlig unrealistischen Wert.

Nachdem der Betriebsrat durch die systematische Auswertung der Kennzifferninformationen den Sachverhalt gründlich analysiert hat, beschließt er, die gewonnenen Ergebnisse übersichtlich in einer Tabelle anzuordnen (siehe S. 222) und diese zur Grundlage für die erforderlichen Verhandlungen mit dem Arbeitgeber zu machen.

Mit dieser übersichtlichen Auswertungstabelle bestens auf eine Diskussion mit dem Unternehmer vorbereitet, beschließt der Betriebsrat, seine Zustimmung zu den zukünftig erforderlichen Überstunden von der Zusage des Unternehmers zur Erfüllung folgender Forderungen abhängig zu machen:

1. Der Personalbedarf für die Montage ist zukünftig auf der Basis einer realistischen Reservequote von 26 % zu ermitteln.
2. Umwandlung der zwei befristeten Arbeitsverhältnisse in unbefristete.
3. Angebot der Umwandlung der Teilzeitbeschäftigung in eine Vollzeitbeschäftigung an die Teilzeitbeschäftigten der Montage.
4. Sofern durch eine entsprechende Umwandlung der erforderliche Personalbedarf von 3,5 Vollzeit-Stellen nicht abzudecken ist, sind Neueinstellungen erforderlich.

Aufgrund der in dem Kennziffernbogen enthaltenen Informationen fällt es dem Betriebsrat nicht schwer, diesen Forderungskatalog zu formulieren.

Diese Forderungen sind zusätzlich auch wirtschaftlich zu begründen, da aufgrund der zu erwartenden Auftragsentwicklung und der Abnahme des Lagerbestandes im Januar 1995 um 25 % bei der Produktgruppe B eher mit einem Produktionsanstieg als mit einem Produktionsrückgang zu rechnen ist.

Abt. Montage Januar 1995	Produkt A	Produkt B	Gesamt
geplante Produktionswerte (TDM)	5950	6110	12060
Planpreise (DM)	3500,–	4700,–	
geplante Produktionsmenge (ME)	1700 ME	1300 ME	
notwendige Arbeitszeit pro ME (Std.)	0,8	1,4	–
notwendige Arbeitszeit für geplante Produktionsmengen (Std.)	1360	1820	3180
Reservequote Jan. 1995	–	–	$\frac{826 \times 100}{3190} = 25{,}9\,\%$
Reservequote 1986	–	–	$\frac{9900 \times 100}{37800} = 26{,}2\,\%$
rechnerische Ausfallzeiten bei einer Reservequote von 26,2 % (Std.)	354	473	833
Ist-Ausfall Jan. 1995	–	–	826
Insgesamt erforderliche Arbeitszeit (Std.)	1714	2293	4013
tatsächlich vorhandenes Arbeitszeitvolumen (Std.)	–	–	22,5 x 20 x 7,7 = 3465
»geplantes« Arbeitszeit-Defizit (Std.)	–	–	548
Einstellungsbedarf (Vollzeit-Arbeitskräfte)	–	–	$\frac{548}{154} = 3{,}6$
Vorhandenes Arbeitsvolumen (Std.)	–	–	22,5 x 20 x 7,7 = 3465
Notwendige Arbeitszeit Planproduktion (Std.)	1360	1820	3180
mögliche Ausfallzeit (Std.)			285
vom Unternehmer eingeplante Reservequote			285 x 100 = 9 % 3180

Zur Durchsetzung dieser Forderungen ist es notwendig, daß der Betriebsrat mit dem Unternehmer Verhandlungen aufnimmt (§ 92 BetrVG). Als Druckmittel kommen dabei in Betracht:

- Androhung der Verweigerung der Zustimmung von Überstunden,
- Verweigerung der Zustimmung zu Versetzungen aus Abteilungen, die nach den Berechnungen des Betriebsrats unterbesetzt sind,
- Abteilungen mit hohen Überstundenkontingenten in der Vergangenheit genauer »unter die Lupe zu nehmen«, z.B. nach Zusammenhängen zu Unfall- und Krankheitsquote suchen,
- Aufklärung der Belegschaft über die negativen Wirkungen von Überstunden (z.B. gesundheitliche Auswirkungen, Gefährdung des eigenen Arbeitsplatzes, Freizeitverlust, geringfügige Einkommensverbesserung durch hohe Abgaben, fehlende Solidarität mit den Arbeitslosen).

Wir haben das 1. Beispiel bewußt sehr ausführlich dargestellt, um zu zeigen, daß man zu sehr aussagekräftigen Daten kommt, wenn man die in den Kennziffernbögen enthaltenen Daten systematisch und problemorientiert auswertet.

Anhang des 1. Beispiels soll auch deutlich werden, daß

- man für ein bestimmtes Problem nicht alle Kennziffern eines Monatsbogens braucht, sondern die problemrelevanten Daten erkennen und zu aussagefähigen Zahlenwerten »verdichten« muß;
- die Daten verschiedener Kennziffernbögen u.U. miteinander in Beziehung gesetzt werden müssen;
- es sinnvoll ist, die Kennziffernbögen länger aufzubewahren, um Jahreswerte zu ermitteln;
- es sinnvoll ist, die Ergebnisse der Kennziffernauswertung in einer problembezogenen Übersicht darzustellen, um diese als Argumentationsgrundlage zu verwenden;
- aus den Kennziffernbögen abteilungsspezifisch sinnvolle Forderungen für die Durchsetzung von Arbeitnehmerinteressen abgeleitet werden können.

Beispiel 2:

»Prognose« über die Entwicklung der Belegschaftsstruktur anhand der Auswirkung von Vergangenheitsdaten

Der Betriebsrat eines Einzelhandelsunternehmens mit rd. 280 Beschäftigten hat bisher ohne Erfolg versucht, vom Unternehmer die Personalplanung für das jeweils kommende Geschäftsjahr zu erhalten. Angeblich ist es dem

Unternehmer nicht möglich, angesichts der »Unwägbarkeiten des Marktes« eine hinreichend genaue Personalplanung zu betreiben. Man lebe notgedrungenermaßen »von der Hand in den Mund«.

Der Betriebsrat will diese Situation nicht länger hinnehmen und beschließt, seine eigene Personalplanung zu machen. Zunächst einmal sollen die vorhandenen Unterlagen des WA über Beschäftigten- und Einkommensstruktur sowie die Produktivitätskennzahlen für die letzten 4 Jahre ausgewertet werden (siehe die gegenüberstehende Tabelle).

Bei einem Anstieg des Umsatzes von jährlich rd. 3 % bei relativ gleichbleibender Verkaufsfläche ist ein deutlicher Abbau des Beschäftigtenvolumens (gemessen in Vollzeit-Arbeitsplätzen) zu verzeichnen. Erreicht wurde dies vor allem durch eine Vernichtung von Vollzeit-Arbeitsplätzen sowie durch Umwandlung von Vollzeit- in Teilzeitstellen. Auffallend ist insbesondere die Zunahme der geringfügigen Beschäftigungsverhältnisse (die weder arbeitslosen-, kranken- noch rentenversicherungspflichtig sind) und der Teilzeitbeschäftigten mit weniger als 20 Std./Woche (die nicht arbeitslosenversicherungspflichtig sind). Ganz offensichtlich nutzt der Unternehmer auch die Möglichkeit des Beschäftigungsförderungsgesetzes zum vermehrten Abschluß befristeter Arbeitsverhältnisse.

Diese negativen Veränderungen in der Beschäftigtenstruktur gehen ganz eindeutig zu Lasten der Frauen. Sie sind es vor allem, die in Teilzeitbeschäftigungsverhältnissen arbeiten, schlechter bezahlt sind als Männer und auch schneller ihren Arbeitsplatz verlieren.

Die Verringerung des Beschäftigungsvolumens bei gleichzeitig leichtem Umsatzanstieg führt notgedrungen zu einer drastischen Arbeitsintensivierung, die sich in der Entwicklung des Umsatzes pro Vollzeitbeschäftigten ausdrückt. Mit dieser Entwicklung haben allerdings die Einkommen, die lediglich um die tariflichen Erhöhungen gestiegen sind, nicht Schritt gehalten.

Da der Unternehmer keine Informationen über die Personalplanung für das Geschäftsjahr 1987 zur Verfügung gestellt hatte, erarbeitet der BR auf der Grundlage der vorliegenden Vergangenheitsdaten eine »Prognose« für das kommende Geschäftsjahr, die der Belegschaft auf der nächsten ordentlichen Betriebsversammlung unter Verwendung der angefertigten Statistiken und Graphiken vorgestellt wird.

Aufgrund der vorliegenden Daten und Trends befürchtet der BR folgende Entwicklung:

– eine weitere Reduzierung des Beschäftigtenvolumens um mehr als 10 %,
– eine Vernichtung von Vollzeitstellen um mehr als 20 %,

	1983	1984	Veränd. Vorjahr	1985	Veränd. Vorjahr	1986	Veränd. Vorjahr
Beschäftigte insg. (umgerechnet auf VZ-Stellen)	251	246	− 2 %	225	− 9 %	197	− 12 %
– Vollzeit	201	190	− 5 %	162	− 15 %	128	− 21 %
Männer	74	70	− 5 %	67	− 4 %	66	− 1 %
Frauen	127	120	− 6 %	95	− 21 %	62	− 35 %
– Teilzeit	99	112	13 %	122	9 %	141	16 %
Arbeitszeit $\geq$ 20 Std./Wo	72	74	3 %	81	9 %	93	15 %
Männer	3	3	0 %	6	100 %	5	− 17 %
Frauen	69	71	3 %	75	6 %	88	17 %
Arbeitszeit $<$ 20 Std/Wo	22	30	36 %	31	3 %	34	10 %
Männer	0	0	0 %	0	0 %	0	0 %
Frauen	22	30	36 %	31	3 %	34	10 %
geringfüg. Beschäftigung	5	8	60 %	10	25 %	14	40 %
Männer	0	0	0 %	0	0 %	0	0 %
Frauen	5	8	60 %	10	25 %	14	40 %
– Aushilfen	10	11	10 %	10	− 9 %	12	20 %
Männer	2	3	50 %	2	− 33 %	3	50 %
Frauen	8	8	0 %	8	0 %	9	13 %
– Befristete Arbeitsverhältn.	15	17	13 %	28	65 %	45	61 %
Männer	7	8	14 %	11	38 %	16	45 %
Frauen	8	9	13 %	17	89 %	29	71 %
Einkommen (Vollzeit)							
∅ Männer (DM)	2172	2237	3 %	2349	5 %	2490	6 %
∅ Frauen (DM)	1771	1825	3 %	1890	4 %	1991	5 %
Gehaltsgruppe IV							
Männer (Anzahl)	21	21	0 %	21	0 %	20	− 5 %
Frauen (Anzahl)	15	15	0 %	11	− 27 %	10	− 9 %
Gehaltsgruppe III							
Männer (Anzahl)	30	28	− 7 %	27	− 4 %	27	0 %
Frauen (Anzahl)	52	54	4 %	50	− 7 %	46	− 8 %
Gehaltsgruppe II							
Männer (Anzahl)	23	21	−9 %	22	5 %	21	5 %
Frauen (Anzahl)	57	55	− 4 %	45	− 18 %	37	− 18 %
Gehaltsgruppe I							
Männer (Anzahl)	3	3	0 %	3	0 %	3	0 %
Frauen (Anzahl)	99	105	6 %	105	0 %	105	0 %
Umsatz (TDM)	13450	13861	3 %	14267	3 %	14709	3 %
Verkaufsfläche (m²)	10829	10829	0 %	10916	1 %	10916	0 %
Leistungskennzahlen							
– Umsatz pro Beschäftigten (DM)	53586	56346	5 %	63409	13 %	74665	18 %
– Umsatz pro m² Verkaufsfläche	1242	1280	3 %	1307	2 %	1347	3 %
– Verkaufsfl./ Beschäftig. (m²)	43,14	44,02	2 %	48,52	10 %	55,41	14 %

- eine Zunahme der Teilzeitarbeit um mindestens 10 %, wobei insbesondere Teilzeitarbeit mit weniger als 20 Std./Woche und geringfügige Beschäftigung ausgedehnt werden soll,
- weitere Leistungsverdichtung um ca. 15 %, die zu einem weiteren Auseinanderklaffen von Produktivitäts- und Einkommensentwicklung zu Lasten der Beschäftigten führen wird,
- eine weitere Benachteiligung der Frauen, die von diesen negativen Entwicklungen überproportional betroffen sein werden.

Der Betriebsrat fordert deshalb vom Unternehmer die Aufnahme von Verhandlungen über eine Personalplanung, die zunächst keine Zunahme der geringfügigen Beschäftigung und Teilzeitarbeit unter 20 Std./Woche vorsieht. Außerdem sollen die schon bestehenden, weitgehend ungeschützten Beschäftigungsverhältnisse schrittweise abgebaut werden. Um der Benachteiligung der Frauen einen Riegel vorzuschieben, soll ein Frauenförderplan vereinbart werden, der insbesondere auch Qualifizierungsmaßnahmen vorsieht, die vom Unternehmer zu bezahlen sind.

Auf der gleichen Betriebsversammlung bezichtigt der Unternehmer in einer Rede den BR der »Panikmache«. Die prognostizierten Daten seien »unseriös«, die Reduzierung des Personals werde wesentlich geringer ausfallen und weitere Umwandlungen von Vollzeit- in Teilzeitarbeitsverhältnisse sollen nur auf »freiwilliger Basis« vorgenommen werden usw.

Dieser Redebeitrag des Unternehmers zeigt ganz deutlich, daß entgegen bisherigen Behauptungen offensichtlich doch geplant wird. Wie sonst könnte der Unternehmer behaupten, die Zahlen des BR wären falsch? Doch nur, wenn er selbst Vergleichszahlen besitzt!

Solche »Fehlleistungen« des Unternehmers, die nach unserer Erfahrung gar nicht so selten sind, sollten von BR und WA zur erneuten Information und Beratung über die Personalplanung genutzt werden.

Beispiel 3:

Auswertung vergangenheitsbezogener Daten zur Mobilisierung der Belegschaften für die Tarifauseinandersetzung

Zur Mobilisierung der Belegschaften für die Auseinandersetzungen um die 35-Stunden-Woche startete die IG Metall im Dezember 1986 eine Kampagne unter dem Motto: »Unternehmer auf dem Prüfstand«. Ziel dieser Kampagne war es u.a., den Beschäftigungseffekt der letzten Arbeitszeitverkürzung in den einzelnen Unternehmen festzustellen.

Zu diesem Zweck erstellt die IG Metall Ortsverwaltung Berlin das auf

Auswertungsschema
zur Ermittlung der Arbeitsplatzwirkung der Arbeitszeitverkürzung

	40-Stunden-Woche					38,5-Std.-Woche	
Geschäftsjahr	1980	1981	1982	1983	1984	1985	1986
1. Gesamtleistung (ersatzweise Umsatz) (in Mio. DM)	81,4	84,9	88,0	88,9	91,8	103,0	105,0
2. Beschäftigte insgesamt	650	627	588	547	542	575	586
3. Gesamtleistung je Beschäftigten (in 1000 DM) (jeweilige Werte Zeile 1 : Werte Zeile 2)	125,2	135,5	149,7	162,6	169,4	178,3	179,1
4. jährliche Veränderung in % (bis 1984)		+ 8,2	+ 10,5	+ 8,6	+ 4,1		
5. durchschnittliche jährliche Veränderung (Werte in Zeile 4 addieren und durch 4 teilen)	$\frac{8,2 + 10,5 + 8,6 + 4,1}{4}$				7,85		
6. Produktivitätsfaktor $\frac{(100 + \text{Wert Zeile 5})}{100} = 1,..$	$\frac{100 + 7,85}{100}$				1,0785		
7. Gesamtleistung je Beschäftigten 1985 (geschätzt) (Wert 1984 in Zeile 3 × Zeile 6)	169,4 × 1,0785					182,7	
8. Gesamtleistung je Beschäftigten 1986 (geschätzt) (Wert Zeile 7 × Wert Zeile 6)	182,7 × 1,0785						197,0
9. geschätzte Zahl der Arbeitsplätze ohne AZV 1985 (Wert 1985 Zeile 1 : Wert Zeile 7)	103000 : 182,7					564	
10. geschätzte Zahl der Arbeitsplätze ohne AZV 1986 (Wert 1986 Zeile 1 : Wert Zeile 8)	105000 : 197						533
11. Arbeitsplatzeffekt der AZV 1985 (Wert 1985 Zeile 2 – Wert Zeile 9)	575 − 564					11	
12. Arbeitsplatzeffekt der AZV 1986 (Wert 1986 Zeile 2 – Wert Zeile 10)	586 − 533						53

S. 227 abgebildete Auswertungsschema, das für ein Unternehmen der elektronischen Industrie beispielhaft durchgerechnet ist.

Demnach erbrachte die Auswertung folgende Ergebnisse, die für die Mobilisierung der Belegschaft dieses Unternehmens genutzt werden konnte: Ohne Arbeitszeitverkürzung von 1,5 Stunden wären – eine unveränderte Produktivitätsentwicklung wie im Durchschnitt der Jahre 1980–1984 unterstellt – zur Erzielung des Umsatzes von 10,3 Mio. DM (Zeile 1), 564 Beschäftigte (Zeile 9) – notwendig gewesen. Tatsächlich waren jedoch 575 Arbeitnehmer (Zeile 2) beschäftigt. Hieraus folgt, daß die zusätzlichen 11 Beschäftigten (Zeile 11) Ergebnis der Arbeitszeitverkürung sind. Entsprechend ergab sich für 1986 ein positiver Arbeitsplatzeffekt von 53 Beschäftigten (Zeile 12).

Beispiel 4:

Auswertung ökonomischer Daten zur wirtschaftlichen Begründung von Arbeitnehmerforderungen

Seit mehreren Jahren erweist sich die Gießerei eines Halbzeugherstellers in der metallverarbeitenden Industrie als Engpaßfaktor für das Unternehmen. Dies äußert sich vor allem darin, daß Reparatur- und Wartungsarbeiten häufig auf Wochenenden gelegt und Gußbolzen von Wettbewerbern zugekauft werden. Um diese Wochenendarbeit möglichst zu vermeiden, fordert der BR seit Jahren eine technische Lösung des Problems durch eine Kapazitätserweiterung der Gießerei. Die Geschäftsleitung lehnte diese Forderung bislang mit folgenden Argumenten ab: EG-weit beständen Überkapazitäten, die durch Erweiterungsinvestitionen noch vergrößert würden; eine langfristige Auslastung sei somit nicht gewährleistet. Man versuche, durch technische Verbesserungen an der bestehenden Anlage das derzeitige Gußvolumen um etwa 25 % zu erhöhen. Erweiterungsinvestitionen, wie vom BR gefordert, seien in Anbetracht der seit einigen Jahren aufgelaufenen Bilanzverluste nicht finanzierbar.

In dieser Situation wird der BR von der Geschäftsführung darüber informiert, daß wegen eines zur Zeit bestehenden Auftragsbooms die zunächst befristete Einführung eines 4-Schicht-Betriebes in der Gießerei geplant sei. Es sollte deshalb schnellstmöglich eine diesbezügliche Betriebsvereinbarung abgeschlossen werden. Ein Entwurf der Geschäftsleitung sei beigefügt.

Auf der nächsten ordentlichen BR-Sitzung berät der BR dieses Problem und beschließt zunächst folgendes Vorgehen:

1. Der BR-Vorsitzende informiert unverzüglich die IGM-Ortsverwaltung und klärt mit dieser die tarif- und arbeitsrechtliche Lage.

2. Der WA wird aufgefordert, umgehend von der Geschäftsleitung Informationen über (technische) Alternativen zum 4-Schicht-Betrieb zu verlangen und darüber hinaus Informationen zusammenzustellen, die Auskunft über die Finanzierbarkeit von Erweiterungsinvestitionen geben können.
3. Die Belegschaft in der Gießerei soll umgehend auf einer Abteilungsversammlung informiert werden.

Auf einer vom WA-Sprecher einberufenen außerordentlichen WA-Sitzung erläutert die Geschäftsführung anhand der folgenden Übersicht die von ihr geprüften Konzepte zur Erhöhung des Gießvolumens:

Konzepte zur Erhöhung des Gießvolumens

Konzept	Investitionssumme (in Mio. DM)	Bedarf an Arbeitskräften	Gießleistung t/Monat	Vollkosten pro 100 kg DM
A. Zusätzlicher Tiegelofen	6	+ 3	2000	23,–
B. Vertikalanlage	4,5	+ 6	2000	25,–
C. Horizontalanlage	15–17	+ 10	2000	27,–
D. 4-Schicht-Betrieb	–	+ 15	2000	13,–
E. Zukauf	–	–	2000	30,–
Vorhandene Anlage (3-Schicht-Betrieb)	(15)	45	8000	16,–

In Anbetracht der schwierigen wirtschaftlichen Lage des Unternehmens sei die optimale Ausnutzung der vorhandenen Anlage im 4-Schicht-Betrieb (Konzept D) die betriebswirtschaftlich einzig sinnvolle Lösung.

Schließlich stellt der WA anhand seiner Unterlagen eine Übersicht der wichtigsten wirtschaftlichen Daten für den BR zusammen, die Auskunft über die Finanzierbarkeit einer Erweiterungsinvestition geben können:

Aufgrund dieser Informationen und nach Auskunft der Gewerkschaft über die tarifvertragliche und arbeitsrechtliche Lage sowie der ablehnenden Haltung der Beschäftigten in der Gießerei (auf einer von den Vertrauensleuten durchgeführten Unterschriftenaktion sprachen sich 100 % gegen die Einführung der 4. Schicht aus) faßte der BR nach ausführlicher Diskussion folgende Beschlüsse:

1. Der BR stimmt dem Antrag auf Einführung einer 4. Schicht nicht zu.

	1984	1985	1986	1987 (Vor.)	1988 (Plan)
Wirtschaftliche Daten					
Zugänge Sachanlagevermögen (Mio. DM)	4,1	3,7	5,2	4,0	4,5
Tilgung von Fremdkapital (Mio. DM)	–	–		1,1	2,0
Jahresüberschuß/-fehlbetrag (Mio. DM)	– 3,0	– 2,8	– 1,6	– 0,5	1,0
Cash-flow (Mio. DM)	+ 2,3	+ 3,1	+ 4,7	+ 5,1	8,0
Umsatz (Mio. DM)	147,2	151,6	158,6	160	162

2. Der BR fordert weiterhin eine technische Lösung des Problems, d.h. eine Kapazitätserweiterung der Gießerei.
3. Für den Fall, daß die Geschäftsführung die Durchführung einer Erweiterungsinvestition *verbindlich* zusagt, ist der BR bereit, mit der Geschäftsführung für die Übergangszeit von voraussichtlich 2 Jahren bis zur Inbetriebnahme der neuen Anlage über Lösungen (z.B. Sonderschichten, befristete 4. Schicht, Zukauf) zu beraten.

Begründung:

Aufgrund des geltenden *Tarifvertrages* ist ein kontinuierlicher Schichtbetrieb nur aus technischen, nicht jedoch aus wirtschaftlichen Gründen zulässig.

Dessen ungeachtet hält der BR eine Erweiterungsinvestition aus folgenden Gründen für dringend geboten:

- Schon bisher reichte die Kapazität der Gießerei nicht aus, um den Gußbedarf zu decken. Notwendige Instandhaltungs- und Reparaturarbeiten werden deshalb seit einiger Zeit schon auf die Wochenenden gelegt. Nach Auffassung des BR muß aber die Gießkapazität so dimensioniert sein, daß neben dem »normalen« Bedarf an Guß auch ein gewisser Vorrat angelegt werden kann, damit die notwendigen Reparatur- und Instandhaltungsarbeiten in der regelmäßigen tariflichen Wochenarbeitszeit von Montag bis Freitag durchgeführt werden können, ohne daß dadurch die übrige Produktion beeinträchtigt wird.
- Auch für die kommenden Geschäftsjahre wird ganz offensichtlich von einem weiteren Anstieg des Umsatzes und damit auch einem erhöhten Gußbedarf ausgegangen.
- Die Einführung eines 4-Schicht-Betriebs ist zwar für die Geschäftsfüh-

rung die profitabelste Alternative. Für die Beschäftigten in der Gießerei hingegen hat diese Lösung jedoch schwerwiegende negative gesundheitliche und soziale Auswirkungen. Da jedoch nach Angaben der Geschäftsführung andere Alternativen existieren, die ebenfalls – wenn auch weniger – profitabel sind und die diese negativen Folgen für die Beschäftigten nicht aufweisen, kann ohne Gefahr für die Existenz des Unternehmens eine dieser Alternativen gewählt werden.

- Auch eine Finanzierung der Erweiterungsinvestition ist zumindest zum Teil aus dem Umsatzüberschuß (cash-flow) möglich. Außerdem wäre zu prüfen, ob bereits geplante Investitionen (Zugänge zum Sachanlagevermögen) oder die Tilgung von Fremdkapital zeitlich hinausgeschoben werden können.
- Die Bereitschaft des BR, sobald eine verbindliche Zusage über eine Erweiterungsinvestition vorliegt, über Übergangsregelungen zu verhandeln, beinhaltet auch die Vereinbarung von Sonderschichten am Wochenende. Die hierdurch erzielbaren zusätzlichen Deckungsbeiträge könnten ebenfalls zur Finanzierung herangezogen werden.

Vertiefende und weiterführende Literatur:

Boguslawski, G.-U./Irrek, B., Datenhandbuch, Graue Reihe Nr. 10 der Hans-Böckler-Stiftung, Düsseldorf 1984.

Briefs, U. u.a., Gewerkschaftliche Betriebspolitik und Information, Köln 1983.

Krack, J./Strauss-Wieczorek, G., Der Wirtschaftsausschuß als Teil gewerkschaftlicher Interessenvertretung, Schriftenreihe der IG Metall, Heft 96, Frankfurt a. M. 1982, auch in: Der Betriebsrat (IGCPK) Heft 3, 1981.

Kröger, H. J. (Hrsg.), Wirtschaftliche Kennzahlen – Handbuch für gewerkschaftliche Betriebspolitik, Hamburg 1984.

WSI-Projektgruppe, Mitbestimmung in Unternehmen und Betrieb, Köln 1981, S. 100–188 und S. 277–300.

8. »Worüber soll informiert und beraten werden?« – Die inhaltliche Gestaltung der Wirtschaftsausschuß-Sitzungen

Im Prinzip ist der Unternehmer verpflichtet, den WA von sich aus rechtzeitig und umfassend über die wirtschaftlichen Angelegenheiten des Unternehmens zu unterrichten. Die Praxis zeigt jedoch, daß gut informierte WA in der Regel nur dort zu finden sind, wo der WA selbst Zeitpunkt und Umfang der zu übermittelnden Informationen bestimmt. Der WA sollte deshalb dem Unternehmer mitteilen, welche Unterlagen und Daten er regelmäßig dem WA vorlegen soll.

Bei der inhaltlichen Gestaltung der WA-Sitzung ist es sinnvoll, zwischen einem Routinebereich, der auf jeder WA-Sitzung wiederkehrt, einem Bereich für Sonderthemen, die nur zu ganz bestimmten WA-Sitzungen behandelt werden, und einem Bereich für aktuelle Themen, die auf Veranlassung des Unternehmers auf die Tagesordnung gesetzt werden, zu unterscheiden.

8.1 Der Routinebereich

Der Routinebereich der WA-Sitzung enthält die Themen, über die regelmäßig auf jeder WA-Sitzung informiert und beraten wird. Der WA sollte sich dazu vom Unternehmer regelmäßig folgende Unterlagen und Daten vorlegen lassen:

- Die monatliche kurzfristige Erfolgsrechnung (z.B. in Form der Dekkungsbeitragsrechnung) untergliedert nach den Sparten, Bereichen oder wichtigsten Produkten des Unternehmens, wobei die Aufstellung neben den Istwerten für den vergangenen Monat und das bisher abgelaufene Jahr auch – soweit dies im Unternehmen üblich ist – die entsprechenden Vorjahres-, Plan- und Vorschauwerte enthalten sollte.
- Außerdem sollten die im Unternehmen gebräuchlichsten Leistungskennziffern – wie z.B. Umsatz pro Vollzeitarbeitnehmer, Umsatz pro Quadratmeter, Produktionsmenge pro Tag – in der Soll- und Istentwicklung dargestellt werden.

- Je nach Branche und Besonderheit des Unternehmens sollten ergänzend zu der kurzfristigen Erfolgsrechnung differenzierte Umsatz-, Absatz und Produktionsstatistiken sowie die Entwicklung wichtiger Kostenbereiche vorgelegt werden.
- Schließlich sollten die Daten entsprechend dem vom WA entwickelten Kennziffernbogen (vgl. Kap. 7) vom Unternehmer abgefordert werden, wobei auch hier möglichst eine Gegenüberstellung der Plan- und Istwerte erfolgen sollte.

Wichtig ist dabei, daß diese Unterlagen und Daten vom WA schriftlich so rechtzeitig vom Unternehmer abgefordert werden, daß sie schon zur Vorbereitungssitzung des WA vorliegen. Auf dieser Vorbereitungssitzung erfolgt die Auswertung (Soll/Ist-Vergleich) der Daten, so daß der WA konkrete Fragen an den Unternehmer bezüglich

- der Ursachen möglicher Abweichungen der Ist- bzw. Vorschauzahlen von den Planzahlen,
- der vom Management vorgesehenen Maßnahmen zur Vermeidung zukünftiger Abweichungen sowie
- der voraussichtlichen Auswirkungen auf die Interessen der Beschäftigten

formuliert und gegebenenfalls schriftlich an den Unternehmer gestellt werden können.

Auf der Grundlage dieser Vorbereitung sowie der Antworten des Unternehmers auf der WA-Sitzung können nun von der Interessenvertretung Forderungen bzw. Alternativen zum Schutz der Beschäftigten entwickelt und vom WA in die Beratungen mit dem Unternehmer eingebracht werden.

Beispiel:

Standard-Daten zur WA-Vorbereitung

Der WA der X-GmbH bereitet sich u.a. anhand folgender Daten auf die regelmäßige WA-Sitzung mit dem Unternehmer im Monat Mai vor:

Welche Erkenntnisse kann der WA aus dem monatlichen Soll/Ist-Vergleich gewinnen? Zunächst einmal kann er erkennen, daß die tatsächlich realisierten Umsätze im ersten Quartal 1996 in allen drei Monaten hinter den Planumsätzen zurückgeblieben sind; zunächst nur geringfügig, dann aber mit zunehmender Tendenz. Da der Unternehmer zunächst die Produktion entsprechend seiner Planung realisiert hat, haben sich die Lagerbestände entsprechend erhöht. Da auch die Auftragsbestände bisher deutlich unter den Plananätzen geblieben sind, ist zu vermuten, daß die Planumsätze auf zu optimistischen Absatzprognosen für das laufende Geschäftsjahr beruhen. Es ist deshalb damit zu rechnen, daß die Planumsätze und damit auch

Übersicht 67

Standard-Kennziffernbogen für die X-GmbH

Monatliche Kennzahlen	Januar '96			Februar '96			März '96			April '96			Mai '96			Dezember '96			Gesamt '96		
(April 1996)	Soll	Ist	Abw.	Soll	Ist	Abw.	Soll	Ist	Abw.	Soll	Ist	Abw.	Soll	Ist	Abw.	Soll	Ist	Abw.	Soll	Ist	Abw.
Umsatz (Mio. DM)	9,3	9,2	-1,1 %	9,1	8,8	-3,3 %	9,5	9,1	- 4,2 %	9,1	8,5	- 6,6 %	11,1			9,1			120		
Produktion (Mio. DM)	9,3	9,3	0,0 %	9,3	9,3	0,0 %	9,4	9,4	0,0 %	9,3	9,1	- 2,2 %									
Lagerbestand (Mio. DM)	3,1	3,2	3,2 %	3,4	3,7	8,8 %	3,3	4,1	24,2 %	3,5	4,9	40,0 %									
Auftragsbestand (Mio. DM)	16,5	15,1	- 8,5 %	16,4	15,1	-7,9 %	16,6	15,5	- 6,6 %	16,5	15,5	- 6,1 %	15,5			16,5			195		
Beschäftigte (gesamt)	1491	1439	-3,5 %	1445	1439	-0,4 %	1450	1430	- 1,4 %	1453	1425	- 1,9 %	1458			1458			1458		
– VZ-Arbeiter	881	879	-0,2 %	881	877	-0,5 %	881	870	- 1,2 %	881	867	- 1,6 %	881								
– TZ-Arbeiter	43	43	0,0 %	46	44	-4,3 %	51	42	-17,6 %	51	41	-19,6 %	55								
– VZ-Angestellte	424	424	0,0 %	424	424	0,0 %	424	424	0,0 %	424	423	- 0,2 %	424								
– TZ-Angestellte	41	41	0,0 %	42	42	0,0 %	42	42	0,0 %	42	42	0,0 %	43								
– Auszubildende	52	52	0,0 %	52	52	0,0 %	52	52	0,0 %	55	52	- 5,5 %	55			55			55		
Arbeitszeit																					
– Überstunden (1 000 Std.)		3,1			3,3			3,5			3,7										
– Kurzarbeit																					
:																					
:																					

die geplante Produktion für die restlichen Monate des Geschäftsjahres nach unten korrigiert werden. Dies wiederum kann bedeuten, daß auch Arbeitsplätze in Gefahr sind.

Betrachtet man die bisherige Personalpolitik, dann zeigt sich folgendes: Entgegen seiner Personalplanung hat der Unternehmer auf eine Erhöhung des Personalbestandes verzichtet und unter teilweiser Ausnutzung der Fluktuation vor allem Vollzeit-Arbeitsplätze abgebaut. Da die Produktion zunächst nicht eingeschränkt wurde, mußte zwangsläufig die Mehrarbeit zunehmen.

Für den WA sind im Blick auf die bevorstehende WA-Sitzung mit dem Unternehmer nun folgende Fragen von Bedeutung:

– Von welchen Planumsätzen und welcher Planproduktion geht der Unternehmer für das restliche Geschäftsjahr aus?
– Wie wirken sich diese Plankorrekturen auf Zahl und Struktur der Arbeitsplätze aus?

Die Beantwortung dieser Fragen bedeutet letztlich nichts anderes als die Offenlegung der korrigierten Planung für das restliche Geschäftsjahr. Von den Antworten des Unternehmers auf diese Fragen hängt es dann ab, welcher Handlungsbedarf für die Interessenvertretung zur Sicherung der Arbeitsplätze entsteht.

Zusätzlich zum »Routinebereich« können bzw. müssen noch je nach betrieblicher Situation und Problemlage zusätzliche Themen (z.B. Einsatz neuer Technologien, Einführung von Sonderschichten oder Kurzarbeit, Betriebsänderung, Durchführung einer Gemeinkosten-Wert-Analyse, usw.) zum Gegenstand von WA-Sitzungen gemacht werden. Solche Themen können sich entweder aus der Auswertung der Informationen aus dem »Routinebereich« (z.B. bei der jährlichen Erläuterung der Investitionsplanung) ergeben (vgl. Kapitel 4.4.1) oder aber vom BR – ggf. auch vom GBR oder der Arbeitnehmerbank im Aufsichtsrat – an den WA herangetragen werden. Auch wenn in der betrieblichen Praxis die Themen überwiegend durch Initiativen und Maßnahmen des Unternehmers diktiert sein werden, so ist doch dringend geboten, auch eigene Themen (z.B. Abbau von Überstunden, Verhinderung befristeter Arbeitsverhältnisse usw.) in den WA-Sitzungen zur Sprache zu bringen und mit dem Unternehmer zu beraten.

In all diesen Fällen können die umfassenden Informations- und Beratungsrechte des WA genutzt werden, um möglichst frühzeitig, d.h. bereits im Planungsstadium, an die für die Arbeit der Interessenvertretung wichtigen Informationen zu kommen und den Unternehmer mit Forderungen im Arbeitnehmerinteresse zu konfrontieren.

Beispiel:

Der BR der Y-GmbH, ein mittelständiges Unternehmen der holzverarbeitenden Industrie, stellt fest, daß in letzter Zeit die Anträge des Unternehmers auf Zustimmung zu befristeten Einstellungen deutlich zugenommen haben. Begründet wird dies vom Unternehmer vor allem mit einer eher skeptischen Beurteilung der Zukunftsperspektiven des Unternehmens. Der BR will diese Entwicklung nicht tatenlos hinnehmen. Auf der nächsten BR-Sitzung wird deshalb das Problem der befristeten Beschäftigungsverhältnisse anhand der vom WA zusammengestellten Kennziffern diskutiert (siehe Übersicht 68).

Die Diskussion im BR führt zu folgendem Ergebnis:

1. Anhand der vorliegenden Ist- und Planzahlen ist deutlich erkennbar, daß vor allem in den beiden Produktionsabteilungen die Kernbelegschaft deutlich abgebaut und statt dessen eine flexible Randbelegschaft mit ungeschützten Arbeitsverhältnissen aufgebaut werden soll.
2. Die skeptische Beurteilung der Zukunftsaussichten des Unternehmens findet keinen Niederschlag in den Planungen des Unternehmers. Die Planzahlen für Umsatz und Beschäftigte deuten im Gegenteil auf eine optimistische Beurteilung hin.
3. Selbst wenn sich die Unternehmensplanung als zu optimistisch erweisen sollte und die geplanten Umsatzzuwächse nicht realisiert würden, so läßt sich daraus kein Befristungsgrund rechtfertigen. Durch Abbau von Überstunden und Ausnutzen der Fluktuation ließe sich ein Umsatzrückgang in bestimmten Grenzen auffangen, ohne daß es zu Entlassungen kommen muß.
4. Aufgrund dieser Argumente beschließt der BR, im Unternehmen eine Aufklärungskampagne gegen befristete Arbeitsverträge zu starten und die Belegschaft über die Absicht des BR zu informieren, gegenwärtig keinen befristeten Einstellungen zuzustimmen.

8.2 Die Sonderthemen

Im Jahresverlauf regelmäßig wiederkehrend sind im WA folgende Sonderthemen zu behandeln:

- die operative Planung für das kommende Jahr (meist in der Zeit zwischen September und Dezember),

Übersicht 68

Kennzifferntabelle für die Y-GmbH

Y-GmbH	Produktion									Absatz			Verwaltung			Gesamt		
	Vorfertigung			Montage			Sonstiges											
	1995 Ist	1996 Vor.	1997 Plan	1995 Ist	1996 Vor.	1997 Plan	1995 Ist	1996 Vor.	1997 Plan	1995 Ist	1996 Vor.	1997 Plan	1995 Ist	1996 Vor.	1997 Plan	1995 Ist	1996 Vor.	1997 Plan
Beschäftigte insgesamt	131	130	117	95	94	104	166	166	164	63	63	63	42	41	41	497	494	489
Arbeiter	110	117	104	85	84	94	128	129	127	15	15	16				346	345	341
Angestellte	13	13	13	10	10	10	22	22	22	43	43	42	37	36	36	125	124	123
Auszubildende							16	15	15	5	5	5	5	5	5	26	25	25
Teilzeit über 450 DM (Anzahl)	5	5	10				3	3	1				2	2	4	10	10	15
Teilzeit über 450 DM (Std.)																13 200	13 700	
450-DM-Verträge (Anzahl)			10			20												30
befr. Beschäftigte (Anzahl)	1	5	12	1	1	8	3	4	5			2			3	5	10	30
befr. Beschäftigte (Std.)																9 360	19 360	
Leiharbeitnehmer (Std.)																17 530	25 360	
Geleistete Arbeitsstunden (ohne Leiharbeitnehmer)	211 107	203 807		163 778	161 407		284 603	276 504		110 565	102 980		69 277	64 426		839 330	809 124	
Ausfallzeiten	61 918	58 800		51 337	47 883		65 217	63 258		23 735	25 435		13 823	13 624		216 030	209 000	
davon Krankheit	27 208	24 850		26 157	22 263		32 815	31 417		9 450	9 120		4 190	4 050		99 820	91 700	
Überstunden	16 025	17 170		25 115	28 340		20 820	23 100		8 300	7 140		1 100	1 050		71 360	76 800	
Einstellungen	5	4		8	10		5	3		4	4		3	2		25	23	
Abgänge	10	5		12	11		11	3		3	4		4	3		40	26	
Umsatz (in Mio. DM)																88,6	90,2	93
Lagerbestand (in Mio. DM) (fertige und unfertige Waren)																14,4	15,1	12,5
Jahresüberschuß (in Mio. DM)																1,0	1,5	

- der Jahresabschluß des Vorjahres (meist in der ersten Jahreshälfte),
- die Abstimmung der Vierteljahresberichte gem. § 110 BetrVG (am Ende eines jeden Quartals).

8.2.1 Die Planungssitzung

Die besten Voraussetzungen für eine umfassende und rechtzeitige Darstellung der operativen Planung im WA werden geschaffen, indem sich der WA vorab von der für die Planung zuständigen Stelle (oft der Controlling-Abteilung) das Planungsverfahren, die Planungsinhalte sowie den terminlichen Ablauf der Jahresplanung erläutern läßt (vgl. Kap. 5). Auf dieser Basis ist es relativ leicht zu bestimmen, zu welchem Zeitpunkt der WA die Vorlage welcher Planungsergebnisse fordern sollte.

Da die Unternehmensplanung in der Regel auf die unternehmerischen Ziele abgestellt ist, ist es gerade in der Planungssitzung erforderlich, die Auswirkungen der Planung auf die Beschäftigten zu thematisieren.

8.2.2 Die Jahresabschlußsitzung

Gemäß § 108 (5) BetrVG hat der Unternehmer dem WA im Beisein des (G)BR den Jahresabschluß des Vorjahres zu erläutern. Zu den vorzulegenden Unterlagen gehören die Bilanz, die GuV-Rechnung, der Anhang und der Lagebericht sowie der Prüfungsbericht (vgl. Kap. 4).

8.2.3 Die Abstimmung des Vierteljahresberichts mit dem Unternehmer

Der Unternehmer in Unternehmen mit mehr als 20 wahlberechtigten ständigen Arbeitnehmern ist gem. § 110 BetrVG verpflichtet, einmal im Vierteljahr nach vorheriger Abstimmung mit dem WA (soweit vorhanden) und dem (G)BR die Arbeitnehmer über die wirtschaftliche Lage und Entwicklung des Unternehmens zu unterrichten. Diese Unterrichtung kann in kleineren Unternehmen (< 1000 Arbeitnehmer) mündlich (in der Regel im Rahmen der Betriebsversammlung), in Unternehmen mit mehr als 1000 ständig beschäftigten Arbeitnehmern muß sie schriftlich erfolgen. In den Fällen, in denen der Unternehmer nur mündlich informiert und nicht vierteljährlich eine Betriebsversammlung abgehalten wird, verstößt der Unternehmer meist unbeanstandet gegen diese Bestimmung des Betriebsverfassungsgesetzes.

Abstimmung bedeutet, daß Inhalt und Umfang des Berichts zunächst mit dem WA und (G)BR erörtert werden. Es ist nicht erforderlich, daß über den vom Unternehmer erstellten Bericht völlige Übereinstimmung erzielt wird. Allerdings muß dem WA und (G)BR Gelegenheit zu einer Stellungnahme gegeben werden. In der Praxis ist es häufig so, daß der Unternehmer den Vierteljahresbericht dem WA und (G)BR lediglich zur Kenntnis gibt. Eine Aussprache findet in der Regel nicht statt.

Selbst in großen Unternehmen paßt der schriftliche Vierteljahresbericht meist auf ein bis zwei Seiten. Dementsprechend allgemein und nichtssagend ist er gehalten. Nicht selten nehmen Klagen über den hohen Krankenstand und gestiegene Personalkosten sowie Appelle an den Leistungswillen und das Qualitätsbewußtsein der Beschäftigten breiten Raum ein. WA und (G)BR sollten die Erörterung des Vierteljahresberichts zum Anlaß nehmen, darauf zu dringen, daß konkrete und aussagefähige Informationen über die wirtschaftliche und finanzielle Lage des Unternehmens gegeben werden. Hierzu zählen vor allem folgende wirtschaftliche Daten:

- Auftragseingang
- Auftragsbestand
- Umsatz
- Lagerbestand
- Arbeitsproduktivität
- Umsatzüberschuß (cash-flow)
- aufgelaufener Jahresüberschuß.

Hierbei sollten die Ist-Daten den Plan-Daten gegenübergestellt und Abweichungen jeweils erläutert werden. Außerdem sollte darauf gedrungen werden, daß in dem Vierteljahresbericht auch über die Entwicklung der Arbeitnehmerinteressen informiert wird. Zumindet sollten Aussagen zur

- Beschäftigung (Vollzeit-, Teilzeitarbeitsplätze, befristete Arbeitsverhältnisse, Leiharbeitnehmer)
- Arbeitszeit (Überstunden, Kurzarbeit, Schichtarbeit)
- Arbeitsqualität (Krankenstand, Arbeitsunfälle)

aufgenommen werden.

Weigert sich der Unternehmer, so sollten WA und (G)BR den Vierteljahresbericht nicht unterschreiben, sondern eine eigene Information an die Belegschaft herausgeben, die genau diese Informationen enthält. Dabei empfiehlt es sich, diese Informationen schriftlich (Aushang am Schwarzen Brett, Informationsblatt, Betriebszeitung) zu geben.

Beispiel:

Information der Belegschaft

In einem Unternehmen der metallverarbeitenden Industrie fand in der Vergangenheit die nach § 110 Abs. 1 BetrVG geforderte Abstimmung des »Vierteljahresberichts« mit WA und GBR nicht statt. Die Unternehmensleitung verlas lediglich auf einer gemeinsamen Sitzung von WA und GBR das zum Aushang für die Mitarbeiter bestimmte Informationsblatt. Schon seit Jahren ortet dabei die Unternehmensleitung die Gründe für die unbefriedigende Umsatz- und Ertragsentwicklung neben den Marktverhältnissen bei der durch den hohen Krankenstand im Berliner Werk verursachten »Leistungsschwäche«:

Unterichtung der Mitarbeiter nach § 110 BetrVG

An unsere Mitarbeiter!

Diese Unterrichtung behandelt sieben Monate des laufenden Geschäftsjahres 1984/85, d.h. die Zeit von Oktober 1984 bis einschließlich Mai 1985.

Seit der letzten Unterrichtung, die die Monate Oktober bis einschließlich Februar 1985 zum Inhalt hatte, haben sich die einzelnen Unternehmensbereiche sehr unterschiedlich entwickelt. Teilweise sind es die Marktverhältnisse, die als Ursache zu benennen sind, teilweise sind es aber auch die nachwirkenden Folgen aus der durch hohen Krankenstand (. . .) vorhanden gewesenen Leistungsschwäche. (Auszug)

WA und GBR wollten dies nicht mehr kommentarlos hinnehmen und forderten vom Vorstand nach entsprechend gründlicher Vorbereitung eine Diskussion und Abstimmung des Textes. Als dies von der Firmenleitung verweigert wurde, erarbeiteten WA und GBR eine eigene Stellungnahme und hängten sie neben der Information der Unternehmensleitung am »Schwarzen Brett« aus.

Information des Gesamtbetriebsrates betr. der
Mitteilung des Vorstandes nach § 110 BetrVG

Der Gesamtbetriebsrat hat den neuen Bericht Juli '85 des Vorstandes nach § 110 BetrVG erhalten und eingehend diskutiert. Der Gesamtbetriebsrat ist der Meinung, daß dieser Bericht nicht in allen Punkten der Realität entspricht. Der Gesamtbetriebsrat gibt daher eine Ergänzung zum Bericht des Vorstandes heraus.

In der Tat hatten wir in den ersten Monaten des Geschäftsjahres einen erhöhten Krankenstand. (. . .) Diese Tatsache als einzige Ursache für »Leistungsschwäche« zu bezeichnen, halten wir für nicht zutreffend, zumal auch der erhöhte Krankenstand Gründe hat, die innerhalb des Werkes liegen.

Wir führen an:

Ursachen, wie mangelnder Führungsstil, wie ergonomisch schlecht ausgestaltete Arbeitsplätze, zugige Fenster und ein in der Fertigung nicht kontinuierlicher Arbeitsablauf usw. Diese Ursachen zeigen sicherlich Wirkung in bezug auf erhöhten Krankenstand. Auch die vielen geleisteten Überstunden sind da ein Thema. Aber die eigentliche »Leistungsschwäche« des Werkes liegt in der Organisation der Fertigung. Es werden teilweise Termine gemacht, die nur sehr schwer einzuhalten sind. Es wird versucht, mit einem immer noch veralteten Maschinenpark eine moderne Fertigung aufzuziehen.

In den letzten Jahren wurde zwar einiges in bezug auf Modernisierung getan. Nach unserer Meinung waren aber die getroffenen Maßnahmen nicht ausreichend. Jahrelang wurde zu wenig bzw. zu spät investiert. (. . .) Es fehlte in der Vergangenheit nicht an Vorschlägen und Kritik aus der Belegschaft, und der Betriebsrat hat ebenfalls entsprechend reagiert. Um etwas besser zu machen, reicht es sicher nicht aus, den Schuldigen immer nur bei »den anderen« zu suchen. (Auszug)

Während diese Information nach Aussagen des GBR von der Belegschaft äußerst positiv aufgenommen wurde, gab sich die Unternehmensleitung sehr verärgert. In einem Schreiben an den GBR-Vorsitzenden wurde u.a. bemängelt, daß die Stellungnahme des GBR als »Rundumschlag gewertet werden muß«, daß »die Ausgeglichenheit vermißt wird« und dies »keine gute Basis für unsere Pflicht, die Zukunft besser zu gestalten«, ist. GBR und WA haben die Unternehmensleitung wissen lassen, daß sie den nächsten »Vierteljahresbericht« vorab erhalten wollen, um diesen in der gemeinsamen Sitzung mit der Unternehmensleitung dann auch vernünftig diskutieren und abstimmen zu können.

Im Ergebnis konnte der GBR in diesem Fall durch seine Gegendarstellung zum Vierteljahresbericht die Belegschaft in die Diskussion um die Verbesserung der Arbeitsbedingungen einbeziehen und so seinen Forderungen zusätzlichen Nachdruck verleihen.

8.3 Vom Unternehmer eingebrachte Themen

Im wesentlichen obliegt die inhaltliche Gestaltung einer WA-Sitzung dem WA. Dennoch wird es immer wieder vorkommen, daß der Unternehmer von sich aus bestimmte wirtschaftliche Angelegenheiten (z.B. Betriebsänderungen, Erwerb von Beteiligungen, Veräußerung von Betriebsvermögen, außerplanmäßige Investitionen) im WA besprechen will bzw. muß. Dies kann in der Weise geschehen, daß zum Ende einer WA-Sitzung unter dem TOP Sonstiges nochmals der Katalog des § 106 Abs. 3 BetrVG abgefragt wird oder im Vorfeld der WA-Sprecher beim Unternehmer anfragt, ob dieser bestimmte Themen auf die Tagesordnung gesetzt haben will.

Wesentlich ist, daß im WA bezüglich der vom Unternehmer vorgegebenen Themen vor allem nach den Auswirkungen der geplanten wirtschaftlichen Maßnahmen auf die Beschäftigten gefragt wird (vgl. hierzu auch Kapitel 7). Sofern der WA von bestimmten Maßnahmen in der WA-Sitzung überrascht wird, sollte er es tunlichst vermeiden, hierüber unvorbereitet in eine Beratung einzusteigen. Dies gilt auch dann, wenn der Unternehmer Zeitdruck vorschiebt. Schließlich ist dieser Zeitdruck, wenn er denn tatsächlich bestehen sollte, in aller Regel auf die verspätete Information des Unternehmers zurückzuführen. Der Unternehmer selbst käme auch nie auf die Idee, unvorbereitet mit Verhandlungen zu beginnen. Läßt sich der WA dennoch darauf ein, dann befindet er sich schon zu Beginn der Beratungen in einem beträchtlichen Nachteil gegenüber dem Unternehmer, der später kaum noch wettzumachen ist.

9. »Wer sich nicht wehrt, lebt verkehrt!« – Unternehmerische Informationspolitik und Durchsetzung der Informationsrechte

9.1 »Nichts Genaues weiß man nicht!« – Die Praxis unternehmerischer Informationspolitik

Die unternehmerische Politik gegenüber dem WA und speziell die unternehmerische Informationspolitik im WA hängt von der grundsätzlichen Strategie der Arbeitgeberseite gegenüber dem BR ab. Unterschieden werden sollen hier drei alternative Strategievarianten:

- Zurückdrängung des BR,
- Begrenzung des Einflusses des BR,
- Einbindung des BR.

9.1.1 »Bei uns erfährt der Wirtschaftsausschuß gar nichts!« – Informationspolitik zur Zurückdrängung der Interessenvertretung

Die Strategie der Zurückdrängung ist durch den Versuch gekennzeichnet, den Einfluß des BR auf betriebliche Veränderungen möglichst auszuschalten. Der Unternehmer stellt dazu den BR meist vor vollendete Tatsachen und mißachtet selbst die unstrittig bestehenden Mitbestimmungsrechte in sozialen und personellen Angelegenheiten. (Z.B. die neue Maschine steht schon auf dem Hof; Überstunden werden ohne Einschaltung des BR angeordnet etc.) Diese Einstellung gegenüber dem BR setzt sich dann in folgender Behandlung des WA fort:

- Der WA wird in seiner Arbeit in vielfältiger Weise behindert, indem z.B.
  - die Teilnahme des Unternehmers an WA-Sitzungen oftmals kurzfristig abgesagt wird,
  - der Unternehmer auf lange Sicht keine freien Termine hat,
  - die WA-Sitzungen unter Zeitdruck stattfinden (die Sitzung kommt erst kurz vor Feierabend zustande, der Unternehmer setzt wichtige Termine kurz nach der WA-Sitzung an),

– die Zulässigkeit von WA-Sitzungen ohne Teilnahme des Unternehmers bestritten wird.

Solche Maßnahmen der Behinderung des WA sind leider keine Einzelfälle. So gaben 20 % der von uns befragten WA-Sprecher an, daß die WA-Sitzungen manchmal oder auch häufiger unter Zeitdruck gesetzt würden.

- Einzelne WA-Mitglieder werden eingeschüchtert und in der Ausübung ihrer WA-Arbeit behindert, indem z.B.
  – die Qualifikation einzelner WA-Mitglieder vom Unternehmer bestritten wird,
  – der Unternehmer in schulmeisterlicher Art auftritt,
  – einzelne oder alle WA-Mitglieder keine oder nur unzureichende Arbeitsbefreiung für ihre WA-Arbeit erhalten,
  – WA-Mitglieder unter Vorgabe fadenscheiniger Gründe in andere Abteilungen versetzt werden,
  – einzelnen WA-Mitgliedern mit Kündigung gedroht wird.

  Während wir Einschüchterungsversuche häufiger feststellen konnten, stellen offensichtliche Behinderungsversuche einzelner WA-Mitglieder dagegen eher die Ausnahme dar.

- Der Unternehmer informiert den WA in der Regel nicht von sich aus, wie es eigentlich seine Pflicht wäre. Auf Nachfrage im WA werden wichtige Informationen entweder gar nicht gegeben oder so lange wie möglich zurückgehalten. Dies wird durch folgende Tricks oder Ausflüchte erreicht:
  – Es wird behauptet, die geforderte Information liege dem Unternehmer nicht vor, obwohl möglicherweise die geforderten Unterlagen unternehmensintern nur eine andere Bezeichnung haben.
  – Die Übermittlung der geforderten Daten wird von Sitzung zu Sitzung verschoben, bis der WA ihre Anforderung vergessen hat oder die Daten für den WA uninteressant geworden sind.
  – Es wird behauptet, es handele sich um ein Betriebs- bzw. Geschäftsgeheimnis, über das der Unternehmer im WA nicht berichten müsse.
  – Es wird versucht, die Notwendigkeit geforderter Informationen für die WA-Arbeit zu bestreiten.
  – Es wird behauptet, daß es sich bei der geforderten Information nicht um eine wirtschaftliche Angelegenheit handele, der WA also nicht zuständig sei.
  – Der Unternehmer läßt sich im WA durch inkompetente Mitglieder des

Managements vertreten, die auf konkrete Fragen nicht antworten können.

Über eine solche Informationszurückhaltung berichteten insgesamt gut 60 % der befragten WA-Sprecher. Immerhin 16 % sagten hier, daß es sich hierbei um ein häufiges Informationsverhalten des Arbeitgebers im WA handelt.

- Der WA erhält bestenfalls vergangenheitsbezogene Daten, und die Herausgabe von Plandaten wird mit folgenden Begründungen verweigert:
  - Es werde im Unternehmen nicht geplant, insbesondere gäbe es keine Personalplanung,
  - die Plandaten seien mit zuviel Unsicherheiten behaftet,
  - die Planungen müßten erst vom Vorstand abgesegnet werden usw.

  Die Tatsache, daß lediglich in 55 % der von uns befragten WA eine Umsatzplanung und sogar nur in 40 % der geplante Beschäftigtenstand vorgelegt wird, belegt, daß es sich hier um eine weitverbreitete restriktive Informationspolitik handelt.

- Die im WA übermittelten Informationen werden so allgemein gehalten und so mangelhaft dargestellt, daß die Informationsweitergabe nur unter großen Informationsverlusten möglich ist:
  - Der Unternehmer informiert nur »in großem Stil«, ohne konkrete Fakten zu nennen.
  - Die Informationen im WA werden nur in mündlicher Form gegeben.
  - Die Einsichtnahme in Unterlagen des Unternehmers und die Überlassung von Unterlagen wird dem WA verweigert.

  So wurden in 17 % der befragten WA nie schriftliche Unterlagen vorgelegt, in weiteren 17 % geschah dies bisher nur selten.

9.1.2 »Im Wirtschaftsausschuß werden knallharte Fakten präsentiert« – Informationspolitik zur Begrenzung des Einflusses der Interessenvertretung

Die Strategie der *Begrenzung des Einflusses* des Betriebsrats wird vom Unternehmer zumeist nur dann gewählt, wenn dessen offene Mißachtung und Behinderung zu allzu großen Konflikten im Betrieb führt. Diese Strategie ist zwar zumeist mit einer formal genaueren Beachtung der Betriebsverfassungsrechte verbunden, allerdings wird versucht, die Einflußnahme des BR auf die Wahrnehmung der Mitbestimmungsrechte in personellen und sozialen Angelegenheiten zu einem möglichst späten Zeitpunkt zu beschränken. Damit sollen die wesentlichen wirtschaftlichen Entscheidungen so weit wie möglich von einem direkten oder auch indirekten Einfluß des BR freigehalten werden.

Ebenso wie der BR wird auch der WA im Rahmen der Begrenzungsstrategie vom Unternehmer meist formal korrekt behandelt. Deshalb sind offensichtliche Behinderungen eher die Ausnahme. Dagegen gewinnt eine verzögernde und selektive Informationspolitik gegenüber dem WA an Bedeutung:

- Die Information im WA über geplante Maßnahmen erfolgt zwar vor der Durchführung, aber dennoch erst, nachdem die Entscheidung des Unternehmers schon gefallen ist. Auf die Forderung, nicht erst am Ende der Planung, sondern schon im Planungsverlauf zu informieren, reagiert der Unternehmer abwehrend:
  - Es handele sich bisher nur um »Gedankenspiele«, bzw. man befinde sich noch im Stadium der Vorüberlegungen, so daß man im Augenblick noch nichts Konkretes sagen könne.
  - Eine frühzeitigere Information sei rechtlich nicht geboten und dem WA stünde noch genügend Zeit zur Beratung zur Verfügung.

  Ein Beleg für die Häufgkeit dieser Politik ist darin zu sehen, daß in 50 % der von uns befragten WA bisher keine *Plan-Alternativen* vorgelegt und beraten wurden.
- Der Unternehmer versucht, die im WA behandelten Themen auf wirtschaftliche und technische Aspekte zu begrenzen. Über die Auswirkungen der geplanten Maßnahmen auf die Beschäftigten wird dagegen nicht informiert. Entsprechende Forderungen der WA-Mitglieder werden mit folgenden »Argumenten« abgeblockt:
  - Man wisse im momentanen Planungsstadium noch nichts Genaues über die personellen Auswirkungen.
  - Solche »Detaildiskussionen« gehörten nicht in den WA, sondern sollten vom Betriebsrat vor Ort geführt werden.

  So beklagten gut 50 % der von uns befragten WA-Sprecher, daß eine solche Politik der Informationsbegrenzung zumindest manchmal betrieben wird und in 50 % der Fälle Informationen über die Auswirkungen geplanter Maßnahmen auf die Beschäftigten nie, selten oder nur manchmal gegeben würden.
- Typisch für diese Begrenzungsstrategie ist auch die Information des WA anhand von »knallharten Fakten«. In wirtschaftlich schwierigen Zeiten

soll damit die Unausweichlichkeit wirtschaftlicher Entscheidungen des Unternehmers demonstriert werden:

- Der WA erhält umfangreiche Unterlagen, die z.B. den Umsatz- und Auftragsrückgang belegen und einschneidende Maßnahmen begründen sollen.
- Die Präsentation sogenannter »ungeschminkter Fakten« wird oft mit der Drohung einer (Teil-)Stillegung verbunden, die notwendig werde, wenn die Interessenvertretung die geplanten Sanierungsmaßnahmen nicht akzeptiert.

• Mit der Begrenzungsstrategie kann auch eine Überschüttung des WA mit Daten (Informationsüberflutung) verbunden sein, die es den WA-Mitgliedern erschwert, die für die Interessenvertretung wichtigen Daten zu finden, und die den WA von wichtigeren Konfliktfeldern abzulenken versucht:

- Dem WA werden stapelweise die EDV-Auswertungen über Tagesumsätze, Kosten der einzelnen Kostenstellen etc. zur Verfügung gestellt.
- Der WA erhält z.B. detaillierte technische Unterlagen über neue Maschinen, aus denen die Auswirkungen auf die Beschäftigten jedoch bestenfalls indirekt hervorgehen.

Allerdings gaben 80 % der von uns befragten WA-Sprecher an, daß eine Informationsüberflutung bei ihnen bisher noch nicht stattgefunden habe.

• Durchaus üblich ist auch die selektive Information einzelner »vertrauenswürdiger« WA-Mitglieder:

- Auf einem Management-Seminar »Praktische Fragen der Zusammenarbeit mit dem Wirtschaftsausschuß« empfahl der Referent beispielsweise: »In der Vorklärungsphase, wo der Unternehmer noch nicht informieren müßte, wird er wichtige Köpfe einbeziehen. . . . Jeder Unternehmer wäre schlecht beraten, wenn er wichtige GBR-Mitglieder oder WA-Mitglieder nicht rechtzeitig einbeziehen würde.«
- Verbunden mit einer solchen selektiven Information ist meist die Aufforderung, die erhaltenen Informationen vertraulich zu behandeln.

• Zur Begrenzungsstrategie gehört allerdings oft auch eine mangelhafte Darstellung der Information:

- So erhält der WA nur selten Unterlagen schon vor der Sitzung, so daß eine gründliche Vorbereitung nur schwer möglich ist.
- Nur ein Teil der Informationen erfolgt schriftlich.
- Viele der vorgelegten Unterlagen sind nicht zum Verbleib beim WA bestimmt.

- – Durch einen häufigen Wechsel der Darstellungsform und des Aufbaus der Berichte wird die Vergleichbarkeit eingeschränkt.
- – Durch die Verwendung betriebswirtschaftlicher Fachbegriffe sind die Berichte vielen WA-Mitgliedern nicht verständlich. (Bei Unternehmen, die zu internationalen Konzernen gehören, verwendet die Geschäftsleitung oft sogar englischsprachige Fachbegriffe und Berichte.)

- Der Unternehmer versucht, die Weitergabe der Information an die Belegschaft zu verhindern. Dazu wird
  - die Information als vertraulich erklärt,
  - auf die bisherige vertrauensvolle Zusammenarbeit verwiesen, die bei Verletzung der Vertraulichkeit gefährdet wäre, und
  - auf die noch nicht abgeschlossene Planung verwiesen.

9.1.3 »Der Wirtschaftsausschuß als kampffreie Zone« – Informationspolitik zur Einbindung der Interessenvertretung

Die *Einbindungsstrategie* versucht im Gegensatz zu den beiden ersten Strategien, den BR gezielt bei der Durchsetzung geplanter Veränderungen einzuspannen. Durch kleine Zugeständnisse soll erreicht werden, daß Interessenvertretung und Belegschaft die vom Unternehmer geplanten Maßnahmen aktiv unterstützen oder zumindest nicht behindern. Dabei wird versucht, die ökonomischen Vorteile geplanter Maßnahmen in den Hintergrund treten zu lassen oder sie sogar in Vorteile für die Beschäftigten umzudeuten.

Der WA nimmt in einer solchen Strategie eine wichtige Funktion ein. Nach Vorstellung des Unternehmers stellt er eine »kampffreie Zone« dar, in der mit der Arbeitnehmerseite über wirtschaftliche Maßnahmen beraten wird. Durch eine entsprechende »Ledersesselatmosphäre« wird den WA-Mitgliedern der Eindruck vermittelt, »dicht an den Entscheidungen dran« zu sein, obwohl auch bei dieser Strategie die grundsätzlichen wirtschaftlichen Entscheidungen meist gefällt sind, bevor der WA informiert wird. Den WA-Mitgliedern kommt dabei die Aufgabe zu, dem BR die Notwendigkeit und letztlich auch die Vorteilhaftigkeit der wirtschaftlichen Entscheidungen für die Belegschaft zu verdeutlichen. Die unternehmerische Informationspolitik gegenüber dem WA ist bei dieser Einbindungsstrategie folgendermaßen gekennzeichnet:

- Der Unternehmer informiert über anstehende Maßnahmen häufiger von sich aus, wobei grundlegende Entscheidungen allerdings zum Zeitpunkt der Informationsübermittlung schon gefällt sind.

- Im WA versucht der Unternehmer, die Diskussion auf die wirtschaftlichen und technischen Tatbestände zu konzentrieren. Die (angeblichen) Vorteile der geplanten Maßnahmen werden nur allgemein begründet. (Durch Investitionen werden Arbeitsplätze gesichert, das Abstoßen von Verlustbereichen stärkt das Unternehmen und sichert so die restlichen Arbeitsplätze etc.)
- Im Interesse einer vertrauensvollen Atmosphäre werden dem WA viele Informationen in schriftlicher Form gegeben. Daneben erhält der WA aber auch viele Informationen in einer Form (z.B. Bombardement mit 40 Overhead-Folien in einer Stunde), die eine ernsthafte Überprüfung der Behauptungen des Unternehmers erschweren bzw. unmöglich machen.
- Häufig erfolgt eine Vorabinformation wichtiger WA-Mitglieder mit dem Ziel, die Reaktion der Arbeitnehmerseite auszutesten und auch gleichzeitig den WA vorab einzustimmen.

9.2 Der Unternehmer blockt – was tun? Zur Durchsetzung der Informationsrechte des Wirtschaftsausschusses

Eine restriktive Informationspolitik und Behinderungsversuche gegenüber dem WA sind immer noch verbreitete Unternehmerstrategien. Vor dem Hintergrund der Bedeutung von Informationen für die Arbeit der Interessenvertretung ist es um so überraschender, daß solche Zustände zwar bemängelt werden, das Management aber erst in wenigen Fällen durch eine entsprechende Gegenwehr zu einer Änderung dieser Politik gezwungen wird. In diesem Kapitel folgen deshalb Hinweise, wie WA und (G)BR auf Behinderungsversuche und verschiedene Varianten restriktiver Informationspolitik reagieren können.

9.2.1 Der überfüllte Terminkalender und andere Mätzchen – Zum Umgang mit Behinderungsversuchen

Versuche zur Behinderung des WA sind leider nicht als Einzelfälle abzutun. Unter den dazu angewandten Tricks finden sich besonders häufig

- Erzeugung von Zeitdruck auf WA-Sitzungen
- kurzfristige Absagen
- Entsenden von inkompetenten Vertretern
- Terminschwierigkeiten bei der Festlegung von Sitzungen

- Bestreiten des Rechts zur Durchführung von WA-Sitzungen ohne Arbeitgeber
- Einschüchterung einzelner WA-Mitglieder.

Wollen die Ausschußmitglieder auf Dauer vom Unternehmer ernstgenommen werden, so dürfen sie sich eine solche Behandlung nicht gefallen lassen. Der WA muß deshalb den Spielraum für solche Behinderungsversuche einengen:

- Schon in der Einladung sollte ein realistischer Zeitraum für die Sitzung angesetzt werden. Zusätzlich kann man den Unternehmer (schriftlich) darauf hinweisen, daß er sich entsprechend Zeit für die WA-Sitzung nimmt. Auf keinen Fall sollte man Sitzungstermine akzeptieren, die kurz vor Feierabend liegen.
- Bei kurzfristigen Absagen sollte der WA-Sprecher darauf bestehen, daß sofort ein neuer Termin innerhalb der nächsten zwei Wochen vereinbart wird.
- Behauptet der Unternehmer, in nächster Zeit keine freien Termine für WA-Sitzungen zu haben, so kann man ihn auffordern, einen kompetenten und bevollmächtigten Vertreter zu benennen. Außerdem ist es in einem solchen Fall sinnvoll, die Sitzungstermine des WA langfristig möglichst für ein ganzes Jahr im voraus festzulegen. Terminschwierigkeiten können dann ernsthaft kaum noch vorgebracht werden.
- Entsendet der Unternehmer Vertreter, die nicht zur Gruppe der leitenden Angestellten gehören, keine Generalvollmacht oder Prokura besitzen und in der Unternehmenshierarchie nicht direkt unterhalb des Unternehmers rangieren, so besitzen solche Vertreter in der Regel nicht die notwendige, nach § 108 Abs. 2 Satz 1 BetrVG geforderte Kompetenz zur Information und Beratung mit dem WA. Der WA sollte solche Vertreter als Gesprächspartner grundsätzlich nicht akzeptieren. Er sollte vielmehr den Unternehmer darauf hinweisen, daß er der Ansprechpartner des WA ist und die Entsendung eines Vertreters nur in Ausnahmefällen und nicht etwa regelmäßig akzeptiert werden kann.
- Bestreitet der Unternehmer das Recht des WA, Sitzungen auch ohne Arbeitgeber (also Vor- bzw. Nachbereitungssitzungen) durchzuführen, so dürfte der Hinweis auf die BAG-Entscheidungen vom 16. 3. 1982 und 20. 11. 1984, in denen dieses Recht eindeutig bestätigt wird, genügen.
- Einschüchterungsversuche des Unternehmers gegenüber einzelnen Mitgliedern sollten vom WA-Sprecher unverzüglich zurückgewiesen werden, um eine Spaltung in »gute« und »schlechte« Mitglieder von vornherein zu verhindern. Bemängelt der Unternehmer z.B. die Qualifikation

des Protokollanten, so sollte man den Spieß umdrehen und ein fehlerhaftes Protokoll auf die mangelhafte Informationsdarstellung (z.B. lediglich mündliche Information) durch den Unternehmer zurückführen.

Gleichzeitig sollte der WA den (G)BR über die Behinderungsversuche des Unternehmers informieren, damit dieser bei Fortsetzung dieser Politik folgende weitergehende Maßnahmen ergreifen kann:

Zunächst sollte der (G)BR beim nächsten Gespräch mit dem Unternehmer auf eine einvernehmliche Lösung drängen. Zeigt sich der Unternehmer dabei nicht zum Einlenken bereit, so sollte er im nächsten Schritt schriftlich darauf hingewiesen werden, daß das Verhalten des Unternehmers als Behinderung des WA angesehen wird, die nach § 78 Satz 1 BetrVG verboten ist und im Wiederholungsfalle einen groben Verstoß gemäß § 23 Abs. 3 BetrVG darstellt. Sollte der Unternehmer seine Behinderungstaktik dennoch fortsetzen, so sollte sich der (G)BR mit der Verwaltungsstelle der Gewerkschaft in Verbindung setzen und ein mögliches Vorgehen nach § 23 Abs. 3 und/oder § 119 BetrVG durchsprechen.

Neben dieser Vorgehensweise sollte der (G)BR das Verhalten des Unternehmers auch in der betrieblichen Öffentlichkeit, z.B. in den BR-Infos oder auf einer Betriebsversammlung, bekanntmachen. Am erfolgversprechendsten dürfte es jedoch sein, wenn der BR unter Hinweis auf die ungenügenden WA-Sitzungen und den deshalb schlechten Informationsstand der Interessenvertretung seine Zustimmung zu Maßnahmen des Unternehmers verweigert. Dies wird besonders bei solchen Maßnahmen sinnvoll sein, bei denen der BR ein erzwingbares Mitbestimmungsrecht hat (z.B. bei Überstunden oder Umsetzungen).

9.2.2 »Die geforderten Daten bekommen wir nie!« – Zum Umgang mit restriktiver Informationspolitik

In diesem Kapitel werden die *Handlungsmöglichkeiten* des WA beschrieben, wenn der Unternehmer

- Informationen gänzlich zurückhält,
- Informationen auf wirtschaftliche oder technische Sachverhalte begrenzt oder
- Informationen in mangelhafter Weise darstellt.

In solchen Situationen ist häufig Eile geboten, da Informationen in der Regel eine verderbliche Ware darstellen. Die vom WA beschafften Informationen sind also für den (G)BR meist oder gerade dann von Interesse, wenn sie aktuell sind. Der WA darf sich deshalb bei einer restriktiven Informationspolitik vom Unternehmer nicht lange vertrösten lassen, sondern muß zügig zu den dargestellten Maßnahmen greifen. Möglicherweise kann es auch sinnvoll sein, mehrere Wege parallel zu beschreiten und/oder auch den (G)BR relativ zeitgleich einzuschalten. Die möglichen Vorgehensweisen dazu sind in Kapitel 8.2.3 beschrieben.

Allerdings lassen sich die in den Kapiteln 8.2.2 und 8.2.3 beschriebenen Aktionen von (G)BR und WA auch als »erzieherische Maßnahmen« einsetzen. Da das Ziel solcher Maßnahmen nicht so sehr in der Beschaffung aktueller Informationen, sondern in der positiven Beeinflussung des zukünftigen Informationsverhaltens des Unternehmers besteht, können sich WA und (G)BR in einer solchen Situation mehr Zeit lassen, um die Aktionen besser vorbereiten zu können.

9.2.2.1 Informationszurückhaltung

Die häufigste Strategie im Rahmen einer restriktiven Informationspolitik des Unternehmers gegenüber dem WA besteht in der Zurückhaltung wichtiger Informationen (z.B. über anstehende Investitionsmaßnahmen oder organisatorische Veränderungen), indem er diese nicht von sich aus oder zu spät übergibt. Verfolgt der Unternehmer eine Zurückdrängungs- oder Behinderungsstrategie gegenüber dem BR, so wird auch der WA recht oft mit einer solchen Informationspolitik konfrontiert sein.

Wird der WA über eine geplante Maßnahme (z.B. Neubau einer Werkhalle) erst informiert, wenn die Planungen bereits abgeschlossen, d.h. konkrete Entscheidungen schon getroffen sind (die Zeichnungen des Architekten liegen schon vor, die Anordnung der Maschinen ist festgelegt), so braucht sich der WA dieses Verhalten nicht hilflos gefallen zu lassen. Er kann zunächst die Planungsunterlagen anfordern und sich gründlich auf die notwendigen Beratungen zwischen WA und Unternehmer vorbereiten. Gleichzeitig muß dem Unternehmer mitgeteilt werden, daß die Arbeitnehmervertretung die Realisierung der geplanten Maßnahme so lange nicht akzeptieren wird, wie die Beratungen zwischen WA und Unternehmer nicht abgeschlossen sind und die Mitbestimmungsrechte des (G)BR nicht ausgeschöpft sind. Der (G)BR gewinnt so mehr Zeit, die möglichen negativen Folgen für die Belegschaft abzuwenden oder wenigstens abzumildern. Die mit solchen Gegenstrategien verbundenen Verzögerungen bei der Realisierung der Maßnahmen kann übrigens nicht dem WA bzw. (G)BR angelastet werden, da der Unternehmer durch rechtzeitige Unterrichtung und Beratung entsprechend dem BetrVG diese Verzögerung hätte vermeiden können.

Übersicht 69

Vorgehensweise des WA bei verspäteter Information durch den Unternehmer

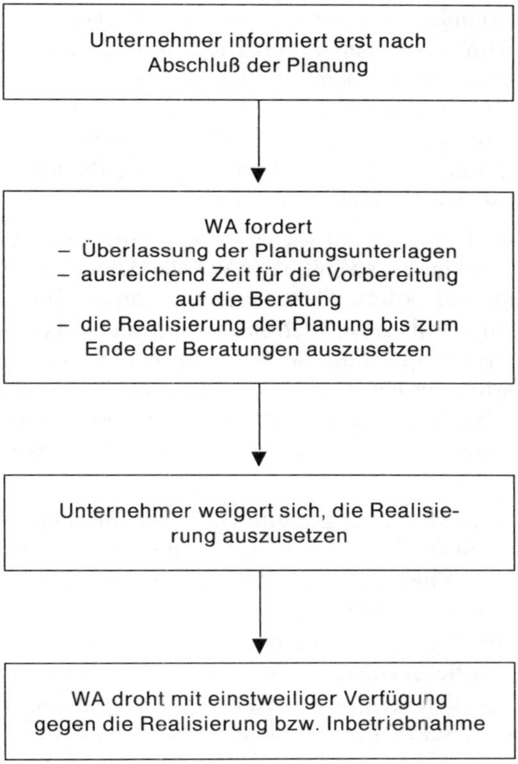

In bestimmten aussichtsreichen Fällen kann auch mit einer einstweiligen Verfügung gedroht werden, die dem Unternehmer die Realisierung der geplanten Maßnahme oder die Inbetriebnahme von Anlagen untersagt, solange WA und (G)BR die zustehenden Informations-, Beratungs- und Mitbestimmungsrechte nicht gewährt werden. Eine solche Situation liegt zumindest immer dann vor, wenn durch die Maßnahme Mitbestimmungsrechte nach § 87 BetrVG ausgelöst werden (z.B. Einführung einer weiteren Schicht, Einführung neuer Technologien, die Leistungs- und Verhaltenskontrollen ermöglichen etc.).

Diese Gegenstrategie des WA bei verspäteter Information mag zwar im Einzelfall erfolgreich sein, grundsätzlich sollte der WA jedoch anstreben, solche Situationen möglichst zu verhindern. Dazu kann die beschriebene

Gegenstrategie auch als »erzieherische« Maßnahme eingesetzt werden, um den Unternehmer in Zukunft zu einer rechtzeitigen Unterrichtung zu bewegen. Daneben sollten die WA-Mitglieder auch außerhalb des WA auf alle Hinweise auf laufende, im WA noch nicht besprochene Planungen achten. Entsprechende Hinweise können von BR-Mitgliedern und gegebenenfalls Arbeitnehmervertretern aus dem Aufsichtsrat stammen. Außerdem sollten auch alle persönlichen Kontakte zu Arbeitskollegen/innen im Unternehmen genutzt werden. In Bezug auf geplante Rationalisierungsmaßnahmen können z.B. Beschäftigte aus EDV-, Organisations-, Planungs- und Controllingabteilungen wertvolle Hinweise geben.

Bekommen WA-Mitglieder auf diesem Wege Hinweise auf laufende Planungen des Unternehmers, so sollte der WA den Unternehmer unverzüglich zur Unterrichtung auffordern. Dabei braucht man die Informationsquellen nicht bloßzulegen, damit diese auch in Zukunft nicht versiegen. Handelt es sich um einen dringenden Fall, so sollte auch nicht die nächste reguläre Sitzung abgewartet werden. Der WA sollte statt dessen den Unternehmer zur schriftlichen Stellungnahme innerhalb einer vom WA bestimmten Frist auffordern oder notfalls kurzfristig eine zusätzliche WA-Sitzung einberufen.

Da der WA auf dem Weg über gezielte Hinweise möglicherweise viel, aber doch nicht alles rechtzeitig erfahren wird, sollte der WA auf seinen regelmäßigen Sitzungen mit einer gewissen Penetranz nachfragen, ob Maßnahmen, wie sie in § 106 Abs. 3 BetrVG aufgelistet sind, geplant werden. Um die Ernsthaftigkeit dieser Fragen zu demonstrieren, sollten sie vom WA schriftlich rechtzeitig vor der nächsten WA-Sitzung gestellt werden. Aus demselben Grund sollten auch die Antworten des Unternehmers, wenn diese trotz Aufforderung nicht schriftlich gegeben werden, im Protokoll festgehalten werden.

Wenn der WA auf diese Weise versucht, stärkeren Einblick in die unternehmerische Planung zu nehmen, entzieht sich das Management oft seinen Informationspflichten, indem behauptet wird,

1. im Unternehmen würde keine systematische Planung betrieben, insbesondere gäbe es keine Personalplanung;
2. die geforderten Planungsunterlagen, Statistiken und Daten würden im Unternehmen nicht erstellt bzw. erfaßt;
3. die anstehenden Maßnahmen, von denen der (G)BR möglicherweise über andere Kanäle etwas erfahren hat, befänden sich noch nicht in einem konkreten Planungsstadium, in dem der WA schon zu informieren sei;

Übersicht 70

Vorgehensweise des WA, um den Unternehmer zu einer rechtzeitigen Information zu veranlassen

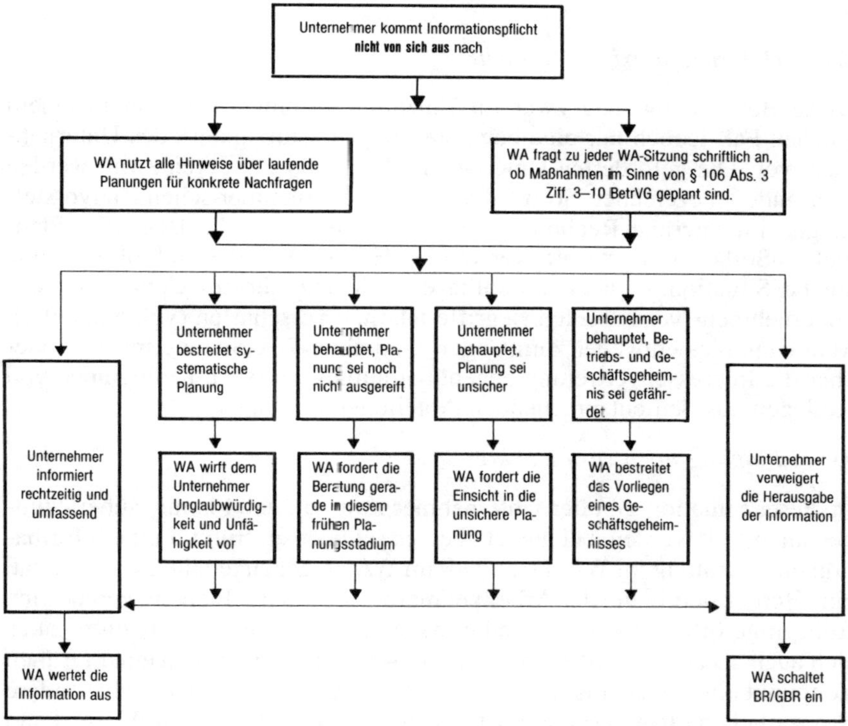

4. die Planungen seien zu unsicher, als daß sie dem WA dargestellt werden könnten;
5. es handele sich um Betriebs- und Geschäftsgeheimnisse, über die im WA nach § 106 Abs. 2 BetrVG nicht informiert zu werden brauche.

Da der Unternehmer mit diesen Behauptungen in der Regel versucht, die Informationsübermittlung an den WA zumindest zu verzögern, sollten die WA-Mitglieder die folgenden *Gegenargumente* möglichst parat haben, um schon auf der WA-Sitzung ihre Forderungen begründen zu können.

Zu 1: *Keine Planung*

Diese Behauptung sollte der WA sehr skeptisch betrachten, da heutzutage allenfalls noch kleine Unternehmen auf eine detaillierte Planung verzichten (vgl. Kapitel 5). Der Unternehmer muß sich deshalb in aller Regel den

Vorwurf der Unglaubwürdigkeit oder der Unfähigkeit gefallen lassen. Besonders wirkungsvoll ist ein solcher Vorwurf, wenn er sich mit einem Hinweis auf dem WA bekannte (Teil-)Pläne des Unternehmens verbinden läßt.

Zu 2: *Unterlagen existieren nicht*

Diese Behauptung mag zwar im Einzelfall stimmen, oft liegt in einem solchen Fall jedoch nur eine bewußte »Begriffsstutzigkeit« des Unternehmers vor: Die geforderten Unterlagen oder Daten existieren zwar, werden aber anders bezeichnet. So werden für die unternehmerischen Zielvorstellungen im internen Rechnungswesen beispielsweise die Begriffe »Planziel«, »Soll«, »Budget« etc. verwendet. Hat der WA das Gefühl, daß eine solche Situation vorliegt, so sollte er sich über die im Controlling des Unternehmens verwendeten Begriffe Klarheit verschaffen (vgl. Kapitel 6). Man kann dies entweder zum Gegenstand einer WA-Sitzung machen oder aber die Interessenvertretung gegenüber aufgeschlossene Kolleginnen und Kollegen aus den entsprechenden Abteilungen befragen.

Zu 3: *Planung noch zu unkonkret*

In dieser Situation gibt der Unternehmer zwar zu, daß Planungsüberlegungen angestellt werden, behauptet aber, es sei noch zu früh für eine Information und Beratung im WA. Dem muß im WA entgegengehalten werden, daß eine Berücksichtigung der Arbeitnehmerbelange in der Planung gerade eine frühzeitige Information notwendig macht. In einer solchen Situation hat es sich auch als äußerst hilfreich erwiesen, wenn sich der WA zu einem frühen Zeitpunkt einmal das Planungssystem des Unternehmens und insbesondere den zeitlichen Planungsablauf hat erläutern lassen. Mit diesem Wissen kann u.U. der Verdacht begründet werden, daß die Planungsüberlegungen schon sehr viel konkreter sein müssen, als dies vom Unternehmer zugegeben wird.

Zu 4: *Planung zu unsicher*

Die Unsicherheit gerade auch von langfristigen Plänen kann kein Argument sein, den WA nicht zu informieren. Es ist gerade das Wesen der auf die Zukunft gerichteten Pläne, daß nicht mit Sicherheit gesagt werden kann, ob die in den Plänen formulierten Zukunftsvorstellungen tatsächlich eintreten. In der Regel enthalten die Pläne die Zielvorstellungen des Unternehmers. Auch wenn die bisherige Erfahrung im WA lehrt, daß diese Pläne häufig nicht eingehalten werden (können), sollte sich die Interessenvertretung über diese Zielvorstellungen informieren, um daraus Gefährdungen für die Arbeitnehmer ableiten und eigene Zielvorstellungen entwickeln zu können.

Zu 5: *Betriebs- und Geschäftsgeheimnis gefährdet*

Das Ziel dieser oft nur vorgeschobenen Behauptung besteht häufig darin, WA und (G)BR zunächst über wichtige zukünftige Entwicklungen im unklaren zu lassen. Dabei machen es sich die Unternehmer meist zu einfach. Denn damit eine Unterrichtung im WA unter Hinweis auf Betriebs- und Geschäftsgeheimnisse berechtigterweise verweigert werden darf, müssen zwei Voraussetzungen gegeben sein:

- Erstens muß es sich tatsächlich um ein Betriebs- oder Geschäftsgeheimnis handeln. Das ist nur der Fall, wenn
  a. ein Zusammenhang mit dem technischen Betrieb (technische Verfahren) oder der wirtschaftlichen Betätigung (insbesondere im neuralgischen Bereich der Außenbeziehungen) besteht,
  b. die Tatsache nur einem engbegrenzten Personenkreis bekannt, also nicht schon offenkundig ist und
  c. die Geheimhaltung für das Unternehmen wichtig ist, weil ihm sonst ein nicht unerheblicher Schaden droht.
- Zweitens muß der Unternehmer mit objektiven Argumenten begründen, wieso das Betriebs- und Geschäftsgeheimnis durch eine Preisgabe im WA gefährdet ist. Die bloße Vermutung, WA-Mitglieder könnten das Geheimnis gegenüber Unbefugten ausplaudern, reicht als Begründung nicht aus. Zur Zurückhaltung eines Betriebs- oder Geschäftsgeheimnisses ist der Unternehmer z.B. nur dann berechtigt, wenn einzelne WA-Mitglieder schon in der Vergangenheit Geheimnisverrat begangen oder die Weitergabe an die Belegschaft im voraus angekündigt haben. Die Gefahr einer Weitergabe des Geheimnisses an den (G)BR, zu der der WA nach § 108 Abs. 4 BetrtVG verpflichtet ist, kann vom Unternehmer deshalb nicht angeführt werden, da die (G)BR-Mitglieder wie die WA-Mitglieder gemäß § 79 BetrVG ebenfalls zur Verschwiegenheit verpflichtet sind.

  Der WA sollte deshalb die Behauptung des Unternehmers, er brauche wegen des Vorliegens eines Betriebs- oder Geschäftsgeheimnisses nicht zu informieren, nicht ohne weiteres akzeptieren, sondern folgende Fragen stellen:
  a. Wer besitzt außer dem Unternehmer schon Kenntnis von dem umstrittenen Sachverhalt?
  b. Welcher Schaden würde dem Unternehmen durch eine Preisgabe z.B. gegenüber Konkurrenten entstehen?
  c. Welche objektiven Anhaltspunkte hat der Unternehmer für eine Weitergabe an unbefugte Dritte durch einzelne WA-Mitglieder, obwohl

die WA- und (G)BR-Mitglieder nach § 79 BetrVG zur Verschwiegenheit verpflichtet sind und auch kein Interesse daran haben können, dem Unternehmen einen Schaden zuzufügen?

In allen unter 1. bis 5. aufgeführten Fällen muß damit gerechnet werden, daß sich der Unternehmer gegenüber der Argumentation des WA nicht aufgeschlossen zeigt und bei seiner restriktiven Informationspolitik bleibt. Der WA sollte sich nicht scheuen, darauf hinzuweisen, daß der (G)BR notfalls die Einigungsstelle nach § 109 BetrVG anrufen wird, wenn der Unternehmer weiterhin die geforderte Auskunft verweigert. Außerdem muß der WA unverzüglich den (G)BR einschalten, dessen weitere Vorgehensweise in Kapitel 8.2.3 dargestellt ist.

9.2.2.2 Informationsbegrenzung

Ein weiteres häufig verwendetes Element restriktiver Informationspolitik besteht in der Begrenzung der im WA übermittelten Informationen auf den wirtschaftlichen und technischen Bereich, d.h. der Unternehmer informiert zwar über anstehende Maßnahmen, stellt aber die personellen und sozialen Auswirkungen auf die Beschäftigten nicht dar. Mit einer solchen Informationspolitik wird der WA häufig konfrontiert, wenn der Unternehmer eine Begrenzungs- oder Einbindungsstrategie gegenüber dem BR verfolgt. Die Aufgabe des WA besteht in einer solchen Situation darin, den Unternehmer immer wieder nach den Auswirkungen der geplanten Maßnahmen auf die Beschäftigten zu befragen. Dazu kann der Kennziffernkatalog (vgl. Anhang I) als eine Checkliste verwendet werden, um einzelne Gefährdungsbereiche systematischer auszuleuchten.

Werden dem Unternehmer auf diese Weise Daten zu den Auswirkungen seiner geplanten Maßnahmen abverlangt, so muß der WA auf folgendes Gegenargument gefaßt sein: Die vom WA geforderten Daten lägen dem Unternehmer selbst nicht vor und ihre Ermittlung sei unmöglich. Eine solche Argumentation ist in vielen Fällen unglaubwürdig. Die personellen und sozialen Auswirkungen werden zwar nur in Ausnahmefällen vom Unternehmer schon so systematisch zusammengestellt sein, wie dies vom WA gefordert wird, jedoch sind die Auswirkungen in den Unternehmensplänen zumindest indirekt enthalten. So basiert eine Kostenplanung z.B. auf Annahmen über die zukünftige Zahl der Beschäftigten und die Entlohnungsstruktur. Auch die Rentabilität einer Investitionsmaßnahme läßt sich nur sinnvoll berechnen, wenn Annahmen über die Zahl der Arbeitsplätze, die Lohngruppen und die Zahl der Schichten zugrunde gelegt werden.

Hat der WA dem Unternehmer auf diese Weise deutlich gemacht, daß es sich offensichtlich um eine Schutzbehauptung handelt und eine Reihe von Auswirkungen doch bekannt sein müssen, so wird der Unternehmer im nächsten Schritt oft behaupten, die Ermittlung der vom WA geforderten Daten über die personellen und sozialen Auswirkungen seien so zeit- und kostenaufwendig, daß sie ihm nicht zugemutet werden könne. Auch wenn die Daten tatsächlich nicht in der vom WA geforderten Art vorliegen, so ist der Unternehmer verpflichtet, die geforderten Daten für den WA zusammenzustellen. Dies ergibt sich aus § 106 Abs. 2 BetrVG, wonach im WA die Auswirkungen unternehmerischer Maßnahmen auf die Personalplanung vom Unternehmer darzustellen sind. Der WA ist in seinem Informationsverlangen deshalb nicht nur auf die im Unternehmen erstellten Unterlagen beschränkt.

Als Druckmittel kann der WA auf die Einigungsstelle nach § 109 BetrVG verweisen, die auch in diesem Fall zuständig ist. Außerdem sollte schon im WA deutlich gemacht werden, daß (G)BR – und gegebenenfalls auch die Arbeitnehmervertreter im Aufsichtsrat – ihre Zustimmung zu den geplanten Maßnahmen verweigern, solange die Auswirkungen auf die Beschäftigten nicht dargestellt wurden. So ist es beispielsweise im Bereich der Montanindustrie üblich, daß bei Maßnahmen, die der Zustimmung des Aufsichtsrats bedürfen, auch die Auswirkungen auf die Belegschaft detailliert beschrieben wird. Bei AUDI/NSU und VW wurden entsprechende Betriebsvereinbarungen bzw. Haustarifverträge abgeschlossen, die bei Investitionsmaßnahmen und der Neuplanung von Arbeitssystemen eine ausführliche Information und Beratung über die personellen und sozialen Auswirkungen vor der Beschlußfassung der zuständigen Gremien vorsehen (vgl. Anhang VII).

9.2.2.3 Information ohne erforderliche Unterlagen

Eine aus Unternehmersicht ebenfalls sehr erfolgreiche und deshalb häufig angewandte Methode restiktiver Informationspolitik besteht darin, im WA lediglich mündlich, ohne die selbst im Gesetz vorgeschriebene Vorlage von Unterlagen zu informieren. Dabei beweisen Unternehmer nach Ansicht vieler WA-Mitglieder oft die Fähigkeit von Politikern, mit vielen Worten möglichst wenig zu sagen.

Der WA sollte in einer solchen Situation zunächst unmißverständlich klarstellen, daß er in der Regel rechtzeitig vor der WA-Sitzung schriftlich unter Vorlage der notwendigen Unterlagen informiert werden will. Der WA kann

Übersicht 71

Vorgehensweise des WA, um den Unternehmer zu einer umfassenden Information zu veranlassen

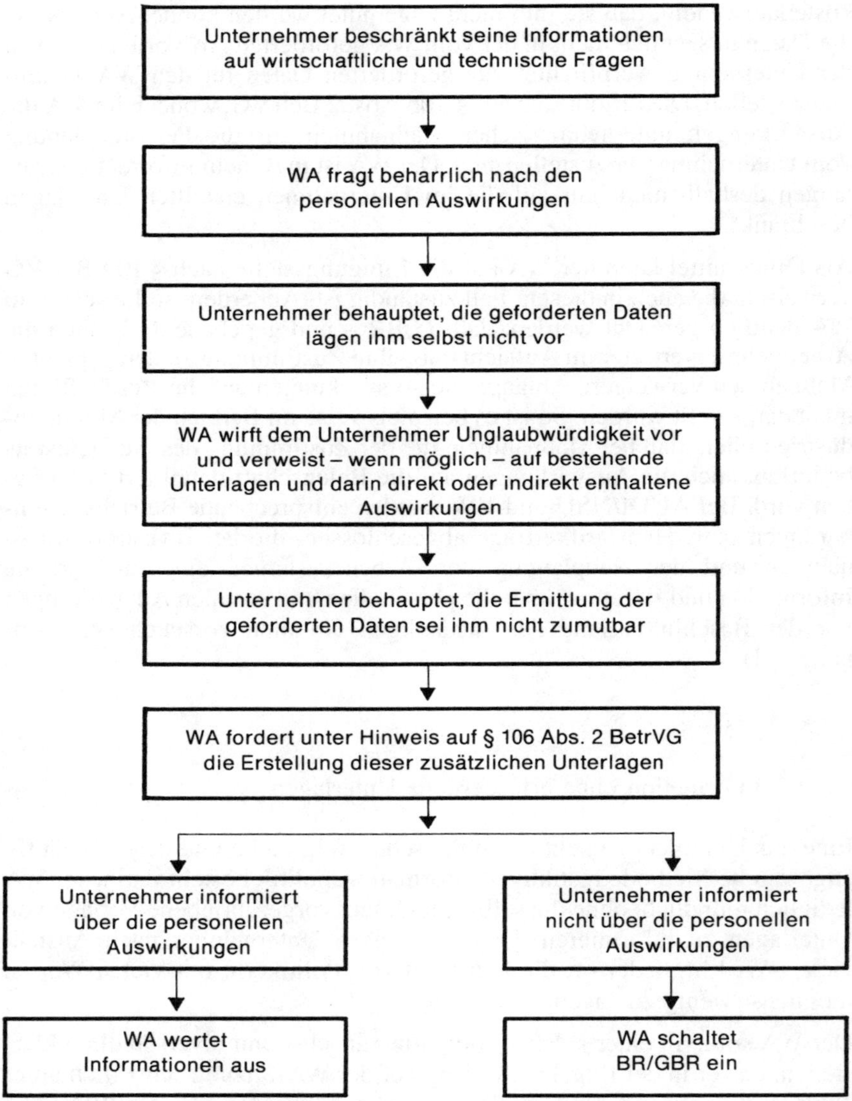

sich dabei auf die BAG-Entscheidungen vom 20. 11. 1984 berufen. Im einzelnen sollte die Forderung wie folgt begründet werden:

- Die schriftliche Information ist wegen der Fülle der Daten notwendig.
- Der Unternehmer arbeitet selbst auch auf der Grundlage schriftlicher Informationen.
- Die Vorabinformation ist zur gründlichen Vorbereitung der WA-Sitzung unabdingbar.
- Eine Information ohne Vorlage von Unterlagen stellt eine bewußte Behinderung des WA dar.

Ist der Unternehmer nicht bereit, auf die Forderungen des WA einzugehen, so sollte sich der WA nicht scheuen, einzelne der folgenden Maßnahmen zu ergreifen:

- Ausführliche Diskussion des Protokolls der vorhergehenden Sitzung.
- Detaillierte Mitschrift der Aussagen des Unternehmers. Dabei wird sich ein häufigeres Unterbrechen und Nachfragen nicht vermeiden lassen.
- Ein möglicherweise bewußtes Abschweifen des Unternehmers von den gestellten Fragen sollte durch konsequentes Nachfragen auf der Sitzung unterbunden werden. Unter Umständen ist es sinnvoll, in wechselnder Reihenfolge jeweils einem WA-Mitglied die Aufgabe zu übertragen, bei Abschweifungen immer wieder auf eine Beantwortung der gestellten Fragen zu drängen (vgl. hierzu auch die Ausführungen in Kapitel 3.4.4).
- Werden Daten und Unterlagen nur auf der Sitzung, aber nicht vorab zur Verfügung gestellt, so kann es notwendig werden, Sitzungen zu wiederholen. Dabei werden auf der ersten Sitzung die Informationen lediglich entgegengenommen. Nach einer internen Diskussion folgt dann möglichst bald eine zweite WA-Sitzung, auf der dann die Beratung stattfindet.

In der Regel wird sich der Unternehmer mit solchen Sitzungen auf die Dauer nicht »die Zeit stehlen« lassen und dem WA deshalb die geforderten Daten zumindest zum Teil schriftlich vorab übergeben.

Weigert sich der Unternehmer lediglich, die Daten in der vom WA gewünschten Form – etwa in einem Kennziffernbogen – zu übermitteln, ohne gleichzeitig dem WA die Einsicht in Unterlagen des Unternehmers zu untersagen, so sollte der WA von seinem Recht Gebrauch machen, diese Unterlagen notfalls in den Räumen des Unternehmers einzusehen und sich dabei Notizen zu machen. Nach der Entscheidung des BAG vom 20. 11. 1984 müssen die WA-Mitglieder nämlich die Möglichkeit haben, sich auf die WA-Sitzungen gründlich vorzubereiten. Dazu müssen ihnen Unterlagen mit umfangreichen Daten und Zahlen schon vor der Sitzung

Übersicht 72

Vorgehensweise des WA, um den Unternehmer zur Vorlage schriftlicher Informationen bzw. Überlassung von Unterlagen zu veranlassen

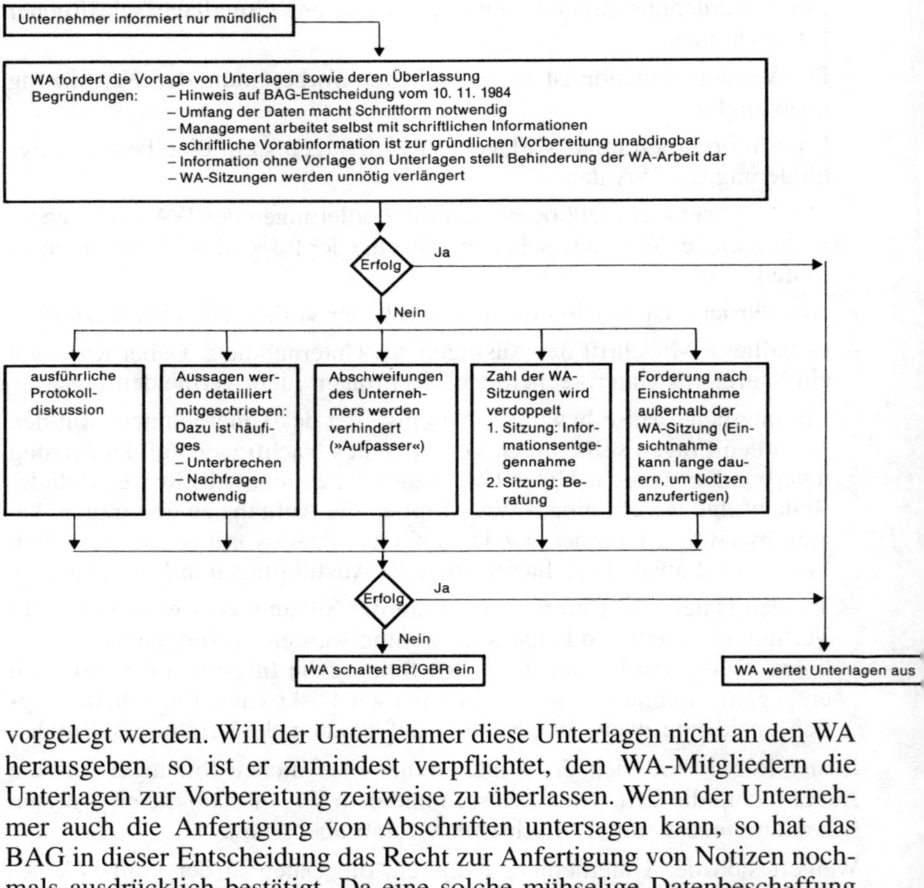

vorgelegt werden. Will der Unternehmer diese Unterlagen nicht an den WA herausgeben, so ist er zumindest verpflichtet, den WA-Mitgliedern die Unterlagen zur Vorbereitung zeitweise zu überlassen. Wenn der Unternehmer auch die Anfertigung von Abschriften untersagen kann, so hat das BAG in dieser Entscheidung das Recht zur Anfertigung von Notizen nochmals ausdrücklich bestätigt. Da eine solche mühselige Datenbeschaffung »zu Fuß« sicherlich mehr Zeit in Anspruch nimmt, als wenn der Unternehmer die vom WA geforderten Daten (möglicherweise mit Hilfe der EDV) zusammenstellen läßt, werden die meisten Unternehmer sehr bald nachgeben und dem WA die geforderten Daten schriftlich zur Verfügung stellen.

Weitere Möglichkeiten, die dem Unternehmer die Bedeutung der Forderungen des WA deutlich machen können, sind

- Sitzungsunterbrechungen,
- Sitzungsabbruch oder
- Sitzungsvertagungen.

Sitzungsabbrüche oder -vertagungen sollten jedoch nur eingesetzt werden, wenn dadurch nicht andere wichtige Tagesordnungspunkte unerledigt bleiben.

9.2.4 Arbeitsgericht und Einigungsstelle: Erfolge fallen niemand in den Schoß!

Wir haben beschrieben, welche Schritte der WA bei restriktiver Informationspolitik des Arbeitgebers ergreifen kann. Regelmäßig sollte der WA auch die Betriebsräte über das kritische Unternehmerverhalten in Kenntnis setzen, so daß der (G)BR schon parallel zu den Versuche des WA – spätestens jedoch, wenn dessen Möglichkeiten ausgeschöpft sind – auf den Unternehmer einwirken kann.

Zunächst muß der (G)BR mit dem Unternehmer sogenannte Beilegungsverhandlungen führen, in denen versucht wird, diesen zur Aufgabe seiner restriktiven Informationspolitik zu bringen. Zusätzlich zu den Argumenten, die auch schon vom WA vorgebracht worden sind, sollte die Interessenvertretung dem Unternehmer deutlich machen, welchen Eindruck seine negative Haltung in der Belegschaft hervorruft, und daß sie bestimmten mitbestimmungspflichtigen Angelegenheiten ihre Zustimmung nicht geben kann, solange die verlangten Informationen nicht vorliegen. Dabei muß natürlich ein Zusammenhang zwischen der mitbestimmungspflichtigen Angelegenheit und der verlangten Information bestehen: So kann z.B. ein verantwortungsvoller BR Überstunden nicht zustimmen, wenn er befürchten muß, daß die nächste Kurzarbeitsperiode kurz bevorsteht, der Unternehmer aber seine Produktions- und Absatzplanung dem WA nicht vorlegen will. Im Zweifelsfall ist es notwendig, diese Maßnahmen nicht nur anzudrohen, sondern auch zu ergreifen, um so den Verhandlungsdruck auf den Unternehmer zu erhöhen (vgl. Übersicht 73).

Zeigt sich die Unternehmensleitung weiterhin nicht bereit, auf die Forderungen des (G)BR einzugehen, so kann dieser im nächsten Schritt die Einigungsstelle oder aber das Arbeitsgericht anrufen. Im Prinzip ist für die Frage, ob es sich bei der geforderten Information um eine Information über wirtschaftliche Angelegenheiten handelt, das Arbeitsgericht zuständig, während für die Fragen, ob der Unternehmer eine Informationsforderung des WA nicht zu erfüllen braucht, weil sie

Übersicht 73

Durchsetzung der Informationsrechte

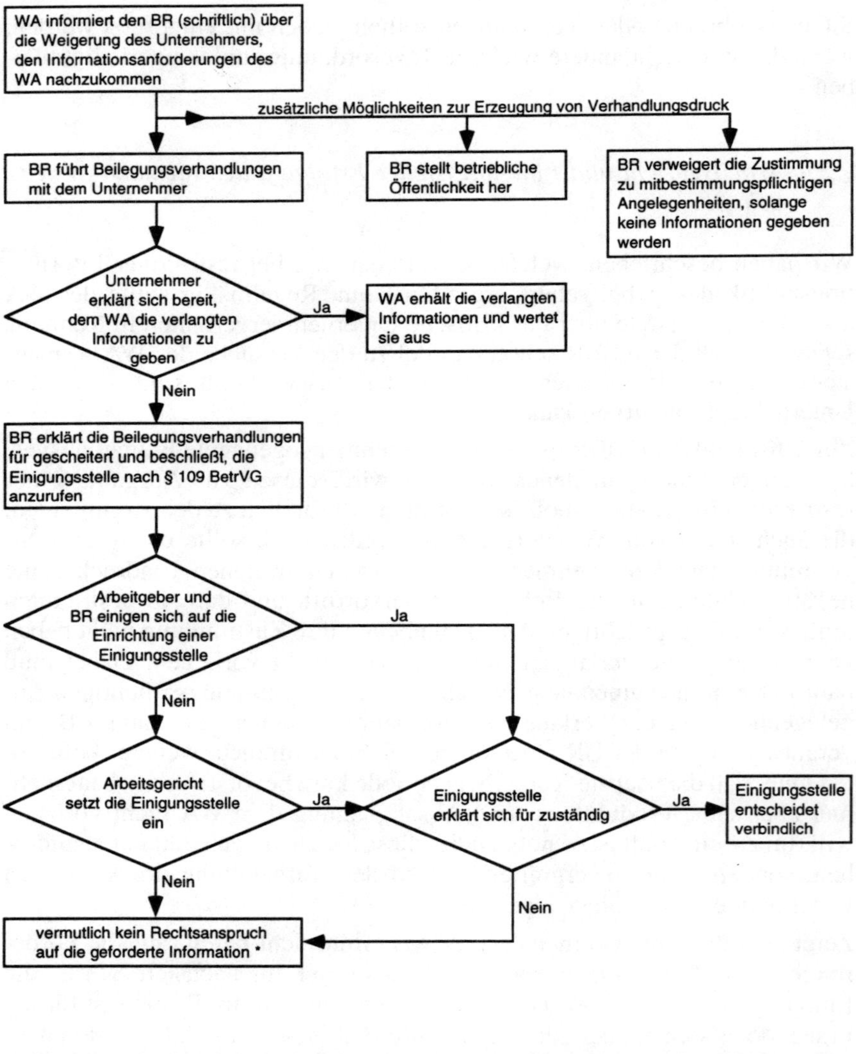

*) Nur in Ausnahmefällen wird die Entscheidung des Arbeitsgerichts über die offensichtliche Unzuständigkeit der Einigungsstelle bzw. die Entscheidung der Einigungsstelle auf dem Wege eines Beschlußverfahrens korrigierbar sein.

- zu umfangreich und deshalb dem Unternehmer nicht zumutbar ist,
- zu frühzeitig ist oder
- Betriebs- und Geschäftsgeheimnisse gefährdet,

von der Einigungsstelle gemäß § 109 BetrVG entschieden wird, wobei die Entscheidung der Einigungsstelle von beiden Seiten angefochten werden kann und somit der gerichtlichen Kontrolle unterliegt.

Wegen der Primärzuständigkeit der Einigungsstelle in den genannten Fragen ist es dem (G)BR nach der herrschenden Rechtsprechung verwehrt, eine über den WA verlangte Information bei Weigerung des Arbeitgebers auf der Grundlage von § 80 Abs. 2 BetrVG im Wege des Beschlußverfahrens zu erzwingen (vgl. LAG Frankfurt vom 1.9.1988 und BAG vom 8.8.1989). Dementsprechend sollen in einem solchen Fall auch einstweilige Verfügung nicht zulässig sein, da sie dem Spruch der Einigungsstelle vorgreifen würden. Diese ist insbesondere in den Fällen ärgerlich, in denen der (G)BR zu Feststellung und gegebenenfalls Wahrung seiner Beteiligungsrechte auf eine kurzfristige Information angewiesen ist, da die Einsetzung einer Einigungsstelle – insbesondere im Streitfall – mehrere Wochen in Anspruch nehmen kann.

Stimmt der Arbeitgeber der Einrichtung einer Einigungsstelle nicht zu, so kann der (G)BR die Einigungsstelle durch das Arbeitsgericht einsetzen lassen. Nach § 98 ArbGG prüft das Arbeitsgericht dabei nur, ob die Einigungsstelle offensichtlich unzuständig ist. Da nur wenige Fälle denkbar sind, in denen im Unternehmen erstellte, vorhandene oder benutzte Unterlagen keinen Bezug zu den in § 106 Abs. 3 BetrVG genannten wirtschaftlichen Angelegenheiten aufweisen, wird die Einrichtung einer Einigungsstelle in den meisten Fällen – auch wenn der Arbeitgeber den wirtschaftlichen Bezug der geforderten Information bestreitet – gelingen. Dem (G)BR ist deshalb in der Regel anzuraten, den Weg über die Einigungsstelle zu versuchen (vgl. Übersicht 73).

Die Einigungsstelle wird, wenn die Arbeitgeberseite den Bezug der Informationsforderung zu wirtschaftlichen Angelegenheiten bestreitet, zunächst über ihre Zuständigkeit beschließen. Häufig wird diese Frage von den Einigungsstellenvorsitzenden jedoch einstweilig zurückgestellt, um zunächst eine einvernehmliche Lösung des Konflikts zu versuchen.

Kommt eine Entscheidung der Einigungsstelle zustande – dies wird zumindest immer dann der Fall sein, wenn sich die Einigungsstelle für zuständig hält – so ist dieser für beide Seiten verbindlich. Allerdings kann ihr Spruch von beiden Seiten vor dem Arbeitsgericht angefochten werden, wobei er bis zur Entscheidung des Arbeitsgerichts jedoch zunächst zu vollziehen ist.

Hält sich der Unternehmer nicht an den Spruch der Einigungsstelle, so kann der (G)BR ein arbeitsgerichtliches Beschlußverfahren nach § 2a ArbGG einleiten, um die Verpflichtung des Unternehmers zur Auskunfterteilung feststellen zu lassen. Aus einem rechtskräftigen Beschluß kann der (G)BR sodann gemäß § 85 Abs. 1 ArbGG die Zwangsvollstreckung unter Androhung eines Zwangsgeldes betreiben. Entsprechendes gilt auch für den Fall, daß sich der Unternehmer nicht an eine (freiwillige) Betriebsvereinbarung über die Information des WA, die z.B. im Rahmen eines Einigungsstellenverfahrens beschlossen wurde, hält.

Handelt es sich bei den strittigen Informationsforderungen um Unterlagen, die der WA regelmäßig vorgelegt bekommen möchte (z.B. die monatliche Deckungsbeitragsrechnung oder die jährlich erstellten Planungsunterlagen), so ist es sinnvoll, eben der konkreten Forderung (z.B. Deckungsbeitragsrechnung für einen bestimmten Monat) auch die allgemeine Forderung nach regelmäßiger Vorlage dieser Unterlagen zu erheben. Zwar ist nach dem Wortlaut von § 109 BetrVG die Einigungsstelle vermutlich nur für eine konkrete Informationsforderung zuständig, allerdings können dann die Verhandlungen in der Einigungsstelle mit dem Ziel geführt werden, eine einvernehmliche Regelung in Form einer freiwilligen Betriebsvereinbarung zur regelmäßigen Information des WA (vgl. Anhang V) zu erreichen.

Beispiel:

Nach dem der WA eines Nahrungsmittelunternehmens fast ein Jahr lang vergeblich vom Unternehmer die Informationen über die Investitions- und Produktionsplanung und deren Auswirkungen auf die Personalplanung sowie die Kosten- und Ertragsplanung abforderte, beschloß der BR die Einschaltung der Einigungsstelle nach § 109 BetrVG »zur Beilegung der Meinungsverschiedenheiten über den Umfang der vom Wirtschaftsausschuß verlangten Auskunft über die Jahresplanung des Unternehmens«.

In der Einigungsstelle, die mit je zwei Beisitzern beider Betriebsparteien besetzt war – der BR hatte einen von der Gewerkschaft empfohlenen Fachmann als externen Beisitzer sowie den BR-Vorsitzenden als internen Beisitzer benannt –, konnte folgende Vereinbarung getroffen werden:

1. Die Geschäftsleitung wird den Wirtschaftsausschuß über folgende Angelegenheiten informieren:

1.1. Investitionsplanung

Es sind folgende Angaben zu machen:

- Auflistung aller vorgesehenen Projekte
- Mitteilung der wirtschaftlichen Überlegungen, die der Planung der Investitionen zugrunde liegen. Dabei ist die der Planung

zugrundeliegende Wirtschaftlichkeitsberechnung (z.B. Angaben über Kosten, Kapazitätsmöglichkeiten und Nutzung von geplanten Anlagen und Geräten, einschl. deren Nutzungsdauer, sowie die Amortisationsberechnung) offenzulegen. Sofern eine derartige Berechnung z.B. wegen der Art der Investition nicht aufgestellt worden ist, sind Angaben darüber zu machen, warum die Investition für notwendig oder nützlich gehalten wird, welche Ziele mit ihr verfolgt werden und welche Kosten voraussichtlich entstehen werden.

- Mitteilung, welche Projekte vom Konzern bereits genehmigt worden sind.

1.2. Produktionsplanung

Es sind – nach Monaten aufgeschlüsselt – folgende Angaben zu machen:

- Menge des zu verarbeitenden Rohstoffs,
- Menge der Endprodukte, unterteilt nach einzelnen Produktgruppen.

1.3. Auswirkungen von 1.1 und 1.2 auf die Personalplanung

Darzulegen ist:

- Der Personalbestand (Ist zum Ende d.J.), aufgeschlüsselt nach Vollzeit- und Teilzeitbeschäftigten sowie deren Eingruppierung.
- Der Personalbestand (Soll zum Ende d. Folgej.), aufgeschlüsselt wie vorstehend, unter besonderer Darlegung der Personalveränderungen nach Art, Umfang und voraussichtlichem Zeitpunkt, bezogen auf jedes der geplanten Investitionsprojekte.

1.4. Kosten und Erfolgsplanung

Es sind folgende Angaben zu machen (jeweils in TDM):

- Kosten für Personalaufwendungen (Ist/Soll), aufgeschlüsselt nach gesetzlichem sozialen Aufwand, freiwilligem sozialen Aufwand, tariflichen Zahlungen, übertariflichen Zahlungen und Zahlungen an AT-Angestellte.
- Bildungsaufwand (Ist/Soll).
- Strategische Ausgaben nach Art und Umfang (Ist/Soll), insbesondere Sachanlagen – Zugänge, Finanzanlagen –, Zugänge, Tilgung von Fremdkapital, Dividenden und Tantiemen, Pacht bzw. Miete von Grundstücken und/oder Anlagen.
- Finanzierung der strategischen Ausgaben (Ist/Soll), insbesondere cash-flow, Außenfinanzierung.

– Einflußgrößen der strategischen Ausgaben (Ist/Soll), insbesondere Umsatzstumme (untergliedert in Kakaobutter und Kakaopulver; Angabe der Leistungsintensität = Umsatz pro gezahlter Arbeitsstunde), Lagerbestand, Jahresüberschuß.

Hierzu wird dem Wirtschaftsausschuß das Budget in deutscher Sprache übergeben.

2. Die Auskünfte werden dem Wirtschaftsausschuß bis spätestens 15.12. d.J. erteilt.
3. Die Geschäftsleitung wird dem Wirtschaftsausschuß in der vorangehenden Wirtschaftsausschußsitzung die den nach 1. gemachten Angaben zugrundeliegenden und zur Erläuterung erforderlichen Unterlagen vorlegen und dem Wirtschaftsausschuß Einsicht gewähren.

Schließlich hat der (G)BR bei fortgesetzter Weigerung des Unternehmers, den Informationsforderungen des WA nachzukommen, noch folgende Sanktionsinstrumente:

1. *Antrag auf Unterlassung der Behinderung (§ 23 Abs. 3 BetrVG)*

   Unvollständige und verspätete Information des WA stellt nach allgemeiner Auffassung eine Behinderung der Betriebsratsarbeit im Sinne von § 23 Abs. 3 BetrVG dar. Will der (G)BR den nach § 23 Abs. 3 BetrVG vorgezeichneten Weg beschreiten oder doch zumindest mit ihm drohen, so sollte er dem Unternehmer zunächst eine Abmahnung schicken, in der das beanstandete Informationsverhalten als grober Verstoß im Sinne von § 23 Abs. 3 BetrVG bezeichnet und für den Wiederholungsfall mit entsprechenden gerichtlichen Schritten gedroht wird. Tritt der Wiederholungsfall dennoch ein, so kann der (G)BR beim Arbeitsgericht beantragen, daß dem Unternehmer erneute Wiederholungen unter Androhung eines Zwangsgeldes untersagt werden. Fällt das Arbeitsgericht einen solchen Beschluß, so werden auch hartgesottene Informationsverweigerer in ihrer Informationspolitik den Forderungen der Interessenvertretung entgegenkommen.

2. *Ordnungswidrigkeitsanzeige (§ 121 BetrVG)*

   Nach § 121 BetrVG stellt auch die wahrheitswidrige, unvollständige oder verspätete Information des WA eine Ordnungswidrigkeit dar, die mit bis zu DM 20000 geahndet werden kann. Eine entsprechende Ordnungswidrigkeitsanzeige kann vom (G)BR oder einer im Betrieb vertretenen Gewerkschaft bei der obersten Arbeitsbehörde des jeweiligen Bundeslandes erstattet werden.

   Da die Festsetzung einer Geldbuße – bei entsprechendem Antrag – nicht nur gegen das Unternehmen, sondern auch gegen den Unternehmer oder einen Geschäftsführer persönlich erfolgen kann, der Unternehmer oder der beauftragte Geschäftsführer die Geldbuße folglich aus seinem Privatvermögen zu zahlen hat, kann die Verhängung eines Ordnungsgeldes im Einzelfall durchaus heilsame Wirkung haben. Allerdings hat eine entsprechende Anzeige nur dann Aussicht auf Erfolg, wenn man dem Unternehmer nachweisen kann, daß er vorsätzlich seinen Informationspflichten nicht nachgekommen ist.

3. *Strafanzeige (§ 119 BetrVG)*
   Schließlich kann der (G)BR oder eine im Betrieb vertretene Gewerkschaft in besonders groben Fällen nach § 119 Abs. 1 Ziff. 2 BetrVG auch einen Strafantrag gegen den Unternehmer oder Mitglieder der Geschäftsführung wegen Behinderung des WA stellen. Der Antrag ist bei den zuständigen Strafverfolgungsbehörden (Polizei oder Staatsanwaltschaft) innerhalb von drei Monaten nach Bekanntwerden zu stellen. Ebenso wie bei einer Geldbuße wegen ordnungswidrigen Handelns erfolgt eine Bestrafung nur bei vorsätzlichem Handeln. Als Strafmaß kommen bis zu einem Jahr Freiheitsentzug oder eine Geldstrafe in Betracht.

Der Einsatz dieser drei Sanktionen ist allerdings nicht dazu geeignet, die Übermittlung konkreter geforderter Informationen zu erzwingen, da der (G)BR nachweisen muß, daß der Unternehmer in einem konkreten Fall wahrheitswidrig, zu spät oder unvollständig informiert hat. Dies ist aber regelmäßig erst im nachhinein möglich, wenn der (G)BR über die vollständige Information verfügt. Insofern eignen sich die Sanktionsinstrumente nur dazu, daß zukünftige Informationsverhalten des Unternehmers zu beeinflussen. Ihr Einsatz bzw. die Drohung ihres Einsatzes stellt also gewissermaßen nur eine vorbeugende Maßnahme dar.

Da die drei Sanktionsinstrumente nur greifen, wenn sich die Vorwürfe im einzelnen belegen lassen, abgewiesene Anträge bzw. eingestellte Verfahren für den (G)BR aber eher nachteilig wirken, sollte der (G)BR vor der Stellung eines Antrags bzw. der Erstattung einer Anzeige unbedingt seine Gewerkschaft bzw. einen Rechtsberater hinzuziehen.

9.2.4 »Bei uns ist alles vertraulich!« – Zum Umgang mit der Geheimhaltungspflicht

Besonders gerne werden von Unternehmerseite der Inhalt der WA-Sitzungen und insbesondere alle vorgelegten und überlassenen Unterlagen als vertraulich bezeichnet. Dies hat einen doppelten Zweck: Zum einen soll der

– leider allzuoft unbegründete – Eindruck geschaffen werden, dem WA würden die aktuellsten, sonst nur dem Top-Management vorbehaltenen Informationen übergeben; zum anderen soll der WA an einer Weitergabe seines Wissens gehindert werden.

Zunächst ist festzustellen, daß zwischen WA auf der einen und (G)BR auf der anderen Seite keine Geheimhaltungspflicht existiert. Im Gegenteil ist der WA nach § 108 Abs. 4 BetrVG verpflichtet, den (G)BR unverzüglich und vollständig über die WA-Sitzungen – also auch über etwaige Geschäftsgeheimnisse – zu unterrichten. Die Frage nach der Geheimhaltungsbedürftigkeit von Informationen, die im WA übermittelt wurden, stellt sich folglich erst in den einzelnen Betriebsratsgremien.

Allerdings gibt es viele Informationen, an deren Weitergabe an die betriebliche oder außerbetriebliche Öffentlichkeit der (G)BR von sich aus kein Interesse haben kann (z.B. Kundenlisten oder Kalkulationsunterlagen), da mit ihrer Weitergabe nur Nachteile für den Unternehmer und auch für die Beschäftigten verbunden sind. Schwierig wird es für den (G)BR immer dann, wenn der Unternehmer bei geplanten Maßnahmen, die zu erheblichen Nachteilen für die Beschäftigten führen, den (G)BR zur Geheimhaltung verpflichten will. Zu denken ist hier beispielsweise an Teilstillegungen oder die Einführung neuer Produktionsverfahren.

Da auch der Unternehmer weiß, daß der (G)BR in Verhandlungen über solche Maßnahmen in der Regel nur dann etwas durchsetzen kann, wenn die Belegschaft hinter den Forderungen des (G)BR steht, versucht immer wieder die Unternehmensleitung mit ihrer Aufforderung, bestimmte Informationen geheimzuhalten, die Verhandlungsposition der Arbeitnehmervertretung zu schwächen und so die notwendige Ruhe im Betrieb zur Durchführung der geplanten Maßnahmen zu schaffen. Jeder (G)BR sollte sich deshalb genau überlegen, wie er in solchen Situationen vorgehen will.

Zunächst muß im ersten Schritt geklärt werden, ob formell eine Verpflichtung zur Verschwiegenheit (nach § 79 BetrVG) besteht. Dies ist nur der Fall, wenn der Unternehmer gegenüber WA oder (G)BR eine bestimmte Angelegenheit ausdrücklich zum Betriebs- oder Geschäftsgeheimnis erklärt und Stillschweigen gefordert hat. Die bloße Kennzeichnung einer Mitteilung als »vertraulich« genügt nicht. Liegt diese formelle Voraussetzung für die Verschwiegenheitspflicht vor, muß der (G)BR im nächsten Schritt überprüfen, ob es sich bei dem geheimzuhaltenden Sachverhalt auch tatsächlich um ein Betriebs- und Geschäftsgeheimnis handelt. Denn dies ist nicht schon dadurch der Fall, daß der Unternehmer die Geheimhaltung fordert. Es müssen vielmehr folgende objektiv feststellbaren Voraussetzungen erfüllt sein:

a. Der Sachverhalt muß in unmittelbarem Zusammenhang mit dem technischen Betrieb oder der wirtschaftlichen Betätigung des Unternehmens stehen. Betriebsgeheimnisse können – wenn die restlichen Voraussetzungen erfüllt sind – z.B. Patente, Herstellungsverfahren oder Versuchsprotokolle sein. Als Geschäftsgeheimnisse gelten z.B. Kalkulationsunterlagen oder Kundenlisten.
b. Der Sachverhalt darf nur einem engbegrenzten Personenkreis, also z.B. dem Unternehmer, leitenden Angestellten und gegebenenfalls dem Aufsichtsrat, bekannt sein. Ist der Sachverhalt gänzlich oder auch nur in Teilen in Unternehmen oder in der Öffentlichkeit schon bekannt, sei es auch nur gerüchteweise, stellt er in der Regel kein Geheimnis mehr dar.
c. Die Geheimhaltung muß für das Unternehmen wichtig sein; d.h. die Offenbarung des Geheimnisses muß das Risiko eines nicht unerheblichen Schadens für das Unternehmen beinhalten.

Nur wenn die drei genannten Voraussetzungen gleichzeitig erfüllt sind, liegt ein Betriebs- und Geschäftsgeheimnis vor. Unlautere oder gesetzwidrige Vorgänge (z.B. Steuerhinterziehungen) sind übrigens kein Geschäftsgeheimnis.

Kommt ein Betriebsratsgremium zu dem Ergebnis, daß eine erhebliche Wahrscheinlichkeit für das Vorliegen eines Betriebs- und Geschäftsgeheimnisses gegeben ist, so sollte es abwägen, ob die Weitergabe der Information nicht im Interesse der Belegschaft dennoch geboten ist. Dies kann der Fall sein, wenn der mögliche Schaden, der den Beschäftigten durch eine weitere Geheimhaltung droht, den durch die Weitergabe der Information beim Unternehmen entstehenden Schaden eindeutig überwiegt.

So könnte der Unternehmer beispielsweise die Interessenvertretung mit der Begründung auffordern, den geplanten Einsatz eines neuen Produktionsverfahrens geheimzuhalten, weil sonst mit negativen Reaktionen der Konkurrenz zu rechnen sei. Da mit dem neuen Produktionsverfahren ein Arbeitsplatzabbau und veränderte Arbeitsanforderungen verbunden sein können, ist für die Belegschaft dagegen eine frühzeitige Information wichtig, damit die Arbeitnehmer z.B. mehr Zeit für Arbeitsplatzsuche oder die Umstellung auf neue Arbeitsplatzanforderungen haben.

Ist der (G)BR in einem solchen Fall nach eingehender Prüfung der Meinung, daß die Nachteile einer Geheimhaltung für die Belegschaft die Nachteile einer Offenbarung für die Anteilseigner überwiegen, so ist er berechtigt, die Information an die Belegschaft weiterzugeben. Dazu sollte der Abwägungsprozeß und das Ergebnis im Protokoll festgehalten werden, um zu dokumentieren, daß sich der (G)BR diese Entscheidung nicht leichtgemacht hat. Der Bundesgerichtshof hat in einem ähnlich gelagerten Fall einem Arbeitnehmervertreter im Aufsichtsrat sogar zugebilligt, bei dieser Abwägung wegen der damit verbundenen Schwierigkeiten zu Fehlentscheidungen zu kommen, solange die Interessenabwägung nur mit der notwendigen Sorgfalt vorgenommen wurde.

In jedem Fall sollte in einer solchen Situation die Information vom (G)BR als Gremium und nicht von einem Einzelmitglied an die (betriebliche) Öffentlichkeit gebracht werden, um dem Unternehmer nicht die Möglichkeit zu bieten, gegen einzelne Arbeitnehmervertreter vorzugehen.

Vertiefende Literatur:

Böhle, F., Strategien betrieblicher Informationspolitik. Eine systematische Darstellung für Betriebsräte und Vertrauensleute, Hrsg.: Hans-Böckler-Stiftung. Wissenschaft im Arbeitnehmerinteresse, Bd. 5, Köln 1986.

Bösche, B./Grimberg, H./Kröger, H. J., Die Informationsrechte des Wirtschaftsausschusses, in: Bierbaum, H./Kröger, H. J./Neumann, H.: Unternehmenspolitik und Interessenvertretung, Hamburg 1988, S. 103–116.

Hase, D./v. Neumann-Cosel, R./Rupp, R./Teppich, H., Handbuch für die Einigungsstelle. Ein praktischer Ratgeber, Köln 1990.

Anhang

I. Kennziffernkatalog

Im Textteil dieses Handbuches wurden die einzelnen Interessenbereiche der Beschäftigten anhand von Kennziffern beschrieben und zu einem Berichtsbogen zusammengefaßt (vgl. Kapitel 7.3).

Der hier abgedruckte Katalog enthält eine Fülle weiterer und z.T. auch detaillierterer Kennziffern zu den einzelnen Interessenbereichen der Beschäftigten. Diese Kennziffern wurden von Kolleginnen und Kollegen vor Ort in ihrer jeweils konkreten betrieblichen Praxis entwickelt, vom Unternehmer abgefragt und für die betriebliche Interessenvertretungsarbeit genutzt. Insofern ist der folgende Katalog nichts anderes als eine Zusammenfassung bislang in der betrieblichen Praxis ganz unterschiedlicher Unternehmen und Branchen eingesetzter Kennziffern. Damit ist klar, daß dieser Katalog nicht von einem Wirtschaftsausschuß komplett übernommen werden kann. Es ist vielmehr ein Vorschlag zur Präzisierung der einzelnen Interessenbereiche der Beschäftigten, aus dem die Interessenvertretung/der Wirtschaftsausschuß diejenigen Kennziffern *auswählen* muß, die für das jeweilige Unternehmen von Bedeutung sind. Wie man dabei vorgehen kann, ist ebenfalls im Kapitel 7.3 beschrieben.

Kennziffernkatalog

(Muster zum Auswählen)

1. Beschäftigung

Personalbestand

Vollzeitbeschäftigte (Anzahl)
Teilzeitbeschäftigte (Anzahl)
(Stunden insgesamt)

Verträge bis DM 590,– (Anzahl)
(Stunden insgesamt)
Beschäftigungsverhältnisse mit Stundenkontingenten
Befristete Arbeitsverhältnisse insgesamt
davon Arbeitsbeschaffungsmaßnahmen (Anzahl)

Heimarbeiter
Sonstiger Personalbestand
(Praktikanten, freie Mitarbeiter, Aushilfskräfte usw.)

Arbeiter
Tarifangestellte insgesamt
davon: kaufmännische Angestellte
davon: technische Angestellte/Meister
AT-Angestellte
Leitende Angestellte
Auszubildende insgesamt
Anteil an allen Arbeitnehmern (Ausbildungsquote)

Frauen insgesamt
Anteil an allen Arbeitnehmern
Ausländische Arbeitnehmer
Anteil an allen Arbeitnehmern
Schwerbehinderte
Anteil an allen Arbeitnehmern

Neueinstellungen
Arbeiter
Angestellte
AT-Angestellte
Übernahme nach der Ausbildung
– entsprechend der Qualifikation

Abgänge durch:
Kündigung Unternehmen
betriebsbedingt
personenbedingt
Kündigung Arbeitnehmer
Auflösungsverträge
Vorruhestand
Erreichen der Altersgrenze
Ablauf der Befristung
Nichtübernahme nach Ausbildung

Versetzungen insgesamt
verbunden mit Höhergruppierung
Abgruppierung
Fluktuation
Offene Stellen

Kündigungsschutz
(unterteilt nach Fristen)

Planung des Arbeitsvolumens
Geleistete Arbeitsstunden (Stunden insgesamt)
Normalstunden ohne Überstunden
Überstunden
Kurzarbeitsstunden

Ausfallzeiten insgesamt (Std.) davon:
  Urlaub (%)
  Erholzeiten (%)
  Krankheit (%)
  Unfälle (%)
  Bildung (%)
  Sonstige Gründe (%)
  (z.B. Mutterschutz, Elternurlaub, Fluktuation)

Ausgleich durch Vollzeitbeschäftigte (Std.)
Teilzeitbeschäftigte (Std.)

Ausgleich durch:
  Überstunden (Std.)
  Befristete Arbeitsverhältnisse (Std.)
  Leiharbeitnehmer (Std.)
  Fremdfirmen (Std.)
  Sonstiges (Std.)
Insgesamt nicht mit Voll- oder Teilzeitbeschäftigten ausgeglichene Ausfallzeiten (%)

2. Einkommen

Arbeiter (unterteilt nach Lohngruppen – Anzahl)
Tarifangestellte (unterteilt nach Tarifgruppen)
AT-Angestellte (unterteilt nach Führungsstufen)
Teilzeitbeschäftigte (unterteilt nach Vergütungsgruppen)

Arbeiter im Zeitlohn (Anzahl)
Lohn je Arbeiter (DM)
Arbeiter im Akkordlohn (Anzahl)

Lohn in Arbeiter (DM)
Akkorddurchschnitt
Arbeiter im Prämienlohn (Anzahl)
Lohn je Arbeiter (DM)
Angestellte mit Prämienvergütung (Anzahl)
Vergütung je Angestellten (DM)

Höhergruppierungen
Abgruppierungen

Lohn und Gehalt je Arbeitnehmer (DM)

Lohn und Gehalt je männl. Arbeitnehmer (DM)
davon: je ausländischem Arbeitnehmer (DM)
Lohn und Gehalt je weibl. Arbeitnehmer (DM)
davon: je ausländischer Arbeitnehmerin (DM)

Löhne (DM)
Lohn je Arbeiter (DM) (Haupt- und Nebenbezüge)
davon tariflich (%)
Hauptbezüge je Arbeiter (DM)
davon tariflich (%)
davon betrieblich (%)
Hauptbezüge (betrieblich, unterteilt nach Lohngruppe je Arbeiter)
Nebenbezüge je Arbeiter (DM)
davon tariflich (%)
davon betrieblich (%)
Nebenbezüge (betrieblich, unterteilt nach Lohngruppe je Arbeiter)

Gehälter Tarifangestellte (DM)
Gehalt je Tarifangestellten (DM)
davon tariflich (%)
Hauptbezüge je Tarifangestellten (DM)
davon tariflich (%)
davon betrieblich (%)
Hauptbezüge (betrieblich, unterteilt nach Gehaltsgruppe je Tarifangestellten)
Nebenbezüge je Tarifangestellten (DM)
davon tariflich (%)
davon betrieblich (%)
Nebenbezüge (betrieblich, unterteilt nach Gehaltsgruppe je Tarifangestellten)

Gehalt je AT-Angestellten (DM)
Gehalt je Leitender Angestellter (DM)
Vergütung je Teilzeitbeschäftigten (DM)
Vergütung je Leiharbeitnehmer (DM)

Aufteilung Nebenbezüge (durch Betriebs- oder Tarifvereinbarung)

Sonderzulagen (DM)
davon Erschwerniszulagen (DM)
Überstundenverdienst (DM)

Urlaubsgeld (DM)
Anteiliges 13. Monatsgehalt (DM)
Weihnachtsgeld (DM)
Gewinnabhängige Entgeltbestandteile (DM)
Kontoführungsgebühren (DM)
Aufwand Belegschaftsaktien o.ä. (DM)
je betroffener Arbeitnehmer (DM)
Vermögenswirksame Leistungen (DM)
Darlehen an Arbeitnehmer (DM)
Jubiläumsgeld für 20 Jahre Betriebszugehörigkeit (DM)
Vom Unternehmer übernommene Lohn- und Kirchensteuer (DM)
(bei lohnsteuerpflichtigen Nebenbezügen)
Zuschüsse zum Kurzarbeitergeld (DM)
Wohnungszuschüsse (DM)
je betroffener Arbeitnehmer (DM)
Fahrgeldzuschüsse (DM)
Verbesserungsvorschläge (DM)
Essenszuschüsse (DM)
Abfindungen (DM)
je betroffener Arbeitnehmer (DM)
Altersversorgung und Unterstützung (DM)
Pensionszusage je Monat für 20 Jahre Betriebszugehörigkeit
je betroffener Arbeiter (DM)
je betroffener Tarifangestellter (DM)
je betroffener AT-Angestellter (DM)
je betroffener leitender Angestellter (DM)
Übergangsgeld je Arbeitnehmer (ggf. nach Dauer der Betriebszugehörigkeit)

3. Arbeitsbedingungen

Gesundheitsgefährdungen und Belastungen

Lärmarbeitsplätze (Anzahl) über 90 dB (A)
über 85 dB (A)
über 70 dB (A)
über 55 dB (A)
Vibrationsarbeitsplätze, Ganzkörpervibrationen,
Teilvibrationsbelastungen
Arbeitsplätze mit Raumtemperaturen über 26°C
Arbeitsplätze mit Zugluft
Kältearbeitsplätze
Nässearbeitsplätze

Arbeitsplätze im Freien
Schlechte Beleuchtung (Unterschreitung der vorgeschriebenen Beleuchtungsstärken)
Arbeitsplätze mit greller Beleuchtung
Arbeitsplätze mit einer Bewegungsfläche unter 1,50 m^2
Arbeitsplätze mit Strahlengefährdung
Arbeitsplätze mit gefährlichen Stoffen/Zubereitungen
(unterteilt ggf. nach:
giftig, sehr giftig, ätzend usw.)
Arbeitsplätze mit Überschreitung der MAK-Werte[1]
Arbeitsplätze mit Überschreitung der TRK-Werte[2]
Arbeitsplätze mit Geruchsbelästigung
Arbeitsplätze mit Staubbelästigung
Arbeitsplätze mit Fehlbeanspruchungen
Körperliche Schwerarbeit
Frauenarbeitsplätze, an denen häufig und regelmäßig Lasten von mehr als 10 Kilo gehoben werden müssen
Zwangshaltungen
Monotone Arbeitsvorgänge (innerhalb eines kurzen Zeitabstandes, z.B. 2,5 Minuten)
Einseitige belastende Tätigkeiten
Tempoabhängige Arbeiten
Arbeiten mit hoher Konzentration und/oder hoher Verantwortung
Arbeitsplätze ohne unmittelbare Kommunikationsmöglichkeiten
Bildschirmarbeitsplätze
Mehrmaschinenbedienung
Arbeitsplätze mit einer, zwei, drei und mehr der obengenannten Belastungen

Arbeitsbedingte Erkrankungen, Berufskrankheiten und Arbeitsunfälle

Krankenstand (%)
Arbeiter (%)
Angestellte (%)
Männer (%)
Frauen (%)
Schichtarbeiter (%)
Arbeitsplätze mit mehr als 2 Belastungen (%)

---

1 MAK-Wert bedeutet »Maximale Arbeitsplatz-Konzentration« eines gefährlichen Stoffes
2 TRK bedeutet »Technische Richtkonzentration« eines krebserregenden Stoffes

Berufskrankheiten, beantragt insgesamt
anerkannt insgesamt

Arbeitsunfälle, insgesamt davon:
behandelt ohne Krankmeldung (unter 3 Tage)
mit mehr als 6 Wochen Ausfallzeit
mit tödlichem Ausgang
Wegeunfälle (%)
Anerkannt Fälle von Erwerbsminderung
vollständiger Erwerbsunfähigkeit
Berufsunfähigkeit

Vorbeugende Gesundheitssicherung und Arbeitsschutz

Vorsorgeuntersuchungen
Anzahl der betroffenen Personen
Anzahl der Kuren
Betriebsärzte/Ärztlicher Dienst (Anzahl und Einsatzzeiten)
Fachkräfte für Arbeitssicherheit (Anzahl und Einsatzzeiten)
Sicherheitsbeauftragte (Arbeitsstunden)
Sonstige Fachkräfte (z.B. für Ergonomie)
Erste-Hilfe-Ausgebildete
Vorhandensein/Zahl der Sozialräume
Staatliche Zuschüsse für Arbeitssicherheit/Gesundheitsschutz (DM)
Verstöße gegen Arbeitsschutzvorschriften
(ArbstättV, ArbstoffV, ASiG, UW, JASchG, AZO, BetrVG)
Zahl der Kontrollen von Aufsichtsdiensten
(BG, Gewerbeaufsicht; TÜV)
Beiträge zur Berufsgenossenschaft/Unfallversicherung (DM)
Arbeitgeberbeiträge zur gesetzlichen Krankenversicherung nach § 384 RVO[3]
Aufwand für Schutzkleidung (DM)
Erschwerniszulagen insgesamt (DM)

Erholzeiten

Erholzeiten (Std.)
davon Arbeiter
davon Angestellte
Erholzeiten für Arbeitsaufgaben von besonderer Erschwernis
je betroffener Arbeitnehmer (Std.)
davon für Schichtarbeiter (%)

3 Abstufung der Beiträge nach Höhe der Erkrankungsgefahr in einzelnen Erwerbszweigen

für Feiertagsarbeit (%)
für monotone Arbeitsvorgänge (%)
für Bildschirmtätigkeit

Umgestaltung von Technik und Arbeitsorganisation

Arbeitsplätze mit mehr Arbeitsinhalten (Anzahl)
(z.B. Zusammenlegung von Arbeitsvorbereitung, -durchführung und -kontrolle)
Gruppenarbeit (Anzahl)
Mischarbeitsplätze (Anzahl)
Arbeitsplätze mit Leistungsvorgaben (Anzahl)
Aufwand für menschengerechtere Technologie, Abschirmungen und individuellen Schutz (DM)
Automatisierte Technologie bei Arbeitsaufgaben mit besonderer Arbeitsmühe oder Gefährlichkeit (Anzahl der Arbeitsplätze)
Aufwand dafür (DM)
Abwendungen besonderer Belastungen durch Umgestaltung des Arbeitsplatzes (Anzahl der Arbeitsplätze)
Aufwand dafür (DM)
Ersatz gesundheitsschädlicher Werkstoffe durch unschädliche
(Anzahl der Arbeitsplätze)
Aufwand dafür (DM)
Abschirmungen von Staub, Erschütterungen usw. an der Entstehungsquelle
(Anzahl der Arbeitsplätze)
Aufwand dafür (DM)
Zuschüsse aus öffentlichen Mitteln für Verbesserung der Arbeitsbedingungen (DM)
Arbeitsproduktivität (Gesamtleistung/geleistete Stunden)

4. Arbeitszeit

Wochenarbeitszeit

Tatsächliche Wochenarbeitszeit
je vollzeitbeschäftigem Arbeitnehmer (Std.)
Ältere Vollzeitbeschäftigte mit einer reduzierten Arbeitszeit von . . . Std.
(ggf. unterteilt nach Altersstufen)
Überstunden je betroffener Arbeitnehmer und Monat (Std.)
Ausfallzeiten (in % der geleisteten Arbeitsstunden)

Erholungsurlaub

Arbeitnehmer mit einem Jahresurlaub von
weniger/mehr als 6 Wochen (in % Personalbestand)
Grundurlaub Arbeiter (Tage)

Grundurlaub Tarifangestsellte (Tage)
Grundurlaub AT-Angestellte (Tage)
Erholungsurlaub für Schwerbehinderte (Tage)
Freischichten für Schichtarbeiter (Tage)
Freischichten altersbedingt (Tage)

Arbeitszeiteinteilung

Gleitende Arbeitszeit (Anzahl)
Arbeiter (%)
Angestellte (%)
Schichtarbeit (Anzahl)
davon: Männer
Frauen
davon: Arbeiter
Angestellte
davon: Wechselschicht
Konti-Schicht
Nacht-Schicht
Sonn- und Feiertagsarbeit (Anzahl)
Samstagsarbeit (Anzahl)
Durchschnittliche Wegzeit zum Arbeitsplatz (Std.)

5. Qualifikation

Ausbildungsstand

Arbeitnehmer mit qualifizierter Berufsausbildung
davon Frauen
davon Ausländer
Arbeitnehmer ohne Berufsausbildung
davon Frauen
davon Ausländer
Arbeitsplätze, die eine qualifizierte Berufsausbildung erfordern

Berufsausbildung

Auszubildende (Anzahl)
davon weiblich (%)
davon Ausländer (%)
davon Behinderte (%)
ohne Schulabschluß (%)
mit Sonderschulabschluß (%)
Vorzeitig beendete Ausbildungsverhältnisse
Abschlußprüfungen
davon nicht bestanden

davon mit gut oder sehr gut bestanden
davon vor Ablauf der normalen Ausbildungszeit
Übernahme nach Ausbildung (%)
Ausbilder (Anzahl)
Zuschüsse zu Berufsbildungsmaßnahmen aus öffentlichen Mitteln

Struktur des Bildungsaufwands

Bildungsaufwand (TDM)
darunter: Zuschüsse aus öffentlichen Mitteln (TDM)
(z.B. Einarbeitungszuschüsse, . . .)
Bildungsaufwand je Arbeitnehmer (DM)
Bildungsaufwand je Arbeiter (DM)
davon Anlernung (%)
Umschulung (%)
Weiterbildung (%)
Bildungsurlaub (%)
Bildungsaufwand je Tarifangestellter (DM)
davon Anlernung (%)
Umschulung (%)
Weiterbildung (%)
Bildungsurlaub (%)
Bildungsaufwand je AT-Angestellter (DM)
Bildungsaufwand je leitender Angestellter (DM)
Bildungsaufwand Berufsausbildung (TDM)
davon Ausbildungsvergütungen (DM)
davon Bildungsaufwand für Ausbilder (DM)
davon Bildungsaufwand für Bildungsbeauftragte (DM)
Sonstiger Bildungsaufwand (DM)

Bildung und Eingruppierung

Bildung mit anschließender Höhergruppierung (Anzahl)

6. Soziale Einrichtungen

Aufwand für soziale Einrichtungen (DM)
Zur Verfügung gestellte Wohnungen (Anzahl)
Erholungseinrichtungen (DM)
Zahl der Plätze
Kulturelle, sportliche und sonstige Freizeiteinrichtungen (DM)
Betriebsfeiern (DM)
Werksbücherei (DM)
Kindergarten (DM)
Zahl der Plätze

Sozialbetreuung und Beratungsstellen (DM)
Betriebskrankenkassen (DM)
Durchschnittlicher Beitragssatz der BKK
(in % Durchschnittssatz der AOK)
Werkskantine (DM)
Durchschnittspreise je Essen
Sonstiger Aufwand für soziale Einrichtungen (DM)

7. Umweltbelastungen

Emissionen von Schadstoffen;
Luft (Art, Meßwerte, Mengen)
Boden (Art, Meßwerte, Mengen)
Wasser (Art, Meßwerte, Mengen)
Müll/Abfall (Art, Mengen)
Kompensationszahlungen (TDM)
Verhängte Strafen (Anzahl)
Geldbußen (TDM)
Umweltbedingte Erkrankungen (Anzahl)

8. Entwicklung wichtiger wirtschaftlicher Daten

Zugänge an Sachanlagen (TDM)
(bzw. Aufwand für Leasing)
Forschung und Entwicklung (TDM)
Ausgaben für organisatorische Maßnahmen (TDM)
(z.B. Unternehmensberatung)
Zugänge an Finanzinvestitionen
Tilgung von Fremdkapital (TDM), langfristige Bestandsveränderungen)
Dividende bzw. Gewinnabführung (TDM)
(ggf. Aufwand für Mieten, Pachten)
Strukturell wichtige Ausgaben (zusammen, einschließlich Subventionen/ Steuergutschriften – (TDM)

Auftragseingang (TDM)
Auftragsbestand (TDM)
Umsatz (TDM)
Lagerbestand (Fertig-/Halbfertigprodukte – (TDM)
Anteil der Fremdfertigung
Arbeitsproduktivität (Gesamtleistung/pro Beschäftigten-Stunde)
Cash-flow (TDM)
Jahresüberschuß
Subventionen
Steuergutschriften

Zinsaufwand (TDM)
Mieten und Pachten (TDM)
Aufwendungen bei Verlustübernahme (TDM)
Dividenden bzw. Gewinnabführung (TDM)
Aktienkurs

* * *

Mitbestimmung

(wird von der Interessenvertretung selbst ausgefüllt!)

Freigestellte Betriebsratsmitglieder (Anzahl)

Mitbestimmungsorgane

Mitbestimmungsträger im Aufsichtsrat (Anzahl) *
Konzernbetriebsratsmitglieder (Anzahl) *
Gesamtbetriebsratsmitglieder (Anzahl) *
Wirtschaftsausschußmitglieder (Anzahl) *
Betriebsratsmitglieder (Anzahl) *
davon Frauen
davon Ausländer
Fachreferenten des Betriebsrates
Jugendvertreter (Anzahl) *
Vertrauensleute (Anzahl) *
davon freigestellt
Betriebsversammlungen (Anzahl)
Abteilungsversammlungen (Anzahl)
Wirtschaftsausschußsitzungen (Anzahl)

Paritätisch besetzte Ausschüsse, Kommissionen (Anzahl)
Arbeitskreise des Betriebsrates (Anzahl)

Schulung

Schulungen für Betriebsräte (Kopfzahl)
davon nach § 37 Abs. 6 BetrVG
davon nach § 37 Abs. 7 BetrVG
davon nach Bildungsurlaub

---

* ggf. jeweils Organisationsbindung

Besondere Konflikte

Beschwerden nach § 84 BetrVG
Arbeitsgerichtsverfahren (Anzahl)
Einigungsstellenverfahren (Anzahl)
Verstöße gegen die Betriebsordnung (Anzahl)
davon Verweise
davon Geldbußen
Abmahnungen (Anzahl)

II. Muster einer Geschäftsordnung des Wirtschaftsausschusses

Nach allen vorliegenden Untersuchungen und Erfahrungen ist die Organisation der Arbeit der meisten Wirtschaftsausschüsse mit z.T. gravierenden Mängeln behaftet. Diese führen dazu, daß dem Unternehmer erhebliche Einflußmöglichkeiten auf Inhalt und Ablauf von Wirtschaftsausschuß-Sitzungen eröffnet werden, um möglichst wenige der für die Interessenvertretungsarbeit wichtigen Informationen preiszugeben.

Aufgrund unserer Untersuchungsergebnisse und praktischen Erfahrungen bei der Beratung von Wirtschaftsausschüssen, haben wir einen Vorschlag für eine Geschäftsordnung des Wirtschaftsausschusses erarbeitet, dessen konsequente Anwendung dazu führen wird, daß der Einfluß des Unternehmers auf die Wirtschaftsausschuß-Sitzungen zurückgedrängt und diese, wie vom Gesetzgeber beabsichtigt, auch tatsächlich Veranstaltungen der betrieblichen Interessenvertretung werden.

Muster-Geschäftsordnung

für einen Wirtschaftsausschuß nach § 107 Abs. 1 und 2 BetrVG

Der Wirtschaftsausschuß des Unternehmens ....

....

gibt sich folgende Geschäftsordnung:

§ 1 Der Wirtschaftsausschuß besteht aus ... Mitgliedern. Davon muß mindestens ein Mitglied dem Betriebsrat/Gesamtbetriebsrat (im folgenden BR/GBR) angehören.

§ 2 Der Wirtschaftsausschuß wählt aus seiner Mitte einen Vorsitzenden und dessen Stellvertreter. Es wird ferner ein Schriftführer gewählt. Gewählt ist, wer die meisten Stimmen auf sich vereinigt. Das Gruppenprinzip findet dabei keine Anwendung.

§ 3 Der Wirtschaftsausschuß tritt nach Bedarf zusammen. Mindestens jedoch einmal in jedem Monat. Auf Antrag von zwei Mitgliedern ist der Wirtschaftsausschuß innerhalb von zehn Kalendertagen einzuberufen.

§ 4 Vor bzw. nach jeder Wirtschaftsausschuß-Sitzung mit dem Unternehmer findet je eine Vor- bzw. Nachbereitungssitzung statt. An diesen Sitzungen sollen auch Mitglieder aus den anderen betrieblichen Interessenvertretungsorganen des Unternehmens, die nicht Mitglieder des Wirtschaftsausschusses sind, die Vertrauenskörperleitung und der Gewerkschaftsbeauftragte teilnehmen.

§ 5 Der Vorsitzende des Wirtschaftsausschusses oder im Fall seiner Verhinderung sein Stellvertreter vertritt den Wirtschaftsausschuß im Rahmen der von ihm gefaßten Beschlüsse. Zur Entgegennahme von Anträgen und Erklärungen, die dem Wirtschaftsausschuß gegenüber abzugeben sind, ist der Vorsitzende des Wirtschaftsausschusses oder im Fall seiner Verhinderung sein Stellvertreter berechtigt.

§ 6 Der Vorsitzende des Wirtschaftsausschusses oder im Fall seiner Verhinderung sein Stellvertreter hat insbesondere folgende Aufgaben:

a. Termine für Sitzungen, in denen der Unternehmer gem. §§ 106 Abs. 1 und 2; 108 Abs. 2 und 5; 110 BetrVG erscheinen muß, mit dem Unternehmer abzusprechen.

b. Termine für sonstige Sitzungen des Wirtschaftsausschusses (Vor- und Nachbereitungssitzungen) festzulegen und den Unternehmer davon zu unterrichten.

c. Die Tagesordnung der Sitzungen festzusetzen. Sie bedarf jedoch der Genehmigung des Wirtschaftsausschusses.

d. Die Mitglieder des Wirtschaftsausschusses und den Unternehmer mindestens eine Woche vor dem Termin der Sitzung, zu der der Unternehmer erscheinen muß, unter Mitteilung der Tagesordnung einzuladen.

e. Die Mitglieder des Wirtschaftsausschusses zu den sonstigen Sitzungen ohne Unternehmer (Vor- bzw. Nachbereitungssitzungen) mindestens eine Woche vor dem Sitzungstag unter Mitteilung der Tagesordnung einzuladen. Das gilt nicht für den Eilfall.

f. Eröffnung, Leitung und Schließung der Wirtschaftsausschußsitzung.

§ 7 Ist ein Mitglied des Wirtschaftsausschusses am Erscheinen zur Sitzung oder einer anderen Wirtschaftsausschußtätigkeit verhindert, so hat er sich umgehend zu entschuldigen.

§ 8 Die Sitzungen des Wirtschaftsausschusses finden während der Arbeitszeit statt. Das gleiche gilt für sonstige Tätigkeiten des Wirtschaftsausschusses und seiner Mitglieder. Im Ausnahmefall hat der Vorsitzende des Wirtschaftsausschusses und der Vorsitzende des BR/GBR mit dem Unternehmer eine entsprechende Regelung herbeizuführen.

§ 9 Der Wirtschaftsausschuß ist arbeits- und beschlußfähig, wenn die Hälfte seiner Mitglieder mitwirkt. Die Schwerbehindertenvertretung ist berechtigt, mit beratender Stimme an den WA-Sitzungen teilzunehmen. Die Sitzungen sind nicht öffentlich.

§ 10 Auf Grund der erteilten Ermächtigung des Betriebsrats (Gesamtbetriebsrat) ist auf Beschluß des Wirtschaftsausschusses zu Sitzungen des WA ein Beauftragter der im BR/GBR vertretenen Gewerkschaft mit beratender Stimme hinzuzuziehen; in diesem Falle sind der Zeitpunkt und die Tagesordnung der Gewerkschaft rechtzeitig mitzuteilen. Der Beschluß gilt nur für eine konkret bestimmte Sitzung.

§ 11 Zu den Sitzungen sind auf Antrag von zwei Mitgliedern des Wirtschaftsausschusses als Auskunftspersonen hinzuzuziehen:

a. sachkundige Arbeitnehmer des Unternehmens;
b. leitende Angestellte im Sinne des § 5 Abs. 3 BetrVG;
c. Betriebsrats- bzw. Gesamtbetriebsratsmitglieder.

§ 12 Für die Tätigkeit des Wirtschaftsausschusses ist auf Antrag von zwei Mitgliedern des Wirtschaftsausschusses ein Sachverständiger hinzuzuziehen. Hierzu bedarf es einer näheren Vereinbarung mit dem Unternehmer. Das gleiche gilt sinngemäß für die Hinzuziehung eines Sachverständigen durch den Unternehmer.

§ 13 In jeder ordentlichen Sitzung des Wirtschaftsausschusses stehen folgende wirtschaftliche Angelegenheiten zur Unterrichtung und Aussprache:

1. die wirtschaftliche und finanzielle Lage des Unternehmens;
2. die Produktions- und Absatzlage; insbesondere Auftragseingang, Auftragsbestand, Auftragsreichweite, Lagerbestand, Umsatz, Arbeitsproduktivität;
3. das Produktions- und Investitionsprogramm;
4. Rationalisierungsvorhaben;
5. Fabrikations- und Arbeitsmethoden, insbesondere die Einführung neuer Arbeitsmethoden;
6. die Einschränkung oder Stillegung von Betrieben oder Betriebsteilen;

7. die Verlegung von Betrieben oder Betriebsteilen;
8. der Zusammenschluß bzw. die Spaltung von Betrieben;
9. die Änderung der Betriebsorganisation oder des Betriebszwecks sowie
10. sonstige Vorgänge und Vorhaben, welche die Interessen der Arbeitnehmer des Unternehmens wesentlich berühren können.

Die Unterrichtung und Aussprache bezieht sich dabei vor allem auf die folgenden Interessen- bzw. Gefährdungsbereiche der Arbeitnehmer: Beschäftigung, Einkommen, Arbeitszeit, Arbeitsbedingungen, Qualifikation, Mitbestimmung, Umwelt. Hierzu benötigt der Wirtschaftsausschuß neben Ist- vor allem auch Informationen über Plandaten.

§ 14 Rechtzeitig vor jeder Wirtschaftsausschuß-Sitzung mit dem Unternehmer, mindestens jedoch 14 Tage vorher, sind *alle* Fragen, die der Wirtschaftsausschuß vom Unternehmer beantwortet haben möchte, dem Unternehmer in *schriftlicher Form* zuzuleiten, verbunden mit der Aufforderung, diese Fragen *ebenfalls schriftlich vor* der Wirtschaftsausschuß-Sitzung zu beantworten.

§ 15 Der Wirtschaftsausschuß hat den BR/GBR über jede Sitzung innerhalb von drei Arbeitstagen vollständig zu unterrichten. Über bedeutungsvolle und auswirkungsreiche Vorgänge ist dem BR/GBR noch am Sitzungstag, spätestens jedoch am darauffolgenden Arbeitstag umfassend zu berichten.

§ 16 Der BR/GBR ist hinzuzuziehen, wenn der Unternehmer den Jahresabschluß dem Wirtschaftsausschuß gegenüber erläutert.

§ 17 Der vierteljährliche wirtschaftliche Bericht über die Lage und Entwicklung des Unternehmens ist mit dem BR/GBR im Wirtschaftsausschuß zu beraten und mit dem Unternehmer abzustimmen. Kommt es über den Inhalt des Berichtes mit dem Unternehmer zu keiner Übereinstimmung, wird der Wirtschaftsausschuß seine vom Bericht abweichende Auffassung den Arbeitnehmern des Unternehmens gegenüber verlautbaren.

§ 18 Der Wirtschaftsausschuß nimmt an jeder Betriebs-, Teil- oder Abteilungsversammlung teil, in der der vierteljährliche Bericht über die wirtschaftliche Lage und Entwicklung des Unternehmens erstattet wird. Wer teilnimmt, entscheidet jeweils der Wirtschaftsausschuß.

§ 19 Kommt es zwischen Unternehmer und dem Wirtschaftsausschuß zu Meinungsverschiedenheiten über die Art, Weise und Umfang der Auskunftspflicht des Unternehmers, so wird die Angelegenheit einstweilen von der Tagesordnung abgesetzt. Der Vorsitzende hat dem BR/GBR umgehend mit dem Ersuchen des Eingreifens gemäß der Vorschrift des § 109 BetrVG zu unterrichten. Sobald das Einvernehmen zwischen BR/GBR und Unternehmer hergestellt ist, wird die Angelegenheit in der darauffolgenden Sitzung des Wirtschaftsausschusses weiterbehandelt.

§ 20 Über jede Verhandlung und Sitzung des Wirtschaftsausschusses ist eine Niederschrift aufzunehmen. Die Niederschrift ist vom Vorsitzenden und dem Schriftführer zu unterzeichnen. Der Niederschrift ist eine Anwesenheitsliste beizufügen, in die sich jeder Sitzungsteilnehmer eigenhändig einzutragen hat.

§ 21 In der Niederschrift sind wörtlich festzuhalten:

a. die Ergebnisse von Beratungen; insbesondere die Auswirkungen wirtschaftlicher Maßnahmen auf die Interessenbereiche der Arbeitnehmer

b. die Beurteilung von gutachterlichen Äußerungen und Feststellungen.

Der Niederschrift sind eine Abschrift oder Kopie sämtlicher vom Unternehmer auf der Wirtschaftsausschuß-Sitzung zur Einsicht vorgelegten schriftlichen Unterlagen als Anlage beizufügen.

§ 22 Das Ergebnis von Beratungen und Beurteilungen wird in der Form der Beschlußfassung in entsprechender Anwendung des § 33 Abs. 1 und 2 BetrVG festgestellt. Dabei ist festzuhalten, wer dafür und dagegen gestimmt hat. Die Minderheit hat das Recht, ihre andere Auffassung zur Niederschrift zu geben.

§ 23 Jedes Mitglied des Wirtschaftsausschusses erhält eine Kopie der Niederschrift. Die Niederschriften werden außerdem durch den Vorsitzenden des Wirtschaftsausschusses im Büro des BR/GBR aufbewahrt. Die Mitglieder des BR/GBR haben jederzeit das Recht zur Einsichtnahme in die Niederschriften des Wirtschaftsausschusses. Dem Unternehmer werden die Niederschriften abschriftlich ausgehändigt.

§ 24 Die Geschäftsordnung gilt für die Amtszeit des Wirtschaftsausschusses.

Beschlosssen in der Sitzung vom ....

Die Mitglieder des Wirtschaftsausschusses:
(Unterschriften)

III. Rechte und Pflichten des Wirtschaftsausschusses*

1. Bildung des Wirtschaftsausschusses

a. Voraussetzungen für die Bildung eines WA

Mehr als 100 Arbeitnehmer, Beschluß des Gesamtbetriebsrates (Betriebsrates), §§ 106 Abs. 1 Satz 1, 107 Abs. 2 Satz 1 und 2 BetrVG.

b. Anzahl der WA-Mitglieder

3 bis 7 (§ 107 Abs. 1 Satz 1 BetrVG) bzw. bei Übertragung auf einen Ausschuß des Gesamtbetriebsrates/Betriebsrats: bis 22 (vgl. §§ 107 Abs. 2, 27 BetrVG).

c. Zusammensetzung des WA

- Nach dem Gesetz: Nur ArbeitnehmerInnen des Unternehmens, darunter mindestens ein Betriebsratsmitglied (§ 107 Abs. 1 Satz 1 und 2 BetrVG);
- sinnvolle Zusammensetzung auf Grund der praktischen Erfahrung: überwiegend oder nur Betriebsratsmitglieder.

Notwendige Kenntnisse *sollen,* müssen aber nicht vorhanden sein (§ 107 Abs. 1 Satz 3 BetrVG). Die Kenntnisse können und sollten auch während der Amtszeit des Wirtschaftsausschußmitglieds erworben bzw. erweitert werden, z.B. auf Gewerkschaftslehrgängen (BAG-Beschluß vom 6.11.1973, AP Nr. 5 zu § 37 BetrVG '72).

Der WA wählt aus seiner Mitte eine(n) Vorsitzende(n), eine(n) Stellvertreter (in) und eine(n) Schriftführer(in). Das ist zwar nicht vorgeschrieben, aber für eine kontinuierliche und systematische Arbeit unbedingt notwendig.

---

* Die stichwortartige Übersicht auf dem aktuellen Stand der Rechtsprechung verfaßte *Thomas Schmidt,* Hauptvorstand der Gewerkschaft Handel, Banken und Versicherungen (Abteilung Betriebs- und Unternehmenspolitik).

2. Freistellung und Kostenerstattung für WA-Mitglieder

a. Für die Teilnahme und Vorbereitung von Wirtschaftsausschußsitzungen (mit oder ohne Unternehmensleitung) haben die Wirtschaftsausschußmitglieder einen Anspruch auf Freistellung von der Arbeit (bei Fortzahlung der Bezüge) und einen Anspruch auf Erstattung der erforderlichen Kosten (Fahrtkosten, Unterkunft, Verpflegung etc.) gemäß §§ 37 Abs. 2, 40 BetrVG.

b. Für Wirtschaftsausschußmitglieder, *die auch Mitglied im Betriebsrat* sind, hat das BAG (Beschluß vom 6. 11. 1973 – 1 ABR 8/73 in AP Nr. 5 zu § 37 BetrVG '72) das Recht bestätigt, an Lehrgängen nach § 37 Abs. 6 BetrVG teilzunehmen, wenn ein entsprechender BR-Beschluß vorliegt. Der Arbeitgeber hat das WA-Mitglied unter Fortzahlung der Bezüge von der Arbeit freizustellen und die vollen Lehrgangs- und Fahrtkosten zu erstatten (§ 40 BetrVG).

   Für die übrigen Wirtschaftsausschußmitglieder ist ein solcher Anspruch von der Rechtsprechung noch nicht anerkannt. In der Literatur wird zum Teil eine entsprechende Anwendung des § 37 Abs. 6 BetrVG für möglich gehalten, wenn WA-Mitglieder nicht Mitglied im Betriebsrat sind (Fitting/Auffarth/Kaiser/Heither: Betriebsverfassungsgesetz, Handkommentar, 15. Aufl. § 107 Rdn. 13).

3. Benachteiligungs- und Kündigungsschutz für WA-Mitglieder

a. Benachteiligunsschutz nach § 78 BetrVG für alle Wirtschaftsausschußmitglieder. Gegen Behinderungen von WA-Mitgliedern kann beim Arbeitsgericht im Beschlußverfahren Unterlassung beantragt werden (ArbG Köln, Beschluß vom 7. 8. 1985 – 10 BV 26/85; abgedruckt in: AiB 1986, S. 68).

b. Kündigungsschutz nach § 15 KSchG (§ 103 BetrVG) nur für Betriebsratsmitglieder im WA.

4. Sitzungen des WA – Einladung, Ablauf

a. Terminplanung

Durch den gesamten Wirtschaftsausschuß, möglichst ein Jahr im voraus. Für die Sitzungen mit der Unternehmensleitung ist eine Abstimmung mit dieser erforderlich.

Der Wirtschaftsausschuß muß wenigstens vierteljährlich tagen (vgl. § 110 BetrVG). Er sollte monatlich einmal zusammentreten (§ 108 Abs. 1 BetrVG).

b. Einladung

- Einladung und Mitteilung der Tagesordnung (schriftliche) durch WA-Vorsitzenden.
- Gegebenenfalls Festlegung der Tagesordnung vorher im Wirtschaftsausschuß, unter Umständen in Abstimmung mit dem Gesamtbetriebsrat (Betriebsrat).

c. Verpflichtung der Unternehmensleitung zur Teilnahme

Die Unternehmensleitung ist gemäß § 108 Abs. 2 Satz 1 BetrVG verpflichtet, auf Wunsch des Wirtschaftsausschusses einmal monatlich an den Wirtschaftsausschußsitzungen teilzunehmen und im voraus entsprechende Terminvereinbarungen mit dem Wirtschaftsausschuß zu treffen.

d. Berechtigung zur Tagung ohne Unternehmensleitung

Der Wirtschaftsausschuß ist berechtigt, auch ohne Unternehmensleitung zu tagen (BAG-Urteil vom 16.3.1982 – 1 AZR 406/80, in: BB 1982, S. 1875).

e. Sitzungsleitung

Durch die/den Wirtschaftsausschußvorsitzende(n); niemals durch die Unternehmensleitung.

f. Protokoll

Über jede Sitzung des Wirtschaftsausschusses sollte ein Protokoll angefertigt werden. In dem Protokoll sind die gestellten Fragen und die Antworten der Unternehmensleitung aufzuzeichnen. Auch wenn die Unternehmensleitung sich weigert, bestimmte Fragen zu beantworten oder schriftliche Unterlagen vorzulegen, ist dies zu protokollieren. Bei Bedarf kann der WA zur Protokollierung eine Schreibkraft vom Arbeitgeber anfordern (vgl. Dietz/Richardi, Kommentar zum Betriebsverfassungsgesetz, 1982, 6. Aufl., § 34 Rdn. 5).

5. Informationsanspruch des WA

a. Rechtzeitige und umfassende Information (§ 106 Abs. 2 BetrVG)

aa. Die Verpflichtung, den WA rechtzeitig zu unterrichten, soll sicherstellen, daß dieser und der von ihm unterrichtete Betriebsrat (Gesamtbetriebsrat) *Einfluß auf die Gesamtplanung* des Unternehmens nehmen können. Die Sitzungen des WA mit der Unternehmensleitung haben nur einen Sinn, wenn sich *beide Seiten in gleicher Weise* darauf vorbereiten können (BAG, Beschluß vom 20. 11. 1984 – I ABR 64/82, in: DB 1985, S. 924 ff.). Die Unterrichtung des Wirtschaftsausschusses hat daher in einem möglichst frühen Stadium der Planung zu erfolgen (Hanseatsiches OLG Hamburg, Beschluß vom 4. 6. 1985 in: BB 1986, S. 1014 f.), bevor diese abgeschlossen ist.

bb. Zu den wirtschaftlichen Angelegenheiten im Sinne des § 106 Abs. 2 und 3 BetrVG zählen u.a. *Umsatz, Wareneinsatz, Rohertrag, Steuern gesamt, Betriebsergebnis Gesamtunternehmen, Betriebsergebnisse für Teilbereiche* (Betriebe, Abteilungen) sowie *Warenbereichsergebnisse für einzelne Händler.* Zur wirtschaftlichen und finanziellen Lage (i.S.d. § 106 Abs. 3 Nr. 1 BetrVG) gehören alle auf das Unternehmen einwirkenden Gegebenheiten, die für die unternehmerische Planung von Bedeutung sind, insbesondere Verluste, Gewinne, Risikolage, Preisgestaltung und deren Kalkulationsgrundlagen, Außenstände, die steuerliche Belastung, soziale Aufwendungen, konjunkturelle Entwicklung, Konkurrenzsituation und Liquidität (OLG Karlsruhe, Beschluß vom 7. 6. 1985 – 1 Ss 68/85, in: NZA 1985, S. 570 ff.).

cc. Zu den wirtschaftlichen Angelegenheiten gehören weiterhin die Investitionsplanung, geplante Änderungen der Datenverarbeitung, geplante Betriebsänderungen, geplante organisatorische Veränderungen, Personalplanung, geplante Geschäftspolitik, Vertragsbeziehungen zu anderen Unternehmen. Dem Wirtschaftsausschuß ist auch ein Vertrag über den Verkauf von Geschäftsanteilen vorzulegen (ArbG Wuppertal, Beschluß vom 8. 9. 1988 – 3 BV 20/88). Das gleiche gilt für *Werkverträge* über FremdarbeitnehmerInnen (LAG Hamm, Beschluß vom 22. 7. 1987 – 12 Ta BV 30/87, in: BB 1987, S. 2452).

dd. Auch der Bericht einer *Unternehmensberatungsfirma* ist dem Wirtschaftsausschuß vorzulegen (LAG Frankfurt/M., Beschluß vom 1. 9. 1988 – 12 Ta BV 46/88).

ee. *Einmal im Jahr* ist dem Wirtschaftsausschuß der *Jahresabschluß (Bilanz, Gewinn- und Verlustrechnung)* zu erläutern, § 108 Abs. 5 BetrVG. Dies hat unter Vorlage des Wirtschaftsprüferberichts zu geschehen (LAG Frankfurt/Main, Beschluß vom 19. 4. 1988 – 4 Ta BV 99/87, in: DB 1988, S. 1807 f.; BAG, Beschluß vom 8. 8. 1989 – 1 ABR 61/88, in: Die Quelle 10/89, S. 547 f.).

b. Informationsanspruch im Konzern

Im Konzern bezieht sich der Informationsanspruch des Wirtschaftsausschusses in der Regel nur auf das Konzernunternehmen, für das er gebildet worden ist. Überträgt die Unternehmensleitung Aufgaben der Unternehmensplanung jedoch auf *andere Konzernunternehmen* oder auf *Drittfirmen,* besteht auch hinsichtlich dieser Plandaten ein Informations- und Beratungsanspruch des Wirtschaftsausschusses (BAG, Beschluß vom 17. 3. 1987 – 1 ABR 59/85, in: DB 1987, S. 1491 ff.).

c. Form der Unterrichtung: schriftliche Unterlagen, Einsichtsrecht

Die Unterrichtung des Wirtschaftsausschusses durch die Unternehmensleitung hat *»unter Vorlage der erforderlichen Unterlagen«* zu erfolgen (§ 106 Abs. 2 BetrVG). Der Wirtschaftsausschuß ist berechtigt, in die Unterlagen Einsicht zu nehmen (§ 108 Abs. 3 BetrVG) und sich davon Aufzeichnungen zu machen. Dem Wirtschaftsausschuß sind die Unterlagen in der Regel schon *vor der Sitzung* vorzulegen, in der die Beratung mit der Unternehmensleitung erfolgt. Den Mitgliedern des Wirtschaftsausschusses ist es *nicht zumutbar, die Unterlagen nur in Gegenwart des Arbeitgebers einsehen zu dürfen* (BAG, Beschluß vom 20. 11. 1984 – 1 ABR 62/82, in: DB 1985, S. 924 ff.). Nach dem Gebot der vertrauensvollen Zusammenarbeit wird der Wirtschaftsausschuß die Aushändigung solcher Unterlagen auf Dauer verlangen können, an denen kein besonderes Geheimhaltungsbedürfnis besteht (vgl. LAG München, Beschluß vom 6. 8. 1986 – 8 Ta BV 34/86, in: DB 1987, S. 281 f.).

Der Wirtschaftsausschuß hat auch ein Einsichtsrecht in die vom Unternehmen im Rahmen des *Controlling* erstellten *EDV-Budget-Kontrollblätter* (ArbG Offenbach, Beschluß vom 9. 11. 1987 – 5/2 BV 40/87, in: MB 1988, S. 509).

Ob der Wirtschaftsausschuß von der Unternehmensleitung verlangen kann, daß diese einen ihr vorgelegten *Kennziffernkatalog* in bestimmten oder unbestimmten Zeitabständen ausfüllt und sodann dem Wirtschaftsausschuß aushändigt, ist eine reine Rechtsfrage, die nicht von der Einigungsstelle, sondern vom Arbeitsgericht zu entscheiden ist (LAG Baden-Württemberg, Beschluß vom 22. 11. 1985 – 5 Ta BV 6/85, in: DB 1986, S. 334). Die Frage wurde bisher von den Arbeitsgerichten nicht entschieden.

d. Aufzeichnungen von schriftlichen Unterlagen

Der Wirtschaftsausschuß ist berechtigt, sich von den ihm vorgelegten Unterlagen schriftliche Aufzeichnungen anzufertigen. Die Unternehmensleitung ist nicht berechtigt, den Wirtschaftsausschuß hierbei zu kontrollieren (BAG, Beschluß vom 20. 11. 1984 – 1 ABR 64/82, in: DB 1985, S. 924 ff.).

Von Unterlagen, die dem Wirtschaftsausschuß nur zur vorübergehenden Einsichtnahme vorgelegt werden, darf der Wirtschaftsausschuß keine Kopien oder Abschriften anfertigen. Dies gilt jedoch aus Gründen der vertrauensvollen Zusammenarbeit nur insoweit, als es sich um besonders geheimhaltungsbedürftige Unterlagen handelt.

e. Unterrichtung auch über Betriebs- und Geschäftsgeheimnisse

Der Wirtschaftsausschuß ist von der Unternehmensleitung auch über solche Vorgänge zu unterrichten, die Betriebs- und Geschäftsgeheimnisse beinhalten (OLG Karlsruhe, Beschluß vom 7. 6. 1985 – 1 Ss 68/85, in: NZA 1985, S. 570 ff.).

Nur wenn konkrete Anhaltspunkte für die *»Gefährdung«* der Betriebs- und Geschäftsgeheimnisse wegen erwiesener *Unzuverlässigkeit* des Wirtschaftsausschusses vorliegen, kann die Unternehmensleitung insoweit die Unterrichtung verweigern (§ 106 Abs. 2 BetrVG). Ob die Umstände dies tatsächlich rechtfertigen, ist ggf. durch die *Einigungsstelle* nachzuprüfen.

6. Beratung des WA durch Gewerkschaftsbeauftragte und Sachverständige

a. Gewerkschaftsbeauftragte

Der Wirtschaftsausschuß kann zu seiner Unterstützung Gewerkschaftsbeauftragte (§ 31 BetrVG) hinzuziehen. Diese können bei allen Sitzungen des Wirtschaftsausschusses teilnehmen – unabhängig davon, ob der Wirtschaftsausschuß mit oder ohne Unternehmensleitung tagt. Voraussetzung ist ein entsprechender Mehrheitsbeschluß des Wirtschaftsausschusses oder ein Antrag von einem Viertel der Gesamtbetriebsratsmitglieder (gemessen an deren Stimmenzahl). An der Verpflichtung der Unternehmensleitung, den Wirtschaftsausschuß zu unterrichten und auf Wunsch des Wirtschaftsausschusses an dessen Sitzung teilzunehmen, ändert sich durch die Hinzuziehung eines Gewerkschaftsbeauftragten nichts (BAG-Beschluß vom 18. 11. 1980 – 1 ABR 31I/78, in: DB 1981, S. 1030).

Vor jeder Wirtschaftsausschußsitzung muß durch den Wirtschaftsausschuß bzw. durch den Gesatbetriebsrat (Betriebsrat) neu beschlossen werden, ob ein Gewerkschaftsbeauftragter daran teilnehmen soll (BAG-Beschluß vom 25. 6. 1987 – 6 ABR 45/85, in: DB 1987, S. 2468 ff.).

b. Sachverständige

Der Wirtschaftsausschuß kann zu seiner Unterstützung auch Sachverständige gegen Honorar hinzuziehen, gemäß § 80 Abs. 3 BetrVG allerdings erst nach Abstimmung mit der Unternehmensleitung. Vor der Hinzuziehung externer Sachverständiger sollen alle betriebsinternen Informationsquellen ausgeschöpft sein (BAG, Beschluß vom 4. 6. 1987 – 6 ABR 63/85, in: DB 1988, S. 50 f.). Widerspricht die Unternehmensleitung der Hinzuziehung eines Sachverständigen, kann dieser Anspruch gerichtlich durchgesetzt werden. Bei Eilbedürftigkeit kann die Hinzuziehung eines Sachverständigen auch im Wege der einstweiligen Verfügung durchgesetzt werden (LAG Baden-Württemberg, Beschluß vom 22. 11. 1985 – 5 Ta BV 5/85). Der Wirtschaftsausschuß muß den Sachverständigen hinsichtlich evtl. Betriebs- und Geschäftsgeheimnisse zur Verschwiegenheit verpflichten (BAG-Beschluß vom 18. 7. 1978 – 1 ABR 34/75, in: ArbuR 1980, S. 30 ff.).

c. Vertrauensmann(-frau) der Schwerbehinderten

Die Schwerbehindertenvertretung ist berechtigt, an den Sitzungen des Wirtschaftsausschusses beratend teilzunehmen, unabhängig von den zu behandelnden Themen (BAG, Beschluß vom 4. 6. 1987 – 6 ABR 70/85, in: DB 1987, S. 2467).

7. Verpflichtung des WA zur Unterrichtung des BR/GBR

Der Wirtschaftsausschuß ist verpflichtet, den Gesamtbetriebsrat über die von der Geschäftsleitung erhaltenen Informationen unverzüglich und vollständig zu unterrichten (§ 108 Abs. 4 BetrVG). Dies sollte anhand der Unterlagen geschehen, die dem Wirtschaftsausschuß zur Verfügung stehen, einschließlich der Wirtschaftsausschußprotokolle und ergänzend hierzu durch einen mündlichen Bericht in der Gesamtbetriebsratssitzung. Um dem Gesamtbetriebsrat die Verarbeitung der Informationen zu erleichtern, sollten diese soweit wie möglich aufbereitet und zusammengefaßt werden. Zwischen WA und GBR besteht keinerlei Verschwiegenheitspflicht.

8. Unterrichtung der Arbeitnehmer

Der Wirtschaftsausschuß bzw. Gesamtbetriebsrat sollte es nicht allein der Unternehmensleitung überlassen, die Arbeitnehmer durch Quartalsberichte (§ 110 BetrVG) über die wirtschaftliche Lage des Unternehmens zu unterrichten. Der Wirtschaftsausschuß kann selber einen Bericht über die wirtschaftliche Entwicklung des Unternehmens und die Bedeutung für die Arbeitnehmer fertigstellen. Er kann diesen Bericht den Betriebsräten zum Aushang am Schwarzen Brett zur Verfügung stellen. Halten es die örtlichen Betriebsräte für angebracht, den Arbeitnehmern den Bericht in Form eines

Flugblattes oder einer Betriebsratszeitung zukommen zu lassen, hat der Arbeitgeber hierfür die Kosten zu tragen (BAG-Beschluß vom 21.11.1978 – 6 ABR 85/76, in: BB 1979, S. 523).

9. Verschwiegenheitspflicht, § 79 Abs. 2 BetrVG

Die Wirtschaftsausschußmitglieder dürfen echte (objektive) Betriebs- und Geschäftsgeheimnisse in der Regel nicht an Arbeitnehmer oder an betriebsfremde Dritte weitergeben (§ 79 Abs. 2 BetrVG). Echte Betriebs- und Geschäftsgeheimnisse sind daran zu erkennen, daß sie nur einem sehr kleinen Kreis von Personen bekannt sind (z.B. nur dem Vorstand) und daß durch ihr Bekanntwerden dem Unternehmen ein nicht unerheblicher Schaden entstehen kann. Gegenüber Arbeitnehmern kann dann eine Ausnahme gelten für den Fall, daß diesen wesentliche Nachteile entstehen können, wenn sie die Information nicht erhalten. Als Betriebs- und Geschäftsgeheimnisse werden in der Regel die Deckungsbeitragsrechnung, der geplante Erwerb eines Unternehmens, Kundenlisten, künftige Geschäftspolitik (geplante Werbemaßnahmen, Zeitpunkt geplanter Zinsänderungen) usw. anzusehen sein.

Zulässig ist die Weitergabe echter Betriebs- und Geschäftsgeheimnisse an Gewerkschaftsbeauftragte und an zur Verschwiegenheit verpflichtete Sachverständige. Gegenüber dem Gesamtbetriebsrat sind die Wirtschaftsausschußmitglieder zur Weitergabe sämtlicher Informationen verpflichtet (s.o. Ziff. 7.).

Die Unternehmensleitung muß Betriebs- und Geschäftsgeheimnisse entsprechend kennzeichnen. Diese Kennzeichnung ist nur wirksam, wenn bzw. soweit tatsächlich Betriebs- und Geschäftsgeheimnisse betroffen sind. Geplante Rationalisierungsmaßnahmen, Betriebsstillegungen etc. unterliegen nicht der Verschwiegenheitspflicht. Das gilt auch für alle Daten, die ohnehin veröffentlicht werden.

10. Durchsetzung von Informationsansprüchen des WA

Weigert sich die Unternehmensleitung, einem Informationsbegehren des Wirtschaftsausschusses nachzukommen, so kann ein tatsächlich bestehender Informationsanspruch nach entsprechender Ankündigung im Wege der Einigungsstelle nach § 109 BetrVG oder im Beschlußverfahren durchgesetzt werden. Die Einigungsstelle ist zuständig, wenn nach Auffassung des Wirtschaftsausschusses die Information nicht, nicht rechtzeitig oder nur ungenügend erteilt wurde, also bei Meinungsverschiedenheiten über den konkreten Umfang der Auskunftspflicht der Unternehmensleitung. Das Arbeitsgericht ist zuständig zur Klärung der Frage, ob die begehrte Information zu den wirtschaftlichen Angelegenheiten im Sinne des § 106 BetrVG gehört. Mit dem zuständigen Gewerkschaftssekretär sollte im konkreten Fall geklärt werden, wie vorzugehen ist.

Stellt der WA im nachhinein fest, daß die Unternehmensleitung ihre Auskunftspflicht nicht, wahrheitswidrig, unvollständig oder verspätet erfüllt hat, kann er gegen die Unternehmensleitung ein Ordnungswidrigkeitsverfahren nach § 121 BetrVG einleiten lassen (OLG Hamm, Beschluß vom 7.12.1977 – 4 Ss OWi 1407/77, in: DB 1978, S. 748 f.; Kammergericht Berlin, Beschluß vom 24.9.1978 – 2 Ws (B) 82/78, in: MB 1979, S. 108 f.; Hanseatisches OLG, Beschluß vom 4.6.1985 – 2 Ss 5/85 OWi, in: BB 1986, S. 1014). Laut OLG Karlsruhe (Beschluß vom 7.6.1985 – 1 Ss 68/85, in: NZA 1985, S. 570 f.) muß vor Einleitung eines Ordnungswidrigkeitsverfahrens zunächst die Auskunftspflicht der Unternehmensleitung in einer Einigungsstelle nach § 109 BetrVG konkretisiert worden sein.

Bei groben Verstößen der Unternehmensleitung gegen ihre Auskunftspflicht kann der Gesamtbetriebsrat (Betriebsrat) nach § 23 Abs. 3 BetrVG die Unternehmensleitung durch das Arbeitsgericht zwingen lassen, künftig ihren Auskunftspflichten nachzukommen.

In jedem Fall ist es wichtig, das Informationsbegehren des Wirtschaftsausschusses gegenüber der Unternehmensleitung sowie eine mögliche Weigerung der Unternehmensleitung, die Auskunft überhaupt bzw. in der verlangten Form zu erteilen, genau zu protokollieren.

IV. Rechtsprechung zum Wirtschaftsausschuß

Seit Inkrafttreten des Betriebsverfassungsgesetzes 1972 gab es eine Vielzahl von Meinungsverschiedenheiten und unterschiedlichen Rechtsauffassungen zur Auslegung dieses Gesetzes. Im folgenden werden die Leitsätze der für die WA-Arbeit wichtigsten gerichtlichen Entscheidungen dokumentiert.

1. Errichtung eines Wirtschaftsausschusses

a. Voraussetzungen für die Errichtung eines Wirtschaftsausschusses

LAG Frankfurt/M., Beschluß vom 7.11.1989 – 4 Ta BV 18/89:

Ein Wirtschaftsausschuß ist auch dann zu errichten, wenn in einem Unternehmen mit mehreren Betrieben nur in einem dieser Betriebe ein Betriebsrat gebildet wurde und insoweit ein Gesamtbetriebsrat existiert.

BAG, Beschluß vom 1.8.1990 – ABR 91/88, DB 1991, S. 1782 ff.:

Wirtschaftsausschuß für einheitlichen Betrieb mehrerer Unternehmen mit jeweils nicht mehr als 100 Beschäftigten

Betreiben mehrere Unternehmen gemeinsam einen einheitlichen Betrieb mit in der Regel mehr als 100 ständig beschäftigten ArbeitnehmerInnen, so ist ein Wirtschaftsausschuß auch dann zu bilden, wenn keines der beteiligten Unternehmen für sich allein diese Beschäftigtenzahl erreicht.

BAG, Beschluß vom 1.10.1974, DB 1975, S. 453 ff.:

Für die Bildung eines Wirtschaftsausschusses kommt es nicht darauf an, ob die Unternehmensleitung vom Inland oder Ausland aus erfolgt. Deshalb ist bei Vorliegen der sonstigen gesetzlichen Voraussetzungen auch für inländische Unternehmensteile (Betriebe) eines ausländischen Unternehmens ein Wirtschaftsausschuß zu bilden.

LAG Berlin vom 25.4.1988 – 9 TaBV 2/88, DB 1988, S. 1456:

Bei der Ermittlung der Beschäftigtenzahl i.S.d. § 106 Abs. 1 BetrVG ist nicht auf die durchschnittliche Beschäftigtenzahl eines bestimmten Zeitraums, sondern auf die normale Beschäftigtenzahl des Betriebs abzustellen. Dazu bedarf es grundsätzlich eines Rückblicks und einer Einschätzung der nahen zukünftigen Entwicklung der Personalstärke.

b. Voraussetzung für die Beendigung der Amtszeit der Wirtschaftsausschußmitglieder

Hessisches LAG vom 17.8.1993 – 4 TaBV 61/93, ArbuR 1994, S. 108:

Im Falle des § 13 Abs. 2 Ziff. 1 BetrVG – erhebliches Absinken der Belegschaftsstärke des Betriebes – endet die Amtszeit der Mitglieder des Wirtschaftsausschusses nicht allein deshalb und damit, sondern erst mit der Beendigung der Amtszeit des Betriebsrates, der die Mitglieder des Wirtschaftsausschusses bestimmt hat, durch Bekanntgabe des Wahlergebnisses einer gemäß § 13 Abs. 2 BetrVG gebotenen (vorzeitigen) Neuwahl.

Bis dahin bleibt die rechtzeitige Existenz des Wirtschaftsausschusses unberührt, auch wenn in dem Unternehmen nunmehr weniger als 100 Arbeitnehmer ständig beschäftigt sind.

ArbG Hamburg vom 11.9.1975 – 12 BV 26/75, DB 1975, S. 2331:

Die Abberufung von Mitgliedern des Wirtschaftsausschusses kann nur erfolgen, wenn der Berufene entgegen der ursprünglichen Annahme die fachliche und persönliche Eignung nicht besitzt oder wenn die Voraussetzungen später ganz oder zumindest teilweise fortgefallen sind.

c. Konzernwirtschaftsausschuß

BAG, Beschluß vom 23.8.1989 – 7 ABR 39/88, DB 1990, S. 1519 f.:

Nach dem eindeutigen Wortlaut des § 106 Abs. 1 BetrVG ist der Wirtschaftsausschuß ausschließlich der Unternehmensebene zugeordnet. Es ist nicht möglich, den Unternehmensbegriff auch auf Konzerne auszudehnen.

In den Zuständigkeitsbereich des Konzernbetriebsrats fallen ohnehin fast nur wirtschaftliche Daten.

Hinweis:

Der Konzernbetriebsrat kann also selber nach § 80 Abs. 2 BetrVG die notwendigen wirtschaftlichen Informationen anhand von Unterlagen verlangen. Bei entsprechender Größe kann er auch einen Ausschuß für wirtschaftliche Angelegenheiten bilden, der dann nur aus KBR-Mitgliedern bestehen kann und insoweit die Funktion eines Wirtschaftsausschusses ausübt.

d. Tendenzunternehmen

BAG, Beschluß vom 30.6.1981, DB 1981, S. 2624 ff.:

1. Die rechtliche und faktische Einflußnahme eines Druckereiunternehmens auf die Tendenzverwirklichung können einen Tendenzschutz gemäß § 118 BetrVG auch für ein Druckereiunternehmen begründen.
2. Der konzernrechtliche Verbund mit tendenzgeschützten Verlagsunternehmen rechtfertigt keine Erstreckung des Tendenzschutzes auf ein Druckunternehmen.

2. Schulungsanspruch von Wirtschaftsausschuß-Mitgliedern

BAG, Beschluß vom 6.11.1973, DB 1974, S. 780 f.:

Eine Anwendung des § 37 Abs. 6 BetrVG kommt auf Mitglieder eines Wirtschaftsausschusses nur in ihrer etwaigen Eigenschaft als Betriebsratsmitglied aufgrund eines Beschlusses des einzelnen Betriebsrates in Betracht, im Regelfall ist davon auszugehen, daß Mitglieder des Wirtschaftsausschusses die zur Erfüllung ihrer Aufgaben erforderlichen Kenntnisse besitzen.

BAG, Beschluß vom 28.4.1988, NZA 1989, S. 221 ff.:

Bei der Entsendung von Ersatzmitgliedern hat der Betriebsrat einen Prognosespielraum, dessen Grundlagen ausgewiesen sein müssen. Dabei ist die Erforderlichkeit im Hinblick darauf zu prüfen, ob die Kenntnisse im Interesse einer sachgerechten, auf die gesamte Amtszeit bezogene Betriebsratsarbeit auch gerade dem zur Schulung ausgewählten Betriebsratsmitglied zu vermitteln sind.

LAG Bremen, Beschluß vom 17.1.1984 – 4 Ta BV 10/83 ArbuR 1985, S. 132:

Ein Betriebsrat überschreitet das ihm zuzubilligende Ermessen nach § 37 Abs. 6 BetrVG nicht, wenn er ein Mitglied, das schon an drei üblichen Betriebsratsschulungen teilgenommen hat, zu einer Spezialschulung für Wirtschaftsausschußmitglieder entsendet, in der die juristischen Probleme des Wirtschaftsausschusses und betriebswirtschaftliche Themen behandelt werden. Geringe Überschneidungen in der Themenstellung mit bereits besuchten Veranstaltungen stehen der Notwendigkeit der Schulungsmaßnahme nach § 37 Abs. 6 BetrVG nicht entgegen.

Der Hinweis des Gesetzes in § 107 BetrVG auf die fachliche und persönliche Eignung der Mitglieder eines Wirtschaftsausschusses bedeutet lediglich, daß die zu Entsendenden in der Lage sein müssen, unter Inanspruchnahme der gesetzlich zulässigen Schulungsmöglichkeiten (§ 37 BetrVG) innerhalb einer überschaubaren Zeit sich so einzuarbeiten, daß sie den Anforderungen des Gesetzes entsprechen.

LAG Berlin, Beschluß vom 13.11.1990 – 3 Ta BV 3/90:

Ein in den Wirtschaftsausschuß gewähltes Betriebsratsmitglied kann an einer Schulung teilnehmen, die Grundkenntnisse für die Wahrnehmung der Tätigkeit im Wirtschaftsausschuß vermittelt, wenn es diese Kenntnisse nicht bereits hat. Hiergegen kann nicht eingewandt werden, daß die Wirtschaftsausschußmitglieder, »die zur Erfüllung ihrer Aufgaben erforderliche fachliche und persönliche Eignung besitzen« sollen.

ArbG Weiden, Beschluß vom 9.4.1992 – 3 Ca 138/92, DB 1992, S. 142:

Seminar »Bilananalyse« ist eine erforderliche Schulungsveranstaltung gemäß § 37 Abs. 6 BetrVG für Mitglieder des Wirtschaftsausschusses.

3. Teilnehmerkreis der Wirtschaftsausschußsitzung

a. Protokollführung

BAG vom 17.10.1990 – 7 ABR 69/89:

§ 40 Abs. 2 BetrVG, wonach der Arbeitgeber dem Betriebsrat unter anderem das erforderliche Büropersonal zur Verfügung zu stellen hat, gilt für den Wirtschaftsausschuß entsprechend.

Allerdings ergibt sich weder aus § 40 Abs. 2 BetrVG noch aus anderen

Rechtsgrundlagen für den Wirtschaftsausschuß oder für den (Gesamt-) Betriebsrat das Recht, zu den Sitzungen des Wirtschaftsausschusses zusätzlich zu dessen Mitgliedern ein (Gesamt-) Betriebsratsmitglied als Protokollführer hinzuzuziehen. Dies gilt auch, wenn das (Gesamt-) Betriebsratsmitglied freigestellt ist.

Vielmehr kann der Arbeitgeber selbst bestimmen, wen er als Büropersonal zur Verfügung stellt. Dieser Protokollführer kann an der Sitzung des Wirtschaftsausschusses teilnehmen.

b. Schwerbehindertenvertretung

BAG vom 4.6.1987 – 6 ABR 70/85:

Die Schwerbehindertenvertretung ist berechtigt, an Sitzungen des Wirtschaftsausschusses beratend teilzunehmen.

c. Gewerkschaftsbeauftragte

BAG vom 18.11.1980 – 1 ABR 31/78:

Die Vorschrift des § 31 BetrVG über die Zuziehung eines Gewerkschaftsbeauftragten zu den Sitzungen des Betriebsrats ist auf die Sitzungen des Wirtschaftsausschusses entsprechend anzuwenden.

Dies bedeutet, daß auf Antrag eines Viertels der Mitglieder oder der Mehrheit einer Gruppe des Betriebsrats (Gesamtbetriebsrats) oder auf Beschluß des Betriebsrats (Gesamtbetriebsrats) ein Beauftragter einer im Betriebsrat (Gesamtbetriebsrat) vertretenen Gewerkschaft an den Sitzungen des Wirtschaftsausschusses teilnehmen kann.

Der Wirtschaftsausschuß kann die Zuziehung eines solchen Gewerkschaftsbeauftragten jedenfalls dann selbst beschließen, wenn ihm der Betriebsrat (Gesamtbetriebsrat) eine entsprechende Ermächtigung erteilt hat.

Eine Gewerkschaft ist im Beschlußverfahren antragsberechtigt, wenn das Recht ihres Beauftragten auf Teilnahme an den Sitzungen des Wirtschaftsausschusses bestritten wird.

BAG vom 25.6.1987 – 6 ABR 45/85:

An den Sitzungen des Wirtschaftsausschusses kann in entsprechender Anwendung des § 31 BetrVG ein Gewerkschaftsbeauftragter beratend teilnehmen.

Die Teilnahme eines Gewerkschaftsbeauftragten kann jeweils nur für eine konkret bestimmte Sitzung des Wirtschaftsausschusses beschlossen werden. Eine generelle Einladung zu allen künftigen Sitzungen des Wirtschaftsausschusses ist unzulässig.

d. Sachverständige

BAG, Beschluß vom 18.7.1978, DB 1978, S. 2223f.:

1. Die Frage, ob die Zuziehung eines Sachverständigen zur ordnungsgemäßen Erfüllung der Aufgaben des Wirtschaftsausschusses erforderlich ist (§ 108 Abs. 2 Satz 3 i.V.m. § 80 Abs. 3 Satz 1 BetrVG) ist eine Rechts- und keine Ermessensfrage. Im Streitfall entscheiden die Gerichte für Arbeitssachen im Beschlußverfahren. Antragsberechtigt ist in einem solchen Fall der Betriebsrat bzw. der Gesamtbetriebsrat. Ob auch der Wirtschaftsausschuß antragsberechtigt ist, bleibt offen.
2. Aufgabe des Sachverständigen ist es, dem Wirtschaftsausschuß die ihm zur Beurteilung einer konkreten aktuellen Frage fehlenden fachlichen Kenntnisse zu vermitteln.
3. Die Zuziehung eines Sachverständigen ist nur dann notwendig, wenn der Wirtschaftsausschuß einzelne seiner gesetzlichen Aufgaben ohne sachverständige Beratung nicht ordnungsgemäß würde erfüllen können. Hierbei muß jedoch davon ausgegangen werden, daß die Mitglieder des Wirtschaftsausschusses bereits über diejenigen Kenntnisse verfügen, die im Regelfalle zur ordnungsgemäßen Wahrnehmung ihrer Aufgaben erforderlich sind.
4. Zum Verständnis des vom Unternehmer dem Wirtschaftsausschuß unter Beteiligung des Betriebsrates zu erläuternden Jahresabschlusses bedarf es nicht ohne weiteres der Zuziehung eines Sachverständigen. Vielmehr müssen besondere Gründe dargelegt werden, die im Einzelfall die Notwendigkeit sachverständiger Beratung ergeben.

4. Sitzungen des Wirtschaftsausschusses

a. Vor- und Nachbereitungssitzungen

BAG, Urteil vom 16.3.1982, DB 1982, S. 1326f.:

Die gesetzliche Pflicht des Unternehmers zur Teilnahme an den Sitzungen des Wirtschaftsausschusses bedeutet nicht, daß ohne ihn eine Wirtschaftsausschußsitzung nicht stattfinden könne oder dürfe. Vielmehr kann der Wirtschaftsausschuß zur Vorbereitung einer Sitzung mit dem Unternehmer auch ohne diesen zu einer Sitzung zusammentreten.

BAG vom 29.11.1984 – 1 ABR 64/82:

Der Wirtschaftsausschuß hat die Aufgabe, wirtschaftliche Angelegenheiten mit dem Unternehmer zu beraten. Die Mitglieder des Wirtschaftsausschusses müssen die Möglichkeit haben, sich auf die Sitzungen des Wirtschaftsausschusses gründlich vorzubereiten.

Was im Einzelfall an Vorbereitung erforderlich ist, hängt weitgehend von den Angelegenheiten ab, die mit dem Unternehmer beraten werden sollen. Der Unternehmer kann verpflichtet sein, Unterlagen mit umfangreichen Daten und Zahlen schon vor der Sitzung vorzulegen. Er kann auch verpflichtet sein, diese Unterlagen den Mitgliedern des Wirtschaftsausschusses zeitweise – zur Vorbereitung auf die Sitzung – zu überlassen (aus der Hand zu geben).

Die Mitglieder des Wirtschaftsausschusses haben kein Recht, sich von den überlassenen Unterlagen ohne Zustimmung des Unternehmers Abschriften (Ablichtungen) anzufertigen.

LAG Frankfurt, Beschluß vom 19.10.1989 – 12 TaBV 172/88, AiB 1990, S. 442:

Die Betriebsrat ist berechtigt, die ihm erforderlich erscheinenden Daten aus den Bruttolohn- und Gehaltslisten zu notieren. Dies ist auch möglich unter Mithilfe vorbereiteter Listen z.B. zu einzelnen Kostenstellen oder z.B. zu einzelnen ArbeitnehmerInnengruppen.

Der Umfang der auszugsweisen Notizen bestimmt sich danach, was der Betriebsrat bei objektiver Betrachtung für erforderlich halten durfte. Das allmähliche Entstehen annähernd vollständiger Lohn- und Gehaltslisten beim Betriebsrat als Folge der Notizen anläßlich mehrfacher Einblicknahmen über einen längeren Zeitraum hinweg ist letztlich nicht zu beanstanden.

Hinweis:

Auch der Wirtschaftsausschuß ist gelegentlich darauf angewiesen, nur Aufzeichnungen anfertigen zu dürfen. Die obige Entscheidung läßt sich in ihren Grundüberlegungen auch auf die Wirtschaftsausschußarbeit übertragen.

b. Wirtschaftsausschußsitzungen mit dem Unternehmer

LAG Hamm, Beschluß vom 9.2.1983, ZIP 1983, S. 612 ff.:

Die Mitglieder des Wirtschaftsausschusses sind berechtigt, sich bei der Erläuterung des Jahresabschlusses durch den Unternehmer gem. § 108 Abs. 5 BetrVG schriftliche Notizen zu machen.

5. Informationsanspruch des Wirtschaftsausschusses

a. Allgemeiner Informationsanspruch

Kammergericht Berlin, Beschluß vom 25.9.1978, DB 1978, S. 112 ff.:

Der Unternehmer ist nach § 106 Abs. 2 BetrVG verpflichtet, den Wirtschaftsausschuß von geplanten unternehmerischen Entscheidungen und sonstigen Maßnahmen so frühzeitig zu unterrichten, daß dieser sein Beratungsrecht gegenüber dem Unternehmer betriebswirtschaftlich sinnvoll ausüben kann. Eine Kritik oder sonstige Stellungnahme und eigene Vorschläge des Wirtschaftsausschusses und des Betriebsrates sowie Initiativen des Betriebsrates in sozialen Angelegenheiten müssen noch möglich sein.

Hanseatisches OLG Hamburg, Beschluß vom 4.6.1985, DB 1985, S. 1846:

Die Unterrichtung des Wirtschaftsausschusses hat in einem früheren Stadium der Planung zu erfolgen und zwar zu einem Zeitpunkt, bevor konkrete Planungen zu den daran sich anschließenden Unterrichtungs- und Beratungsrechten des Betriebsrats nach § 111 BetrVG führen.

b. Personalplanung

BAG, Beschluß vom 6.11.1990 – 1 ABR 60/89, BB 1991, S. 689 ff.:

Die Feststellung des Personalbedarfs für ein geplantes Projekt ist auch schon vor Zustimmung des einzigen Zuwendungsgebers (z.B. Sozialamt der Stadt) Personalplanung im Sinne von § 92 BetrVG. Das Gleiche gilt für Abweichungen von dem vom Zuwendungsgeber bewilligten Stellenplan. Der Arbeitgeber hat dem Betriebsrat über diese Personalplanung nach § 92 Abs. 1 Satz 1 BetrVG zu informieren.

Hinweis:

Die etwas schwerverständliche Entscheidung bedeutet in der praktischen Konsequenz, daß der Betriebsrat und auch der Wirtschaftsausschuß nicht erst dann über die Planung zu unterrichten sind, wenn alle Voraussetzungen für deren Realisierung geschaffen sind, sondern auch dann, wenn der Vorstand z.B. den Personalbedarf geplant hat, aber die Finanzierung noch nicht sichergestellt ist.

LAG Berlin, Teilbeschluß vom 13. 6. 1988 – 9 Ta BV 1/88, DB 1988, S. 1860:

a. Der Begriff der Personalplanung umfaßt insbesondere den gegenwärtigen und zukünftigen Personalbedarf in quantitativer und qualitativer Hinsicht.

b. § 92 Abs. 1 BetrVG umfaßt nicht nur die langfristige, mittelfristige und kurzfristige Personalplanung, sondern auch die intuitive Planung, bei der unter Umständen nur eine kurzfristige Maßnahmeplanung aufgrund schwer nachvollziehbarer Vorsstellungen des Arbeitgebers betrieben wird.

c. Die dem Betriebsrat ebenfalls mitzuteilende geplante Personalbeschaffung betrifft nicht nur Neueinstellungen sondern auch die Umsetzung von ArbeitnehmerInnen auf neugeschaffene oder neu zu schaffende Arbeitsplätze.

Hinweis:

Diese für den Betriebsrat entwickelten Grundsätze gelten auch für den WA.

LAG München, Beschluß vom 6. 8. 1986, DB 1987, S. 281 f.:

1. Der Betriebsrat kann im Rahmen der Unterrichtung über die Personalplanung (§ 92 BetrVG) die Aushändigung der Unterlagen verlangen, die der Arbeitgeber zu ihrer Grundlage gemacht hat, wenn nur auf diese Art und Weise dem Beratungsrecht des Betriebsrats Rechnung getragen werden kann.
2. Die Dauer der gebotenen Aushändigung hängt von den Umständen, insbesondere davon ab, wann der Betriebsrat über die Ausübung seines Beratungsrechts beschließen kann.
3. Der Betriebsrat darf von den Unterlagen keine Abschrift herstellen. Er muß sich mit einzelnen Notizen begnügen.

Hinweis:

Diese für den BR entwickelten Grundsätze gelten auch für den WA.

c. Jahresabschluß

Hessisches LAG vom 19.4.1988 – 4 TaBV 99/87, BB 1988, S. 2246:

Der Wirtschaftsprüfungsbericht kann zu den Unterlagen gehören, die – insbesondere im Zusammenhang mit der Erläuterung des Jahresabschlusses gemäß § 108 Abs. 5 BetrVG – dem Wirtschaftsausschuß im Zuge der Unterrichtung über wirtschaftliche Angelegenheiten nach § 106 Abs. 2 BetrVG vorzulegen sind. Es besteht weder ein grundsätzlicher und unmittelbarer Anspruch noch ein absolutes Verbot, daß der Wirtschaftsprüfungsbericht dem Wirtschaftsausschuß vorgelegt wird.

Die Einigungsstelle nach § 109 BetrVG entscheidet im Streitfall über die Vorlagepflicht des Wirtschaftsprüfungsberichts.

Dabei hat die Einigungsstelle auch zu entscheiden, ob und inwieweit die Gefährdung von Betriebs- und Geschäftsgeheimnissen der Vorlage des Wirtschaftsprüfungsberichts entgegensteht oder sie einschränkt.

Hinsichtlich der Erforderlichkeit der Vorlage von Unterlagen an den Wirtschaftsausschuß wie auch bezüglich des Vorliegens der Gefährdung von Betriebs- und Geschäftsgeheimnissen (und deren Berücksichtigung) steht der Einigungsstelle ein Beurteilungsspielraum zu. Insoweit besteht eine gerichtliche Überprüfungskompetenz nur in beschränktem Umfang.

BAG, Beschluß vom 8.8.1989 – 1 ABR 61/88, DB 1989, S. 2621 ff.:

a. Der Wirtschaftsprüfungsbericht ist eine wirtschaftliche Angelegenheit im Sinne des § 106 Abs. BetrVG.
b. Schon wenn der Prüfungsbericht den gesetzlichen vorgeschriebenen Mindestinhalt hat, belegt er Umstände und Verhältnisse, die die wirtschaftliche und finanzielle Lage des Unternehmens beleuchtet, diese deutlich machen und durch Einzeltatsachen belegen.
c. Auch der Wirtschaftsprüfungsbericht ist daher eine Unterlage, die anläßlich der Unterrichtung über die wirtschaftliche und finanzielle Lage des Unternehmens nach § 106 Abs. 2 BetrVG von der Unternehmensleitung vorzulegen ist.
d. Zur konkreten Durchsetzung dieses Anspruches bedarf es im Streitfall eines wirksamen Spruchs der Einigungsstelle.

d. Kostenrechnung

ArbG Offenbach, Beschluß vom 9.11.1987 – 5/2 BV 40/87 – rechtskräftig – MB 1988, S. 509:

a. Die dem Wirtschaftsausschuß vorzulegenden EDV-Budget-Kontrollblätter sind nach Kostenstellen aufgeschlüsselte monatliche Gegenüberstellungen der Plan- und der Ist-Zahlen, mithin detaillierte Erfolgsberechnungen.
b. Anhand der EDV-Budget-Kontrollblätter ist es möglich, Abweichungen von den Planvorgaben sowie Vorgänge, die die Interessen der ArbeitnehmerInnen des Unternehmens wesentlich berühren können, zu erkennen.
c. Ein Einigungsstellenspruch, der die Vorlage dieser Unterlagen an den Wirtschaftsausschuß ablehnt, ist aufzuheben.

BAG vom 17.9.1991 – 1 ABR 74/90:

Monatliche Erfolgsrechnungen (Betriebsabrechnungsbögen) für einzelne Filialen oder Betriebe sind Unterlagen, die einen Bezug zu wirtschaftlichen Angelegenheiten i.S.d. § 106 Abs. 3 BetrVG haben.

Ob und ggf. wann solche Erfolgsrechnungen dem Wirtschaftsausschuß vorzulegen sind, ist eine Frage der Erforderlichkeit der Vorlage dieser Unterlagen und damit von der Einigungsstelle zu entscheiden.

e. Berichte, Gutachten, Unternehmensverträge

LAG Frankfurt, Beschluß vom 1.9.1988 – 12 TA BV 46/88:

Dem Wirtschaftsausschuß ist der Bericht einer Unternehmensberatungsfirma vorzulegen.

ArbG Wuppertal, Beschluß vom 8.9.1988 – 3 BV 20/88:

Der Unternehmer ist verpflichtet, den notariellen Kaufvertrag sowie alle sonstigen Unterlagen, die mit dem Verkauf der Geschäftsanteile der GmbH in Zusammenhang stehen – ausgenommen den Kaufpreis – dem Wirtschaftsausschuß zur Einsichtnahme vorzulegen.

BAG, Beschluß vom 22.1.1991 – 1 ABR 38/89, DB 1991, S. 1176f.:

Der Geschäftsführer einer GmbH ist verpflichtet, den Wirtschaftsausschuß darüber zu unterrichten, daß sämtliche Geschäftsanteile einer GmbH auf einen neuen Gesellschafter übergegangen sind. Außerdem hat er dem Wirtschaftsausschuß mitzuteilen, ob im Zusammenhang mit der Abtretung der Geschäftsanteile Absprachen über die künftige Geschäftsführung und Geschäftspolitik getroffen sind.

Der notarielle Vertrag über die Veräußerung der Geschäftsanteile braucht dem Wirtschaftsausschuß nur dann vorgelegt zu werden, wenn darin Absprachen über die künftige Geschäftsführung und Geschäftspolitik enthalten sind.

LAG Düsseldorf vom 29.3.1989 – 4 TaBV 182/88:

Übertragen die (ehemaligen) Gesellschafter einer GmbH ihre sämtlichen Gesellschaftsanteile auf einen neuen Gesellschafter, besteht ein Unterrichtungsanspruch des Wirtschaftsausschusses der GmbH allein insoweit, als es um die Tatsache der Übertragung als solcher, den Namen des neuen Gesellschafters und die – hier negative – Mitteilung geht, daß im übrigen keine Absprachen über die künftige Unternehmenspolitik anläßlich der Veräußerung der Gesellschaftsanteile getroffen worden sind.

Der Wirtschaftsausschuß hat nicht das Recht, nach § 106 BetrVG Einblick in den Veräußerungsvertrag zwischen den damaligen und den neuen Gesellschaftern zu verlangen, insbesondere hat er keinen Anspruch darauf, daß ihm der Preis für den Verkauf der Gesellschaftsanteile mitgeteilt wird, da es sich insoweit allein um eine Privatangelegenheit der Gesellschafter handelt.

Unberührt hiervon bleibt der allgemeine Unterrichtungsanspruch des Wirtschaftsausschusses nach § 106 BetrVG gegen die GmbH, über etwaige Änderungen der Unternehmenspolitik infolge des Gesellschafterwechsels informiert zu werden.

BAG, Beschluß vom 31.1.1989 – 1 ABR 72/87, AiB 1989, S. 256 ff.:

a. Werden in einem Betrieb Fremdfirmen mit der Erledigung von laufenden Arbeiten beauftragt, kann der Betriebsrat Einsicht in die Verträge verlangen.
b. Durch die Einsichtnahme in die Werkverträge wird der Betriebsrat in die Lage versetzt zu prüfen, ob die Werkverträge indirekt Arbeitnehmerüberlassung bzw. Leiharbeit regeln und ob insoweit ein Mitbestimmungsrecht besteht.
c. Zur Sicherstellung des Geheimhaltungsinteresses hat die Unternehmensleitung die Möglichkeit, gegenüber dem Betriebsrat auf die Geheimhaltungsbedürftigkeit hinzuweisen.

Hinweis:

Obwohl die BAG-Entscheidung nur auf die Informationsrechte des Betriebsrats Bezug nimmt, hat sie auch für den Informationsanspruch des Wirtschaftsausschusses große Bedeutung. Sie stellt klar, daß Betriebsrat/Gesamtbetriebsrat und damit auch der Wirtschaftsausschuß – als Hilfsorgan des Betriebsrats/Gesamtbetriebsrats – einen Anspruch haben kann auf Einsicht in Verträge, soweit dies aus Betriebsrats-/Wirtschaftsausschußsicht begründet werden kann. Verträge die für das gesamte Unternehmen von Bedeutung sind, können daher auch vom Wirtschaftsausschuß zur Einsicht angefordert werden, (z.B. Mietverträge, Leasingverträge, Konzessionsverträge, Gesellschafterverträge von Tochtergesellschaften, Auftragserteilung an Unternehmensberatungsfirmen usw.).

BAG, Beschluß vom 27. 6. 1989 – 1 ABR 19/88, BB 1989, S. 2254 f.:

Soweit sich für den Betriebsrat Aufgaben erst dann stellen, wenn der Arbeitgeber eine Maßnahme ergreift oder plant, die Beteiligungsrechte des Betriebsrats auslöst, kann der Betriebsrat die Vorlage von Unterlagen die zur Erfüllung seiner Aufgaben erforderlich sind, auch erst dann verlangen, wenn der Arbeitgeber tätig wird und damit Aufgaben des Betriebsrats auslöst. Revisionsberichte, die solche Maßnahmen des Arbeitgebers lediglich anregen, sind daher nicht schon deswegen dem Betriebsrat zur Verfügung zu stellen.

Hinweis:

Dieser relativ späte Zeitpunkt der Unterrichtung gilt nicht für den Wirtschaftsausschuß. Der Wirtschaftsausschuß ist nicht nur zu unterrichten im Zusammenhang mit Beteiligungsrechten, sondern generell zum frühestmöglichen Zeitpunkt. Er soll auf diese Weise Gelegenheit haben, auf die Planungen des Unternehmens Einfluß zu nehmen.

f. Betriebsänderung

OLG Hamburg vom 4. 6. 1985 – 2 Ss 5/85 OWi, DB 1985, S. 1846:

Die dem Unternehmer nach § 111 BetrVG obliegende Pflicht, den Betriebsrat über die beabsichtigte Betriebsänderung zu unterrichten, ist so früh wie möglich zu erfüllen. Denn mit dem Wort »geplant« in § 111 BetrVG soll sichergestellt werden, daß der Betriebsrat schon in einem möglichst frühen Stadium der Planung der Betriebsänderung zu beteiligen ist. Das in §§ 111,

112 BetrVG vorgesehene Verfahren muß danach noch in einem Zeitraum abgewickelt werden, in dem der Plan noch nicht, und zwar auch noch nicht teilweise, verwirklicht ist und er überhaupt noch nicht abschließend feststeht, weil dies der soziale Schutzcharakter der zitierten Bestimmung erfordert.

Der Betriebsrat muß schon in einem möglichst frühen Stadium der Planung, auf jeden Fall vor ihrem Abschluß beteiligt werden, weil nur dadurch die Interessen der Belegschaft und ihrer Angehörigen hinreichend gewahrt werden.

Denn gerade in diesem Zeitraum hat der Betriebsrat als Interessenvertretung der Arbeitnehmer die Möglichkeit, auf die endgültige Entscheidung des Unternehmers und dessen nähere Durchführung Einfluß zu nehmen. Wenn demgegenüber der Unternehmer bereits den Beschluß über die Betriebsänderung gefaßt hat, damit für den Betriebsrat vollendete Tatsachen vorliegen, ist es für ihn kaum noch möglich, zu dieser bereits im Prinzip beschlossenen Maßnahme eigene Pläne, Vorstellungen oder Vorschläge zu entwickeln oder gar durchzusetzen. Die in § 112 BetrVG vorgesehene Möglichkeit, einen Interessenausgleich über die Betriebsänderung zu erreichen oder einen Sozialplan anzustreben, wahrt die hier herausgestellten Belange der Belegschaft nicht in dem gebotenen Maße, weil damit keine erfolgversprechende Einwirkungsmöglichkeit mehr auf die bereits getroffene Entscheidung des Unternehmens über die Betriebsänderung gegeben ist.

Aus den gleichen Erwägungen handelt der Unternehmer auch ordnungswidrig nach § 121 Abs. 1 BetrVG, wenn er entgegen § 106 Abs. 2 BetrVG den Wirtschaftsausschuß nicht rechtzeitig über eine geplante Betriebsänderung unterrichtet. Angesichts der dem Wirtschaftsausschuß nach § 106 Abs. 1 BetrVG übertragenen Aufgabe, wirtschaftliche Angelegenheiten mit dem Unternehmer zu beraten und den Betriebsrat zu unterrichten, kann die durch § 106 Abs. 2 BetrVG geforderte Unterrichtung nur rechtzeitig sein, wenn der Wirtschaftsausschuß sowohl sein Beratungsrecht gegenüber dem Unternehmer sinnvoll ausüben, als auch den Betriebsrat so unterrichten kann, daß dieser seinerseits von den ihm zustehenden Beteiligungsrechten rechtzeitig Gebrauch machen kann. Deshalb ist die dem Unternehmer nach § 106 Abs. 2 BetrVG obliegende Pflicht zur Unterrichtung des Wirtschaftsausschusses noch früher zu erfüllen und zwar bevor konkrete Planungen zu den daran sich anschließenden Unterrichtungs- und Beratungsrechten des Betriebsrates nach § 111 BetrVG führen.

6. Durchsetzung des Informationsanspruchs des Wirtschaftsausschusses

a. Einigungssstelle

OLG Karlsruhe vom 7.6.1985 – 1 Ss 68/85, NZA 1985, S. 570:

Der Unternehmer, der seiner Unterrichtungspflicht nach § 106 Abs. 2 BetrVG nicht in gehöriger Weise nachkommt, kann zur Einhaltung seiner Pflichten einerseits im arbeitsgerichtlichen Beschlußverfahren und zudem durch die Ahndung des darin liegenden ordnungswidrigen Verhaltens nach § 121 BetrVG angehalten werden.

Bestehen indessen Meinungsverschiedenheiten zwischen dem Wirtschaftsausschuß und dem Unternehmer über den Umfang der Unterrichtungspflicht und/oder den Zeitpunkt der Unterrichtung i.S.d. § 106 BetrVG, so setzt das arbeitsgerichtliche Beschlußverfahren eine Entscheidung der Einigungsstelle voraus (§ 109 BetrVG).

Die Primärzuständigkeit der Einigungsstelle gilt auch für den Fall, daß der Unternehmer die Auskunft unter Berufung auf ein Betriebs- oder Geschäftsgeheimnis verweigert. Die Einigungsstelle hat also zunächst darüber zu entscheiden, ob ein Betriebs- oder Geschäftsgeheimnis vorliegt, ob dieses durch die verlangte Auskunft gefährdet wird mit der Folge, daß die Unterrichtungspflicht des Unternehmers beschränkt wird. Erst die Entscheidung der Einigungsstelle über die Rechtsfrage, ob wegen der Gefährdung eines Geschäftsgeheimnisses die Auskunft verweigert werden kann, unterliegt der Nachprüfung durch das Arbeitsgericht.

Das Gesetz enthält zwar keine ausdrückliche Regelung darüber, in welchem Verhältnis die Entscheidung der Einigungsstelle (§ 109 BetrVG) zur Ahndung einer Ordnungswidrigkeit nach § 121 BetrVG steht. Nach dem Zweck der gesetzlichen Regelung ist jedoch davon auszugehen, daß in den Fällen, in denen die Primärzuständigkeit der Einigungsstelle nach arbeitsrechtlichen Grundsätzen gegeben ist, ein pflichtwidriges und damit ordnungswidriges Verhalten des Unternehmers erst dann vorliegen kann, wenn aufgrund einer Entscheidung der Einigungsstelle der zwischen Unternehmer und Wirtschaftsausschuß stetige Umfang der Unterrichtungspflicht konkretisiert worden ist.

Der Unternehmer handelt daher in derartigen Fällen erst dann pflichtwidrig, wenn mit der Entscheidung der Einigungsstelle eine Konkretisierung des Umfangs der Unterrichtungspflicht, die an den jeweiligen betrieblichen Erfordernissen zu messen ist, eingetreten ist.

LAG Berlin vom 13.7.1988 – 1 TaBV 3/88, BB 1989, S. 147:

Die Einigungsstelle ist für die Frage zu bilden, ob der Wirtschaftsausschuß verlangen kann, daß ihm bereits der Entwurf des Jahresabschlusses vor konzerninterner Abgleichung und der Zugehörigkeit Wirtschaftsprüferbericht vorzulegen sind. Sie ist hierfür nicht offensichtlich unzuständig.

LAG Stuttgart, Beschluß vom 22.11.1985, DB 1986, S. 334 f.:

Die Einigungsstelle ist offenkundig unzuständig zur Entscheidung über die Verpflichtung des Unternehmers zur Auskunftserteilung in der vom Wirtschaftsausschuß (Betriebsrat) gewünschten Form.

Hessisches LAG vom 1.9.1988 – 12 TaBV 46/88, DB 1988, S. 2519:

Hat zunächst der Betriebs-/Gesamtbetriebsrat die Erteilung bestimmter Auskünfte unter Vorlage an den Wirtschaftsausschuß verlangt, kann er – im Falle der Weigerung des Arbeitgebers – nicht hernach Vorlage an sich selbst nach § 80 Abs. 2 BetrVG verlangen. § 109 BetrVG enthält insoweit eine speziellere gesetzliche Regelung. Die Einigungsstelle ist dann primär zuständig.

BAG vom 8.3.1983 – 1 ABR 44/81:

Der Wirtschaftsausschuß ist in einem Beschlußverfahren, in dem die Betriebspartner über die Berechtigung des Betriebsrats (Gesamtbetriebsrats) zur Bildung des Wirtschaftsausschusses streiten, nicht beteiligt.

ArbG Wetzlar vom 28.2.1989 – 1 BVGa 4/89, NZA 1989, S. 443:

Für Streitigkeiten über das Vorliegen von Betriebs- oder Geschäftsgeheimnissen ist nach § 109 BetrVG die Einigungsstelle zuständig; daher besteht für eine einstweilige Verfügung, mit der das Einsichtsrecht durchgesetzt werden soll, kein Verfügungsanspruch.

OLG Karlsruhe vom 7.6.1985 – 1 Ss 68/85:

Bei einem Streit darüber, ob der Unternehmer den Wirtschaftsausschuß mit Rücksicht auf Betriebs- und Geschäftsgeheimnisse nur beschränkt zu unterrichten braucht oder nicht, muß zunächst die Einigungsstelle entscheiden. Ein ordnungswidriges Verhalten des Unternehmers i.S.d. § 121 BetrVG kann erst vorliegen, wenn aufgrund einer Entscheidung der Einigungsstelle der zwischen Unternehmer und Wirtschaftsausschuß streitige Umfang der Unterrichtungspflicht konkretisiert ist.

BAG vom 8.8.1989 – 1 ABR 61/88:

Der Senat läßt dahingestellt, ob ein Spruch der Einigungsstelle nach § 109 BetrVG der vollen Rechtskontrolle der Arbeitsgerichte im Beschlußverfahren unterliegt. Er erwägt, im Spruch der Einigungsstelle eine anspruchsbegründende Entscheidung zu sehen, die einer Rechtskontrolle nur hinsichtlich der Zuständigkeit der Einigungsstelle, im übrigen aber einer Ermessenskontrolle nach § 76 Abs. 5 Satz 4 BetrVG unterliegt.

b. Ordnungswidrigkeitenverfahren

Bußgeldbescheid des Regierungspräsidiums Tübingen vom 8.1.1992 – 15–5/0523.1–1 (rkr):

Die nicht rechtzeitige und vollständige Unterrichtung des Wirtschaftsausschusses und des Betriebsrats über Einzelheiten der in Aussicht genommenen Betriebsänderung stellt einen Verstoß gemäß §§ 92, 106 Abs. 2 Nr. 5, 111 Nr. 1 BetrVG und damit eine Ordnungswidrigkeit i.S.v. § 121 BetrVG dar.

ArbG Ludwigshafen, Beschluß vom 22.4.1988 – 7 BV 13/88:

Bei der Verletzung der Auskunftspflichten kommt neben § 121 BetrVG auch ein Verfahren nach § 23 Abs. 3 BetrVG in Betracht.

7. Informationsweitergabe

BAG, Beschluß vom 9.11.1971 – 1 ABR 1/71:

Die den Mitgliedern des WA auferlegte Schweigepflicht gilt nicht gegenüber Mitgliedern des Betriebsrates, der sie entsendet.

LAG Köln, Beschluß vom 10.1.1992 – 12 Ta BV 52/91, DB 1992, S. 791; nicht rechtsskräftig:

1. Der Arbeitgeber ist verpflichtet, dem Betriebsrat die Information der Belegschaft über ein EDV-gestütztes Kommunikationssystem zu gestatten, wenn das System im Betrieb allgemein zu diesem Zweck genutzt wird.
2. Das technische Ausstattungsniveau des Arbeitgebers hat auch Einfluß auf den Anspruch des Betriebsrats nach § 40 Abs. 2 BetrVG. Insoweit folgt bereits aus dem Grundsatz der vertrauensvollen Zusammenarbeit,

daß ein Gleichgewicht zwischen den Betriebspartnern vorhanden sein muß. Nutzt also der der Arbeitgeber ein elektronisches Kommunikationssystem, kann der Betriebsrat nicht auf die Information der Beschäftigten über Anschläge oder Schwarze Bretter verwiesen werden. Hierdurch würde er unzulässig benachteiligt.

Hinweis:

Die Entscheidung ist auch entsprechend auf den Wirtschaftsausschuß anzuwenden.

V. Betriebsvereinbarung zur Unterrichtung des Wirtschaftsausschusses

BETRIEBSVEREINBARUNG
(Entwurf des Betriebsrats vom . . .)
zwischen
dem Betriebsrat der Firma XYZ GmbH & Co. KG
und
der Geschäftsleitung der Firma XYZ GmbH & Co. KG
zur Unterrichtung des Wirtschaftsausschusses

1. Information und Beratung über die Ist-Situation

a. Der Wirtschaftsausschuß wird monatlich über die aktuelle wirtschaftliche und finanzielle Situation des Unternehmens informiert. Die Information über die wirtschaftliche Situation erfolgt anhand der unternehmensüblichen kurzfristigen Erfolgsrechnung/Betriebsergebnisrechnung (vgl. **Anlage 1**). Die Information über die finanzielle Situation erfolgt anhand einer Übersicht über den Liquiditätsstatus zum jeweiligen Monatsende (Kontenstände, eingeräumte Kreditlinien, kurzfristige Forderungen und Verbindlichkeiten, Sicherheitsleistungen). Über aktuelle Zahlungsschwierigkeiten (Verzögerung der Lohn- bzw. Gehaltszahlung, Rückstände bei den Zahlungen an AOK, Verweigerung der Einlösung eigener Schecks oder Wechsel o.ä.) wird der Wirtschaftsausschuß unverzüglich auch außerhalb vereinbarter Sitzungstermine unter Angabe der Gründe informiert.

b. Dem Wirtschaftsausschuß werden monatlich die in **Anlage 2** aufgelisteten Informationen für die einzelnen Abteilungen/Betriebe und das gesamte Unternehmen übergeben. Außerdem wird dem Wirtschaftsausschuß jährlich einmal eine Aufstellung pro Abteilung/Betrieb über die Eingruppierung der Beschäftigten (ohne Aushilfen) übergeben.

c. Den Mitgliedern des Wirtschaftsausschusses sind die entsprechenden

Unterlagen rechtzeitig (mindestens 1 Woche vor der entsprechenden Wirtschaftsausschußsitzung mit der Geschäftsleitung) zu übergeben.

d. Die entsprechenden Unterlagen werden in der jeweiligen Wirtschaftsausschußsitzung von der Geschäftsleitung oder deren Vertreter erläutert. Dem Wirtschaftsausschuß steht das Recht zu, sich einzelne Ertrags- und Kostenarten inhaltlich erläutern und weiter untergliedern zu lassen. Weitergehende Untergliederungen einzelner Ertrags- und Kostenarten sind auf Anforderung des Wirtschaftsausschusses in schriftlicher Form zu übergeben.

e. Insbesondere werden von der Geschäftsleitung die Abweichungen (Prozentsatz vom Budget/Plan und vom Vorjahr) für den abgelaufenen Monat und das aufgelaufene Jahr dargestellt und erläutert. Die Geschäftsleitung wird über die Ursachen dieser Abweichungen und über geplante Maßnahmen zur Beseitigung der Abweichungen sowie über die hiermit verbundenen personellen Auswirkungen unter Bezugnahme auf die Personalplanung berichten.

2. Information und Beratung über die Planung

a. Der Wirtschaftsausschuß wird von der Geschäftsleitung einmal jährlich über die lang-, mittel- und kurzfristige Planung in allen wirtschaftlichen, personellen und sozialen Fragen schriftlich unterrichtet. Die regelmäßig zu beratenden Planungen sind in der **Anlage 3** aufgeführt.

b. Der Wirtschaftsausschuß wird über die Investitions-, Umsatz-, Kosten-, Erfolgs- und Personalplanung vor der endgültigen Festlegung durch die Geschäftsleitung bzw. die Gesellschafterversammlung informiert. Diese Planungen werden zwischen Geschäftsleitung und Wirtschaftsausschuß so rechtzeitig beraten, daß die Beratungsergebnisse noch Eingang in die endgültige Planung finden können.

c. Der Wirtschaftsausschuß wird über sämtliche erforderliche Veränderungen der bereits erörterten Planungsunterlagen umgehend schriftlich informiert. Die Änderungsgründe und die veränderten Planungsunterlagen sind Gegenstand der (eventuell außerordentlichen) nächsten Wirtschaftsausschußsitzung mit der Geschäftsleitung.

3. Information und Beratung des Jahresabschlusses (§ 108 Abs. 5 BetrVG)

Der Jahresabschluß wird auf derjenigen Wirtschaftsausschußsitzung erläutert, die unmittelbar nach der Erstellung durch den Wirtschaftsprüfer/Steuerberater folgt. Jedem Wirtschaftsausschußmitglied werden die Bilanz, die Gewinn- und Verlustrechnung, der Anhang, der Lagebericht und die Gewinnverwendungsrechnung sowie der Bericht des Wirtschaftsprüfers/Steuerberaters über den Jahresabschluß mindestens 2 Wochen vor der Sitzung ausgehändigt.

4. Abstimmung des Vierteljahresberichtes (§ 110 BetrVG)

a. Die Geschäftsführung informiert den Wirtschaftsausschuß schriftlich über die von ihr beabsichtigte vierteljährliche Information über die wirtschaftliche Lage und Entwicklung des Unternehmens an die Belegschaft gem. § 110 BetrVG. Diese schriftliche Information an den Wirtschaftsausschuß hat mindestens 1 Woche vor der entsprechenden Wirtschaftsausschuß-Sitzung zu erfolgen, auf der dieser Bericht an die Belegschaft mit dem Wirtschaftsausschuß und dem Betriebsrat erörtert und abgestimmt werden soll. Die Information an die Belegschaft erfolgt erst nach Abstimmung mit dem Wirtschaftsausschuß und Betriebsrat.

b. Ergeben sich bei der Erörterung und Abstimmung des Berichtes an die Belegschaft unterschiedliche Auffassungen zwischen den Betriebsparteien über einzelne Berichtspunkte, die in dem gemeinsamen Erörterungstermin nicht auszuräumen sind, dann informiert der Betriebsrat/Gesamtbetriebsrat die Belegschaft über seine abweichenden Auffassungen in der gleichen Form, in der die Geschäftsführung die Belegschaft informiert.

5. Sonstige Informationen

Welche Unterlagen über die bereits genannten hinaus im Einzelfall zusätzlich erforderlich sind ergibt sich jeweils aus der aktuellen wirtschaftlichen, personellen und sozialen Situation des Unternehmens und aus den entsprechenden Fragestellungen des Wirtschaftsausschusses zu einzelnen Punkten der Tagesordnung.

Die Geschäftsleitung verpflichtet sich, im Wirtschaftsausschuß über alle Vorgänge und Vorhaben zu berichten, die die Interessen der Arbeitnehmer wesentlich berühren, und die noch nicht im Zusammenhang mit der Durchsprache der kurzfristigen Erfolgsrechnung, der Investitionsplanung, der Umsatz- und Erfolgsplanung und der Personalplanung erörtert wurden.

Hierzu gehören unter anderem Planungen und Projekte zur:

- Abschluß von Verträgen mit wesentlichen finanziellen Auswirkungen
- Durchführung von Rationalisierungsmaßnahmen
- Einführung neuer Arbeitsmethoden/Arbeitstechniken
- Veränderung der Arbeitsabläufe und der Arbeitsorganisation
- Veränderung der Unternehmensorganisation
- Veränderung der Unternehmensführung
- Konzessionierung bisheriger Unternehmensbereiche
- Wesentliche Veränderungen in der Sortimentsstruktur
- Einschaltung von Unternehmensberatern
- Aufgabe/Erwerb von Beteiligungen
- Veränderungen in der Gesellschafterstruktur

Die Darstellung der Auswirkungen dieser Maßnahmen auf die Personalplanung soll sich insbesondere auf möglichen Veränderungen

- im Personalbedarf
- in der Personalstruktur
- in den Qualifikationsanforderungen
- bei der Eingruppierung/Entlohnung
- bei der Arbeitszeit
- der Arbeitsbelastung/Produktivität

beziehen.

Organisatorische Regelungen

a. Pro Jahr werden mindestens 12 Wirtschaftsausschußsitzungen mit der Geschäftsleitung anhand der vom Wirtschaftsausschuß aufgestellten Tagesordnung durchgeführt. Jedes Wirtschaftsausschußmitglied erhält wenigstens 7 Tage vor der Sitzung mit der Geschäftsleitung die für die einzelnen Tagesordnungspunkte erforderlichen Unterlagen ausgehändigt.

b. Der Wirtschaftsausschuß hat das Recht, sich während der Sitzung ohne Geschäftsleitung zu beraten.

c. der Wirtschaftsausschuß kann zur Vor- und Nachbereitung von Wirtschaftsausschuß-Sitzungen Sitzungen ohne die Geschäftsleitung durchführen.

7. Abschließende Regelungen

a. Die Anlagen 1, 2 und 3 sind Bestandteil dieser Vereinbarung.

b. Diese Vereinbarung ist zum Ablauf eines Kalenderjahres, frühestens zum 31.12.199 . mit einer Frist von 6 Monaten zum Jahresende kündbar. Sie wirkt nach, bis eine neue Vereinbarung getroffen wurde.

c. Bei Meinungsverschiedenheiten zur Auslegung und Anwendung dieser Vereinbarung verhandeln Gesamtbetriebsrat und Geschäftsführung mit dem ernsten Willen, die Meinungsverschiedenheiten auszuräumen. Gelingt dies nicht, so entscheidet die Einigungsstelle (§ 109 BetrVG).

. . ., den . . .

Für den Betriebsrat Für die Geschäftsleitung

Anlage 1

Information über die kurzfristige Erfolgsrechnung/Betriebsergebnisrechnung (Beispiel)

Erlös-/Kostenarten	Jahres-Budgetwert Plan/Monat		Ist/Monat oder %-Satz v.		Abweichungen im Monat		Plan kumuliert	Ist kumuliert %-Satz v.		Abweichungen kumuliert	
	04. 91 bis 03. 92		Sollwert/Monat	N-Erlös	absolut	in %	04/91 bis 09/91	04/91 bis 09/91	N-Erlös	absolut	in %
Betriebsleistung Möbel, Türen, E-Geräte/Erlöse sonstige											
Betriebsleist./N-Erlöse (ohne MswSt.)/Erlösschmälerung											
Netto-Erlöse nach Erlösschmälerungen/ Materialverbrauch (Soll-%satz/NE)											
Fremdleistungen (Fertigung)/Rohertrag											
Lohnkosten (gewerblich)/ Gehälter (technisch + kaufmännisch)											
Summe Personalkosten (incl. sonstige)/ Instandhaltung gesamt											
Energiekosten gesamt/Betriebsstoffe + Werkzeugkosten											
Versich., Steuern, Abgaben, Gebühren/ Beratungskosten gesamt											
Leasing + Mietkosten/Verkaufs- u. Werbekosten											
Reisekosten u. Bewirtung/Büro- u. Formularkosten											
Postkosten/Verbandsabgaben, Delkredere, Lizenzen											
Provisionen (Soll-%satz/NE)/Weitere Kostenarten (Bereich Fertig.)											
Weitere Kostenarten (Ber.Verwalt.)/ Weitere Kostenarten (Ber.Vertrieb)											
Weitere Kostenarten (Ber.Auslief.) **Summe Sachgrundkosten**											
Kalkulatorische Kostenarten gesamt **Summe Kosten (ohne Neutrale)**											
Betriebsergebnis (Zeile 5–30) Neutrale Aufwendungen u. Erträge											
Untern.ergebnis, Basis: Betriebsleist.											

Anlage 2

1. Anzahl der Beschäftigten (Kopfzahl am Ende des Monats)
   1.1 Männer
   1.2 Frauen
   1.3 Vollzeit
   1.4 Teilzeit
   1.5 Unbefristete Arbeitsverhältnisse
   1.6 Befristete Arbeitsverhältnisse
   1.7 Auszubildende
2. Einstellungen (ohne Aushilfen)
3. Abgänge / Entlassungen
4. geleistete Arbeitsstunden (ohne Aushilfsstunden)
5. Über-/Mehrarbeitsstunden
   5.1 Gewerbliche ArbeitnehmerInnen
   5.2 Angestellte
6. Aushilfsstunden
7. Einsatz von Fremdfirmen/LeiharbeitnehmerInnen (in Stunden)
8. bezahlte Ausfallzeiten

Anlage 3

1. Information über die Investitionsplanung

Die Information über die Investitionsplanung erfolgt entsprechend dem Planungsrhythmus des Unternehmens jährlich im Wirtschaftsausschuß vor der endgültigen Entscheidung über die durchzuführenden Investionen.

Die Darstellung der Investitionsplanung erfolgt schriftlich anhand folgender Systematik:

- Höhe des geplanten Gesamtvolumens der beabsichtigten Investitionen unterteilt in Sachinvestitionen und Finanzinvestitionen,
- Aufteilung des Gesamtvolumens der Sachinvestsitionen auf die einzelnen Betriebe/Abteilungen,
- schriftliche Darstellung der Auswirkungen der einzelnen Investitionsvorhaben auf die Personalplanung insbesondere auf
  - Personalbedarf,
  - Personalstruktur,
  - Qualifikationsanforderungen,
  - Eingruppierungen/Entlohnung,
  - Arbeitszeit,
  - Arbeitsbelastung/Produktivität.

2. Information über die Umsatz- und Erfolgsplanung (anhand des Soll-Ist-Vergleichs)

Die Information über die Umsatz- und Erfolgsplanung erfolgt entsprechend dem Planungsrhythmus des Unternehmens jährlich im WA vor der endgültigen Entscheidung über die Festlegung der geplanten Unsatz- und Erfolgszahlen für die einzelnen Monate sowie für das Gesamtjahr.

Die Darstellung der Umsatz- und Erfolgsplanung erfolgt schriftlich anhand folgender Systematik:

- Planumsätze (Monate/Jahr),
- Plannettorohertrag (Monate/Jahr),
- Planpersonalkosten (Monate/Jahr),
- Planbetriebsergebnis (Monate/Jahr),
- Erläuterungen zur positiven/negativen Veränderung der Planzahlen gegenüber den Istzahlen des laufenden Geschäftsjahrs,
- schriftliche Darstellung der Auswirkungen der Umsatz- und Erfolgsplanung auf die Personalplanung, insbesondere auf
  - Personalbedarf,

– Personalstruktur,

– Qualifikationsanforderungen

– Eingruppierung/Entlohnung,

– Arbeitszeit,

– Arbeitsbelastung/Produktivität.

3. Information über die Personalplanung

Die Information über die Personalplanung erfolgt im WA vor der endgültigen Entscheidung über Veränderungen

– im Personalbedarf,

– in der Personalstruktur,

– in den Qualifikationsanforderungen,

– bei Eingruppierung/Entlohnung,

– der Arbeitszeit.

Die Darstellung der Personalplanung erfolgt anhand folgender Systematik jeweils im Soll-Ist-Vergleich:

– Personalbedarf in (Monate/Quartal/Jahr) je Betrieb/Abteilung

– Personalstruktur (Vollzeit-, geringfügig Beschäftigte, sonstige Teilzeit, Aushilfen, befristet Beschäftigte, Auszubildende) je Betrieb/Abteilung

– Qualifikationsstruktur und Eingruppierungsstruktur je Betrieb/Abteilung

– Vertragliches Arbeitszeitvolumen und geleistetes Arbeitszeitvolumen je Betrieb/Abteilung

– Geplante Qualifizierungsmaßnahmen zur Personalentwicklung je Betrieb/Abteilung.

VI. Fragebogen über Investitionen und deren Auswirkungen[1]

1. Allgemeine Beschreibung

Beschreibung des Investitionsvorhabens: ____________________

____

____

Betroffene Abteilung/Bereich: ____________________
(je Abteilung/Bereich ein Fragebogen)

Investitionsvolumen: ____________________ (DM)
Inbetriebnahme: ____________________ (Datum)

Art der Investition:

(überwiegend:)
- Ersatz ☐
- Rationalisierung ☐
- Erweiterung ☐
- Sonstige ____________________

Ergebnis der Wirtschaftlichkeitsberechnung:

____

____

____

____

Mögliche Alternative:

1. ____________________
2. ____________________
3. ____________________

1 Dieser Fragebogen wurde von Toni Engberding entwickelt (IGM Vorstand, Abt. Wirtschaft, Investitions- und Personalplanung Heft 2, Wirtschaftliche Angelegenheiten).

2. Personalbemessung und Eingruppierung

Tätigkeitsbeschreibung	IST-Stand		Soll	
	Anzahl Stellen	Tarif-gruppe	Anzahl Stellen	Tarif-gruppe
durchschnittl. Eingruppierung				

Erläuterung der Abweichungen: ______________________________

____

____

____

Vorgesehene Maßnahmen bei
- Personalmehrbedarf: ______________________________

____

____

____

- Personalminderbedarf: ______________________________

____

____

____

3. Qualifikation

Berufsgruppe	Anzahl der Beschäftigten					
	IST	SOLL	Qualifikationsanforderungen unverändert	Bedarfsdeckung		
				von außen	durch Versetzung	durch Qualif. maßnahmen

Vorgesehene Qualifikationsmaßnahmen:

(Erläuterungen)

4. Arbeitsbedingungen

	nimmt zu	bleibt	nimmt ab
Unfallgefahr	□	□	□
Lärm	□	□	□
Hitze	□	□	□
Kälte	□	□	□
Dämpfe	□	□	□
Staub	□	□	□
Öle	□	□	□
Chemikalien	□	□	□
körperliche Belastung	□	□	□
Sonstige:	□	□	□
	□	□	□
	□	□	□

Bemerkungen: ____

____

____

Änderung der Arbeitsinhalte: __________________________________

____

____

Änderungen der Arbeitsteilung (Mehrmaschinenbedienung, Gruppenarbeit):

____

____

____

Sonstige Auswirkungen:

Leistungskontrolle ______________________________

Datenschutz ______________________________

Schichtarbeit ______________________________

________________ ______________________________

________________ ______________________________

(Erläuterungen)

VII. Information und Beteiligung des Betriebsrats bei VW

Der neue »Tarifvertrag zur sozialen Sicherung der Arbeitnehmer bei technischen und arbeitsorganisatorischen Änderungen« der Volkswagen AG Wolfsburg enthält folgende insbesondere für die Einbeziehung der Interessenvertretung in betriebliche und unternehmerische Planungsprozesse wichtige Regelungen:

§ 1 Präambel

Die Tarifvertragsparteien schließen diesen Tarifvertrag ab in dem Bewußtsein

- daß zur Sicherung der Arbeitsplätze die Erhaltung der Wettbewerbsfähigkeit des Unternehmens unverzichtbar ist,
- daß deshalb die hierfür erforderlichen Rationalisierungsmaßnahmen des Unternehmens auch im Interesse der Werksangehörigen liegen,
- daß jedoch die betroffenen Werksangehörigen vor den Auswirkungen der Rationalisierungsmaßnahmen soweit wie möglich geschützt werden müssen.

§ 2 Geltungsbereich

Dieser Tarifvertrag gilt:

2.1 räumlich: für die Werke der Volkswagen AG

2.2 persönlich: für alle Werksangehörigen . . .

§ 3 Anwendungsbereich

Die Einführung neuer und Änderung bestehender Techniken sowie die Änderung der Arbeitsorganisation im Sinne dieses Tarifvertrages sind folgende von der Volkswagen AG veranlaßte

- wesentliche Änderungen der Produktionsabläufe durch Einsatz von Anlagen und Maschinen
- wesentliche Änderungen der Arbeitsorganisation, des -ablaufs und der -methoden

- Einführung, wesentliche Erweiterung und/oder Änderung computerunterstützter Informations-, Kommunikations- und Dispositionssysteme.

§ 4 Grundsätze

Bei Maßnahmen nach § 3 sind folgende Grundsätze zu beachten:

4.1 Menschengerechte Gestaltung der Arbeit

4.2 Sicherung und Erweiterung der Qualifikation

4.3 Aufgrund der Einführung neuer und Änderung bestehender Techniken sowie der Änderung der Arbeitsorganisation wird keinem betroffenen Werksangehörigen gekündigt.

4.4 Führen Maßnahmen nach § 3 zu einer Versetzung, finden § 9 Monatsentgelttarifvertrag und § 5 Gehaltstarifvertrag Anwendung.

§ 5 Zusammenarbeit mit dem Betriebsrat

5.1 Im Zusammenhang mit Maßnahmen nach § 3 ist der Betriebsrat während des Planungs- und Realisierungsvorganges rechtzeitig und umfassend zu informieren.

Die Unterrichtung des Betriebsrates hat nach Vorliegen eines konkreten Planungsvorhabens – Planungsziel und Durchführungsmethoden sind konkretisiert – so rechtzeitig zu erfolgen, daß die vom Betriebsrat vorgebrachten Anregungen und Bedenken noch in der Planung berücksichtigt werden können.

5.2 Der Planungs- und Realisierungsvorgang gliedert sich in folgende Phasen:

- Grobplanungsphase (Alternativlösungen)
- Feinplanungsphase (Technikauswahl)
- Realisierungsphase (Probeläufe/Inbetriebnahme)

5.3 Die Unterrichtung des Betriebsrates enthält folgende Informationen:

- Ziel und Umfang der Planungen
- Geplante Bauten oder die Veränderung von Bauten
- Geplante technische Anlagen und/oder wesentliche Veränderungen solcher Anlagen
- Geplante Veränderungen der Arbeitsinhalte und -abläufe
- Die sich aus dem Planungsvorhaben ergebenden Auswirkungen auf die Art der Arbeit und Arbeitsumgebung sowie auf den Personalbedarf einschließlich der Qualifikationsanforderungen.

Die vorgenannten Informationsdaten sind mit zunehmendem Planungsfortschritt inhaltlich zu konkretisieren.

5.4 Personelle und soziale Auswirkungen sind mit dem Betriebsrat so rechtzeitig wie möglich zu beraten und zu regeln.

§ 6 Beteiligung der Werksangehörigen

Die Beteiligung der Werksangehörigen gemäß den Bestimmungen des Betriebsverfassungsgesetzes ist betrieblich zu regeln.

§ 7 Qualifizierung

7.1 Im Zusammenhang mit Maßnahmen nach § 3 sind auf der Grundlage der betrieblichen Personalplanung mit dem Betriebsrat bedarfsgerechte Qualifizierungsprogramme rechtzeitig zu vereinbaren.

7.1.1 In dem Qualifizierungsprogramm sind die Maßnahmen nach Ziel, Art, Dauer, Inhalt und Methode geregelt.

7.1.2 Die Auswahl der für das Qualifizierungsprogramm vorgesehenen Werksangehörigen erfolgt im Einvernehmen mit dem Betriebsrat.

7.1.3 Die ausgewählten Werksangehörigen sind rechtzeitig über die Qualifizierungsmaßnahmen zu unterrichten.

7.2 Werden Werksangehörigen als Folge der in § 3 genannten Maßnahmen versetzt, um innerhalb des Unternehmens andere Arbeit zu übernehmen, so sind sie hierfür zu qualifizieren.

7.3 Qualifizierungsmaßnahmen sind während der Arbeitszeit und unter Fortzahlung des Entgelts durchzuführen. Die Sachkosten hierfür trägt das Unternehmen.

§ 8 Meinungsverschiedenheiten

Kommt eine nach diesem Tarifvertrag erforderliche Einigung mit dem Betriebsrat bzw. Gesamtbetriebsrat nicht zustande, können Volkswagen AG, Betriebsrat bzw. Gesamtbetriebsrat die Schlichtungsstelle gemäß § 18.2.2 Manteltarifvertrag anrufen.

§ 9 Vertragsdauer

9.1 Dieser Tarifvertrag tritt am 1. April 1987 in Kraft und ersetzt das Rationalisierungsabkommen vom 14. Juni 1968.

9.2 Dieser Tarifvertrag kann mit einer Frist von 3 Monaten zum Quartalsende, erstmals zum 31. März 1992, gekündigt werden.

Wolfsburg, den 2. März 1987

Volkswagen AG	Industriegewerkschaft Metall für die Bundesrepublik Deutschland Bezirksleitung Hannover

VIII. Verzeichnis der Übersichten

Übersicht

Stichwortverzeichnis

Handbücher für den Betriebsrat

Band 1 - Reino von Neumann-Cosel u.a.
Handbuch für den Wirtschaftsausschuß
Dritte, vollständig überarbeitete Auflage

Band 2 - B. Kiefer / D. Schönland
Mitbestimmung bei der Gestaltung von Arbeitsplätzen

Band 3 - Heinz Bethmann u.a.
Behinderte in der Arbeitswelt
Dritte, überarbeitete Auflage

Band 4 - Klaus Heimann / Eva Kuda
Handbuch berufliche Bildung

Band 5 - Gert Volkmann
Konkurs-Handbuch I
Ursachen und Früherkennung

Band 6 - W. Bichlmeier / H. Oberhofer
Konkurs-Handbuch II
Arbeits- und Sozialrecht
Zweite, völlig überarbeitete Auflage

Band 7 - Klaus Lang u.a. (Hrsg.)
Arbeit - Entgelt - Leistung
Handbuch Tarifarbeit im Betrieb
Zweite, überarbeitete Auflage

Band 8 - Detlef Hase u.a.
Handbuch für die Einigungsstelle
Zweite Auflage

Band 9 - Jürgen Engel-Bock
Bilanzanalyse leicht gemacht
2., aktualisierte und erweiterte Neuausgabe

Band 10 - W.Bichlmeier / H. Oberhofer
Konkurs-Handbuch III
Das Gesamtvollstreckungsverfahren in Ostdeutschland
Zweite, überarbeitete Auflage

Band 11 - Detelef Hase u.a.
Handbuch Interessenausgleich und Sozialplan
Zweite, überarbeitete Auflage

Band 13 - Klaus Lang / Kay Ohl
Lean production
Herausforderungen und Handlungsmöglichkeiten
Zweite, überarbeitete Auflage

Band 14 - Heinz-G. Dachrodt u.a.
Der erfolgreiche Betriebsrat - Schriftverkehr
9., überarbeitete Auflage

Band 15 - Inge Böttcher
Geschäftsführung des Betriebsrats

Band 16 - Gerhard Bosch u.a.(Hrsg.)
Handbuch Personalplanung

Band 17 - Heinz Eichhorn u.a.
Handbuch Betriebsvereinbarung
Mit zahlreichen Mustervereinbarungen

Band 18 - Michael Schoden
Betriebliche Arbeitnehmererfindungen und betriebliches Vorschlagswesen

Band 19 - Wolfgang Däubler / Gabriele Peter
Schulung und Fortbildung von betrieblichen Interessenvertretern
§ 37 Abs. 6 und 7 BetrVG und andere vergleichbare Vorschriften
Vierte, überarbeitete Auflage

Band 20 - Michael Bachner u.a.
Europäisches Arbeitsrecht im Betrieb

Band 21 - Eike Mühlstädt
Die Betriebsversammlung
Mit zahlreichen Musterreden

Band 22 - Karl Schmitz
Computernetze und Mitbestimmung

Band 23 - C. Sobott / K. H. Böker
EDV-Einsatz im Betriebs- und Personalratsbüro
Ein praktischer Ratgeber von A-Z

Bund-Verlag